KARL-OSKAR SCHMITTAT

Denkmalschutz und gemeindliche Selbstverwaltung

Schriften zum Öffentlichen Recht

Band 545

Denkmalschutz und gemeindliche Selbstverwaltung

dargestellt anhand der Rechtslage in Nordrhein-Westfalen

Von

Dr. iur. Karl-Oskar Schmittat

Duncker & Humblot · Berlin

CIP-Titelaufnahme der Deutschen Bibliothek

Schmittat, Karl-Oskar:
Denkmalschutz und gemeindliche Selbstverwaltung: dargest. anhand d. Rechtslage in Nordrhein-Westfalen / von Karl-Oskar Schmittat. – Berlin: Duncker u. Humblot, 1988
(Schriften zum Öffentlichen Recht; Bd. 545)
Zugl.: Hagen, Fernuniv., Diss., 1987
ISBN 3-428-06512-3
NE: GT

Satz: Klaus-Dieter Voigt, Berlin 61
Druck: Berliner Buchdruckerei Union GmbH, Berlin 61
Printed in Germany

ISBN 3-428-06512-3

Vorwort

Die Arbeit lag im Wintersemester 1987/1988 dem Fachbereich Rechtswissenschaften der Fernuniversität Hagen als Dissertation vor. Idee und Konzeption stammen aus meiner Zeit als langjähriger wissenschaftlicher Mitarbeiter am dortigen Lehrstuhl für Öffentliches Recht / Verwaltungsrecht. Dem Lehrstuhlinhaber Herrn Prof. Dr. U. Battis bin ich für großzügig gewährten Freiraum und tatkräftige Unterstützung dankbar. Danken möchte ich auch Herrn Prof. Dr. Dimitris Tsatsos für die zügige und freundliche Zweitbegutachtung.

Das Manuskript wurde Anfang März 1988 abgeschlossen. Nachträge aus späterer Zeit waren nur noch vereinzelt möglich.

Siegburg, im August 1988

Karl-Oskar Schmittat

Inhaltsverzeichnis

Abkürzungsverzeichnis

a.A.	=	anderer Ansicht
a.a.O.	=	am angegebenen Ort
Abs.	=	Absatz
AfK.	=	Archiv für Kommunalwissenschaften
Anm.	=	Anmerkung
AöR	=	Archiv des öffentlichen Rechts
arg.	=	argumentum
Art.	=	Artikel
AU	=	Amtliche Urteilsausfertigung
Aufl.	=	Auflage
bad-würt DSchG	=	Baden-Württembergisches Denkmalschutzgesetz
BauGB	=	Baugesetzbuch
BauR	=	Zeitschrift für das gesamte öffentliche und zivile Baurecht
bay	=	Bayerisch, bayerisch
bay DSchG	=	Bayerisches Denkmalschutzgesetz
BayVBl.	=	Bayerische Verwaltungsblätter
BayVGH	=	Bayerischer Verwaltungsgerichtshof
BBauBl.	=	Bundesbaublatt
BBauG	=	Bundesbaugesetz
Bd.	=	Band
Begr.	=	Begründung
Beschl.	=	Beschluß
BGBl.	=	Bundesgesetzblatt
BGH	=	Bundesgerichtshof
BImmSchG	=	Bundesimmissionsschutzgesetz
bln DSchG	=	Berliner Denkmalschutzgesetz
BR-Drucks.	=	Bundesratsdrucksache
brem	=	Bremisch, bremisch
brem DSchG	=	Bremisches Denkmalschutzgesetz
BRS	=	Baurechtsammlung
BT-Drucks.	=	Bundestagsdrucksache
BVerfG	=	Bundesverfassungsgericht
BVerwG	=	Bundesverwaltungsgericht
BWVBl.	=	Verwaltungsblätter für Baden-Württemberg
BWVerwPr.	=	Baden-Württembergische Verwaltungspraxis

bzw.	=	beziehungsweise
d.	=	das, der
ders.	=	derselbe
d.h.	=	daß heißt
Difu	=	Deutsches Institut für Urbanistik
DJT	=	Deutscher Juristentag
DKD	=	Deutsche Kunst- und Denkmalpflege
DÖV	=	Die öffentliche Verwaltung
DSchG	=	Denkmalschutzgesetz
DVBl.	=	Deutsches Verwaltungsblatt
E	=	Amtliche Entscheidungssammlung
ebd.	=	ebenda
Einl.	=	Einleitung
Erl.	=	Erläuterungen
EStDV	=	Einkommensteuerdurchführungsverordnung
EStG	=	Einkommensteuergesetz
ESVGH	=	Entscheidungssammlung des Hessischen Verwaltungsgerichtshofes und des Verwaltungsgerichtshofes Baden-Württemberg
f.	=	für
f., ff.,	=	folgende Seite(n)
Fn.	=	Fußnote
FS	=	Festschrift
gem.	=	gemäß
GG	=	Grundgesetz für die Bundesrepublik Deutschland
ggf.	=	gegebenenfalls
GrEStG	=	Grunderwerbsteuergesetz
grs.	=	grundsätzlich
GV NW	=	Gesetz und Verordnungsblatt Nordrhein-Westfalen
hamb	=	Hamburgisch, hamburgisch
hess	=	Hessisch, hessisch
hess DSchG	=	Hessisches Denkmalschutzgesetz
h.L.	=	herrschende Lehre
h.M.	=	herrschende Meinung
Hrsg., hrsg.	=	Herausgeber, herausgegeben
i.d.R.	=	in der Regel
i.E.	=	im Ergebnis
i.S.d.	=	im Sinne des, der
i.S.v.	=	im Sinne von
i.V.m.	=	in Verbindung mit
JuS	=	Juristische Schulung
JZ	=	Juristenzeitung

LG	=	Landgericht
lit.	=	(lat.) Buchstabe
LT-Drucks.	=	Landtagsdrucksache
m.	=	mit
m.Anm.	=	mit Anmerkung
MDR	=	Monatsschrift für Deutsches Recht
m.E.	=	meines Erachtens
Mitteil.	=	Mitteilungen
MRVerbG	=	Gesetz zur Verbesserung des Mietrechts und zur Begrenzung des Mietanstiegs sowie zur Regelung von Ingenieur- und Architektenleistungen v. 4. 11. 1971, BGBl. I, 1745
m.w.N.	=	mit weiteren Nachweisen
nds	=	Niedersächsisch, niedersächsisch
nds DSchG	=	Niedersächsisches Denkmalschutzgesetz
NJW	=	Neue Juristische Wochenschrift
Nr., Nrn.	=	Nummer, Nummern
NuR	=	Natur und Recht
NVwZ	=	Neue Zeitschrift für Verwaltungsrecht
NW, nw	=	Nordrhein-Westfalen, nordrhein-westfälisch
nw BauO	=	Nordrhein-Westfälische Landesbauordnung
nw DSchG	=	Nordrhein-Westfälisches Denkmalschutzgesetz
nw GO	=	Nordrhein-Westfälische Gemeindeordnung
nw OBG	=	Nordrhein-Westfälisches Ordnungsbehördengesetz
OVG	=	Oberverwaltungsgericht
RegE	=	Regierungsentwurf
rh-pf	=	Rheinland-Pfälzisch, rheinland-pfälzisch
rh-pf DschG	=	Rheinland-Pfälzisches Denkmalschutzgesetz
Rn.	=	Randnummer
ROG	=	Raumordnungsgesetz
Rspr.	=	Rechtsprechung
s.	=	siehe
S.	=	Seite
saarl	=	Saarländisch, saarländisch
saarl DSchG	=	Saarländisches Denkmalschutzgesetz
schlh	=	Schleswig-Holsteinisch, schleswig-holsteinisch
schlh DSchG	=	Schleswig-Holsteinisches Denkmalschutzgesetz
SGK	=	Sozialdemokratische Gemeinschaft für Kommunalpolitik
SKV	=	Staats- und Kommunalverwaltung
sog.	=	sogenannt
StBauFG	=	Städtebauförderungsgesetz
StuGR	=	Städte- und Gemeinderat

u.a.	=	und andere
Urt.	=	Urteil
usw.	=	und so weiter
u.U.	=	unter Umständen
v.	=	vom
VerfGH	=	Verfassungsgerichtshof
VerwArch	=	Verwaltungsarchiv
VerwR	=	Verwaltungsrecht
VerwRspr.	=	Verwaltungsrechtsprechung in Deutschland
VG	=	Verwaltungsgericht
VGH	=	Verwaltungsgerichtshof
vgl.	=	vergleiche
Vorb.	=	Vorbemerkung
VR	=	Verwaltungsrundschau
VVDStRL	=	Veröffentlichungen der Vereinigung der Deutschen Staatsrechtslehrer
VV OBG	=	Verwaltungsvorschrift zum Ordnungsbehördengesetz
VwGO	=	Verwaltungsgerichtsordnung
VwVfG	=	Verwaltungsverfahrensgesetz
VwVG	=	Verwaltungsvollstreckungsgesetz
WiVerw	=	Wirtschaft und Verwaltung
WRV	=	Weimarer Reichsverfassung
Z	=	Entscheidungen des Bundesgerichtshofes in Zivilsachen
z.B.	=	zum Beispiel
ZfBR	=	Zeitschrift für deutsches und internationales Baurecht
ZfW	=	Zeitschrift für Wasserrecht
ZRP	=	Zeitschrift für Rechtspolitik
ZSSD	=	Zeitschrift für Stadtgeschichte, Stadtsoziologie und Denkmalpflege (Die alte Stadt)

Einleitung

Am 1. Juli 1980 ist das Gesetz zum Schutz und zur Pflege der Denkmäler im Lande Nordrhein-Westfalen in Kraft getreten[1]. Das Gesetz ist der Schlußpunkt einer landesrechtlichen Kodifikationswelle[2], durch die erstmalig bundesweit – wenn auch auf landesrechtlicher Ebene – jeweils die erforderlichen Rechtsgrundlagen für einen verbindlichen und notfalls zwangsweise durchsetzbaren Schutz von (Bau-)Denkmälern geschaffen wurden.

Ein solcher Denkmalschutz, der über die Anwendung persuasorischer Methoden und den Einsatz erhaltungsstimulierender Instrumente (Zuschüsse/Steuervorteile) hinausgeht und notfalls Gebote und Verbote bestimmter Verhaltensweisen einschließt, kann der Sache nach – ohne daß damit bereits eine kompetenzrechtliche Qualifikation verbunden wäre – eine Art Bodennutzungsregelung beinhalten: Die Anordnung, daß Vorhandenes bestehen bleiben soll und durch bestimmte Maßnahmen zu erhalten ist, verhindert an der betreffenden Stelle, mitunter auch in der Umgebung, anderweitige, d. h. nicht an die vorhandene Bausubstanz geknüpfte bauliche oder nichtbauliche Nutzungen. Auch wenn das Denkmalschutzrecht nicht eine bestimmte Nutzung vorschreibt, ist deshalb seine raumgestaltende Kraft unübersehbar. Ihr Ausmaß ist zum einen abhängig von der Weite des gesetzlichen Denkmalbegriffs und der daraus folgenden Quantität

---

1 GVBl. S. 226, im folgenden „nw DSchG".

2 Baden-Württemberg: Gesetz zum Schutz der Kulturdenkmale (Denkmalschutzgesetz) v. 25. 5. 1971, GBl. S. 209, i.d.F. des Gesetzes v. 18. 7. 1983, GBl. S. 378 (badwürt DSchG); Bayern: Gesetz zum Schutz und zur Pflege der Denkmäler (Denkmalschutzgesetz) v. 25. 6. 1973, GVBl. S. 328, i.d.F. des Gesetzes vom 7. 12. 1982, GVBl. S. 722 (bay DSchG); Berlin: Gesetz zum Schutz von Denkmalen in Berlin (Denkmalschutzgesetz Berlin) v. 22. 12. 1977, GVBl. S. 2540, i.d.F. des Gesetzes vom 30. 11. 1981, GVBl. S. 1470 (bln DSchG); Bremen: Gesetz zur Pflege und zum Schutz der Kulturdenkmäler (Denkmalschutzgesetz) v. 27. 5. 1975, GBl. S. 265 (brem DSchG); Hamburg: Denkmalschutzgesetz v. 3. 12. 1973, GVBl. S. 466 (hamb DSchG); Hessen: Gesetz zum Schutz der Kulturdenkmäler (Denkmalschutzgesetz) v. 23. 9. 1974, GVBl. I S. 450, i.d.F. des Gesetzes vom 18. 9. 1980, GVBl. I S. 333 (hess DSchG); Niedersachsen: Niedersächsisches Denkmalschutzgesetz v. 30. 5. 1978, GVBl. S. 517 (nds DSchG); Nordrhein-Westfalen: Gesetz zum Schutz und zur Pflege der Denkmäler im Lande Nordrhein-Westfalen (Denkmalschutzgesetz) v. 11. 3. 1980, GVBl. S. 226, i.d.F. des Gesetzes vom 18. 5. 1982, GVBl. S. 248 (nw DSchG); Rheinland-Pfalz: Landesgesetz zum Schutz und zur Pflege der Kulturdenkmäler (Denkmalschutz- und Pflegegesetz) v. 23. 3. 1978, GVBl. S. 159 (rh-pf DSchG); Saarland: Gesetz Nr. 1067 zum Schutz und zur Pflege der Kulturdenkmäler im Saarland (saarländisches Denkmalschutzgesetz) v. 12. 10. 1977, ABl. S. 993 (saarl DSchG); Schleswig-Holstein: Gesetz zum Schutz der Kulturdenkmale v. 7. 7. 1958, i.d.F. der Novelle v. 18. 9. 1972, GVBl. S. 165, geändert durch Gesetz v. 9. 12. 1974, GVBl. S. 453 (schlh DSchG).

erfaßter Bauwerke, zum anderen vom Stellenwert des Erhaltungsbelangs gegenüber gegenläufigen Interessen. Die in der Praxis zu beobachtende und im Schrifttum immer wieder beschriebene Ausweitung des modernen Denkmalbegriffs etwa durch Einbeziehung der Gebrauchsarchitektur, der sog. technischen Denkmäler und der Ensembles bis hin zum „historischen Altstadtkern" führt die städtebauliche Gestaltungswirkung des Denkmalschutzes plastisch vor Augen.

Andererseits ist die Erarbeitung und Normierung von Bodennutzungskonzepten auf örtlicher, parzellenscharfer Ebene im Baugesetzbuch[3] in Gestalt der Bauleitplanung gesetzlich geregelt und den Gemeinden als pflichtige Selbstverwaltungsaufgabe zugewiesen. Die Frage der Erhaltung schutzwürdiger Bausubstanz war und ist in diesem Zusammenhang ein zu berücksichtigender Belang – neben zahlreichen anderen.

Bauleitplanung und Denkmalschutz beschäftigen sich demnach beide – aus jeweils unterschiedlichem Blickwinkel – mit dem öffentlichen Interesse an der Erhaltung von Baudenkmälern. Das wirft nahezu zwangsläufig die Frage auf, wie die beiden Regelungskomplexe einander zuzuordnen sind.

Aus der Sicht der Gemeinden, die nach der Rechtslage in Nordrhein-Westfalen nicht nur Träger der Bauleitplanung, sondern auch (unteres) Vollzugsorgan des Denkmalschutzgesetzes sind, kann der Erlaß des Denkmalschutzgesetzes Handlungschance und Entfaltungsbedrohung zugleich bedeuten: Der Erweiterung der Handlungsmöglichkeiten durch erstmaliges Bereitstellen der erforderlichen fachgesetzlichen Handlungsgrundlagen zum Schutz überkommener Bausubstanz steht die zumindest theoretische und potentielle Gefahr gegenüber, daß sich die Frage der Zukunft eines Baudenkmals und seiner Umgebung de jure nicht mehr nur nach den bauleitplanerisch artikulierten, u. U. auch denkmalschädlichen Entwicklungsabsichten der Gemeinde richtet, diese Entwicklungs- und Gestaltungsabsichten vielmehr fachgesetzlich determiniert oder gar unterlaufen werden.

Die vorliegende Untersuchung geht der Frage nach, ob und inwieweit diese theoretische Möglichkeit nach Struktur und Inhalt der einschlägigen Vorschriften real werden kann. Sie interessiert sich für die Zuordnung der beiden Regelungsbereiche aus dem besonderen Blickwinkel der Belange und Absichten der Gemeinden.

Dementsprechend wird in einem ersten Teil zunächst das Fachgesetz daraufhin befragt, ob und inwieweit es für gemeindliche Interessen aufnahmefähig ist. Solches kommt zum einen in Gestalt mehr oder weniger „offener" gesetzlicher Begriffe auf der Tatbestandsseite der einschlägigen Vorschriften in Betracht. Ferner ist an administrative Beurteilungsspielräume bei

[3] Vom 8. Dezember 1986, BGBl. I S. 2253, im folgenden „BauGB".

deren Handhabung zu denken einschließlich der sich ggf. anschließenden Frage, wer kompetenziell zu ihrer inneradministrativ-letztverbindlichen Ausfüllung berufen ist. Dem verwandt ist auf der Rechtsfolgenseite die Aufdeckung und Auslotung gemeindlicher Verhaltensmöglichkeiten in der Erscheinungsform des Handlungsermessens. Dies erfordert – unter den genannten Aspekten – eine Analyse nicht nur der einschlägigen fachgesetzlichen Vorschriften über dem Begriff des Baudenkmals, des Denkmalbereichs und die Rechtsfolgen einer Unterschutzstellung von Bauwerken, sondern auch des zugehörigen Organisationsrechts. Was sich hieraus an Konsequenzen für den Rechtsschutz der Gemeinden im Bereich der Handhabung des Fachgesetzes ergibt, wird exkursartig erörtert.

In einem zweiten Teil geht es um die Rolle des Denkmalschutzes in der Bauleitplanung, wiederum schwerpunktmäßig aus dem Blickwinkel gemeindlicher Gestaltungsmöglichkeiten.

Darauf aufbauend nimmt sodann der dritte und zentrale Teil beide Normenkomplexe zusammen in den Blick und untersucht die Möglichkeit divergierender Entscheidungen, sowie Vorrang-, Präjudizierungs- und Rückbindungsfragen.

Der vierte Teil schließlich befaßt sich mit der Frage, welche Bedeutung der grundgesetzlich verankerten gemeindlichen Selbstverwaltungsgarantie (Art. 28 Abs. 2 GG) für die in dieser Arbeit behandelten Kernfragen zukommt. Aus diesem Blickwinkel werden die bis dahin gewonnenen Ergebnisse verfassungsrechtlich überprüft. Die im Verlauf der Untersuchung bis dort praktizierte weitgehende Beschränkung auf die Interpretation des einfachen Gesetzesrechtes geschieht durchaus bewußt. Sie entspringt der vom Verfasser geteilten Einschätzung, daß in der gegenwärtigen dogmatischen Diskussion und ebenso in mancher Gerichtsentscheidung eine Tendenz zum vorschnellen Rückgriff auf Verfassungsgrundsätze zu beobachten ist, die der Intensität und Qualität der Auslegung einfachen Rechts abträglich ist[4]. Der frühzeitige „Griff nach oben" birgt die Gefahr in sich, daß Interpretationsmöglichkeiten auf der Ebene des einfachen Gesetzesrechts nicht voll ausgeschöpft werden und das Auslegungsergebnis maßgeblich von einem bereits in dieser Phase einbezogenen Verfassungsgrundsatz beeinflußt wird, ohne daß wirklich feststünde, daß die Verfassung ein anderes Ergebnis nicht zuließe[5]. Vielfach wird eine solche vom „Lichte der Verfassung" geprägte Interpretation schon deshalb nicht recht überzeugen, weil die herangezogenen Verfassungsbestimmungen und -grundsätze regelmäßig selbst der Konkretisierung durch nachrangiges Recht bedürfen und dem dabei bestehenden Spielraum des Gesetzgebers nur gewisse äußere

[4] Vgl. Papier, DÖV 1986, 621 (622 f.).

[5] Zur Unterscheidung zwischen einer „echten" und einer „unechten" verfassungskonformen Interpretation Weyreuther, DÖV 1982, 173 (178 f.).

Grenzen setzen. Gerade die für diese Untersuchung wichtige Dogmatik der gemeindlichen Selbstverwaltungsgarantie verdeutlicht Rolle und Gewicht gesetzgeberischen Konkretisierungsauftrags und rechtfertigt derart die gewählte Linie einer (zunächst) primär einfachgesetzlichen Analyse.

Grundlage und Bezugspunkt der Darstellung ist die Rechtslage in Nordrhein-Westfalen. Vergleichende Hinweise auf die Denkmalschutzgesetze der anderen Bundesländer sind an zahlreichen Stellen eingefügt.

Erster Teil

Denkmalschutz im Fachgesetz

I. Die gesetzliche Definition des Baudenkmals

1. Zur Ausgangslage

a) Gegenwärtige Tendenzen der Bausubstanzerhaltung und positives Denkmalschutzrecht

Das Spektrum möglicher Gründe für die gezielte Erhaltung überkommener Bausubstanz durch staatliche Aktivität ist breit. Es umfaßt längst nicht mehr nur den künstlerischen bzw. kunsthistorischen Wert eines Gebäudes und/oder seine geschichtsdokumentierende Funktion. Die Erhaltung kann auch motiviert sein durch das Bestreben nach Milieuschutz[1], nach Psychotopschutz[2], nach Bewahrung eines gewachsenen städtebaulichen Ambiente, einer Identifikationsmöglichkeit mit der gebauten Umwelt. Eine wohnungspolitische Motivation stellt das Ziel der Erhaltung preiswerten Altbauwohnraumes dar[3]. An die Bewahrung historischen Baubestandes knüpfen sich schließlich Hoffnungen auf sozialerzieherische[4], sozialintegrative[5] sowie arbeitsmarktpolitische[6] Impulse. In der Praxis ist das Zusammentreffen, die Überlagerung verschiedener Erhaltungsmotivationen nicht gerade selten[7].

---

[1] § 39 h Abs. 3 Nr. 3 BBauG/§ 172 Abs. 1 Nr. 2 BauGB. Siehe hierzu Battis, Stadterhaltung durch § 39 h BBauG? in: Difu (Hrsg.), Baufreiheit durch Stadtentwicklung, 1978, S. 203 ff., 211 ff.; OVG Lüneburg, NVwZ 1983, 557; OVG Lüneburg ZfBR 1983, 238 m. Anm. Krautzberger S. 241; VG Köln, Der Städtetag 1983, 577. – Allgemein zu § 39 h BBauG ferner Schmidt-Eichstaedt, Der Städtetag 1979, 143; Hörst, StuGR 1979, 92; Gutschow, Der Städtetag 1980, 179; Kiepe, Der Städtetag 1983, 409; Henke, DÖV 1983, 402; ders., Stadterhaltung, S. 94 ff.

[2] VG München, BayVBl. 1974, 649.

[3] Als Instrument dient das Zweckentfremdungsverbot nach Art. 6 § 1 MRVerbG vom 4. 11. 1971 (BGBl. I S. 1745) i.V.m. Verbotsverordnungen der Länder. Siehe hierzu BVerwG, NJW 1980, 1970; VG Berlin, NVwZ 1982, 53. – Zu erwähnen ist ergänzend die wohnungsrechtliche Abbruchgenehmigung bei öffentlich geförderten Wohnungen nach § 12 Wohnungsbindungsgesetz.

[4] Dilcher, FS f. Coing, Bd. II, S. 73 (81).

[5] Dilcher, ebd.

[6] Begründung zum Entwurf des nw DSchG, LT-Drucks. 8/4492, S. 1.

[7] Daraus resultieren eine Reihe schwieriger Abgrenzungsfragen, z. B.: Anforderungen des § 39 h Abs. 3 Nr. 3 BBauG („Milieu-Schutz“) und wohnungspolitische Zielsetzungen (hierzu LG München I, NVwZ 1982, 59; Löhr, NVwZ 1982, 19; Kerbusch,

Der vielschichtige theoretische Hintergrund heutiger[8] Erhaltungsbestrebungen[9], bei dessen Entstehung vor allem Prozesse wie Stadtflucht und Innenstadtverödung, Erkenntnisse zahlreicher Wissenschaftsdisziplinen wie etwa kritische Architektur- und Städtebaulehre[10], Sozialpsychologie[11] und Wohnmedizin, aber auch schlichte ökonomische Überlegungen[12] mitgewirkt und ihren Niederschlag schließlich in politischen Forderungen[13], Bürgerinitiativen[14], städtebaulichen Programmsätzen („erhaltende Erneuerung")[15] und gesetzgeberischen Handlungen[16] gefunden haben, ist einerseits für das Verständnis geltenden Denkmalschutzrechtes wichtig, weil die modernen Denkmalschutzgesetze[17] zeitbezogen vor diesem Hintergrund entstanden sind. Für eine am positiven Recht orientierte Betrachtung sind aber andererseits Erkenntnisse und Forderungen der verschiedenen Fachdisziplinen und Sachbereiche, die sich mit der gebauten Umwelt im allgemeinen und mit der Erhaltungsfrage im besonderen beschäftigen, nur dann von Relevanz, wenn und soweit diese vom Gesetzgeber bei der Definition des Erhaltungswürdigen, der Festlegung des Stellenwertes gegenüber kollidierenden Belangen oder der an die Denkmaleigenschaft geknüpften rechtlichen Folgen normativ umgesetzt worden sind bzw. soweit die gesetzlichen Regelungen für solche fachlichen Entwicklungen, Erkenntnisse und Forderungen aufnahmefähig sind.

Ausgangspunkt einer juristischen Analyse hat die Erkenntnis zu sein, daß der jeweilige Gesetzgeber in den Schranken der Verfassung – namentlich in kompentenzrechtlicher Hinsicht[18] – befugt und beauftragt ist, aus der Viel-

---

NVwZ 1982, 360, sowie mit weiteren Nachweisen Henke, DÖV 1983, 402, 410 ff.). – Dieses und weitere Abgrenzungsprobleme sind durch die Neufassung der Vorschrift in § 172 BauGB nicht beseitigt worden.

[8] Zur Geschichte der Denkmalschutzgesetzgebung Gassner, in: Stich / Burhenne, Denkmalrecht der Länder und des Bundes, Einführung, S. 3 ff.

[9] Vgl. auch die Begründung zum Entwurf des nw DSchG (Anm. 6) S. 1 ff.; kritisch Dilcher (Anm. 4) S. 78 ff.; siehe ferner Bentmann, Hess. Blätter f. Volks- und Kulturforschung, Heft 2/3 1976, S. 213 ff.

[10] Eindringlich Rolf Keller, Bauen als Umweltzerstörung, 1973.

[11] Alexander Mitscherlich, Die Unwirtlichkeit unserer Städte, 1970.

[12] Vgl. die Begründung zum Entwurf des nw DSchG (Anm. 6).

[13] Europäische Denkmalschutz-Charta, DVBl. 1975, 946; Deklaration von Amsterdam, DVBl. 1975, 947.

[14] Drei Beispiele schildert Hardt, Der Landkreis 1978, 183.

[15] Siehe jetzt auch § 1 Abs. 5 Nr. 4 BauGB.

[16] Zusammenstellung der durchweg in den Jahren 1971 bis 1980 (neu) erlassenen Denkmalschutzgesetze der Länder in: Deutsche Denkmalschutzgesetze, hrsg. vom Deutschen Nationalkomitee für Denkmalschutz (Bearbeiter: W. Brönner), Schriftenreihe des Nationalkomitees, Bd. 18, 1982.

[17] Siehe Anm. 16.

[18] Diskutiert wird vor allem die Befugnis des Bundes zum Erlaß denkmalschutzrechtlicher Regelungen (§ 39 h Abs. 3 Nr. 1 und 2 BBauG/§ 172 Abs. 1 Nr. 1 BauGB); hierzu Watzke, Denkmalschutz- und Stadtplanungsrecht, S. 122 ff.; Friauf / Wendt, Arbeiterwohnsiedlungen, S. 53 ff.; siehe auch Dritter Teil bei Anm. 133.

zahl möglicher Gründe diejenigen Eigenschaften, Aufgaben oder Umstände auszuwählen und zu umschreiben, um deretwillen Gebäude von Gesetz wegen als erhaltungwürdig anzusehen sind. Ebenso ist es seine Sache, den so umschriebenen Bereich des Erhaltungswerten zur Gänze mit einem gesetzlichen Begriff des Denkmals zu etikettieren oder auch den juristischen Baudenkmalbegriff auf einige der geregelten Tatbestände zu beschränken. Nicht jede konkrete Forderung nach Erhaltung eines Gebäudes, einer Häuserzeile oder eines Stadtviertels hat deshalb, auch wenn sie sachlich noch so einsichtig und berechtigt erscheint, per se etwas mit dem gesetzlichen Denkmalschutz zu tun. Umgekehrt ist es z. B. aus juristischer Sicht müßig, losgelöst von gesetzlicher Begriffsbestimmung darüber zu streiten, ob der sogenannte Milieuschutz zum Denkmalschutz zählt oder nicht[19]. In den Grenzen der Verfassung ist der Bundes- oder Landesgesetzgeber durchaus nicht gehindert, die um eines bestimmten Milieus willen bejahte Schutzbedürftigkeit von Gebäuden begrifflich dem Baudenkmalschutz zuzuschlagen[20]. Ob er sich damit von einem wie auch immer gearteten fachwissenschaftlichen Denkmalbegriff[21] und dem Selbstverständnis der institutionalisierten Denkmalpflege absetzen würde, wäre rechtlich unerheblich.

Freilich ist der Gesetzgeber im Grundsatz ebensowenig gehindert, einen gegenwärtig herrschenden fachwissenschaftlichen Denkmalbegriff zu rezipieren – vorausgesetzt, ein solcher existiert überhaupt – oder auch im Interesse größerer Entwicklungsdynamik auf wandelbare außerrechtliche, fachwissenschaftliche Maßstäbe und Standards zu verweisen. Ob dem so ist, muß die Analyse geltenden Rechts zeigen. Für diese gilt zunächst ein, wenn man so will, formaler Ansatz: (Bau-)Denkmal sind nicht die heute von Fachspezialisten oder interessierten Kreisen der Öffentlichkeit für erhaltungswürdig gehaltenen Bauwerke, sondern diejenigen baulichen Anlagen, deren Erhaltungswürdigkeit der Gesetzgeber aus bestimmten von ihm formulierten Gründen und Zwecken bejaht und die er, bzw. in seinem Auftrag die Verwaltung, deshalb als Denkmal im Rechtssinne bezeichnet[22].

---

[19] Gegen eine Instrumentalisierung des Denkmalschutzes zugunsten der Milieuerhaltung aus denkmalpflegerischer Sicht H. C. Hoffmann, Die alte Stadt (ZSSD) 1980, S. 169; vgl. ferner Dilcher (Anm. 4) S. 73 ff., 81 ff.; Moench, NVwZ 1984, 146 (148); Kummer, Denkmalschutzrecht, S. 24, Watzke, ZfBR, 1981, 10 (11 f.).

[20] Die Begründung zum nw Gesetzentwurf (Anm. 6) legt die Vermutung nahe, daß auch die Erhaltung von Bausubstanz um ihrer sozialen Funktion willen zum Denkmalschutz rechnet.

[21] Zum Denkmalbegriff aus kunsthistorischer Sicht T. Breuer, in: Gebeßler / Eberl (Hrsg.), Schutz und Pflege, S. 22 ff.

[22] Das erste, nicht aber das zweite Merkmal trifft z. B. zu auf das Zweckentfremdungsverbot nach Art. 6 § 1 MRVerbG.

b) Regelungsbedarf und Regelungstechnik

Für den Baudenkmalschutz gilt die von Weyreuther[23] für den Naturschutz getroffene Feststellung entsprechend: Daß Baudenkmäler schützenswert sind und daß sie gesetzlichen Schutz genießen, besagt noch wenig. Es kommt entscheidend darauf an, welcher Bausubstanz gegenüber welchen anderen gegenläufigen Interessen letztlich Schutz zuteil wird. Die ausgeprägte Konflikteignung und -neigung hinsichtlich anderer Interessen teilt der Baudenkmalschutz mit praktisch allen bodenbezogenen Belangen, d. h. mit solchen Interessen, die sich auf die Nutzung von Grund und Boden richten. Mit dem Erhaltungsinteresse wird häufig das des Eigentümers an anderweitiger Nutzung seines Grundstücks in Widerstreit treten, zwangsläufig ist diese Frontstellung aber keineswegs[24]. Ebensogut kann ein Interessengegensatz zu anderen öffentlichen Belangen eintreten. Als Beispiel seien verkehrsplanerische Notwendigkeiten genannt.

Sollen Baudenkmäler gesetzlich geschützt werden, so erfordert dies deshalb zu einem ganz wesentlichen Teil die Zuordnung des Erhaltungsinteresses zu anderen potentiell oder aktuell kollidierenden öffentlichen oder privaten Interessen. Für die Interpretation geltenden Rechts ist es wichtig sich ins Bewußtsein zu rufen, daß die erforderlichen Konfliklösungen regelungstechnisch dem Idealtyp nach auf zweierlei Weise denkbar sind, begriffs*extern* oder begriffs*intern*[25]. Der erste Weg wird, ganz allgemein gesprochen, beschritten, wenn ein bestimmtes Interesse zunächst „für sich", d. h. ohne Rücksicht auf gegenläufige Gesichtspunkte formuliert und zum öffentlichen Belang erhoben wird, um es sodann mit kollidierenden Belangen zu konfrontieren und seinen Stellenwert zu fixieren. Die zweite Möglichkeit bedeutet – wiederum idealtypisch – die Verlagerung von Kollisionen in ein bestimmtes gesetzlich formuliertes Interesse hinein. Eine solche Regelung wäre etwa eine gesetzliche Definition des Baudenkmals, welche (nur) das Objekt zum Denkmal erklärt, welches nach Abwägung sämtlicher betroffenen privaten wie öffentlichen Belange letztlich als schutzwürdig einzustufen ist. Mischformen sind möglich und in zahlreichen Gesetzen anzutreffen: Bestimmte Gegengesichtspunkte fließen bereits in die gesetzliche Definition des jeweiligen Interesses ein (begriffsinterne Kollision), andere spielen erst im Rahmen begriffsexterner Konfliktnormen eine Rolle. Ein Beispiel für eine partiell begriffsimmanente Kollisionslösung wäre eine Denkmaldefinition, die den erforderlichen finanziellen Instandsetzungs-/Erhaltungsauf-

---

[23] Situationsgebundenheit, S. 13 ff.

[24] Vielfach erstreben die Eigentümer die Eintragung ihres Objektes in die Liste um der daran anknüpfenden steuerlichen Vorteile willen. Siehe hierzu den Bericht des Kölner Stadtanzeigers vom 5. 12. 1984, S. 19. Zu den steuerlichen Vorteilen vgl. die Kommentierung von Gahlen / Schönstein zu § 40 nw DSchG.

[25] Vgl. zum folgenden Weyreuther, Situationsgebundenheit, S. 13 ff.

wand und seine Relation zum Nutzungswert/-ertrag des Bauwerkes für erheblich, andere gegenläufige Gesichtspunkte jedoch für unerheblich erklärt.

Schon ein erster Blick auf das geltende Denkmalschutzrecht zeigt, daß in keinem Gesetz die rechtliche Denkmaleigenschaft schlechthin davon abhängig gemacht wird, daß sich im Konfliktfall die Erhaltungsinteressen durchsetzen[26]. Mit anderen Worten: Mit ihrem Zurücktreten gegenüber sonstigen Belangen entfällt die Durchsetzbarkeit des Erhaltungsinteresses, nicht aber zugleich die gesetzliche Baudenkmaleigenschaft. Eine theoretisch wohl denkbare rein begriffsinterne Kollisionslösung findet sich im geltenden Denkmalschutzrecht nicht.

Auf der anderen Seite enthält bereits die gesetzliche Begriffsfestlegung in je nach Ausgestaltung unterschiedlichem Maße konfliktregelnden Charakter. Die dort allenthalben verwendeten „offenen Begriffe" wie „öffentliches Interesse" oder „städtebauliche Bedeutung" erfordern ihrer Natur nach regelmäßig eine abwägende, wertende Verarbeitung von Gesichtspunkt und Gegengesichtspunkt, Argument und Gegenargument. Angesichts dessen gibt es im Denkmalschutzrecht – wie regelmäßig auch in anderen Bereichen – nicht ein Entweder-Oder, sondern ein Verteilungsproblem. Zu klären ist, welche Gegengesichtspunkte bereits bei der Frage der Denkmaleigenschaft berücksichtigungsfähig und -bedürftig sind und gegebenenfalls zur Verneinung dieses Prädikats führen können, und welche anderen erst im Rahmen begriffsexterner Kollisionsnormen eine Rolle spielen. Daß diese Alternative keineswegs nur den Stellenwert juristischer Begriffsspielerei, sondern erhebliche praktische Bedeutung hat, wird die Darstellung der bereits an die Denkmaleigenschaft anknüpfenden Rechtsfolgen und die Analyse der begriffsexternen Kollisionsregelungen erweisen.

2. Zu Inhalt und Struktur der gesetzlichen Definitionsnorm

a) Die Funktion des Merkmals „öffentliches Interesse"

Die gesetzliche Definition in § 2 nw DSchG[27] geschieht in zwei Schritten. Zunächst wird in verbreiteter generalklauselartiger Definitionstechnik das

---

[26] Dies folgt bereits aus dem in allen Denkmalschutzgesetzen enthaltenen Genehmigungsvorbehalt für denkmalbeeinträchtigende Maßnahmen: § 9 nw DSchG; §§ 8, 15 bad-würt DSchG; Art. 6 bay DSchG; § 10 bln DSchG; § 10 brem DSchG; § 9 hamb DSchG; § 10 nds DSchG; § 13 rh-pf DSchG; § 12 saarl DSchG; § 9 schlh DSchG, § 16 hess DSchG.

[27] Vgl. auch § 2 Abs. 1 bad-würt DSchG; Art. 1 Abs. 1 bay DSchG; § 2 Abs. 2 bln DSchG; § 2 Abs. 1 brem DSchG; § 2 Abs. 1 hamb DSchG; § 2 Abs. 1 hess DSchG; § 3 Abs. 2 nds DSchG; § 3 rh-pf DSchG; § 2 Abs. 1 saarl DSchG; § 1 Abs. 2 schlh DSchG; dazu Erbguth / Paßlick / Püchel, Denkmalschutzgesetze, S. 6 ff.; H. Dieterich / B. Dieterich, ZfBR 1984, 63 ff.; siehe ferner die umfangreiche Materialzusammenstellung bei Moench, NVwZ 1984, 146.

öffentliche Interesse an der Erhaltung und Nutzung baulicher Anlagen (oder von Teilen derselben) zum maßgeblichen Kriterium erhoben (§ 2 Abs. 2 S. 1 i.V.m. § 2 Abs. 1 S. 1 nw DSchG). Sodann wird dieses öffentliche Interesse präzisiert durch zwei Merkmalsgruppen, nämlich der – unter bestimmten Aspekten zu prüfenden – Bedeutung des Bauwerkes (für die Geschichte des Menschen, für Städte und Siedlungen, für die Entwicklung der Arbeits- und Produktionsverhältnisse) sowie der – ebenfalls unter bestimmtem Blickwinkel zu beurteilenden – Erhaltungs- und Nutzungsgründe.

Bei der näheren Betrachtung dieses Vorgehens des Gesetzgebers drängt sich die Frage auf, welche Funktion in diesem Kontext dem öffentlich-rechtlichen Standardbegriff des öffentlichen Interesses zukommt. Bei undifferenziertem und, wie sich erweisen wird, jedenfalls für das nordrhein-westfälische Recht voreiligem Vorgehen mag man dazu neigen, mit diesem aus zahllosen Gesetzen vertrauten Begriff[28] nicht nur die Eigenschaften „Offenheit" und „Einzelfallbezogenheit" zu assoziieren, sondern darüber hinaus die gesetzliche Verwendung dieses Begriffes als Auftrag zur abwägenden Berücksichtigung aller konkret in Betracht kommenden öffentlichen und privaten Belange mißzuverstehen. Dergestalt würde das öffentliche Interesse zum Einfallstor für letztlich wohl alle Gesichtspunkte und Gründe, die gegen die Erhaltung sprechen, wie z. B. der erforderliche Instandsetzungs-/Unterhaltungsaufwand oder auch die finanzielle Leistungsfähigkeit der Gemeinde, die durch gesetzliche Übernahmeansprüche jedenfalls theoretisch tangiert werden kann[29]. Erforderlich ist demgegenüber ein genauer Blick auf den normativen Kontext[30]. Seine Beachtung ergibt für das nordrhein-westfälische Recht, daß die Deutung als Auftrag zu einer Gesamtabwägung[31] die konkrete Art und Weise der Verwendung dieses Begriffs vernachlässigt[32]. Der Gesetzgeber ist in Nordrhein-Westfalen den Weg gegangen, den Begriff des öffentlichen Interesses durch die genannten Merkmalsgruppen selbst zu konkretisieren und dies nicht nur beispielhaft oder regelhaft, sondern abschließend. Dieser Zusammenhang zwischen generalklauselartiger Definition und anschließender Konkretisierung läßt sich typologisch als eine „absorptive In-sich-Verweisung"[33] kennzeichnen. Das hat zwar keine prinzipielle Beseitigung, aber doch eine graduelle Minderung der Offenheit des gesetzlichen Denkmalbegriffs zur Folge. Die abschließende Aufzählung der genannten Merkmalsgruppen legt die

---

[28] Häberle, Öffentliches Interesse, S. 32 ff.; Rupp, Wohl der Allgemeinheit, S. 116 ff.

[29] Nachweise zu einer solchen Judikatur bei Dieterich / Dieterich (Anm. 27).

[30] Rupp, Wohl der Allgemeinheit, S. 120 f.; richtig deshalb die Differenzierungsbemühungen bei Dieterich / Dieterich (Anm. 27).

[31] Rothe, § 1, Rn. 9, § 3, Rn. 6; ders., StuGR 1981, 382.

[32] Dabei geht es hier noch gar nicht um die gesamtgesetzliche Systematik, sondern allein um die Definitionstechnik innerhalb von § 2 nw DSchG.

[33] Häberle (Anm. 28) S. 228.

berücksichtigungsfähigen Prüfungs- und Argumentationsebenen fest und schließt damit zugleich nicht genannte Aspekte als Material für Konkretisierungsbemühungen hinsichtlich des öffentlichen Interesses aus und zwar in positiver, wie in negativer, d. h. den Erhaltungsinteressen entgegenstehender Hinsicht.

Bei einer solchen Gesetzestechnik der abschließenden Auflösung einer offenen Definition durch zumindest tendenziell präzisere Gesichtspunkte ohne zusätzliche Wertungsmöglichkeit kommt dem Begriff des öffentlichen Interesses ein nur deklaratorischer Charakter zu[34]: Er faßt gesetzlich genannte konkretere Definitionselemente zusammen[35]. Für die Gesetzesanwendung entfaltet er keine eigenständige Bedeutung: Hätte der Gesetzgeber das Baudenkmal ohne Zwischenschaltung des „öffentlichen Interesses“ sogleich mit den genannten Merkmalen definiert, so wäre aus deren Charakter ohne weiteres zu erschließen, daß er in unausgesprochener, verdeckter Form ein öffentliches Erhaltungsinteresse zu konkretisieren bemüht ist.

Daraus folgt: Der in concreto nur deklaratorisch verwandte Begriff des öffentlichen Interesses gibt keine Handhabe zu einer umfassenden Interessenabwägung und damit zu einer Einbeziehung der oben beispielhaft genannten Gesichtspunkte in die Prüfung des Denkmalbegriffs. Die Berücksichtigungsfähigkeit von (Gegen-)Gesichtspunkten richtet sich vielmehr nach den gesetzlich genannten Merkmalsgruppen und dem Einzugsbereich der durch sie festgelegten Argumentationsebenen.

b) Das Verhältnis der Merkmale und Merkmalsgruppen zueinander

Innerhalb der Merkmalsgruppen „Bedeutung“ und „Erhaltungs-/Nutzungsgründe“ sind die einzelnen Elemente[36] nicht durchweg als systematische Aufreihung auf gleicher Ebene stehender und einander ergänzender Begründungskategorien interpretierbar. Es ist offenbar vielmehr so, daß der Gesetzgeber Aspekte genannt hat, die ihm wichtig erscheinen, ohne sich jedoch um die Frage ihrer Zuordnung zueinander Gedanken zu machen. So dokumentiert z. B. die Kategorie „bedeutend für die Entwicklung der Arbeits- und Produktionsverhältnisse“ den gesetzgeberischen Willen zur Einbeziehung der sogenannten technischen bzw. Industriedenkmäler. Die Entwicklung der Arbeits- und Produktionsverhältnisse ist aber nichts anderes als ein Zweig, ein Bereich der „Geschichte des Menschen“, so daß entwicklungsgeschichtlich bedeutende Industriedenkmäler bereits von dieser

---

[34] A. A. Friauf / Wendt; Arbeiterwohnsiedlungen, S. 85; Moench, NVwZ 1984, 148 m.w.N.; OVG Lüneburg, NVwZ 1983, 231; OVG Berlin, NVwZ 1986, 239.

[35] Ähnlich Hönes, NVwZ 1983, 212.

[36] Eingehende Rechtsprechungsnachweise zu den einzelnen Erhaltungsgründen bei Moench, NVwZ 1984, 146 ff.

im Grunde sämtliche historischen Dimensionen aufsaugenden Oberkategorie absorbiert werden. In ähnlicher Weise tendieren „wissenschaftliche Nutzungs-/Unterhaltungsgründe“ dazu, künstlerische, volkskundliche und städtebauliche Aspekte in sich aufzunehmen, weil sich das wissenschaftliche Interesse potentiell allem zuwenden kann. Angesichts dessen wäre es ein vergebliches Unterfangen, die einzelnen Bedeutungskategorien und Erhaltungsgründe jeweils so interpretieren zu wollen, daß ihnen allen ein je eigener Anwendungsbereich verbleibt[37].

Zweifelhaft und klärungsbedürftig ist aber das Verhältnis der beiden Merkmalsgruppen „Bedeutung“ und „Erhaltungsgründe“ zueinander. Bei unbefangener Betrachtung des Gesetzeswortlautes ergibt sich der erstaunliche Befund, daß die Bedeutung eines Bauwerkes unter den genannten Aspekten noch nicht zur Denkmalwürdigkeit führt, vielmehr zusätzlich noch bestimmte Erhaltungs- und Nutzungsgründe geprüft und bejaht werden müssen. Welche, so fragt sich, bei dem Merkmal der Bedeutung noch nicht zu berücksichtigenden Gesichtspunkte für eine Erhaltung und Nutzung sind hier gemeint? Zwei Lösungsmöglichkeiten für dieses Interpretationsproblem[38] bieten sich an:

Die erste besteht darin, den Gesetzgeber beim Wort zu nehmen und die logisch-begriffliche Kumulierung zweier Merkmalsebenen für gewollt zu halten. Soll diese Zweischichtigkeit einen Sinn haben, so muß den beiden Ebenen eine zumindest teilweise je eigene Prüfungsrelevanz zukommen. Dies läßt sich erreichen, indem man die Anforderungen an die „Bedeutung“ reduziert, d. h. den Kreis denkmalverdächtiger Objekte sehr weit faßt und die Kategorie der Erhaltungsgründe sodann als wieder verengendes Regulativ begreift[39].

Der zweite Weg löst sich von der wortlautorientierten Betrachtung. Wer ihn beschreitet, sieht den Sinn der Regelung nicht in der Zweischichtigkeit sachlich eigenständiger Anforderungen, sondern in dem inhaltlichen Zusammenhang von „Bedeutung“ und „Erhaltungsgründen“: Die Frage der Bedeutung ist unter dem Blickwinkel der Erhaltungsgründe anzugehen, ihre Bejahung indiziert die Erhaltungsgründe oder präjudiziert sie sogar. Aus dem kumulierenden „... und ...“ wird derart ganz oder weitgehend ein „... so, ... daß ...“[40].

---

[37] Zutreffend VG Münster, DVBl. 1984, 643; entsprechend zu den „Erhaltungsgründen“ Gahlen / Schönstein, Denkmalschutzrecht, § 2, Anm. 14.

[38] Kritisch zur Gesetzesformulierung Friauf / Wendt, Arbeiterwohnsiedlungen, S. 81.

[39] In ähnl. Weise versteht Namgalies, DÖV 1984, 239 unter Berufung auf OVG Lüneburg, NVwZ 1983, 231 (233), das „öffentliche Interesse“ als Korrektiv der weit zu fassenden „Bedeutung“; ebenso VG Münster, DVBl. 1984, 644; Herter, in: Gebeßler / Eberl (Hrsg.), Schutz und Pflege, S. 237 (240); Haas-Traeger, DÖV 1981, 402 ff. und 959; Moench, NVwZ 1984, 146 (148); im Ergebnis ähnlich für das nw Recht Friauf / Wendt, Arbeiterwohnsiedlungen, S. 85.

Diese Frage bedürfte keiner vertieften Erörterung, wenn es nur darum ginge, ob ein Bewertungsvorgang rechtlich in zwei Schritte aufgespalten ist oder in einem geschieht, im übrigen aber der Kreis der einschlägigen Gesichtspunkte feststeht. Am Beispiel verdeutlicht: Man kann ein Gebäude für bedeutend halten, weil es einen bestimmten historischen Bautyp verkörpert und dennoch Erhaltungsgründe verneinen, weil sich die Substanz nur noch zu einem sehr geringen Teil in originalem Zustand befindet und wesentlich originalere Exemplare dieses Typs noch vorhanden sind (zwei Schritte) oder man verneint in zusammenfassender rechtlicher Bewertung bereits die Bedeutung. Zieht man den Kreis der für die Denkmaleigenschaft zu prüfenden Gesichtspunkte so eng, daß sich alle Aspekte zwanglos schon bei der Frage der Bedeutung verwerten lassen – wie im obigen Beispiel –, dann spricht mehr für den genannten zweiten Weg zur Handhabung der so oder so gesetzestechnisch nicht geglückten[41] gesetzlichen Definition. Denn er vermeidet es, den zwar zahlreichere Elemente berücksichtigenden, letztlich aber in einer Gesamtschau würdigenden Bewertungsvorgang der Feststellung der Denkmaleigenschaft aus rechtlicher Sicht künstlich aufzuspalten und zu einem der Sache unangemessenen Subtraktionsverfahren zu machen.

Die Frage nach dem systematischen Verhältnis der die Denkmaleigenschaft konstituierenden Merkmalsgruppen führt aber nicht nur zu diesem „kleinen" Verteilungsproblem, sondern rückt das bereits erwähnte grundsätzliche Kollisionsproblem in den Blickpunkt. Das zur Bedeutung hinzutretende Merkmal der Erhaltungsgründe/Nutzungsgründe veranlaßt zu erwägen, ob und inwieweit gegen eine Unterschutzstellung sprechende Gesichtspunkte, genauer: solche, die sich mit dem Merkmal der Bedeutung (positiv oder negativ) nicht fassen lassen, in den Denkmalbegriff eingehen und zur Verneinung der Denkmalwürdigkeit trotz Bedeutung des Bauwerkes führen können. Dem ist im folgenden nachzugehen.

c) Zweistufigkeit des Denkmalbegriffs und Gesamtabwägung?

Die Frage nach der Aufnahmefähigkeit der gesetzlichen Begriffsmerkmale stellt sich z. B. hinsichtlich der Aspekte des Erhaltungszustandes[42], der technischen Erhaltbarkeit eines Bauwerks[43], der Finanzierbarkeit von Restaurierungs- bzw. Erhaltungsmaßnahmen durch private Eigentümer

---

[40] Dahin tendierend VG Köln, Urt. v. 1. 2. 1983, AU S. 8; ähnlich Brönner, Denkmalwert, S. 15 ff.

[41] Ebenso die Kritik bei Friauf / Wendt, Arbeiterwohnsiedlungen, S. 81.

[42] Hierzu VGH Mannheim, DVBl. 1983, 466.

[43] OVG Lüneburg, NJW 1980, 307 (308) („Kanalpackhaus"): Technische Erhaltbarkeit muß positiv feststehen; zustimmend VG Münster, Urt. v. 22. 3. 1983 – 2 K 913/81 – AU S. 9.

und/oder die öffentliche Hand[44], der Beeinträchtigung von sonstigen Interessen des Eigentümers[45] und der Kollision mit Planungsvorstellungen und Entwicklungsabsichten der Gemeinde[46].

Die Antwort ist in mehreren Schritten zu suchen. Zunächst ist der diesbezügliche Gehalt der Begriffsmerkmale selbst unter besonderer Berücksichtigung der gesamtgesetzlichen Systematik auszuloten. Zum anderen sind verfassungsrechtliche Direktiven zu untersuchen, die an das einfachgesetzliche Recht und insbesondere die Begriffsbestimmung des Baudenkmales möglicherweise Anforderungen stellen, welche auf dessen Auslegung durchschlagen. Aus individualrechtlicher Sicht ist im Hinblick auf die mit der Denkmaleigenschaft verbundenen Rechtsfolgen für den Eigentümer an Art. 14 GG zu denken. Aus dem Blickwinkel der Gemeinde könnte die Selbstverwaltungsgarantie des Art. 28 Abs. 2 GG unter dem Stichwort „Planungshoheit" eine Rolle spielen. Der letztgenannte verfassungsrechtliche Aspekt steht entsprechend dem generellen Anliegen dieser Untersuchung hier im Vordergrund. Ihm nachzugehen erscheint jedoch erst sinnvoll, wenn die rechtliche Bedeutung der Baudenkmaleigenschaft eines Gebäudes oder einer Gebäudegruppe für die Gemeinde geklärt ist. Das erfordert einen Überblick über das gesetzliche Instrumentarium des nw DSchG[47]. Darüber hinaus darf die verfassungsrechtliche Würdigung der einfachgesetzlichen Rechtslage nicht verkürzend nur das Fachgesetz in den Blick nehmen. Die Rechtsstellung der Gemeinden wird dann erst voll erfaßt, wenn deutlich wird, welche Entscheidungs- und Gestaltungsmöglichkeiten im Hinblick auf den Baudenkmalschutz den Gemeinden durch das Instrumentarium der Bauleitplanung im BauGB zugewiesen und wie diese Regelungen dem fachgesetzlichen Denkmalschutz zuzuordnen sind[48]. Der verfassungsrechtliche Blickwinkel der kommunalen Planungshoheit wird deshalb vorerst ausgeblendet.

aa) Der Wortlaut der gesetzlichen Definition läßt eigentlich keine Zweifel zu, wie die eingangs aufgeworfene Frage zu beantworten ist. Es genügt, wenn bestimmte Gründe *für* die Erhaltung und Nutzung eines Bauwerkes vorliegen, von einem Überwiegen solcher Gesichtspunkte gegenüber widerstreitenden Belangen ist nicht die Rede. Selbst wenn die oben beispielhaft genannten Gegengesichtspunkte bei einer konkreten, abwägenden Gegenüberstellung mit den Erhaltungsgründen als gewichtiger einzustufen sein

---

[44] OVG Lüneburg, a.a.O. (Anm. 43); Landschaftsverband Westfalen-Lippe (Hrsg.), Denkmalpflege in Westfalen-Lippe 1982, Nr. 5, S. 3.

[45] OVG Lüneburg, a.a.O. (Anm. 43).

[46] Siehe hierzu beispielhaft die Kontroverse um die Erhaltung des Residenz-Lichtspieltheaters in Bonn, Bericht des Rhein-Sieg-Anzeigers vom 21. 3. 1983.

[47] Dazu unten, II.

[48] Dazu unten, Zweiter und Dritter Teil.

sollten, läßt sich doch rein sprachlich nicht leugnen, daß trotz dieser Gewichtung nach wie vor Gründe für die Erhaltung vorliegen.

bb) Wer diese Wortlautinterpretation noch nicht als ausreichend ansieht, müßte sich zu der genannten Antwort jedenfalls durch die gesamtgesetzliche Systematik genötigt sehen:

Die Lösung der Kollision zwischen dem Erhaltungsinteresse und anderen öffentlichen Interessen hat das Gesetz ausdrücklich dem Erlaubnisverfahren nach § 9 nw DSchG bzw. anderweitigen gesetzlichen Entscheidungsverfahren[49] zugeordnet. Damit hat sich der Gesetzgeber für eine begriffsexterne Kollisionsregelung entschieden: Die Frage der Erhaltungswürdigkeit soll von widerstreitenden öffentlichen Belangen freigehalten werden. Wer demgegenüber schon beim Denkmalbegriff die beschriebene Abwägung vornimmt, entzieht der hierfür vorgesehenen Kollisionsnorm zumindest teilweise ihren Regelungsgegenstand. Dieses Ergebnis steht außer Frage jedenfalls für diejenigen öffentlichen Interessen, die im Rahmen von § 9 Abs. 2 lit. b nw DSchG berücksichtigungsfähig sind, unabhängig davon, ob sie nach ihrem Gewicht und der anzustellenden Erforderlichkeitsprüfung in concreto durchsetzungsfähig sind. Aber auch für solche öffentlichen Belange, an deren genereller Berücksichtigungsfähigkeit im Rahmen von § 9 Abs. 2 lit. b nw DSchG Zweifel bestehen – dies gilt namentlich für den Komplex der finanziellen Belastung der Gemeinden durch drohende Übernahmeansprüche[50] –, bedeutet allein schon die Existenz einer besonderen Kollisionsnorm ein hinreichend gewichtiges Indiz dafür, daß die Denkmaleigenschaft von diesen Aspekten schlechthin unberührt bleiben soll.

Entsprechendes gilt für den Konflikt mit privaten (Eigentümer-)Interessen. Die den Eigentümer treffenden Instandhaltungs- und Nutzungspflichten sind Gegenstand spezieller Regelungen (§§ 7, 8 nw DSchG) und durch diese auf das zumutbare Maß beschränkt. Das verbietet die abwägende Berücksichtigung solcher gesetzlichen Folgelasten schon beim Denkmalbegriff. Hinsichtlich des Konfliktes mit privaten Nutzungsinteressen, die typischerweise auf einen Abbruch des Gebäudes hinauslaufen, ist ebenfalls auf die Existenz einer begriffsexternen Konfliktnorm – selbst wenn diese hierfür letztlich nicht aufnahmefähig sein sollte[51] – sowie vor allem auf die gesetzlichen Ansprüche auf Übernahme (§ 31 nw DSchG) und Entschädigung (§ 33 nw DSchG) hinzuweisen.

---

[49] § 9 Abs. 3 nw DSchG.

[50] Dazu unten, V 2 a.

[51] Angesichts der Struktur des § 9 Abs. 2 nw DSchG geht aber der häufiger anzutreffende Hinweis zu weit, eine Abwägung im Rahmen der Denkmaleigenschaft verbiete sich auch deshalb, weil das Schicksal des Baudenkmals zu diesem Zeitpunkt noch „offen" sei. So aber Dieterich / Dieterich (Anm. 27) S. 67. Rein private Belange sind aber im Genehmigungsverfahren nicht berücksichtigungsfähig. Zum ganzen näher unten, V 1 a.

cc) Gestützt werden diese Überlegungen durch teleologische Aspekte. Wegen der gesetzlichen Pflicht zur Eintragung von Baudenkmalen in die Denkmalliste[52] stellte und stellt sich die Frage der Denkmaleigenschaft mit Inkrafttreten des Gesetzes und nicht erst anläßlich etwa eines Abrißantrages oder einer behördlichen Planfeststellung. Zu diesem frühen Zeitpunkt sind in Betracht kommende widerstreitende Interessen oft noch nicht überschaubar, vor allem aber Veränderungen zugänglich.[53] Entgegenstehende Planungsabsichten der Gemeinde oder anderer Planungsträger können aus den verschiedensten Gründen wieder entfallen. Ob genügend öffentliche Erhaltungszuschüsse zur Verfügung stehen werden und für wie lange läßt sich häufig noch ebenso wenig absehen[54], wie die Entwicklung der Restaurationstechnik. Substanzerhaltende Nutzungskonzepte erscheinen mitunter nicht ausgeschlossen, müssen vielfach aber noch entwickelt werden. All dies bereits im Zeitpunkt der Entscheidung über die Denkmalwürdigkeit abwägend zu berücksichtigen, bedeutet nicht nur eine Überlastung und Verzögerung des Eintragungsverfahrens, sondern vermindert auch die Chance zur letzlichen Erhaltung. Dem gesetzgeberischen Ziel eines effektiven Schutzes der Baudenkmäler entspricht aber nur einer Sichtweise, die den Konflikt zwischen Erhaltungsgründen und widerstreitenden Interessen erst dann und dort austrägt und rechtlich regelt, wenn er sich wirklich konkretisiert hat, unausweichlich geworden ist. Dieser Zeitpunkt mag im Einzelfall mit der Eintragungsentscheidung zusammenfallen, notwendig oder auch nur typisch ist das jedoch nicht.

dd) Diese Erwägungen führen zu folgendem Schluß: Weder die Umschreibung der Denkmalwürdigkeit mit dem „öffentlichen Interesse", noch die Zweistufigkeit der Prüfung in „Bedeutung" und „Erhaltungsgründe" gebietet oder legitimiert die abwägende Berücksichtigung von öffentlichen oder privaten Interessen, die gegen eine Unterschutzstellung als Baudenkmal sprechen. Die rechtliche Denkmaleigenschaft bleibt hiervon unberührt[55].

Für das erörterte Verhältnis der gesetzlichen Merkmalsgruppen zueinander folgt hieraus: Eine je eigene Prüfungsrelevanz derart, daß unter „Bedeutung" die für eine Erhaltung sprechenden Gesichtspunkte fallen, während das Tatbestandsmerkmal der „Erhaltungsgründe" eine umfassende Interessenabwägung mit anderen Gesichtspunkten zuläßt oder fordert, kommt ihm nicht zu. Es geht vielmehr eindimensional um den Aspekt, ob hinreichend gewichtige Argumente für eine Erhaltung vorliegen. Deshalb

---

[52] Vgl. unten, II 1.

[53] Ebenso Beninde / Martin, VR 1985, 16 (18).

[54] Auch dies spricht gegen Rothe, § 1, Rn. 9 und § 9 Rn. 6; ähnlich wie hier OVG Lüneburg, NVwZ 1984, 741 (743).

[55] I.E. wie hier z. B. Dieterich / Dieterich (Anm. 27); OVG Koblenz, DÖV 1984, 75 m. Anm. Hönes; ders., DVBl. 1984, 413 (417); ders., NVwZ 1983, 213 f.; ders., DÖV 1983, 332; ders., DÖV 1984, 671 (673).

erscheint diejenige Lesart der Definitionsnorm[56] vorzugswürdig, die die Merkmalsgruppen „Bedeutung“ und „Erhaltungsgründe“ inhaltlich aufeinander bezieht: „... so bedeutend, daß ...“.

d) Städtebauliche Erhaltungsgründe und Gesamtabwägung?

Das bisherige aus der Strukturanalyse der gesetzlichen Definition und der gesamtgesetzlichen Systematik gewonnene Ergebnis schließt nicht aus, daß der argumentative Einzugsbereich einzelner gesetzlicher Bedeutungsebenen einen Akt der Gesamtbewertung vorhandener Bausubstanz ermöglicht oder fordert. Als Gegenstand solcher Erwägungen kommen die städtebauliche Bedeutung eines Bauwerks bzw. die städtebaulichen Erhaltungsgründe in Betracht. Kennzeichnend für den noch nicht befriedigend ausgeloteten Gehalt dieser Kategorie[57] ist die knappe Bemerkung von Gahlen / Schönstein[58], städtebauliche Gründe (für die Erhaltung und Nutzung) lägen vor, wenn stadtplanerische und -gestalterische Überlegungen die Erhaltung der Objekte fordern. Eine solche Formulierung legt die Frage nahe, ob die Begriffsbestimmung in diesem Teil eine sachliche Verweisung auf die Betätigung von Stadtgestaltungs- und Planungswillen enthält und derart die Feststellung der Denkmaleigenschaft insoweit im Ergebnis selbst zu einer Planungsentscheidung werden läßt. Sind städtebauliche Erhaltungsgründe und damit die Denkmaleigenschaft etwa zu verneinen, wenn das Einzelbauwerk oder die Häuserzeile dem planerischen Konzept der Gemeinde nicht entspricht, sei es, weil der Fläche eine andere Funktion zugedacht ist (z. B. Verkehr) oder weil anderweitige Stadtgestaltungsabsichten bestehen (z. B. Abriß einer Fachwerkhauszeile zugunsten einer künftigen städtebaulichen Dominante)?[59]

Daß sich an die Bejahung dieser Frage eine Reihe schwieriger Folgeprobleme knüpfen würde, sei nur nebenbei bemerkt, z. B.: Wie konkret, wie verdichtet müssen planerische und gestalterische Vorstellungen sein? Wie passen die dem Wesen planerischer Abwägung entsprechende Planungsfreiheit einerseits und die Weisungsgebundenheit der Gemeinde in der Handhabung des Denkmalschutzrechtes andererseits zueinander?[60]

---

[56] VG Köln, Urt. v. 1. 2. 1983, AU S. 8.

[57] Auffallend ist zunächst die unterschiedliche Begriffsverwendung in § 2 Abs. 1 nw DSchG einerseits und § 39 h Abs. 3 BBauG andererseits: Im Landesdenkmalrecht ist, ebenso wie in der Regierungsvorlage zu § 39 h Abs. 2 Nr. 1 BBauG (BT.-Drucks. 7/2496), die Kategorie des „städtebaulichen“ den anderen Merkmalen zur Seite gestellt, was die erwähnten vielfachen Überschneidungen nicht ausschließt. Demgegenüber nennt § 39 h Abs. 3 Nr. 2 BBauG die städtebauliche Bedeutung als Oberbegriff für die geschichtliche und künstlerische. Ebenso jetzt § 172 Abs. 3 BauGB.

[58] Denkmalschutzrecht, § 2, Anm. 14.

[59] In diesem Sinne Wiechert, in: Grosse-Suchsdorf / Schmaltz / Wiechert, nds DSchG, 2. Aufl., 1978, § 3 Rn. 15; anders jetzt die 3. Aufl., a.a.O.

[60] Dazu unten, Dritter Teil.

Dem hier weiter nachzugehen besteht jedoch kein Anlaß, weil die städtebauliche Bedeutung bzw. die städtebaulichen Erhaltungsgründe ungeachtet zahlreicher Abgrenzungs- und Interpretationszweifel[61] jedenfalls nicht in dem erörterten Sinne planungsbezogen sind:

Bei dieser Variante des Denkmalbegriffs geht es, vergröbernd formuliert, nicht um die isolierte Beurteilung eines Bauwerks unabhängig von seinem Standort und der Situation der Umgebung, sondern um seine Funktion für die bauliche Umwelt, seine Bedeutung und Ausstrahlungswirkung für den städtebaulichen Zusammenhang[62]. Allerdings ist damit nur im groben die Richtung angedeutet, die der Untersuchung und gegebenenfalls einer bedeutungsbegründenden Argumentation gewiesen ist. Genau genommen wirkt jedes nicht für sich „auf der grünen Wiese" errichtete Gebäude mehr oder weniger mit bei der Gestaltung des städtebaulichen Zusammenhangs, positiv oder negativ. Wer baut, nutzt nicht nur sein Grundstück und die Infrastruktur, sondern gestaltet ein Stück Umwelt für andere, für die Allgemeinheit, sowohl in funktionaler als auch in optischer, ambientaler Hinsicht. Bei der städtebaulichen Bedeutung geht es deshalb um die Ermittlung und Offenlegung einer Ausstrahlungswirkung, die ein Einzelbauwerk oder einen baulichen Komplex aus der Masse der übrigen Mosaiksteinchen heraushebt[63]. Diesem Ansatz entsprechend ist der Maßstab für die Bedeutungsanalyse eines Bauwerks im genannten Sinne kein absoluter, sondern ein relativer, weil von den Gegebenheiten des baulichen Umfeldes abhängig. Auch der räumliche Bezugsrahmen ist variabel, er reicht von der optischen Prägung eines Straßenabschnittes[64], eines Platzes bis zum Charakteristikum

---

[61] Schwierigkeiten verursachen kann z. B. die Ausdeutung der städtebaulichen Bedeutung mit „Prägung" oder „Charakterisierung" (Rothe, § 2, Rn. 12). Dahinter steht unausgesprochen die in der Regel wohl auch berechtigte Annahme, daß der Prägung per se ein erhaltungslegitimierender Eigenwert zukommt im Sinne eines gewachsenen Identifikationsmerkmals sowie verbreiteter Akzeptanz durch die Betroffenen. Diese Annahme ist aber eben nicht immer zweifelsfrei. So könnte ein übriggebliebener Luftschutzbunker aus dem 2. Weltkrieg oder eine Gruppe von Schornsteinen durchaus rein deskriptiv als prägend für eine Straßenzeile oder ein Ortsbild anzusehen sein, obwohl die Bevölkerung diese Bauwerke seit langem als Schandflecke ihrer Umgebung betrachtet, die es zu beseitigen gilt. Die Prüfung der Denkmalwürdigkeit solcher Objekte nicht aus historisch-dokumentarischem, sondern städtebaulichem Blickwinkel führt deshalb über die Feststellung der dominierenden Wirkung hinaus nicht selten in schwierige sozial- und gestaltpsychologische Fragestellungen und Beweisführungen. Der Begriff der „Prägung" hat, dessen muß man sich bewußt sein, einen mitunter erhebliche Schwierigkeiten bereitenden „normativen Einschlag". Eine gewisse Problemverwandtschaft besteht zum Merkmal des „Einfügens" (§ 34 BauGB) eines städtebaulich zu mißbilligenden Vorhabens in eine ebenso zu mißbilligende Umgebung (hierzu Weyreuther, BauR 1981, 1 (7 ff.)). Zum Begriff des „Prägens" ferner Henke, Stadterhaltung, S. 107 ff.

[62] Aus der Rspr. hierzu VG Arnsberg, Beschl. v. 19. 1. 1981 – 4 L 689/80 –; VG Gelsenkirchen, Beschl. v. 11. 3. 1982 – 10 L 14/82 –; VGH Kassel, NVwZ 1986, 237; siehe ferner die Nachweise bei Moench, NVwZ 1984, 146 (148).

[63] Vgl. Wiechert, nds DSchG, § 3, Rn. 15.

[64] VG Frankfurt, Urt. v. 14. 7. 1981, Rspr. der hess VGe (Beilage zum Staatsanzeiger für das Land Hessen) 1982, S. 4 ff.

für ein Stadtviertel oder für die gesamte Stadtsilhouette (Identifikationsmerkmal, Symbolwert)[65].

Von der Stadtplanung ist die Feststellung der Denkmaleigenschaft aus städtebaulichen Gründen jedenfalls theoretisch klar zu unterscheiden. Die Ermittlung und rational nachvollziehbare Begründung der städtebaulichen Denkmalwürdigkeit bezieht sich auf die konkreten baulichen Gegebenheiten, den städtebaulichen Ist-Zustand. Planung als Vorgang geht erheblich weiter und fragt nach dem wünschenswerten Soll-Zustand. Im Planungsvorgang werden auf der Basis einer Bestandsaufnahme Ziele etwa in nutzungsfunktionaler oder ortsbildgestalterischer Hinsicht formuliert und in Gegenüberstellung von Ist- und Soll-Zustand das erforderliche Instrumentarium zusammengestellt. Aus der Perspektive der Planung betrachtet bedeutet die Feststellung der Denkmalwürdigkeit die rechtsförmliche Fixierung eines Abwägungsbelangs, ein Vorgang also, der der eigentlichen Ausübung von Planungsermessen vorangeht[66]. Anders gewendet: Die Begründung der Denkmalwürdigkeit kann und muß sich beschränken auf die Darlegung hinreichend gewichtiger, aus der Ist-Situation zu entwikkelnder Argumente für die Erhaltung eines Bauwerks, einer Häuserzeile, während die abwägende Gegenüberstellung mit kollidierenden Zielvorstellungen, die Suche nach Kompromißlösungen und letztlich die Prioritätsentscheidung Aufgabe der Planung ist[67].

An dieser Unterscheidung ändert auch die Tatsache nichts, daß planerisch-gestalterische Vorstellungen von erheblichem Einfluß auch auf die gedanklich vorgelagerte Frage der Bewertung des Bestehenden sein können. Wer aus welchen Gründen auch immer den städtebaulichen Ist-Zustand verändern möchte, wird eher dazu neigen, Gründe für die Erhaltung zu verneinen oder geringer einzuschätzen als derjenige, der seine Aufgabe zunächst in der Bewahrung des Schutzwürdigen sieht. Solche rollen- und perspektivbedingten Einschätzungsdivergenzen spiegeln die Offenheit des gesetzlichen Denkmalbegriffs wieder und können die Frage nach den jeweiligen Prüfungsmaßstäben für die städtebauliche Bedeutung, nach der konkretisierenden Auffächerung dieser Denkmalkategorie aufwerfen[68]. Soweit sich zu der

---

[65] Instruktiv OVG Lüneburg, Urt. v. 14. 6. 1982 – 6 OVG A 123/80 – AU, S. 15 ff. („Ortsrandbegrenzung").

[66] Kummer, Denkmalschutzrecht, S. 106.

[67] Deshalb ist es für die „städtebaulichen Erhaltungsgründe" irrelevant, welche Planungsabsichten die Gemeinde verfolgt. So jetzt auch Wiechert, nds DSchG, § 3, Rn. 15 unter Aufgabe der Auffassung der Voraufl.

[68] Einige Landesgesetze (Art. 1 Abs. 1 bay DSchG, § 3 rh-pf DSchG, § 1 Abs. 2 schlh DSchG) verlangen, daß es sich bei Baudenkmälern um Sachen „aus vergangener Zeit" handelt. Das mag der Grund dafür sein, daß einige Autoren in der „städtebaulichen Bedeutung" einen Verweis ausschließlich auf die gewachsene Stadtstruktur und Städtebaukunst vergangener Zeit sehen; z. B. Hönes, Kommentar, Erl. 3.4.4.; ebenso Moench, NVwZ 1984, 146 (148); ders., NJW 1983, 1998 (1999); Dörffeldt, hess Denkmalschutzrecht, § 2, Anm. 12; Erbguth, DVBl. 1985, 1352 (1357). In § 2 Abs. 1 nw

Frage der Maßstäbe oder der sie ausfüllenden Tatsachen unterschiedliche Auffassungen bilden – Problembeispiel: faktische Nachweisbarkeit der sozialpsychologischen Bedeutung eines Bauwerkes[69] –, hat das nichts mit der Ausübung von Planungsermessen zu tun, sondern bleibt ein Streit über Planungsgrundlagen, Planungsdaten. Die oben wiedergegebene Äußerung von Gahlen / Schönstein ist daher zumindest mißverständlich.

In der Praxis dürfte allerdings die Gefahr, die Feststellung der Denkmaleigenschaft mit einem Planungsakt zu verwechseln, dadurch erheblich vermindert sein, daß sich städtebauliche und sonstige Erhaltungsgründe überlagern. Häufig wird das fragliche Gebäude, die betreffende Häuserzeile oder Platzbebauung jedenfalls unter städtebaugeschichtlichem oder baukünstlerischem Blickwinkel bedeutend und erhaltungswürdig sein (z. B. typisch und charakteristisch für bestimmte historische Siedlungsweisen, gewachsene Prägung einer Straßenzeile bzw. eines Stadtviertels). Daß die Frage der Bedeutung und Erhaltungswürdigkeit von Bausubstanz unter diesen Aspekten von heutigen Nutzungs- und Gestaltungsüberlegungen zu trennen ist, dürfte eher einleuchten und praktizierbar sein, als die Freihaltung des Aspektes isolierter gegenwärtiger städtebaulicher Bedeutung von planerischen Zielvorstellungen und verdeckten Gesamtabwägungen. Freilich läßt die Überschneidung mehrerer Bedeutungskategorien die städtebauliche Erhaltungswürdigkeit eines Bauwerkes nicht zu einer rechtlich unerheblichen Frage werden. Denn ihre Bejahung vermag das in die nachfolgende Abwägung mit anderen Belangen (vgl. § 9 Abs. 2 lit. b nw DSchG) einzustellende Gesamtgewicht der Erhaltungsgründe erheblich zu erhöhen, zumal dann, wenn die sonstige geschichtliche oder künstlerische Bedeutung nur verhältnismäßig gering ist.

e) Abwägende Berücksichtigung von Privatinteressen als Gebot der Eigentumsgarantie?

Hat die Analyse des Denkmalschutzgesetzes bislang ergeben, daß für eine Abwägung zwischen öffentlichem Erhaltungsinteresse und gegenläufigen privaten Interessen beim Denkmalbegriff kein Raum ist, so könnte dieses Ergebnis aus verfassungsrechtlicher Perspektive gleichwohl noch in Zweifel gezogen werden. Wäre aus Art. 14 GG nämlich abzuleiten, daß die Eigentumsgarantie nur dann ein Zurücksetzen privater Belange erlaubt, wenn im Einzelfall das Gewicht des Erhaltungsinteresses die Interessen des Eigentümers überwiegt – namentlich im Hinblick auf die mit der Denkmaleigen-

---

DSchG ist eine derartige Einschränkung nicht enthalten. Hier ist deshalb auch z. B. die Unterschutzstellung einer neuen „städtebaulichen Dominante“ möglich. Wie hier Wiechert, nds DSchG, § 3, Rn. 11 für das nds DSchG.

[69] Siehe hierzu VG München, BayVBl. 1974, 649.

schaft verbundenen Folgewirkungen –, so würde sich die Frage nach einer verfassungskonformen Interpretation der Denkmalschutzdefinition stellen.

Um diesen verfassungsrechtlichen Aspekt richtig zu erfassen, muß der gesetzliche Genehmigungstatbestand des § 9 Abs. 2 lit. b nw DSchG mit in den Blick genommen werden[70]. Diese Vorschrift unterwirft Veränderungen und insbesondere den Abriß denkmalgeschützter Gebäude einem Genehmigungsverfahren. Die erforderliche Erlaubnis darf, sofern durch das betreffende Vorhaben Denkmalschutzbelange tangiert werden, nur bei einem überwiegenden öffentlichen Interesse erteilt werden, Privatinteressen genügen nicht[71].

Betrachtet man, wie es geboten ist, aus dem Blickwinkel des Art. 14 die eigentumsrelevanten Vorschriften des Denkmalschutzgesetzes als Ganzes[72], so zeigt sich, daß der Gesetzgeber den Eigentümern der Objekte, die unter die gesetzliche Denkmaldefinition fallen, generell die zuvor rechtlich gesicherte Befugnis zu denkmalbeeinträchtigenden Veränderungen bzw. zum Abbruch des Gebäudes entzogen hat[73]. Die spätere Versagung der Genehmigung ist nichts anderes als die Konkretisierung der bereits in der Denkmaldefinition und ihrer Anwendung liegenden Entziehung dieser allgemeinen Befugnis. Wegen dieser Konsequenzen stellt sich die Frage nach einer verfassungsrechtlich gebotenen Abwägungserheblichkeit privater Belange im nordrhein-westfälischen Recht bereits bei der gesetzlichen Denkmaldefinition mit aller Schärfe und läßt sich nicht mit dem Hinweis auf das nachfolgende Genehmigungsverfahren erledigen.

Nach der hier als maßgeblich zugrundegelegten Rechtsprechung des Bundesverfassungsgerichts[74] handelt es sich bei derartigen Regelungen um

---

[70] Dazu unten, V 1 a.

[71] Für das nw DSchG ist ferner unzutreffend, wenn Privatinteressen aus dem Denkmalschutzbegriff mit der Begründung verbannt werden, sie fänden Berücksichtigung beim späteren Genehmigungsverfahren, nämlich im Rahmen der dortigen Ermessensentscheidung. § 9 Abs. 2 lit. b nw DSchG ist eine gebundene Entscheidung. Dazu näher unten, V 1 b.

[72] OVG Münster, DVBl. 1985, 403 (405) = DÖV 1985, 185 im Anschluß an Moench, NJW 1980, 1552.

[73] Für das schlh DSchG – unter Berufung auf Art. 14 GG – a. A. OVG Lüneburg, NVwZ 1984, 741 („Kanalpackhaus"); hierauf aufbauend die verfassungsrechtlichen Überlegungen in BVerwG, NVwZ 1984, 723.

[74] BVerfGE 58, 300 („Naßauskiesung"). Diese Entscheidung hat als Schlußpunkt einer Entwicklung die gesamte Dogmatik des Art. 14 GG in Bewegung gebracht und eine Flut von Stellungnahmen hervorgerufen. Siehe dazu Battis / Schmittat, NuR 1983, 102; Knauber, NVwZ 1984, 753 jeweils m.w.Nachw. Monographisch Weyreuther, Situationsgebundenheit, 1983 sowie – leider ohne Auseinandersetzung mit den jüngeren Entscheidungen des BVerfG – Parodi, Eigentumsbindung, 1984; speziell zum Denkmalschutz M. Müller, Baudenkmalschutz, S. 12 ff. und passim, der i.E. der traditionellen Dogmatik folgt; siehe ferner die zusammenfassende Darstellung bei Battis, in: Battis / Krautzberger / Löhr, Vorb. vor §§ 85 ff. BauGB. – Der BGH hat, anders als das BVerwG (NVwZ 1985, 42 „Abgrabungsverbot" und NJW 1987, 2884 „Verkehrslärmentschädigung"), die neue Eigentumsdogmatik des BVerfG zunächst

(Neu-)Inhaltsbestimmungen einer bestimmten Kategorie von Eigentumsrechten[75]. Die Versagung der Abbruchs-/Veränderungsgenehmigung (§ 9 Abs. 2 lit. b nw DSchG) stellt keine Enteignung dar, sondern realisiert die im Gesetz selbst liegende Neubestimmung des Eigentumsinhalts. Sie ist folglich nicht an Art. 14 Abs. 3 GG, sondern an Art. 14 Abs. 1 Satz 2, Abs. 2 GG zu messen[76]. Diese Inhaltsbestimmung erfüllt die vom Bundesverfassungsgericht definierten Voraussetzungen für ihre Vereinbarkeit mit den Strukturdirektiven der Eigentumsgarantie[77]. Insbesondere ist das Gebot der Verhältnismäßigkeit in bezug auf den neu formierten Eigentumstyp gewahrt[78]. Individuell unterschiedliche Folgewirkungen sind gegebenenfalls entschädigungsrechtlich zu kompensieren[79], wofür in § 33 nw DSchG – ggf. analog – die erforderliche Rechtsgrundlage bereit steht[80]. Ein Gebot einzelfallbezogener Relativierung solcher Inhaltsbestimmung nach Maßgabe individueller Interessen, insbesondere Folgewirkungen hat das Bundesverfassungsgericht zu Recht aus Art. 14 nicht abgeleitet[81]. Auch im Denkmalschutz ist deshalb eine Einzelfallabwägung nicht geboten[82]. Ein derartiges „Verhältnismäßigkeitseigentum" hätte i.ü. zur Konsequenz, daß dem Betroffenen bei hinreichend dringendem öffentlichen Interesse in theo-

---

nicht übernommen (vgl. insbes. NJW 1984, 1169; NVwZ 1984, 819; hierzu Knauber, NVwZ 1984, 753). Nunmehr folgt er dem BVerfG jedenfalls verbal in der Wiederverengung des Enteignungsbegriffs (NJW 1987, 2068 = BayVBl. 1987, 473). Dennoch entspricht die Abgrenzung der Normbereiche von Art. 14 Abs. 1 GG und Art. 14 Abs. 3 GG durch den BGH bislang nicht der vom BVerfG gewiesenen Linie: Ein denkmalrechtliches Veränderungsverbot wird vom BGH als enteignende Maßnahme eingestuft, obwohl es an einer enteignungsfähigen Rechtsposition überhaupt fehlt, weil die entsprechende Befugnis des Eigentümers durch inhaltsbestimmende Norm entzogen ist (BGH, a.a.O.). Die neue Kategorie der „entschädigungspflichtigen Inhaltsbestimmung" (siehe Nachweise Anm. 79) ist vom BGH bislang nicht aufgegriffen worden.

[75] BVerfG, NVwZ 1987, 879 zu § 39 h BBauG. Näher Battis / Schmittat, NuR 1983, 102 m.w.N.

[76] Das wird vielfach noch übersehen, z. B. bei Erbguth / Paßlick / Püchel, Denkmalschutzgesetze, S. 42 ff., 62 ff.; zum ganzen näher Battis / Schmittat, NuR 1983, 102 ff.; vgl. auch BVerwG, NVwZ 1985, 42 (43) „Abgrabungsverbot". Kritisch zu dieser neuen Sicht M. Müller, Baudenkmalschutz, S. 205 ff. Zur Rechtsprechung des BGH siehe Anm. 74.

[77] Battis / Schmittat, NuR 1983, 102 ff. Für § 2 Abs. 1 S. 2 nw DSchG i.E. jetzt ebenso BVerwG, NJW 1988, 505.

[78] Nicht zuletzt dadurch, daß nach § 9 Abs. 2 lit. a nw DSchG ein Genehmigungsanspruch begründet wird für den Fall, daß Denkmalschutzbelange nicht entgegenstehen, der Schutzzweck des Erlaubnisvorbehalts also nicht greift.

[79] Zu dieser neuen Kategorie entschädigungspflichtiger Inhaltsbestimmungen Schulze-Osterloh, NJW 1981, 2537; Battis / Schmittat (Anm. 77); Götz, DVBl. 1984, 396; kritisch Knauber, NVwZ 1984, 753 m.w.N. und M. Müller, Baudenkmalschutz, S. 182 ff.

[80] Battis / Schmittat, NuR 1983, 102 ff.

[81] Zur Entschädigungspflicht als Gebot, aber auch als zulässiges Mittel zur Wahrung der Verhältnismäßigkeit genereller Inhaltsveränderung im Einzelfall BVerfGE 58, 137, „Pflichtexemplar"; hierzu Hendler, DVBl. 1983, 880; Götz, DVBl. 1984, 397; kritisch Knauber, NVwZ 1984, 753.

[82] Zutreffend VGH Mannheim, NVwZ 1986, 240 (241); ferner BVerwG, NVwZ 1985, 42 (43) „Abgrabungsverbot".

retisch keinem Fall der gebotene Bestandsschutz[83] durch finanzielle Kompensation zuteil würde[84], während umgekehrt die Verfolgung legitimer öffentlicher Interessen an individuell außergewöhnlich erheblichen Folgewirkungen scheitern müßte[85].

Die neue Struktur der Eigentumsrechtsdogmatik wirft allerdings die Frage auf, unter welchen Voraussetzungen im Einzelfall die gesetzliche Inhaltsbestimmung einer entschädigungsrechtlichen Kompensation bedarf, um verfassungsgemäß zu sein. Man darf davon ausgehen, daß der Gesetzgeber, der bei Schaffung der enteignungsrechtlichen Entschädigungsnormen (§ 33 nw DSchG) noch vom alten Bild ausgegangen war, diesen auf die Ebene der Inhaltsbestimmung verlagerten Anspruch nur einräumen wollte, soweit er verfassungsrechtlich geboten ist. Für die Markierung dieser Grenzlinie wird die bisherige Rechtsprechung namentlich zur sog. „Situationsgebundenheit" weiterhin von Bedeutung sein[86]. Insbesondere wird es dabei bleiben, daß die Kompensationspflicht und damit der Ersatzanspruch erst im Zeitpunkt der Versagung der Genehmigung nach § 9 Abs. 2 nw DSchG einsetzt, weil die Neuinhaltsbestimmung erst dann für den Eigentümer in verfassungsrechtlich relevanter Weise „fühlbar" wird[87].

Im Ergebnis sind daher die Verfolgung legitimer öffentlicher Interessen durch abstrakt-generelle Neuinhaltsbestimmung von Eigentumskategorien einerseits und die Frage entschädigungsrechtlicher Kompensation individueller Folgen einer solchen Umstrukturierung andererseits voneinander zu trennen. Die Eigentumsgarantie und insbesondere das Verhältnismäßigkeitsprinzip verlangen keine Verflechtung dieser Punkte in der Weise, daß die Inhaltsbestimmung nur dort greifen darf, wo das konkrete öffentliche Einzelinteresse die konkrete Beeinträchtigung des Individualinteresses rechtfertigt.

Das bisherige Ergebnis der Analyse der gesetzlichen Denkmaldefinition ist deshalb auch verfassungsrechtlich unter dem Blickwinkel des Art. 14 GG nicht korrekturbedürftig[88].

---

[83] Schwerdtfeger, Dogmatische Struktur, S. 20 ff.

[84] Insoweit zu Recht kritisch Parodi, Eigentumsbindung, S. 109.

[85] Das BVerwG weist in NVwZ 1985, 42 (43 f.) mit Recht darauf hin, daß das Gebot der Einzelfallabwägung zwischen öffentlichen und Privatinteressen für den – hier nicht berührten – Bereich des Art. 14 Abs. 3 GG, nicht aber für die gesetzliche Inhaltsbestimmung nach Art. 14 Abs. 1 S. 2 GG gilt.

[86] Hierzu Moench, NJW 1980, 1545 ff. m.w.N.; Weyreuther, Situationsgebundenheit, S. 119 ff., 165 ff.; kritisch Gassner, NVwZ 1982, 165.

[87] Siehe hierzu – nur zum Teil die neue Dogmatik des BVerfG übernehmend – BGH, Urt. v. 26. 1. 1984, NVwZ 1984, 819 (821). Einen Sonderfall betrifft BGH, NJW 1987, 2068.

[88] Während hier die Auffassung vertreten wird, daß Art. 14 GG eine Abwägung von öffentlichen und privaten Interessen bei der Prüfung der Denkmaleigenschaft nicht verlangt, *obwohl* deren Bejahung dem Eigentümer nach nw Recht bereits die rechtliche Veränderungs- und namentlich Abbruchbefugnis entzieht, begründet das OVG

f) Ergebnis

Die bisherigen Überlegungen lassen sich dahingehend zusammenfassen, daß weder die Struktur der gesetzlichen Denkmaldefinition, noch die einzelnen Kategorien für Bedeutung und Erhaltungswürdigkeit im konkreten Fall die abwägende Einbeziehung der gesamten Palette des Für und Wider der Erhaltung ermöglichen oder fordern. Die Prüfung und ggf. Begründung der Denkmalwürdigkeit beschränkt sich vielmehr auf einen Ausschnitt aus dem aktuell vorhandenen oder künftig zu erwartenden Argumentationshaushalt des Pro und Contra der Erhaltung.

Die insoweit fehlende Abwägungsoffenheit der gesetzlichen Definition schließt andererseits nicht aus, daß innerhalb der einzelnen Bedeutungskategorien dennoch eine gewisse Bewertung und Gewichtung der unter dem jeweiligen Aspekt einschlägigen Tatsachen und Gesichtspunkte stattfindet. Es kann sich bei einer solchen „Abwägung" aber eben nur um die Berücksichtigung solcher perspektivimmanenten Sachgesichtspunkte handeln, die z. B. geeignet sind, die geschichtliche Bedeutung eines Bauwerkes zu schmälern oder als nicht gewichtig genug erscheinen zu lassen. So kann etwa der weitgehende Verfall eines Bauwerkes Anlaß geben, an der Aussagefähigkeit des Gebäudes im jetzigen Zustand und damit an dem Denkmalwert zu zweifeln[89] und entsprechend höhere Anforderungen an die trotz alledem noch vermittelte historische Botschaft zu stellen. Der zur Erhaltung erforderliche technische und finanzielle Aufwand, die Situation der öffentlichen Haushalte, die Belastbarkeit des Eigentümers mit Kosten, die Vorenthaltung einer rentablen Nutzung, anderweitige städtebauliche Absichten der Gemeinde – all dies liegt hingegen außerhalb der Frage von Bedeutung und Denkmalwert des Bauwerks[90]. Das gilt auch für jene unspezifischen, nicht konkret fallbezogenen Gesichtspunkte, die nach Wiechert[91] ganz allgemein gegen eine Unterschutzstellung zu vieler Objekte sprechen und eine abwägende Berücksichtigung bei der Beurteilung der Denkmalwürdigkeit beanspruchen (volkswirtschaftliches Interesse an produktiver Bodennutzung,

---

Lüneburg (NVwZ 1984, 741) für das schlh DSchG (§§ 8, 9 Abs. 1) sein gleichlautendes Ergebnis mit dem Hinweis, die Eigentümerinteressen seien im Genehmigungsverfahren hinreichend durch ihre Abwägungserheblichkeit geschützt (§ 8 schlh DSchG: „Bei allen Maßnahmen ist auf die berechtigten Belange des Verpflichteten Rücksicht zu nehmen"), was gerade im Hinblick auf Art. 14 Abs. 1 GG zu einem Rechtsanspruch auf Erteilung der Erlaubnis führe, wenn deren Versagung unzumutbare Folgen für den Eigentümer hätte.

[89] Zu diesem Gesichtspunkt OVG Berlin, NVwZ 1986, 239 (240).

[90] Heute h. M., vgl. Moench, NVwZ 1984, 146 (148) m.w.N.; Dieterich / Dieterich, ZfBR 1984, 63 ff.; Hönes, DÖV 1981, 957; Brohm, DVBl. 1985, 599; Buelow, Rechtsfragen, S. 190 f.; OVG Lüneburg, NVwZ 1984, 741 (743); OVG Koblenz, NVwZ 1984, 192; VGH Kassel, NVwZ 1986, 237 (unter Aufgabe der früheren Rspr.); OVG Berlin, NVwZ 1986, 239 (240); VGH Mannheim, NVwZ 1986, 240 (ebenfalls unter Aufgabe früherer Rspr.).

[91] Nds. DSchG, § 3, Rn. 14 f.

allgemeine Eigentümerinteressen, Verwaltungsaufwand). Das zur Rechtfertigung herangezogene öffentliche Interesse als allgemeines Korrektiv vermag eine derartige Abwägung jedenfalls nach nordrhein-westfälischem Recht nicht zu legitimieren[92].

3. Denkmalerkenntnis oder Denkmalauswahl? Zum Problem des administrativen Beurteilungsspielraums

a) Möglichkeiten und Grenzen interpretatorischer Verdichtung des gesetzlichen Denkmalbegriffs

Dem Wortlaut der gesetzlichen Begriffsbestimmung, ihrem Aufbau sowie der gesamtgesetzlichen Systematik ist, wie im vorangegangenen Abschnitt deutlich wurde, eine Reihe von Gesichtspunkten zur Eingrenzung und Präzisierung des Denkmalbegriffs zu entnehmen. Als weitere Beispiele interpretatorischer Begriffsverdichtung in positiver wie in negativer Richtung seien hier genannt: Die modernen Denkmalgesetze kennen keine Beschränkung auf Monumentalbauwerke. Auch anonyme (Gebrauchs-)Architektur und technische Bauwerke können Denkmalwert haben („Verschiebung der Wertgrenze“)[93]. Das nw DSchG verlangt nicht – im Gegensatz zu einigen anderen Landesgesetzen[94] –, daß das Bauwerk aus vergangener Zeit stammt und ist damit offen für zeitgenössische Bauten, denen schon mit ihrer Fertigstellung Denkmaleigenschaft zukommen kann (Aufgabe der „Zeitgrenze“)[95].

Die gesetzliche Aufgliederung der den Denkmalwert konstituierenden Bedeutung bzw. der Erhaltungsgründe liefert Anhaltspunkte für den rechtlich erheblichen Blickwinkel und damit für den anzulegenden Maßstab: Die Formulierung „... bedeutend für Städte und Siedlungen“ stellt auf die örtlichen Verhältnisse, z. B. die gewachsene Struktur eines Dorfes ab und verbietet es, prinzipiell nach einer landesweiten oder gar internationalen Bedeutung einer baulichen Anlage zu fragen.

Ferner sind – was nicht immer richtig gesehen wird – die Merkmale „... bedeutend für Städte und Siedlungen“ bzw. „städtebauliche Erhaltungsgründe“ auch offen für den sog. Psychotopschutz[96], d. h. Bauwerke ohne

---

[92] Andererseits ist es in der Tat nicht damit getan, daß die Verwaltung in der Begründung für die Erhaltungswürdigkeit im Einzelfall dartut, daß das fragliche Objekt „nicht objektiv belanglos“ ist (so aber VG Gelsenkirchen, Beschl. v. 11. 3. 1982, Mitteil. d. Städte- und Gemeindebundes, NW 1982, S. 355; dagegen mit Recht VG Münster, Urt. v. 26. 1. 1984, NVwZ 1984, 643, 644). Die Frage der Anforderungen an die Verwaltungsbegründung hat aber nichts mit „Gesamtabwägung“ zu tun.

[93] Zu dieser Öffnung des modernen Denkmalbegriffs näher Kummer, Denkmalschutzrecht, S. 24 ff.

[94] Art. 1 Abs. 1 bay DSchG, § 3 rh-pf DSchG, § 1 Abs. 2 schlh DSchG.

[95] Gahlen / Schönstein, Denkmalschutzrecht, § 2, Anm. 9.

[96] Vgl. VG München, BayVBl. 1974, 649.

kunst- oder architekturgeschichtliche Bedeutung können durch ihre das Orts- bzw. Straßenbild prägende Wirkung für die Ortsansässigen zu einem wichtigen Stück „Heimat“ werden und unter diesem Aspekt erhaltungswürdig sein[97].

Mit den genannten Gesichtspunkten sind zwar die Möglichkeiten interpretatorischer Präzisierung des Denkmalbegriffs noch nicht ausgeschöpft. Doch bedingt die Eigenart des Auslegungsgegenstandes, daß nicht viel mehr erreichbar ist als eine grobe Wegweisung[98]. Die Ursache hierfür liegt darin, daß es sich sowohl bei dem öffentlichen Interesse als auch den es ausfüllenden Kategorien der Bedeutung bzw. der Erhaltungsgründe um sog. „vage Begriffe“[99] handelt. Ihre Anwendung auf den Einzelfall erfordert – sprachtheoretisch formuliert – die Bildung von Reduktionssätzen[100] (Beispiel: Ein gut erhaltenes „Drei-Fenster-Haus“ ist bedeutend und erhaltenswert)[101], die ihrerseits nicht aus dem Gesetz ableitbar sind. Wenig ergiebig ist insbesondere das Bemühen, den aus dem Gesetz selbst nicht weiter ermittelbaren Wortsinn des Begriffs „Denkmal“ durch Rückgriff auf einen normexternen Sprachgebrauch aufzuhellen. Denn wie regelmäßig bei derartigen Begriffen ist auch hier gerade schon zweifelhaft, welches der relevante Sprachgebrauch, die relevante Sprechergruppe ist[102]. Entsprechend unsicher und mangels näherer Begründung beliebig wirken die Antworten, die in solchen Fällen gegeben werden. Teilweise wird auf den allgemeinen Sprachgebrauch und das sich darin ausdrückende allgemeine Bewußtsein der Bevölkerung abgestellt[103], teils das Urteil eines breiteren Kreises von Sachverständigen[104] oder schließlich auch nur die Auffassung einiger Fachleute[105] für maßgeblich erklärt.

97 Zu eng Brönner, Denkmalwert, S. 18 f.

98 Manche Gerichtsentscheidungen scheinen dies nicht akzeptieren zu wollen. So ist etwa die Rede von einer „Interpretationsleitlinie“, daß eine unangemessen ausgedehnte Interpretation des gesetzlichen Denkmalbegriffs zu vermeiden sei (VG Münster, Urt. v. 24. 1. 1984, DVBl. 1984, 643). Der Gehalt dieser „Leitlinie“ ist nicht faßbar. Zweifelhaft in Begründung und Erkenntniswert ist ferner der Rückgriff auf ein angeblich existierendes System abgestuften Schutzes von Bausubstanz mit dem gesetzlichen Baudenkmal an der Spitze (VG Köln, Urt. v. 1. 2. 1983 – 14 K 5229/81 – AU S. 7). Mehr als die Differenzierung zwischen Baudenkmal und erhaltenswerter Bausubstanz (§ 25 Abs. 2 nw DSchG) ist als System nicht erkennbar. Der praktische Erkenntniswert dieser Abschichtung ist kaum weiterführend (vgl. hierzu auch Gahlen, StuGR 1981, 374, 377).

99 Zu diesem sprachtheoretischen Terminus näher Koch, Unbestimmte Rechtsbegriffe, S. 33 ff.

100 Zu diesem auf Rudolf Carnap zurückgehenden Ausdruck näher Koch, Unbestimmte Rechtsbegriffe, S. 18 f.

101 Landschaftsverband Rheinland (Hrsg.), Baudenkmal, Beispiel Nr. 10, S. 43.

102 Nach Koch, Unbestimmte Rechtsbegriffe, S. 33 f. kann zwar jeder Fall im Vagheitsbereich durch Bildung von Reduktionssätzen entscheidbar gemacht werden. Nur stützen sich diese semantischen Regeln nicht auf einen empirisch nachweisbaren Sprachgebrauch der relevanten Sprechergruppe.

103 BVerwGE 11, 32 zur Parallelvorschrift des GrEStG.

104 BVerwG, a.a.O., „ ... oder mindestens eines breiteren Kreises von Sachverständigen ...“.

Dem Gesetz zu entnehmen, es verweise pauschal auf den allgemeinen Sprachgebrauch des Wortes „Denkmal" im Sinne einer statistisch erfaßbaren Mittelmeinung, dürfte jedenfalls nicht angängig sein[106]. Denn der gesetzliche Begriff ist weiter als der umgangssprachliche, welcher noch im wesentlichen auf sog. Monumentalbauwerke und Erinnerungsmale zugeschnitten ist[107], nicht aber z. B. eine alte Fabrik als Zeugnis der Technikgeschichte umfaßt. Dies mag sich allerdings in Zukunft dadurch ändern, daß der moderne gesetzliche Denkmalbegriff durch die Anwendungspraxis der Behörden und die Berichterstattung in den Medien dem Bürger nahegebracht wird. Im übrigen würde die Maßgeblichkeit allgemeiner Anschauungen, wäre sie vom Gesetz gewollt, die gesetzliche Institutionalisierung des Fachverstandes durch die Landesämter für Denkmalpflege[108] und besonders die Sicherstellung der Nutzung dieser Sachkompetenz in der Einzelfallentscheidung[109] als weitgehend überflüssig erscheinen lassen. Man wird deshalb die allgemeinen Anschauungen und das entsprechende Sprachverständnis nur in der Zone breiten Konsenses über die Schutzwürdigkeit eines Bauwerkes als Bestätigung anderweitiger Begründungen verwenden können, mehr jedoch nicht.

Neben diesem faktisch-empirisch ausgerichteten Rückbindungsbemühen an existenten Sprachgebrauch findet sich der Typus des normativ-fiktiven Betrachters. Hierher zählt etwa der „aufgeschlossene Laie", von dessen Beurteilung die Denkmaleigenschaft eines Bauwerkes abhängen soll[110]. Wer mit derartigen Denkfiguren operiert, der konzediert, daß der fragliche Gesetzesbegriff vom jeweiligen Normanwender erst noch mit Inhalt zu füllen ist, das Gesetz also gerade nicht einen in einer empirisch fundierten Sprachübung vorfindlichen Begriffsgehalt rezipiert.

Da schließlich auch teleologische, systematische und entstehungsgeschichtliche Interpretationsbemühungen an der Unbestimmtheit der gesetzlichen Begriffe kaum etwas zu ändern vermögen[111], erweist sich die Frage

[105] Kummer, Denkmalschutzrecht, S. 49.

[106] Ablehnend auch VG München, Urt. v. 7. 4. 1982, BayVBl. 1983, 281.

[107] Vgl. Duden, Das große Wörterbuch der deutschen Sprache in sechs Bänden, Band 2, 1976, S. 510.

[108] Dazu unten, III 1.

[109] § 3 Abs. 2 nw DSchG. Näheres unten, III 1.

[110] OVG Lüneburg, NVwZ 1983, 231 (233); anders wohl BayVGH, BayVBl. 1986, 399 (400); Eberl, in: Gebeßler / Eberl (Hrsg.), Schutz und Pflege, S. 17 „verständiger und persönlich unbeteiligter Betrachter". – Ähnliche Denkfiguren, die nur scheinbar auf einen objektiven im Sinne von empirisch fundierten Standard verweisen, sind etwa der „vernünftige und einsichtige Eigentümer", der die Situationsgebundenheit seines Grundstücks respektiert (BGHZ 23, 30, 35; kritisch und m.w.N. Gassner, NVwZ 1982, 165) und der „gebildete Durchschnittsmensch", von dessen Verletztsein im ästhetischen Empfinden abhängen soll, ein Bauwerk grob verunstaltet ist (hierzu Battis, Öffentliches BauR, § 3 III 3).

[111] Allerdings geht Koch, Unbestimmte Rechtsbegriffe, S. 89 ff., m. E. zu weit, wenn er der systematischen Interpretation auch in bezug auf vage Begriffe schlechthin jede Bedeutung abspricht. Die obigen Ausführungen belegen das Gegenteil.

nach der „relevanten Sprechergruppe“ genaugenommen nur als eine andere Einkleidung der hier näher zu untersuchenden Kompetenzproblematik, führt aber nicht zu ihrer Lösung: Wessen Aufgabe ist es, den vagen gesetzlichen Denkmalbegriff zu konkretisieren? Ist dies in erster Linie Sache der Exekutive, kommt es auf das Urteil eines „breiteren Kreises von Sachverständigen“ – auch außerhalb der Fachbehörden – an oder sind die Gerichte selbst dazu berufen?

b) Denkmalbegriff und fachwissenschaftliche „Erkenntnis“

Das Ergebnis der vorangehenden Überlegungen scheint freilich im Widerspruch zu stehen zum Selbstverständnis der institutionalisierten Denkmalpflege. Die Arbeit der Fachbehörden ist von der Überzeugung geleitet, daß die Feststellung des Denkmalwertes weder mit nicht mitteilbaren, subjektiv-beliebigen Geschmacksurteilen, noch mit einem demokratischen Willensentscheid etwas zu tun hat, sondern ein rein wissenschaftlich-fachlicher Erkenntnisakt ist[112]. Entsprechend intensiv ist das Bemühen um die Entwicklung objektiv-fachlicher Kriterien für die Zuerkennung der Denkmaleigenschaft[113].

So führt etwa Brönner[114] aus, es gehe bei der zentralen Kategorie der geschichtlichen Bedeutung um die Eigenschaft eines Bauwerks als Träger einer historischen Botschaft, die eine bestimmte Qualität aufweisen müsse (Zeugniswert). Dieser Zeugniswert werde konstituiert durch die Anschaulichkeit der vermittelten Botschaft, d. h. durch ihre optische Wahrnehmbarkeit – und sei es auch nur für das Auge des sachkundigen Betrachters – und durch ihre Gewichtigkeit. Dabei gelte, daß die Frage der Gewichtigkeit der Botschaft mit dem Maß an Anschaulichkeit in Zusammenhang stehe. Je offenkundiger die geschichtliche Information für jedermann sei, desto weniger bestehe Anlaß, an ihrer Wichtigkeit zu zweifeln. Sei die Anschaulichkeit aber vermindert, die Botschaft also nur bruchstückhaft verkörpert, so komme ihrer Gewichtigkeit größere Relevanz zu. Eine weitere Konkretisierung wird angestrebt im Wege der Ausdifferenzierung von Fallgruppen durch einen Katalog von Eigenschaften, die den Denkmalwert eines Bauwerkes begründen können (Beispiel: Typisch für Ort und Landschaft, herausragende Einzelleistung, selten gewordenes Beispiel einer Gattung)[115].

---

112 Mainzer, in: Landschaftsverband Rheinland (Hrsg.), Baudenkmal, S. 7 (Vorwort); T. Breuer, in: Gebeßler / Eberl, Schutz und Pflege, S. 22 ff., der freilich auch davon spricht, daß die Tätigkeit des Fachmanns „selbst schöpferisch sei“ (S. 43).

113 Zu Kriterienkatalogen in den Bundesländern Herter, in: Gebeßler / Eberl, Schutz und Pflege, S. 237 (241). – Die historische Entwicklung des Denkmalbegriffs schildert Kummer, Denkmalschutzrecht, S. 16 ff.

114 Denkmalwert, S. 15 ff.

115 Landschaftsverband Rheinland (Hrsg.), Baudenkmal, S. 29 ff.

So unverzichtbar die Formulierung allgemeiner Maßstäbe und das Bemühen um eine wenigstens beispielhafte Auffächerung der „Bedeutung" bzw. der „Erhaltungsgründe" schon im Interesse von Rechtsanwendungsgleichheit und Rechtssicherheit (Voraussehbarkeit) ist[116], die damit bislang erreichte und überhaupt erreichbare Verdichtung des Denkmalbegriffs für die Einzelfallentscheidung sollte nicht überschätzt werden[117]. Erreicht ist eine Präzisierung der zu stellenden Fragen und die Fixierung einiger, zumeist als Relationen formulierter Leitlinien für die Bewertung der Einzelfalldaten, insgesamt kaum mehr als eine Weichenstellung. Der entscheidende Schritt zur Begriffskonkretisierung geschieht durch seine Anwendung auf den Einzelfall. Dabei stellt die am konkreten Objekt durchgeführte Bedeutungsanalyse eine kaum trennbare Gemengelage von Tatsachenmitteilung (dreigeschossiger Rechteckbau mit traufseitigem Eingang) und Tatsachenbewertung (reizvolle/reizlose Architektur) dar. Wiederum sprachtheoretisch formuliert: Die die Denkmaleigenschaft begründende Beschreibung des Bauwerkes vereint Prädikatoren[118] allgemein anerkannten Gehalts (rechteckig, traufseitig) und solche, die zum Teil Raum für subjektiv unterschiedliches, wenn auch begründungsfähiges Verständnis des Terminus lassen (reizvolle Architektur).

Die in der Bedeutungsanalyse zu vollziehende Ermittlung und wertende Einordnung der in einem Bauwerk verkörperten historischen Botschaft setzt die Kenntnis der geschichtlichen Entwicklungen und Zusammenhänge unter dem jeweils geprüften Aspekt voraus (z. B. Technikgeschichte). Seine Vorkenntnis und die am fraglichen Objekt gemachten Erhebungen liefern dem Sachkundigen das erforderliche Argumentationsmaterial, um in nachvollziehbarer Weise zu begründen, wofür ein Bauwerk Zeugnis ablegt und warum die verkörperte Botschaft als wichtig gelten kann. Auf diese Weise wird die Entscheidung über die Denkmalwürdigkeit in der Tat dem subjektiven Geschmacksbelieben entzogen und gewinnt entscheidend an Rationalität.

Das Bemühen und die Möglichkeit rationaler Begriffsverwendung dürfen aber nicht verwechselt werden mit der „Erkenntnis" des gesetzlich Gewollten. Zwar dürfte die Existenz einer Zone weitgehenden Konsenses über die

---

116 Grundsätzlich hierzu Koch, Unbestimmte Rechtsbegriffe, S. 95. Die Möglichkeiten generalisierender Präzisierung werden im Fachschrifttum augenscheinlich unterschiedlich beurteilt. Sehr stark individualisierend T. Breuer (Anm. 112), während sich die Beispielssammlung des Landschaftsverbandes Rheinland (Anm. 115) stark um Typisierung bemüht.

117 Deshalb hat sich Friedrich Mielkes Versuch (Die Zukunft der Vergangenheit, Stuttgart 1975), eine (pseudo-)naturwissenschaftliche Formel für die Denkmaleigenschaft zu begründen, nicht durchgesetzt. Sehr kritisch hierzu Mörsch, DKD 1977, S. 212 ff.

118 Zu diesem Terminus z. B. Seiffert, Einführung in die Wissenschaftstheorie, S. 23 ff.

Zuerkennung des Merkmals „bedeutend" unbestreitbar sein und zwar sowohl was konkretisierende Maßstäbe, als auch was Einzelfälle angeht (Beispiel für Maßstabsebene: Geburtshaus/langjährige Wirkungsstätte eines berühmten Dichters), doch fehlt es eben in dem darüber hinausgehenden Grenzbereich an methodisch abgesicherten Möglichkeiten zur Formulierung präziser Bedingungen für die Zuerkennung der gesetzlichen Denkmaleigenschaft[119]. Es bleibt deshalb unerfindlich, auf welche Weise die o. g. fachwissenschaftlich erarbeiteteten Maßstäbe samt und sonders aus der gesetzlichen Begriffsbestimmung ableitbar sein könnten[120]. Im Gegenteil: Man kann begründete Zweifel daran hegen, ob einzelne dieser Gesichtspunkte sich überhaupt im gesetzlich gezogenen Rahmen halten. Das gilt z. B. für die Regel, daß die ausgeprägte Anschaulichkeit der vermittelten historischen Botschaft die Frage nach ihrer Gewichtigkeit überflüssig mache[121]. Wenn konzediert wird, daß theoretisch jedes Bauwerk eine Information zu übermitteln in der Lage ist[122], dann bedingt die erforderliche Selektion in jedem Fall eine Bewertung der Information nach ihrer Gewichtigkeit. Gerade die gesetzliche Formulierung – nach hiesigem Vorschlag zu lesen als „... so bedeutend, daß ... Erhaltungsgründe bestehen" – läßt die Anschaulichkeit eines banalen historischen Informationsgehaltes („schlichter Altbau") nicht genügen. Als Angabe einer Größenrelation hält sich die Regel hingegen im Rahmen der gesetzlichen Definition: Je geringer die Anschaulichkeit der Botschaft ist, desto größer muß ihr Gewicht sein.

Der gesetzliche Rahmen wird hingegen überschritten, wenn es heißt, künstlerische, volkskundliche oder städtebauliche Gründe werden nie alleine den Denkmalwert bestimmen, sondern ggf. zu anderen (geschichts-) wissenschaftlichen Gründen hinzutreten[123]. Soweit damit nicht nur empirisch die prinzipielle Koinzidenz dieser Gesichtspunkte behauptet werden soll, sondern die Begründung des Denkmalwertes z. B. allein aus aktuell-städtebaulichen Gesichtspunkten abgelehnt wird, so mag das zwar dem auf den geschichtlichen Aspekt konzentrierten Selbstverständnis der Berufsdenkmalpfleger (und ihrer Ausbildung) entsprechen[124]; ignoriert wird jedoch der Gesetzeswortlaut.

Im übrigen läßt sich in dem beschriebenen Vagheitsbereich vom Gesetz her betrachtet nicht methodisch begründbar entscheiden, ob die erwähnten

---

119 Sachkunde allein hilft hier nicht weiter. Zutreffend Koch, Unbestimmte Rechtsbegriffe, S. 80, Fn. 287.

120 So aber Brönner / Osteneck, in: Landschaftsverband Rheinland (Hrsg.), Baudenkmal, S. 9.

121 Vgl. oben bei Anm. 114.

122 Brönner, Denkmalwert, S. 16.

123 Brönner, ebd., S. 18 f.

124 Sehr in den Vordergrund rückt den geschichtlichen Aspekt auch T. Breuer (Anm. 112).

verdichtenden Maßstäbe und konkretisierenden Beispielgruppen rechtlich richtig oder falsch sind. Ebenso richtig oder falsch wäre beispielsweise eine Maßstabsverschärfung dahin, daß einem Bauwerk, welches für seine Entstehungszeit typisch ist, erst dann Denkmalwert zukommt, wenn es – zusätzlich – ein selten gewordenes Beispiel seiner Gattung darstellt[125]. Ferner: Dem Beispiel Nr. 23 der genannten Sammlung[126] liegt zum Teil der Bewertungsmaßstab zugrunde, ein Bauwerk könne schon deshalb bedeutend und erhaltenswert sein, wenn es als massiver (architektonisch sehr einfacher) Bau in einer Landschaft steht, deren historische Bebauung vorwiegend aus Fachwerk besteht. Ob eine solche Atypik schon ausreicht zur Begründung des Denkmalwertes (im konkreten Fall hat die Begründung noch ein „zweites Bein"), läßt sich durchaus unterschiedlich beurteilen. Die Entscheidung dieser Maßstabsfrage hat mit deduzierbarer Gesetzesauslegung nichts und mit fachwissenschaftlicher Erkenntnis wenig zu tun[127].

Tendenziell größer noch ist die Bandbreite der vom Gesetz her nicht falsifizierbaren Begriffskonkretisierungen bei der Einzelfallentscheidung. Zu dem Spielraum der Maßstabswahl treten hier in der Natur der Sache begründete Einschätzungsspielräume bei der Maßstabsanwendung. Ob ein Gebäude eine „herausragende Einzelleistung" oder eine „wichtige Sonderform" darstellt, ist in einem nicht ganz kleinen Zweifelsbereich so oder so entscheidbar und begründbar[128]. Diese Feststellung gilt nicht nur für die geschichtliche Bewertung, sondern erst recht für die Einschätzung aus künstlerischem oder städtebaulichem Blickwinkel.

Normtheoretisch ist deshalb die Feststellung unausweichlich, daß die erforderliche Konkretisierung des gesetzlichen Denkmalbegriffs zum erheblichen Teil, nämlich jenseits methodisch begründbarer Verdichtungen und jenseits eines allgemein akzeptierten Anwendungsbereichs vom Normanwender nicht Bedeutungserkenntnis, sondern Bedeutungssetzung verlangt, sowohl bei der Bildung von konkretisierenden Maßstäben und Leitlinien als auch und erst recht bei der Anwendung auf den Einzelfall. In diesem rechtsschöpfenden Prozeß ist das Wissen der Fachbehörde um geschichtliche Entwicklungen und Zusammenhänge unverzichtbares Rüstzeug. Es ermöglicht die Formulierung von Entscheidungsvorschlägen zur Frage der Denkmal-

---

125 Die Gerichte beziehen den Aspekt der Seltenheit mit ein, vgl. VGH Kassel, NVwZ 1986, 237: Seltenheit eines städtebaulich erhaltenswerten Pfarrhauses, weil im Ort ähnliches nicht anzutreffen ist. Diese Argumentation wäre im Hinblick auf § 2 nw DSchG nicht zu beanstanden.

126 Landschaftsverband Rheinland (Hrsg.), Baudenkmal, S. 59.

127 Der Hinweis von Hönes (DÖV 1984, 671), was ein Kulturdenkmal sei, ergebe sich unmittelbar aus der gesetzlichen Definition, diese sei „verhältnismäßig klar", erweckt den irrigen Eindruck einer Ableitungsgewißheit für den Einzelfall.

128 Bisweilen erstaunt, daß nach Konzedierung „schwieriger Wertungsfragen" sogleich unbeirrt versichert wird, es gebe trotzdem nur eine richtige Lösung. So etwa Eberl, in: Gebeßler / Eberl (Hrsg.), Schutz und Pflege, S. 15 ff.

würdigkeit, die im Idealfall die Richtigkeit rationaler Begründung für sich in Anspruch nehmen können, was aber nicht ausschließt, daß im Grenzbereich ein anderer Normanwender durch zulässige Nuancierung der Konkretisierungsmaßstäbe oder durch eine ebenso rational begründbare abweichende Einzelfalleinschätzung zu einem anderen Ergebnis kommt.

Um möglichen Mißverständnissen vorzubeugen sei klargestellt, daß damit keineswegs die Wissenschaftlichkeit der Denkmalpflege bezweifelt werden soll. Ihr Bemühen, dem Begriff, mit dem sie arbeitet, möglichst präzise Konturen zu geben, ihn soweit möglich von einem umgangssprachlichen Wort zu einem definierten Terminus zu machen, ist zweifelsohne ebenso Kennzeichen wissenschaftlichen Vorgehens, wie die sorgfältige Erhebung der Daten eines Einzelobjekts und das Bestreben, rational nachvollziehbare Begründungen zu formulieren, warum ein bestimmtes Bauwerk dem zuvor definierten Begriff unterfällt oder nicht. Dieses Vorgehen liefert aber eben nicht die Erkenntnis der gesetzlichen Denkmaleigenschaft. Was die Fachwissenschaft der Denkmalpflege vielmehr leistet – möglicherweise ohne sich dessen bewußt zu sein –, ist die eigentliche, den gesetzlichen Rahmen ausfüllende Definitionsarbeit, ist rechtsschöpferische Bedeutungsfestsetzung, nicht aber Erkenntnis.

Der Gegenstand bedingt, daß sich diese Begriffsbestimmung weniger durch präzise und erschöpfende abstrakte Definition, als durch Anwendung auf das konkrete Objekt, durch begründete Begriffszuordnung im Einzelfall vollzieht. Derart gewinnt der Denkmalbegriff Konturen gewissermaßen „von unten her".

Damit ist das seit langem unter dem Stichwort „Beurteilungsspielraum" diskutierte, vornehmlich verfassungsrechtliche Problem angesprochen, wer zur rechtsschöpferischen Normkonkretisierung in erster Linie berufen ist, die vollziehende oder die rechtsprechende Gewalt.

Sollte sich dabei ergeben, daß für den hier erörterten Bereich des Denkmalbegriffs eine Präferenz der Exekutive besteht und die Kontrollbefugnis der Gerichte insoweit begrenzt ist, so würde dies die weitere Frage nach der inneradministrativen Verteilung dieser Konkretisierungskompetenz aufwerfen.

c) Zentrale Problemaspekte eines administrativen Beurteilungsspielraums

aa) Terminologische und methodische Aspekte

Zunächst sollte Klarheit darin herrschen, daß die Bezeichnung der Problematik für ihre Lösung nichts hergibt. Ihre unterschiedliche Etikettierung – Beurteilungsspielraum, Beurteilungs-/Einschätzungsprärogative, Beurteilungsermächtigung, Tatbestandsermessen usw. – erlaubt zwar bisweilen einen Rückschluß auf die vom jeweiligen Begriffsverwender favorisierte Problemlösung[129]. Solange aber feststeht, über welche Frage nachzudenken ist, bleibt sekundär, welchen juristischen Ausdruck man hierfür wählt oder kreiert.

Des weiteren drohen sprachlich bedingte Mißverständnisse und Kurzschlüsse durch die Verknüpfung von normtheoretisch-methodischer Problemverortung mit verfassungsrechtlichen Argumenten zur Problemlösung, etwa nach folgendem verkürzten Muster: Auslegung von Gesetzen ist legitime Aufgabe der Gerichte. Die sog. „unbestimmten Rechtsbegriffe" stellen ein Auslegungsproblem dar. Deshalb ist bei ihnen ein administrativer Beurteilungsspielraum prinzipiell nicht anzuerkennen[130].

Der Aussagegehalt des Obersatzes hängt ersichtlich davon ab, welche Abschnitte des Rechtsfindungsprozesses zur Auslegung rechnen und welche nicht. Die zahlreichen Versuche, den Vorgang der Gesetzesanwendung analytisch zu zerlegen und dem herkömmlichen dreigeteilten Schema Auslegung-Tatsachenfeststellung-Subsumtion zuzuordnen[131], haben eine Vielfalt differenzierter Bezeichnungen und Grenzziehungen, nicht aber Klarheit und Einigkeit gebracht[132]. Bestritten ist sogar, ob sich der Rechtsanwendungsprozeß sinnvollerweise überhaupt in drei Abschnitte zerlegen läßt oder vielmehr nur in Auslegung und Tatsachenfeststellung zerfällt, hingegen für einen eigenständigen Subsumtionsvorgang kein Raum mehr ist[133].

---

129 Beispielhaft verwiesen sei auf H. Kellner, NJW 1966, 857 (861) sowie ders., DÖV 1962, 572, der vor dem Hintergrund seiner Problemlösung nicht von Beurteilungsspielraum, sondern von Beurteilungsermächtigung spricht; ferner ders., DÖV 1972, 801.

130 Siehe hierzu etwa die Überlegungen bei Korbmacher, DÖV 1965, 696 ff. (699 ff.).

131 Zu nennen sind insbesondere die Arbeiten von Engisch, Logische Studien zur Gesetzesanwendung, 3. Aufl., 1963; Jesch, AöR 82 (1957), S. 163 ff. sowie Koch, Unbestimmte Rechtsbegriffe, S. 44 ff. mit ausführlicher Darstellung des Meinungsstandes; ferner Korbmacher (Anm. 130).

132 Koch, Unbestimmte Rechtsbegriffe, S. 44 ff. Deshalb ist z. B. Papier (DÖV 1986, 621, 623 ff.), der im Bereich der Auslegung ebenso wie der Tatsachenermittlung Beurteilungsspielräume wegen Art. 19 Abs. 4 GG ausschließt, sie im Bereich der Subsumtion aber zuläßt, entgegenzuhalten, daß die Abgrenzung dieser Schritte, d. h. der Einzugsbereich der von ihnen jeweils erfaßten gedanklichen Operationen durchaus nicht gesichert erscheint. Vgl. auch die Kritik von Sendler (FS f. Ule, S. 337 ff., 342 ff.), der in Hinsicht auf Auslegung und Subsumtion treffend von einer strukturellen Einheit spricht.

133 So Koch, Unbestimmte Rechtsbegriffe, S. 47 ff. – Seine eigene Auffassung ist ein Musterbeispiel dafür, wie eine bestimmte Begriffsverwendung die Problemlösung prägt: Koch treibt im Wege semantischer Reduktion die „Auslegung" des Gesetzesbegriffs so weit voran, daß sich Sachverhalt und Norm sprachlich auf der gleichen Ebene bewegen. Die erforderlichen Reduktionssätze sind dabei nicht mehr normativ abgeleitet oder sprachempirisch fundiert, sondern vom Normanwender gesetzt (S. 34 unten und passim). Er kann sodann von der Norm her beispielhaft formulieren, wie ein Sachverhalt beschaffen sein muß, damit er von der Norm erfaßt wird. Die so präzisierte Frage nach dem erforderlichen Tatsachenmaterial kann er dann durch Feststellung/Nichtfeststellung entsprechender Tatsachen mit „Ja" oder „Nein" beantworten

Wer aus einer bestimmten Verortung der Vagheitsproblematik unbestimmter Rechtsbegriffe im Rechtsanwendungsprozeß unter Berufung auf verfassungsrechtliche Grundsätze Schlußfolgerungen zieht, ist deshalb den Nachweis schuldig, daß sein in der Zuordnung zutage tretendes Verständnis von „Auslegung“ bzw. „Subsumtion“ dem Begriffsinhalt der verfassungsrechtlichen Norm entspricht, aus der die Aufgabenverteilung abgeleitet wird.

Kurz: Aus der rechtstheoretischen Qualifizierung folgt noch nicht die verfassungsrechtliche Funktionszuordnung. Daraus erhellt, daß die genaue Analyse der Vagheitsproblematik im Rechtsfindungsprozeß zwar wichtig ist, ihre jeweilige Einordnung als Auslegungs- oder Subsumtionsproblem aber allein noch nichts hergibt.

bb) Das Prinzip der nur einen richtigen Entscheidung

In der Literatur[134] und ebenso in der Rechtsprechung[135] wird nicht selten das Argument vorgetragen, der Begriff „Beurteilungsspielraum“ erwecke den falschen Eindruck, als könne z. B. ein Gewerbetreibender zugleich zuverlässig und unzuverlässig, eine Schrift zugleich jugendgefährdend und nicht jugendgefährdend sein. Das sei aber logisch unmöglich. Vielmehr gebe es nur eine, wenn auch schwer erkennbare „richtige“ Lösung, was ein Wahlrecht der Verwaltung zwischen mehreren gleich zutreffenden Alternativen ausschließe.

Daß dieser Gedankengang als logisches wie auch erkenntnistheoretisches Argument unhaltbar ist, ist längst erkannt[136]: Die normtheoretisch bedingten Unsicherheiten über die Zuordnung eines gesetzlichen Begriffs zu einem Sachverhalt lassen sich nicht durch Beschwören einer einzigen gesetzlich gewollten und damit allein richtigen Lösung beseitigen. Andererseits kann natürlich keine Rechtsordnung hinnehmen, daß – um das Beispiel wieder aufzunehmen – ein bestimmter Gewerbetreibender von einem Normanwender als zuverlässig und einem anderen als unzuverlässig angesehen wird und jeder dieser Normanwendungsakte für sich Richtigkeit beanspruchen kann. Es bedarf vielmehr der verbindlichen Entscheidung eines hierzu berufenen

(S. 47 ff., 59/60). Damit werden gedankliche Operationen in die Auslegung hineinverlegt, die nach verbreiteter Auffassung zur Subsumtion gehören, in jedem Fall aber notwendig sind. Wer hingegen zur Auslegung nur die fallunabhängigen (Ossenbühl, DVBl. 1974, 309), methodisch begründbaren Präzisierungsschritte zählt, muß zwangsläufig einen weiteren Arbeitsschritt, verbreitet Subsumtion genannt, hinter sich bringen.

134 Z. B. Czermak, DVBl. 1966, 366; Ossenbühl, DÖV 1972, 401; Kellner, DÖV 1972, 801; Eberl (Anm. 128) S. 18.

135 BVerwGE 12, 359 (363); 21, 184 (186); 35, 69 (73). Anders aber die „Gjs-Entscheidung“, BVerwGE 39, 197.

136 Zur Kritik siehe insbesondere Koch, Unbestimmte Rechtsbegriffe, S. 75 ff.

staatlichen Organs. Die Unsicherheit in der Zuordnung eines gesetzlichen Prädikats zu einem Individuum (im sprachphilosophischen Sinn) wird dadurch nicht beseitigt, sondern umgangen, irrelevant. Ex post besteht dann gewissermaßen kein Entscheidungsspielraum mehr, weil das kompetente Organ durch seine verbindliche Entscheidung die Ungewißheit beseitigt hat[137]. So verstanden enthält der Hinweis auf die einzig richtige Entscheidung eine zutreffende, wenngleich nicht vollständige Umschreibung der verfassungsrechtlichen Problematik: Im methodisch nicht weiter einzuengenden Vagheitsbereich ist die einzig richtige im Sinne von für die Rechtsgemeinschaft verbindliche Entscheidung die von dem zuständigen staatlichen Organ getroffene[138]. Über die Verteilung der Konkretisierungskompetenz ist damit noch nichts ausgesagt. Treffend bemerkt Rupert Scholz[139]: „Das Prinzip der rechtlichen Richtigkeit ist dabei weniger im Sinne materialer Einzigrichtigkeit, als im Sinne kompetenzieller Verbindlichkeit zu verstehen".

cc) Verfassungsrechtliche Determinanten

Die Frage nach prinzipieller Zulässigkeit, Voraussetzung und Umfang administrativer Beurteilungsspielräume und entsprechend verminderter gerichtlicher Kontrolldichte ist seit langem als Problem der Funktionsabgrenzung staatlicher Gewalten erkannt und Gegenstand einer kaum mehr überschaubaren Diskussion[140]. Als Grundlage für die in dieser Untersuchung anzustellenden Überlegungen ist von Belang, ob im Ergebnis grundsätzliche verfassungsrechtliche Hindernisse für die Annahme eines administrativen Konkretisierungsspielraums bei der Handhabung von Gesetzesbegriffen im allgemeinen und damit auch des gesetzlichen Denkmalbegriffs anzuerkennen sind, wobei die konkrete Fassung des nw DSchG zunächst noch außer Betracht bleiben soll.

---

137 So besonders deutlich Schmidt-Salzer, Beurteilungsspielraum, S. 45/46, dem freilich in seiner rigorosen Antwort, wer dieses Organ ist, so nicht gefolgt werden kann. Siehe ferner W. Schmidt, Gesetzesvollziehung, S. 114 ff.

138 Allerdings ist diese Formulierung noch unvollständig, weil die Richtigkeit der Entscheidung nicht schon aus der Kompetenz folgt, sondern auch den Anforderungen immanenter Begründungsrationalität und ggf. selbstgesetzten Konkretisierungsmaßstäben genügen muß. Dazu Scholz, VVDStRL 34, S. 174 ff.

139 Ebd., S. 155, Fn. 37 m.w.N.

140 Siehe hierzu neben den grundlegenden Arbeiten von Bachof, JZ 1955, 97; ders., JZ 1972, 641 und Ule, Gedächtnisschrift für W. Jellinek, S. 309 ff., vor allem die Berichte von Scholz und Schmidt-Aßmann und die Diskussionen auf der Augsburger Staatsrechtslehrertagung 1975 über „Verwaltungsverantwortung und Verwaltungsgerichtsbarkeit" in: VVDStRL 34 (1976), S. 145 ff.; ferner Götz / Klein / Starck (Hrsg.), Die öffentliche Verwaltung zwischen Gesetzgebung und richterlicher Kontrolle, S. 131 ff. sowie die bei Papier, DÖV 1986, 621 (Anm. 1) nachgewiesene jüngere Literatur. Nachgezeichnet ist die Entwicklung bei Erichsen, DVBl. 1985, 22.

(1) Eine in diesem Zusammenhang immer wieder genannte Vorschrift[141] ist Art. 19 Abs. 4 GG mit seiner Garantie effektiven Rechtsschutzes, eine Norm, zu der das Bundesverfassungsgericht lapidar festgestellt hat, sie gewährleiste die vollständige Nachprüfung des Verwaltungsakts in tatsächlicher und rechtlicher Hinsicht[142]. Rechtskontrolle im Sinne von Nachprüfung setzt aber rechtliche Kontrollmaßstäbe voraus. In dem hier interessierenden Vagheitsbereich unbestimmter Rechtsbegriffe sind gesetzliche Beurteilungsmaßstäbe für die Rechtmäßigkeit der Verwaltungsentscheidung aber gerade nicht vorhanden, das Gesetz läßt den kontrollierenden Richter insoweit im Stich[143]. Der Gesetzgeber definiert die subjektiven (Grund-) Rechte des Einzelnen oft durch Verwendung mehr oder minder offener Begriffe nur umrißhaft. Diese Zurückhaltung und die durch sie bedingte Grobmaschigkeit legislatorischer Kontrollmaßstäbe verletzt jedoch, wenn sie, wie zumeist, sachbedingt und sachlich unvermeidbar ist, das Gebot effektiven Rechtsschutzes nicht[144]. Sie führt aber zu der Fragestellung, ob Art. 19 Abs. 4 GG garantiert, daß die erforderliche Konkretisierung der Kontrollmaßstäbe stets und vollständig, d. h. in der Zubereitung auf den Einzelfall hin, durch den Richter zu geschehen hat, daß es also ausschließlich seine Sache ist, gewissermaßen inzidenter die subjektive Rechtsposition, um deren Verletzung es geht, „zu Ende zu definieren". Die hier in Rede stehende richterliche Rechtsschöpfung hat als solche völlig unbestritten ihren legitimen Platz in unserer Rechtsordnung, was nicht zuletzt aus dem verfassungsrechtlichen Streitentscheidungsauftrag der Judikative folgt (Art. 91 GG). Ebenfalls verfassungslegitimiert ist aber die Gestaltungs- und Gesetzesvollzugstätigkeit der Verwaltung[145]. Die Zuordnung und Ausbalancierung dieser Funktionsbereiche ist eine Aufgabe gesamtverfassungsrechtlicher Analyse, für deren Bewältigung die Rechtsschutzgarantie einen Aspekt, nicht aber die Lösung schlechthin liefert. Art. 19 Abs. 4 GG kann deshalb nicht isoliert betrachtet und solchermaßen als Gebot maximalen Rechtsschutzes im Sinne umfassender gerichtlicher Konkretisierungskompetenz verstanden werden, sondern fordert aus verfassungssystematischem Blickwinkel kompetenzgerechten Rechtsschutz[146]. Auch wenn man – mit

---

[141] Siehe etwa Jesch, AöR 82 (1957), S. 163 ff., 234 ff.; Schmidt-Salzer, DVBl. 1972, 391; v. Olshausen, JuS 1973, 217 (220); zuletzt Papier, DÖV 1986, 621 ff.; ders., FS f. Ule, S. 235.

[142] BVerfGE 15, 275 (282).

[143] Das betont mit Recht Bachof, VVDStRL 34, S. 105 ff. (Diskussionsbeitrag). Es geht deshalb in den in Rede stehenden Fällen nicht um eine Zurücknahme der Kontrolldichte hinter die von der gesetzlichen Regelungsdichte markierte Linie (wie etwa bei §§ 155 b, 155 c BBauG, dazu kritisch Papier, DÖV 1986, 621). Zum Zusammenhang zwischen Kontrolldichte und Regelungsdichte jüngst Beckmann, DÖV 1986, 505 ff.

[144] BVerfGE 21, 73 (79); 48, 210 (221); 61, 82 (111). Zur Problematik aus dem Blickwinkel von Parlaments- und Gesetzesvorbehalt Erichsen, DVBl. 1985, 22 (26 ff.).

[145] Statt vieler W. Schmidt, Gesetzesvollziehung, S. 114 ff. und passim; Scholz (Anm. 140) S. 170 ff.

Recht – einen Kompetenzvorrang richterlicher Gesetzeskonkretisierung im Sinne eines Regel-Ausnahme-Verhältnisses annimmt[147], so schließt Art. 19 Abs. 4 GG schon vom Wortlaut her jedenfalls nicht aus, daß z. B. mit Rücksicht auf die Natur der zu treffenden Entscheidungen in bestimmten Sachbereichen aus der Vollzugsfunktion der Verwaltung ihre vom Gericht zu respektierende Kompetenz zur gesetzeskonformen Maßstabssetzung und ein ebenfalls vom Gericht zu respektierender Spielraum bei der Maßstabsanwendung hergeleitet wird[148].

Die Problematik liegt deshalb nicht im Prinzip, sondern in der Formulierung von Voraussetzungen, Inhalt und Grenzen solcher Verwaltungskompetenzen.

(2) Ein spezieller verfassungsrechtlicher Aspekt betrifft das Verhältnis von Eigentumsgarantie, denkmalschutzrechtlichen Vorschriften und richterlicher Kontrollkompetenz[149].

Die Neuinhaltsbestimmung zahlreicher Eigentumsrechte durch das Denkmalschutzgesetz bewirkt als Folge der gewählten offenen Definitionstechnik, daß in einem nicht gerade kleinen Grenzbereich zweifelhaft ist, ob ein Objekt unter den gesetzlichen Begriff fällt und damit von dieser Veränderung erfaßt wird oder nicht. Diese Unsicherheit über den Eigentumsinhalt kann dem Gesetzgeber nicht angelastet werden, weil eine präzisere gesetzliche Abgrenzung in Ermangelung aussagekräftiger abstrakt-genereller Formulierungen nicht möglich sein dürfte[150]. Soweit rechtstechnisch machbar, ist der Gesetzgeber damit der ihm obliegenden Aufgabe der Inhalts- und Schrankenbestimmung nachgekommen. Ob die in ihrem gegenständlichen Anwendungsbereich nur grobe gesetzliche Inhaltsbestimmung prinzipiell und abschließend durch die Gerichte im Hinblick auf die einzelnen Bauwerke zu konkretisieren ist oder aber gewisse administrative Abgrenzungskompetenzen anzuerkennen sind, zu diesem Problem der Funktionszuordnung ist Art. 14 Abs. 1 S. 2, Abs. 2 nichts zu entnehmen. Auch im Schutzbereich von Grundrechten sind Beurteilungsermächtigungen nicht ausgeschlossen[150a].

---

146 Scholz (Anm. 140) S. 163 ff. und S. 332 (Diskussionsbeitrag). Zur gesamtverfassungsrechtlichen Einbindung des Art. 19 Abs. 4 GG Schmidt-Aßmann, NVwZ 1983, 1 ff.

147 Scholz (Anm. 140) S. 155.

148 Zu anerkannten Fallgruppen in der Rspr. siehe bei Anm. 151 ff. – Zu den aus Art. 19 Abs. 4 GG abgeleiteten Grenzen hinsichtlich Gegenstand und Umfang eines Beurteilungsspielraums (zuletzt Papier, DÖV 1986, 621 sowie ders., FS f. Ule, S. 235) mit Recht kritisch Sendler, FS f. Ule, S. 337 ff.

149 Siehe dazu bereits oben, I 2 e.

150 Vgl. BVerfGE 21, 73 (79).

150a BVerwGE 56, 31 (47); BVerwGE 59, 213 (219 f.); BVerwG, NJW 1987, 1429 (1431).

Im Ergebnis läßt sich deshalb eine grundsätzliche verfassungsrechtliche Sperre für die Anerkennung administrativer Beurteilungsspielräume nicht feststellen. Konkretere Überlegungen zum gesetzlichen Denkmalbegriff sind damit möglich und angezeigt.

d) Zum aktuellen Rechtsprechungsstand

Die Rechtsprechung namentlich des Bundesverwaltungsgerichts ist durch ein Regel-Ausnahme-Prinzip gekennzeichnet: Grundsätzlich verneint sie Beurteilungsspielräume der Verwaltung bei unbestimmten Rechtsbegriffen und bejaht sie nur in bestimmten Fällen bzw. Fallgruppen[151]. Es sind dies im wesentlichen

- Prüfungs- und prüfungsähnliche Entscheidungen[152]
- beamtenrechtliche Beurteilungen[153]
- wertende Entscheidungen durch weisungsfreie, mit Sachverständigen und/oder die Allgemeinheit repräsentierenden Interessenvertretern[154]
- Prognoseentscheidungen, insbesondere Risikoermittlung und -bewertung im Atomrecht[155].

Mit dieser Linie befindet sich die Rechtsprechung im Gegensatz zu der heute wohl bereits überwiegenden Literatur[156], die – vor allem im Anschluß an Arbeiten von Bachof[157] und Ule[158] – eine breitere Anerkennung administrativer Beurteilungsspielräume verlangt – mit zahlreichen Nuancierungen im einzelnen[159]. Dabei ist bemerkenswert, daß die Forderung nach einer Reduzierung der gerichtlichen Kontrolldichte in jüngster Zeit Unterstützung gefunden hat von seiten der Präsidenten des Bundesverwaltungsgerichts[160] und des Bundesarbeitsgerichts[161].

---

151 Zur Entwicklung bis 1980 ausführlich Tettinger, Rechtsanwendung und gerichtliche Kontrolle im Wirtschaftsverwaltungsrecht, 1980, S. 67 ff.; zur neueren Entwicklung ders., DVBl. 1982, 421; Erichsen, DVBl. 1985, 22; Sendler, FS f. Ule, S. 337 ff., 352 ff.

152 BVerwGE 12, 359; 38, 105; DÖV 1982, 853; DÖV 1984, 804 (hierzu Grupp, JuS 1983, 351). Grs. zu Beurteilungsspielraum und Planungsermessen BVerwGE 62, 87 (Krankenhausbedarfsplan).

153 BVerwGE 21, 127; 26, 65; 61, 176 (158 f.) „Verfassungstreue".

154 BVerwGE 12, 30; 39, 197 (Indizierungsentscheidung). Zu Inhalt und Grenzen des Beurteilungsspielraums nach § 1 ff. GjS jüngst BVerwG, NJW 1987, 1429; NJW 1987, 1431; NJW 1987, 1494.

155 BVerwG, DVBl. 1982, 746; BVerwG, NVwZ 1986, 208 („Kernkraftwerk Wyhl"), dazu Sellner, NVwZ 1986, 616.

156 Beispielhaft seien erwähnt Erichsen / Martens, § 12 II 1 b m.w.N.; Redeker, DÖV 1971, 757 ff.; ders., FS f. Scupin, 1983, S. 861 (871 ff.); Scholz, VVDStRL, 34, S. 145 ff.; Badura, FS f. Bachof, 1984, 169.

157 JZ 1955, 97; ders., JZ 1972, 641.

158 Gedächtnisschrift f. W. Jellinek, 1955, S. 309 ff.

159 Vgl. z. B. die Differenzierungen W. Schmidt's in: Einführung, § 4, S. 58 ff.

160 Sendler, NJW 1983, 1449 (1457 ff. m. Fn. 88 und 89).

e) Rechtsprechung und Literatur zum Denkmalbegriff

Zum gesetzlichen Denkmalbegriff liegen zwei höchstrichterliche Entscheidungen vor, die eine Verringerung der gerichtlichen Kontrolldichte verneinen.

Das Urteil des Bundesverwaltungsgerichts vom 22. 4. 1966[162] betraf zwar nicht eines der neueren Denkmalschutzgesetze, dürfte aber für die spätere Rechtsprechung zu den modernen Denkmalschutzgesetzen eine Art Signalwirkung gehabt haben. Die Begründung der Entscheidung erschöpft sich allerdings in der Bezugnahme auf die bis dato anerkannten Fallgruppen verminderter Gerichtskontrolle. Einer sachlichen Auseinandersetzung mit der Frage, ob dieser Kanon in conreto zu erweitern sei, geht die Entscheidung aus dem Wege. Gleichwohl ist sie für das spätere, in der Sachfrage ebenfalls „enthaltsame" Urteil des BGH[163] – neben weiteren zwischenzeitlich ergangenen Judikaten[164] – ein maßgebliches Präjudiz[165].

Die Rechtsprechung der nordrhein-westfälischen Verwaltungsgerichte zum Denkmalschutzgesetz bietet noch kein klares Bild. Die erstinstanzlichen Spruchkörper tendieren dahin, zumeist formelhaft und ohne nähere Problemerörterung eine uneingeschränkte gerichtliche Prüfungskompetenz zu beanspruchen[166]. Deren Handhabung offenbart indes das selbst geschaffene Dilemma: Die Entscheidungen bemühen sich entweder um nicht selten hilflos wirkende „eigene" Ausführungen zur Sache[167] oder lassen erkennen, daß sich das Gericht bereitwillig oder notgedrungen von plausibel erscheinenden Argumentationen der Fachbehörde überzeugen läßt[168]. Werden behördliche fachgutachterliche Stellungnahmen übernommen, so geschieht

---

161 Kissel, NJW 1982, 1777 (1781 ff.).

162 BVerwGE 24, 60 (anders die Vorinstanz OVG Hamburg, MDR 1965, 417). In diese Richtung weist bereits das Urteil des BVerwG vom 24. 6. 1960, BVerwGE 11, 32 aus grundsteuerlicher Sicht.

163 NJW 1979, 210 = BGHZ 72, 211.

164 OVG Lüneburg, Urt. v. 26. 1. 1978, VerwRspr. 1979 Nr. 47, vollständig abgedruckt in „Die alte Stadt" (ZSSD) 1978, 168 unter Bezugnahme auf BVerwGE 24, 60; siehe ferner VGH Bad.-Württ., Urt. v. 13. 11. 1977 – III 2006/76 – (nicht veröffentlicht).

165 Ebenso das fast gleichzeitig ergangene Urteil des BayVGH vom 12. 6. 1978, BayVBl. 1979, 118.

166 VG Münster, Urt. v. 22. 3. 1983 – 2 K 913/81 – AU S. 7 unter Berufung auf VG Frankfurt, Urt. v. 14. 7. 1981, DVBl. 1982, 367 und OVG Lüneburg, Urt. v. 5. 11. 1974, DVBl. 1975, 956; VG Münster, Beschl. v. 17. 11. 1983 – 2 L 256/83 – AU S. 12; VG Münster, Urt. v. 26. 1. 1984, DVBl. 1984, 643; VG Aachen, Urt. v. 13. 1. 1982 – 3 K 183/81 – AU S. 8; VG Minden, Urt. v. 4. 2. 1983 – 1 K 498/82 – AU S. 6; eine nähere Auseinandersetzung findet sich hingegen bei VG Köln, Urt. v. 14. 6. 1983 – 14 K 4332/81 – AU S. 5 f.

167 VG Köln, Urt. v. 14. 6. 1983 – 14 K 4332/81 – AU S. 5 f.

168 VG Minden, Urt. v. 4. 2. 1983 – 1 K 498/82 – AU S. 8 f.; VG Arnsberg, Urt. v. 16. 11. 1982 – 4 K 2864/81 – AU S. 6; VG Münster, Urt. v. 22. 3. 1983 – 2 K 913/81 – AU S. 8 ff.; ähnlich der Befund von Kummer, Denkmalschutzrecht, S. 39 m. Fn. 38 für die hessischen erstinstanzlichen Entscheidungen.

dies zumeist mit dem Hinweis auf die unabhängige Stellung des Landesamtes für Denkmalpflege (§ 22 IV nw DSchG).

Weniger prinzipiell erscheint demgegenüber bislang die Linie des OVG Münster. Wenn das Gericht eine Verfügung über die vorläufige Unterschutzstellung kontrolliert und dabei prüft, ob dem Bauwerk bei „überschlägiger Prüfung" wohl Denkmalwert zukommt, dann wird maßgeblich auf die Äußerung des Landesamtes zurückgegriffen, ebenfalls unter Hinweis auf dessen besondere Sachkunde und unabhängige Stellung[169]. Es bleibt abzuwarten, ob sich das Gericht auch bei Überprüfung der endgültigen Qualifizierung eines Objektes als Denkmal durch Listeneintragung auf eine Kontrolle der Plausibilität fachbehördlichen Vorbringens beschränkt[170].

Bundesweit betrachtet hat sich die Forderung nach Respektierung eines behördlichen Spielraums bei der Zuerkennung der Denkmaleigenschaft in der Rechtsprechung nicht durchsetzen können[171]. Im Schrifttum mehren sich zwar Auffassungen, die insoweit die richterliche Kontrollkompetenz reduzieren wollen[172] und sei es auch nur für bestimmte Dimensionen des Denkmalbegriffs[173]. Die herrschende Auffassung steht dem jedoch ablehnend gegenüber[174].

f) Stellungnahme

aa) Immanente Kritik der Rechtsprechung

Der Kern der ungebrochen aktuellen Problematik[175] liegt in dem Umstand, daß öffentlich-rechtlichen Normen regelmäßig nicht oder jeden-

---

[169] OVG Münster, Beschl. v. 9. 9. 1982 – 10 B 693/82 – AU S. 3 f.; Beschl. v. 16. 9. 1983 – 10 B 1298/83 – AU S. 3 f.

[170] In diese Richtung geht das Urteil des VGH Mannheim, NVwZ 1986, 240.

[171] OVG Lüneburg, NVwZ 1983, 231; VG München, BayVBl. 1983, 281; BayVGH, BayVBl. 1979, 616; BayVGH, BayVBl. 1986, 399; OVG Lüneburg, VerwRspr. 30, 185; OVG Lüneburg, DVBl. 1975, 952 m. ablehnender Anm. v. Wiechert, S. 954; VG Berlin, Beschl. v. 18. 7. 1981, AU S. 6; OVG Berlin, NVwZ 1986, 239; OVG Koblenz, DVBl. 1985, 406; VGH Mannheim, NJW 1987, 1440, weitere Nachweise bei Moench, NVwZ 1984, 146, Fn. 6.

[172] Wiechert, nds DSchG, § 3, Rn. 16; ders., DVBl. 1975, 954 (Urteilsanmerkung); Kummer, Denkmalschutzrecht, S. 35 ff.; Redeker, DÖV 1971, 757 (759); Ossenbühl, Verwaltungsvorschriften und Grundgesetz, 1968, S. 337 f.; Rieger, Gestaltung von Bauvorhaben, S. 124 (mit S. 69 ff.).

[173] Namgalies, DÖV 1984, 239 hinsichtlich der „künstlerischen Bedeutung".

[174] Rothe, § 2, Rn. 26; Dörffeldt, hess Denkmalschutzrecht, § 2, Rn. 14; Moench, NVwZ 1984, 146; Hönes, DVBl. 1984, 413 (417); unklar aber ders., DÖV 1984, 671, insbesondere Fn. 9 (Erwiderung zu Namgalies); s. auch Namgalies, DÖV 1984, 674 (Replik); Oebbecke, VR 1980, 384 (388); unklar Gahlen / Schönstein, Denkmalschutzrecht, § 2, Anm. 15. Rechtsvergleichend (Deutschland/Österreich) Evers, NJW 1983, 2161.

[175] Gerade in jüngster Zeit ist eine neue Welle literarischer Stellungnahmen zum Thema „Gerichtliche Kontrolldichte" zu verzeichnen. Hierzu Papier, DÖV 1986, 621 mit zahlreichen Nachweisen in Anm. 1; ferner Beckmann, DÖV 1986, 505 m. N. in

falls nicht ohne weiteres zu entnehmen ist, ob der Gesetzgeber der Administrative bei ihrer Vollzugstätigkeit einen mehr oder minder großen Beurteilungsspielraum einräumen will[176]. Auch das nw DSchG läßt insoweit hinreichend sichere Schlüsse nicht zu. Die ordnungsrechtliche Ausgestaltung[177] liefert womöglich Argumente gegen einen Beurteilungsspielraum der Gemeinde als unterster Instanz, nicht aber der Denkmalschutzbehörden insgesamt[178]. Das regelmäßige Schweigen des Gesetzgebers hat zu der resignativ anmutenden These Ossenbühls[179] geführt, daß den Gerichten insoweit die Kompetenz-Kompetenz zukomme. Gleichwohl erscheint die Suche nach allgemeinen Kriterien oder wenigstens die Bildung von Fallgruppen im Interesse rationaler Rechtsanwendung unverzichtbar.

Im vorliegenden Zusammenhang liegt es nahe, zunächst die soeben referierte Rechtsprechung auf ihre immanente Richtigkeit hin zu befragen. Das liefe auf den Versuch hinaus, aus den bisherigen einschlägigen Judikaten Voraussetzungen allgemeiner Art für eine Beurteilungsermächtigung der Verwaltungsbehörde herauszukristallisieren und den Befund mit der Denkmalbegriffsproblematik zu konfrontieren. Im Rahmen dieser Untersuchung sind Ausbreiten und Analyse des Entscheidungsmaterials im Detail weder möglich noch erforderlich. Von folgendem kann aber ausgegangen werden:

Die Begründungselemente der Rechtsprechung[180] lassen sich zwei großen Gruppen zuordnen. Die erste betrifft die Art der zu treffenden Entscheidung und kann deshalb als normtheoretisch orientiert bezeichnet werden. Sie ist ein Sammelbecken von tendenziell mehr sachbereichsbezogenen und deshalb nicht verallgemeinerungsfähigen Begründungen – z. B. „dienstliches Bedürfnis“, „Prüfungsentscheidungen“ – und andererseits solchen Argumenten, die auf abstraktionsfähige und damit übertragbare Eigenschaften der zu treffenden Entscheidung abstellen. Hierher zählen Topoi, wie „Prognoseentscheidung“, „unvertretbare Entscheidung“, „Urteil mit erheblichem Einschlag wertender Elemente mit einer Bandbreite von Entscheidungsmöglichkeiten“[181].

Die zweite Gruppe umfaßt Begründungen, die mit Zusammensetzung und Stellung des Entscheidungsträgers innerhalb der Verwaltung operieren. Hierzu zählen Gesichtspunkte wie „Sachkunde“, „gesellschaftliche Repräsentanz“ und „Weisungsfreiheit“ des zur Entscheidung berufenen Organes.

Anm. 1; Brohm, DVBl. 1986, 321, sowie speziell zu Prognoseentscheidungen Paefgen, BayVBl. 1986, 513. Ferner Sendler, FS f. Ule, S. 337 ff.; Papier, ebd., S. 235.

[176] Zur Maßgeblichkeit dieser legislatorischen Kontrollkompetenzzuweisung H. Kellner, DÖV 1972, 801 (805); siehe auch BVerfG, NJW 1982, 2173 (2176) „Sasbach“.

[177] Dazu unten, III 1.

[178] Zu kurz greift deshalb die Argumentation von Oebbecke, VR 1980, 384 (388).

[179] Verwaltungsvorschriften und Grundgesetz, 1968, S. 336.

[180] Nachweise Anm. 151 – 155.

[181] Nachweise Anm. 151 – 155.

Das Unterfangen, aus dem so gegliederten Entscheidungsmaterial allgemeine Kriterien herauszufiltern, sieht sich vor allem zwei Schwierigkeiten gegenüber. Zum einen überlagern und verschränken sich die genannten Gesichtspunkte nicht nur innerhalb der beiden Gruppen, sondern auch gruppenübergreifend („unvertretbar", weil „gesellschaftlich repräsentatives Entscheidungsorgan"). Das hat seinen Grund vornehmlich darin, daß sie auf je verschiedenen Ebenen liegen. Zum anderen ist es bisweilen zweifelhaft, ob ein in den Entscheidungsgründen auftauchender Gesichtspunkt bereits für sich allein zur Begründung eines Beurteilungsspielraumes der Verwaltung ausreicht oder aber nur dann, wenn er zu anderen Argumenten hinzutritt. Diese Frage ist aber für die Einordnung des Denkmalbegriffs erheblich. Da sich schwerlich bestreiten läßt, daß die Bejahung oder Verneinung des öffentlichen Interesses an der Erhaltung eines Bauwerks ein „Urteil mit erheblichem Einschlag wertender Elemente" erfordert[182], kommt es darauf an, ob dies bereits, gemessen an der bisherigen Judikatur, die gesetzliche Einräumung eines administrativen Spielraums indiziert oder weitere Voraussetzungen erfüllt sein müssen.

Die Entscheidung des Bundesverwaltungsgerichts vom 16. 12. 1971 zu § 9 GjS – "Indizierungsurteil"[183] –, in der sich der genannte Begründungsgesichtspunkt neben weiteren findet, läßt beide Deutungen zu[184]. Betrachtet man dieses oft Tendenzwende apostrophierte[185] Urteil vor dem Hintergrund der weiteren einschlägigen Rechtsprechung[186], so ergibt sich, daß zu der normtheoretischen Qualifikation bestimmte weitere Umstände im Hinblick auf den Entscheidungsträger hinzutreten müssen. Die Wertung durch die Behörde wird nur dann nicht vom Gericht voll kontrolliert und gegebenenfalls ersetzt, wenn die Entscheidung durch ein weisungsfreies Gremium erfolgt, welches den erforderlichen Sachverstand oder die Auffassungen der wesentlichen gesellschaftlichen Gruppen repräsentiert[187].

Das Entscheidungsverfahren des nordrhein-westfälischen Denkmalschutzgesetzes ist so ausgestaltet, daß der in den Denkmalpflegeämtern konzentrierte Sachverstand für jede Entscheidung über die Denkmalwürdigkeit eines Objektes zur Verfügung steht, in sie einfließt. Nach § 3 Abs. 2 S. 2 nw DSchG geschieht die obligatorische Eintragung eines Baudenkmals in die Denkmalliste „im Benehmen mit dem Landschaftsverband". Die

[182] Ebenso Namgalies, DÖV 1984, 239 (241).

[183] BVerwGE 39, 197.

[184] Zu diesen Zweifeln auch Koch, Unbestimmte Rechtsbegriffe, S. 17.

[185] Bachof, JZ 1972, 208 (Urteilsanmerkung): „fast eine Sensation".

[186] BVerwGE 59, 213; 62, 330; 65, 19 (22/23). Siehe ferner den Überblick bei Erichsen, DVBl. 1985, 22 ff.

[187] Tettinger, DVBl. 1982, 421 (422); umgekehrt reicht dies allerdings auch nicht aus, vgl. Hill, in: Götz / Klein / Starck (Hrsg.), Die öffentliche Verwaltung zwischen Gesetzgebung und richterlicher Kontrolle, 1985, S. 237 (Diskussionsbeitrag).

Landschaftsverbände handeln ihrerseits insoweit durch ihr Denkmalpflegeamt (§ 22 Abs. 3 S. 1 nw DSchG). Bei ihrer gutachterlichen Stellungnahme ist diese Fachbehörde nicht an Weisungen gebunden (§ 22 Abs. 4 nw DSchG).

Dennoch sind die soeben skizzierten, aus der bisherigen Rechtsprechung abstrahierten Voraussetzungen nicht erfüllt: Sichergestellt ist lediglich die weisungsfreie Stellungnahme durch das sachverständige Denkmalpflegeamt. Weder ist dieses insoweit weisungsfreie Fachgremium selbst Entscheidungsträger, noch ist rechtlich fixiert, daß seine Stellungnahme für die Denkmalbehörden maßgeblich zu sein hat[187a]. Aus § 21 Abs. 4 S. 3 nw DSchG folgt vielmehr das Letztentscheidungsrecht der Obersten Denkmalbehörde, die sich nach der Gesetzeslage über das Fachgutachten auch hinwegsetzen kann.

Insgesamt mag man die gesetzliche Einbindung eines unabhängigen Fachgremiums in den Entscheidungsprozeß als ein wichtiges Indiz für einen gesetzlich gewollten Beurteilungsspielraum der Verwaltung ansehen[188]. Gemessen an der bisherigen Rechtsprechung ist aber die Verneinung einer Beurteilungsprärogative nur konsequent; sie hält einer immanenten Kritik stand[189].

bb) Außerrechtlicher Entscheidungsgehalt

Ein m. E. fruchtbringender Ansatzpunkt, der über die bisherige Judikatur hinausgeht und sich als zusätzliches Kriterium versteht, liegt in der Differenzierung von rechtlichem und außerrechtlichem Entscheidungsgehalt einer Norm[190]. Dabei geht es um die Frage, woher das Argumentationsmaterial kommt, welches zur Konkretisierung, zur Verdichtung einer mehr oder minder vagen gesetzlichen Formulierung verwendet wird. Von Bedeutung ist, ob die Gesichtspunkte, die hier herangezogen werden, einem im weitesten Sinne juristischen Argumentationshaushalt zuzurechnen sind oder nicht. Ohne Zweifel zählt hierzu das gesamte Spektrum anerkannter Auslegungsregeln. In inhaltlicher Hinsicht sind als genuin juristische Topoi Begriffe zu nennen wie Zurechenbarkeit, Risikosphäre, Einflußnahmemöglichkeit, Erkennbarkeit, Rechtssicherheit, Vertrauensschutz und letztlich Billigkeit und Gerechtigkeit.

187a Vgl. auch VGH Mannheim, NJW 1987, 1440 (1441).

188 Dahin tendierend Namgalies, DÖV 1984, 239 (241).

189 Unter diesem Blickwinkel deshalb konsequent VG Köln, Urt. v. 14. 6. 1983 – 14 K 4332/81 – AU S. 5 f.; vgl. auch Moench, NVwZ 1984, 146 f.; Stähler, Denkmalbegriff, S. 38 ff.

190 Siehe hierzu vor allem Scholz, VVDStRL 34, S. 146 ff.; Redeker, FS f. Scupin, 1983, S. 861 ff. (871); ähnlich Wabnitz, Politische Fragen, S. 55 ff., 83 ff.

Bei diesem Ansatz kommt es nicht auf die Nähe des Ableitungszusammenhangs zur Norm, das Maß an Offenheit des gesetzlichen Tatbestandes an. Das Politische im Sinne von Außerrechtliche beginnt nicht bereits dort, wo nicht mehr methodisch begründbar deduziert werden kann[191]. Auch methodisch nicht weiter aufzuhellende vage Begriffe können nicht selten und sei es nur ausschnittsweise mit Hilfe von Gesichtspunkten konkretisiert werden, die im obigen Sinne juristischer Natur sind. So sind typische Beispiele unbestimmter Rechtsbegriffe wie „Zumutbarkeit" oder „Störer" (im Polizeirecht), denen mit Wortlautanalyse, historischen, systematischen und teleologischen Überlegungen keine nennenswerte Konkretisierung abzugewinnen ist, gleichwohl einer rationalen, d. h. nachvollziehbaren Verdichtung durch spezifisch rechtliche Gesichtspunkte und Differenzierungen zugänglich[192]. Viele der sogenannten unbestimmten Rechtsbegriffe dürften sich in diesem Sinne als mit juristischer Methode zumindest zum Teil bestimmbar erweisen[193].

Ob aus einer solchen rechtlichen Präzisierbarkeit zugleich stets die entsprechende Kontroll- und damit Letztentscheidungskompetenz der Judikative zu folgern ist, ist zweifelhaft und dürfte zu verneinen sein[194], mag aber hier auf sich beruhen. Denn jenseits dessen werden zugleich Grenzen rechtlicher und damit auch verwaltungsgerichtlicher Argumentationsmöglichkeiten sichtbar. Das bisherige Entscheidungsmaterial liefert genügend Anschauung: Ein „dienstliches Bedürfnis" etwa kann der Richter auf Plausibilität der vorgetragenen Argumente, ihre Folgerichtigkeit im Hinblick auf mitgeteilte Daten und Zielvorstellungen[195] überprüfen, nicht aber – darüber hinausgehend – mit eigenen rechtlichen Überlegungen bejahen oder verneinen.

Nun mag gegen diesen Ansatz eingewendet werden, durch die Aufnahme solcher Begriffe mit außerjuristischem Entscheidungsgehalt in ein Gesetz werde der fragliche Begriff zum Rechtsbegriff und könne deshalb einer Rechtskontrolle nicht entzogen sein[196]. Indes ändert die gesetzliche Verwen-

---

[191] Zu den Grenzen der Leistungsfähigkeit von Rechtsnormen auch Wabnitz, Politische Fragen, S. 93.

[192] Z. B. Pietzcker, DVBl. 1984, 457 zur polizeirechtlichen Störerbestimmung.

[193] Der richtige Ansatz zur Herausarbeitung von Beurteilungsspielräumen der Verwaltung ist deshalb die Analyse des jeweiligen materiellen Rechts. Eine verwaltungsprozessuale generelle Kontrollverkürzung entzöge demgegenüber den Gerichten auch den Bereich aus dem Gesetz ableitbarer Konkretisierungsschritte. Das ist im Hinblick auf Art. 19 Abs. 4 GG problematisch. Siehe dazu Papier, DÖV 1986, 621 (623 ff.).

[194] Dazu Beckmann, DÖV 1986, 505 (509); für einen Vorrang der Exekutive bei der Gesetzeskonkretisierung auch jenseits der politischen Elemente einer Entscheidung Brohm, DVBl. 1986, 321 (330).

[195] Die je nach Sachlage anzuerkennende Maßgeblichkeit verwaltungsautonom gesetzter Daten und getroffener Entscheidungen im Rahmen der unbestimmten Rechtsbegriffe betont die sog. „Faktorenlehre" H. Kellner's, DÖV 1969, 309; ders., DÖV 1972, 801 (807 f.).

[196] Vgl. Maurer, Allgemeines Verwaltungsrecht, § 7, Rn. 33, 34.

dung eines solchen Begriffs nichts an der Natur der Sache, macht aus einem metarechtlichen nicht per se einen rechtlich erfaßbaren, liefert insbesondere keine rechtlichen Maßstäbe und Gesichtspunkte für seine Handhabung[197].

Wo die Grenzen rechtlicher Argumentationsmöglichkeiten erreicht sind, endet auch die Funktion des Verwaltungsrichters[198]. Die in aller Regel bereits vorgefundene Verwaltungsentscheidung kann und muß er kraft der eigenständigen Vollzugs- und Gestaltungsfunktion der Exekutive stehen lassen, sofern sie auf gesetzeskonformer, wenn auch in diesem Rahmen autonomer Maßstabsbildung sowie konsequenter Maßstabsanwendung beruht und die getroffene Entscheidung plausibel begründet ist[199]. Der Entscheidungsbegründung durch die Verwaltung kommt damit eine besondere Bedeutung zu[200].

Die mit diesem Ansatz zu markierenden Grenzen rechtlicher und damit richterlicher Überprüfung[201] sind nicht zugleich Grenzen der Rationalität von Entscheidungen und Begründungszusammenhängen schlechthin[202], sondern erheblich weiter. Auch die Verwaltungsentscheidung im Rahmen des administrativen Beurteilungsspielraums bedarf der Rationalität im Sinne einer nachvollziehbaren Begründung, ohne dadurch zu einer im obigen Sinne juristischen zu werden[203]. Grenzen der Rationalität von Entscheidungen sind hingegen erreicht, wenn innerhalb einer Begründungskette anstelle von Tatsachen zur Begründung einer Wertung diese selbst genannt werden muß, weil sie einer weiteren begrifflichen Auflösung oder einer Mitteilung nicht zugänglich ist[204].

So vertiefungsbedürftig die hier angedeutete Grenzlinie zwischen rechtlichen und außerrechtlichen Entscheidungsgehalten einer Norm auch sein mag, eines dürfte immerhin deutlich geworden sein: Die Konkretisierung des Denkmalbegriffs nach allgemeinen Konturen und durch Einzelfallan-

---

197 Knöpfle, VVDStRL 34, S. 291 f. (Diskussionsbeitrag); Redeker, FS f. Scupin, 1983, S. 861 (871 ff.).

198 Die hier anhand des Denkmalbegriffs unternommene Aufdeckung außerrechtlicher Entscheidungsgehalte einer Norm versteht sich als ein Element der von Papier, DÖV 1986, 621 (626) mit Recht geforderten Typologie normativer Beurteilungsermächtigungen.

199 Die besondere Situation des Verwaltungsrichters betont Bachof, VVDStRL 34, S. 107 f. (Diskussionsbeitrag).

200 Zu den Anforderungen an die Begründung im Denkmalschutzrecht näher Kummer, Denkmalschutzrecht, S. 47 ff. Einen Begründungsmangel konstatiert – als Hilfserwägung – das VG Gelsenkirchen in seinem Urt. v. 20. 1. 1982 – 10 K 2997/81 – AU S. 12 f.

201 Ähnliche Überlegungen zum Unterschied zwischen „Rechtskontrolle" und „Richtigkeitskontrolle" finden sich bei Kissel, NJW 1982, 1777 (1781 ff.).

202 Näher Heino Garrn, Zur Rationalität rechtlicher Entscheidungen, S. 13 ff.

203 Die Rationalität einer Begründung ist aber eine Voraussetzung ihrer rechtlichen „Richtigkeit"; hierzu Scholz, VVDStRL 34, S. 146 ff., 174 ff.

204 Vgl. Jesch, AöR 82 (1957), S. 163 ff., 178 ff. (194 ff.).

wendung ist jenseits der angesprochenen interpretatorischen Verdichtungsmöglichkeiten ein außerrechtlicher Vorgang.

Die Annahme eines behördlichen Beurteilungsspielraumes stützt sich demnach zum einen auf den Gesichtspunkt der Institutionalisierung eines unabhängigen, sachkundigen und in den Entscheidungsprozeß einbezogenen Fachgremiums[205], zum anderen und vor allem auf den außerrechtlichen Charakter der zu treffenden Entscheidung. Im Denkmalschutzrecht treffen daher die Aspekte der materiellen Entscheidungsqualität und der Vollzugsorganisation zusammen.

g) Ergebnis

Die gerichtliche Kontrolle des Denkmalbegriffs ist deshalb auf die Prüfung beschränkt, ob die behördliche Entscheidung

- auf hinreichend gesicherter Tatsachenbasis ergangen ist, die ggf. aufzuklären ist,
- eine gesetzeskonforme Maßstabsbildung erkennen läßt,
- gesetzes- und maßstabskonform ergangen ist,
- verfahrensmäßig einwandfrei ist und
- mit gesetzeskonformen Gesichtspunkten plausibel begründet ist (Vertretbarkeitskontrolle)[206].

Im Anschluß an diese Feststellung bleibt zu klären, wer innerhalb der vollziehenden Gewalt zur Ausfüllung des dargelegten Spielraums berufen ist und welche Rolle insbesondere der Auffassung der Gemeinden zukommt. Die Antwort hierauf erfordert einen Blick auf das gesetzliche Instrumentarium des Denkmalschutzgesetzes und die Organisation des Gesetzesvollzugs.

II. Das gesetzliche Instrumentarium

1. Das System konstitutiver Listeneintragung

Ungeachtet weitgehend gleicher oder zumindest sehr ähnlicher gesetzlicher Definitionen des Begriffs (Bau-)Denkmal[207] kennt das geltende Recht erhebliche Unterschiede in den Verfahrensweisen, mittels derer dem Denk-

---

[205] Die bloße organisatorische Schaffung unabhängiger Entscheidungsgremien ohne korrespondierenden Charakter der zu treffenden Entscheidungen selbst wirft demgegenüber die Frage der Umgehung von Art. 19 Abs. 4 GG auf. Hierzu Scholz, VVDStRL 34, S. 146 ff. (214, Fn. 268); Götz, Allgemeines Verwaltungsrecht, S. 94.

[206] Zu diesen Prüfungsmaßstäben Scholz, VVDStRL 34, S. 146 ff. (174 ff.).

[207] Siehe Anm. 27.

malbegriff zu rechtlicher Wirkung im Rechtsleben verholfen wird. Zwei Grundmodelle lassen sich unterscheiden[208]:

Beim konstitutiven Listensystem[209] treten die an die Denkmaleigenschaft geknüpften rechtlichen Wirkungen erst ein, wenn die zuständige Behörde nach Durchführung eines näher ausgestalteten Verwaltungsverfahrens[210] durch eine rechtserhebliche Erklärung feststellt, daß ein bestimmtes Bauwerk die gesetzlichen Voraussetzungen erfüllt und damit ein Baudenkmal im Rechtssinne darstellt. Dieser Vorgang wird entweder Eintragung in die Denkmalliste (Denkmalbuch) genannt[211] oder aber als Unterschutzstellung bezeichnet[212], die sodann die Eintragung in das Verzeichnis zur Folge hat. Nach diesem System bedarf es stets einer rechtsbegründenden Einzelfallentscheidung über jedes Objekt. Mögen auch bei noch nicht eingetragenen oder unter Schutz gestellten Bauwerken die Voraussetzungen der gesetzlichen Definition vorliegen, so daß man begrifflich von einem Baudenkmal sprechen könnte, die Regelungen der Denkmalschutzgesetze finden – vorbehaltlich der vorläufigen Unterschutzstellung – noch keine Anwendung.

Der zweite Verfahrenstyp, das Prinzip der Generalklausel, ist dadurch gekennzeichnet, daß es eines die rechtliche Denkmaleigenschaft begründenden Erfassungsaktes nicht bedarf[213]. Alle Gebäude, die die normierten Begriffsvoraussetzungen erfüllen, fallen ohne weiteres unter die an die Denkmaleigenschaft anknüpfenden Regelungen mit ihren Rechten und Pflichten. Die auch hier geführten Listen[214] haben nicht einen die Denkmaleigenschaft verbindlich ausweisenden, sondern nur deklaratorischen Charakter. Auch nicht eingetragene Bauwerke können deshalb den Vorschriften der Denkmalschutzgesetze, etwa dem Genehmigungstatbestand für Veränderungen, unterfallen, ebenso wie sich eingetragene Objekte im nachhinein als zu Unrecht aufgenommen erweisen können.

---

[208] Zum folgenden auch unter geschichtlichem Blickwinkel eingehend Kummer, Denkmalschutzrecht, S. 69 ff.; Beseler / Ellger, DKD 1971, 150.

[209] Baden-Württemberg (§ 12: Kulturdenkmal von besonderer Bedeutung); Berlin (§ 6); Bremen (§§ 3, 7); Hamburg (§§ 6, 7: Eintragung nach Unterschutzstellung durch vorangegangene Verfügung); Hessen (§§ 9, 10); Nordrhein-Westfalen (§ 3); Rheinland-Pfalz (§§ 8, 10, wie Hamburg); Schleswig-Holstein (§§ 5, 6: nur bei „besonderer Bedeutung").

[210] Siehe dazu § 3 Abs. 2 S. 2, Abs. 6 nw DSchG in Verbindung mit § 3 Denkmallistenverordnung v. 6. 3. 1981 (GV NW S. 135) sowie Gahlen / Schönstein, Denkmalschutzrecht, Anm. 9 zu § 3; Hattendorf, StuGR 181, 290; Feger, VR 1983, 279 (280 ff.).

[211] Baden-Württemberg (§ 12); Berlin (§ 6); Bremen (§ 7); Hessen (§ 9); Nordrhein-Westfalen (§ 3 Abs. 1 S. 2).

[212] Hamburg (§ 7); Rheinland-Pfalz (§ 8).

[213] Bayern (Art. 2); Niedersachsen (§§ 4, 5 S. 1, konstitutive Wirkung der Eintragung nur bei beweglichen Denkmälern); Saarland (§ 7 Abs. 1).

[214] In Baden-Württemberg beruht die deklaratorische Liste nicht auf Gesetz, sondern einer ministeriellen Listenerfassungsrichtlinie von 1977, die mit Wirkung zum 1. 1. 1984 geändert wurde. Dazu Strobl, BWVerwPr 1983, 278 (282).

Im geltenden Recht sind durchweg Kombinationen zwischen den beiden Grundtypen anzutreffen[215]. So ist beispielsweise in Baden-Württemberg für Bauwerke von besonderer Bedeutung, die bereits kraft der Generalklausel den allgemeinen Schutzvorschriften unterstehen, durch insoweit konstitutiv wirkende Eintragung ein zusätzlicher Schutz vorgesehen[216].

Der nordrhein-westfälische Gesetzgeber hat sich im Grundsatz für das konstitutive Schutzsystem entschieden (§ 3 Abs. 1 S. 2 nw DSchG) und ist damit von dem Gesetzentwurf abgewichen, der die nachrichtliche Liste, d. h. das Generalklauselsystem vorsah[217]. Modifikationen, die in diesem Zusammenhang nicht näher interessieren, betreffen die beweglichen Denkmäler und die Bodendenkmäler[218].

Dieses Eintragungsprinzip hat den deutlichen Vorzug größerer Rechtssicherheit[219]. Durchführung und Abschluß des Eintragungsverfahrens bewirken die rechtsverbindliche Klärung der Denkmaleigenschaft und schaffen damit Klarheit über den Kreis der hieraus folgenden Rechte und Pflichten des Eigentümers wie auch der staatlichen Stellen, machen Risiken rechtlicher und wirtschaftlicher Art (Abbruchgenehmigung) kalkulierbarer und entlasten, wenn diese Entscheidung bestandskräftig wird, spätere Maßnahmen und Konflikte von der Frage der Denkmalwürdigkeit[220]. Beim Typus der nachrichtlichen Liste ist demgegenüber eine rechtsverbindliche Entscheidung über die Denkmaleigenschaft im Zeitpunkt der Listeneintragung zwar möglich[221], aber nicht zwingend erforderlich[222]. Ergeht sie nicht, bleiben Denkmalcharakter und damit das Eingreifen denkmalrechtlicher Normen bis zum potentiellen Konfliktfall in der Sphäre des Ungewissen, nicht selten vom Eigentümer Unvorhergesehenen.

---

215 Zu Rheinland-Pfalz siehe OVG Koblenz, NVwZ 1986, 236 (Erhaltungspflicht nach § 2 Abs. 1 rh-pf DSchG auch für nicht förmlich unter Schutz gestellte Baudenkmäler).

216 § 12 ff. bad-würt DSchG; ähnlich § 5 Abs. 1 schlh DSchG.

217 §§ 3 Abs. 1, 4 Abs. 1 des Entwurfs (LT-Drucks. 8/84492).

218 Bewegliche Denkmäler unterliegen nur bei „besonderer Bedeutung" der konstitutiv wirkenden Eintragung (§ 3 Abs. 1 S. 1 2. Hs., S. 2 nw DSchG). Werden sie von einer öffentlichen Einrichtung betreut, gelten die Gesetzesvorschriften auch ohne Eintragung (§ 3 Abs. 1 S. 3 nw DSchG). Die Geltung bestimmter Sondervorschriften für Bodendenkmale (§§ 13 – 19 nw DSchG) ist von deren Eintragung unabhängig (§ 3 Abs. 1 S. 4 nw DSchG).

219 Zu Vor- und Nachteilen der einzelnen Systeme eingehend Kummer, Denkmalschutzrecht, S. 75 ff.

220 Vgl. OVG Lüneburg, BRS 35 Nr. 137.

221 VGH Mannheim, DVBl. 1983, 466.

222 Die neuen Listenerfassungsrichtlinien in Baden-Württemberg sehen jetzt nur noch eine unverbindliche Benachrichtigung vor, die mangels Verwaltungsaktsqualität keine der Bestandskraft fähige gerichtlich angreifbare Entscheidung enthält. Hierzu Strobl (Anm. 214). Das VG Sigmaringen – Urt. v. 4. 4. 1979, III 4215/78 – verlangte im Gegensatz zum VGH Mannhein (Anm. 221) einen rechtsmittelfähigen Bescheid.

Demgegenüber dürften die Nachteile der konstitutiven Eintragung, die in einer längeren Vorlaufzeit bis zur Umsetzung des Eintragungsgebotes liegen[223], durch das Hilfsinstrument der vorläufigen Unterschutzstellung (§ 4 nw DSchG) kompensiert werden. Diese Regelung ermöglicht im Einzelfall einen raschen Zugriff der Behörde je nach Sachlage u. U. auch noch „in letzter Minute", etwa wenn der Abbruchantrag nach § 60 nw BauO schon gestellt ist[224].

Die Eintragung ist ein Verwaltungsakt und zwar eine Allgemeinverfügung in der Erscheinungsform des dinglichen Verwaltungsaktes („öffentlich-rechtliche Eigenschaft einer Sache", § 35 S. 2 2. Alt. VwVfG)[225]. Er enthält die in vorgeschriebener Weise zum Ausdruck gebrachte Feststellung, daß ein Bauwerk die gesetzlichen Begriffsmerkmale aufweist. Diese Feststellung wird nicht gegenüber einer bestimmten Person, sondern allein in Ansehung der Sache, d. h. dinglich getroffen. Der in § 3 Abs. 3 nw DSchG vorgesehene Bescheid stellt deshalb der Sache nach die Mitteilung an den Betroffenen über die Vornahme eines anderweitig, nämlich in der Eintragung verkörperten Verwaltungsaktes dar[226].

Liegen die Voraussetzungen der gesetzlichen Begriffsbestimmung vor, so muß die zuständige Behörde das Bauwerk in die Denkmalliste eintragen. § 3 nw DSchG statuiert unmißverständlich eine Pflicht ohne Ermessensspielraum[227]. Mangels Eintragungsermessen kann es auch an dieser Stelle nicht zu einer Abwägung von Erhaltungsinteresse und sonstigen Belangen kommen[228].

---

223 Zu diesen und weiteren Nachteilen Kummer, Denkmalschutzrecht, S. 75 ff.

224 So bei VG Münster, Urt. v. 22. 3. 1983 – 2 K 913/81 –. Zur Rechtslage, wenn bei vorläufiger Unterschutzstellung bereits eine Abbruchgenehmigung erteilt war, Gahlen / Schönstein, Denkmalschutzrecht, Anm. 15 zu § 3. Siehe ferner BGH, NJW 1985, 1335 zur Entschädigung für die Versagung der Abbruchgenehmigung, wenn nach Erteilung eines den Abbruch einschließenden baurechtlichen Vorbescheides die förmliche Unterschutzstellung erfolgt.

225 Gahlen / Schönstein, Denkmalschutzrecht, Anm. 9 zu § 3; vgl. auch Niehues, DVBl. 1982, 317; Fischermeier, Inschutznahme, S. 39 ff.

226 Gahlen / Schönstein, Denkmalschutzrecht, Anm. 9 zu § 3; dort auch zur Frage, wann und wie die Eintragung bekanntzumachen ist; vgl. auch Niehues, DVBl. 1982, 317.

227 So für das hess DSchG jetzt auch VGH Kassel, NVwZ 1986, 237 unter Aufgabe der früheren Rspr.; ebenso für die Rechtslage in Berlin OVG Berlin, NVwZ 1986, 239; zur Rechtslage in Bremen hinsichtlich einzutragender Ensembles OVG Bremen, NVwZ 1983, 234 (Ermessen).

228 Dies gilt i.E. auch für Baden-Württemberg (§ 12 Abs. 2 bad-würt DSchG – Kulturdenkmäler von besonderer Bedeutung), Berlin (§ 6 Abs. 1 bln DSchG), Rheinland-Pfalz (§ 8 Abs. 1 rh-pf DSchG) und Schleswig-Holstein (§ 5 Abs. 1 schlh DSchG). Während der imperativen Ausdrucksweise dieser Vorschriften ein Eintragungszwang zu entnehmen ist, spricht § 2 Abs. 1 hamb DSchG davon, daß Denkmäler (durch Eintragung) geschützt werden *können;* die Vorschrift eröffnet also ein Eintragungsermessen und ermöglicht damit auch eine Abwägung (H. Dieterich / B. Dieterich, ZfBR 1984, 63). I.E. dasselbe dürfte für Bremen gelten, obwohl den einschlägigen Vorschriften (§ 3 Abs. 1, 2 brem DSchG) Eindeutiges nicht zu entnehmen ist (OVG Bremen,

Aus anderem Blickwinkel kann sich die Frage stellen, ob der Eigentümer oder ein sonst Interessierter einen klagbaren Rechtsanspruch auf Eintragung eines Bauwerks in die Denkmalliste hat, kraft dessen er die Eintragung gerichtlich erzwingen kann (§ 42 Abs. 2 VwGO)[229]. Hierzu ist zu bedenken, daß der Gesetzgeber im Grundsatz die Entscheidungsfreiheit hat, ob der Pflicht einer Behörde das subjektive Recht des davon Betroffenen auf Erfüllung dieser Pflicht korrespondieren soll. Im Hinblick darauf, daß der Gesetzgeber diese Frage längst nicht mehr ausdrücklich beantwortet, kann man im allgemeinen mit der Vermutung arbeiten, daß dann, wenn eine Norm erkennbar (auch) ein bestimmtes Individualinteresse schützt, dem jeweiligen Interessenträger ein korrespondierender Durchsetzungsanspruch eingeräumt werden soll[230]. Im Denkmalschutzrecht stößt diese Betrachtungsweise indes auf Schwierigkeiten, weil die Eintragung in die Liste für den oder die Betroffenen potentiell ambivalent ist: In erster Linie knüpfen sich hieran Beschränkungen, d. h. rechtliche und wirtschaftliche Nachteile. Die Eintragung ist daher regelmäßig ein belastender Verwaltungsakt. Auf der anderen Seite kann die Aufnahme in die Liste durchaus vorteilhaft sein, dann etwa, wenn ein ohnehin auf Erhaltung bedachter Eigentümer in den Genuß von Steuervergünstigungen[231] oder öffentlichen Zuschüssen[232] gelangen will. In solchen nicht nur theoretischen Fällen kann der Betroffene durchaus ein erhebliches Interesse an der Eintragung haben[233]. Hilft die genannte Vermutung nicht recht weiter, so enthält doch das Gesetz selber ein ausreichendes Indiz: Das in § 3 Abs. 2 S. 2 nw DSchG genannte Antragsrecht des Eigentümers[234] ergibt angesichts des sonstigen Inhalts des § 3 nw DSchG nur einen Sinn, wenn das Gesetz auf diese Weise ein subjektiv-öffentliches Recht auf Durchführung der gesetzlich gebotenen Eintragung zum Ausdruck bringt. Anderenfalls handelt es sich um eine nicht weiter subjektiv bewehrte Befugnis zur Anregung gesetzmäßigen Verhaltens, die

---

NVwZ 1983, 234). In Hessen, wo es ebenfalls an einer klaren gesetzlichen Regelung fehlt, ist Eintragungszwang anzunehmen (arg. § 9 Abs. 2 hess DSchG; vgl. auch H. Dieterich / B. Dieterich, ebd.).

[229] Die Frage ist in Schrifttum und bekanntgewordener Rspr. soweit ersichtlich bislang nicht näher behandelt (vgl. auch den Bericht von Moench, NVwZ 1984, 146). Andeutungsweise OVG Münster, Beweisbeschl. v. 16. 9. 1983 – 11 A 2220/82 –: Wohl kein Rechtsanspruch, aber Pflicht zur fehlerfreien Ermessensausübung; siehe auch Brönner, Rheinische Heimatpflege 1981, 1 (4).

[230] Hierzu grdl. Bachof, Gedächtnisschrift f. W. Jellinek, 1955, S. 287; gegen diese „Automatik" für den Bereich des Drittschutzes Schwerdtfeger, NVwZ 1983, 199 ff.

[231] Hierzu Gahlen / Schönstein, Denkmalschutzrecht, Erl. zu § 40 nw DSchG; VGH Mannheim, NVwZ 1986, 242, zu §§ 82 i, k EStDV; BVerwG, DVBl. 1985, 129 (Grunderwerbssteuer).

[232] § 35 nw DSchG.

[233] Dies wird durch die rege Nachfrage nach Steuerbescheinigungen gem. § 40 nw DSchG für Investitionen an eingetragenen Denkmälern belegt. Siehe hierzu Bericht des Kölner Stadtanzeigers v. 5. 12. 1984, S. 19. Zu den steuerlichen Aspekten eingehend Kurth, Der Betrieb, Beilage Nr. 19/85, S. 1 ff.

[234] Es fehlt z. B. in § 8 Abs. 4 rh-pf DSchG.

ohne weiteres besteht und nicht hätte geregelt zu werden brauchen[235]. Es erscheint deshalb der Schluß gerechtfertigt, daß der Eigentümer, nicht aber sonstige interessierte Personen, ein subjektiv-öffentliches Recht auf Eintragung hat und somit die Aufnahme in die Liste durch verwaltungsgerichtliche Entscheidung erzwingen kann. Die Klage des Eigentümers auf Eintragung seines Bauwerks ist deshalb prozessual kein Zulässigkeits-, sondern ein Begründetheitsproblem[236].

2. Vorläufiger Schutz

Vornehmlich als Hilfsinstrument zur Überbrückung der Anlaufphase in der Gesetzesvollziehung (Erstellung der Denkmallisten) aber auch zur Gefahrenabwehr im Hinblick auf auch dann noch nicht eingetragene Objekte[237] sieht § 4 nw DSchG die vorläufige Unterschutzstellung vor. Der Zweck der Vorschrift liegt nicht darin, eine generelles Vorschaltverfahren zur Eintragung zu schaffen. Vielmehr soll bei Bedarf eine Handlungsmöglichkeit zum Schutz von Objekten vorhanden sein, deren Eintragung aufgrund des nach § 3 nw DSchG vorgesehenen Verfahrens wohl zu spät käme, um drohende Schäden abzuwenden[238].

Die unklare Fassung der Norm hat sofort zu Zweifeln über die erforderlichen Voraussetzungen der Anwendung Anlaß gegeben. Nimmt man den Wortlaut ernst, so ist immer „damit zu rechnen, daß ein Denkmal in die Denkmalliste eingetragen wird". Denn wenn es sich um ein Denkmal handelt, so ist die Behörde zur Eintragung verpflichtet, mit ihrem gesetzmäßigen Handeln dürfte zu rechnen sein. Gemeint ist offenbar: „Ist damit zu rechnen, daß ein Bauwerk in die Denkmalliste eingetragen wird ...". Ernstlich zweifelhaft ist aber der anzulegende Prüfungsmaßstab: Müssen die Voraussetzungen des Denkmalbegriffs bereits im Zeitpunkt der vorläufigen Unterschutzstellung vorliegen[239], genügt eine überschlägige Prüfung[240] oder

[235] A.A. wohl Brönner, Rheinische Heimatpflege, 1981, 1 (4); i.E. hingegen ebenso Oebbecke für das parallele Antragsrecht des Landschaftsverbandes nach § 3 Abs. 2 Satz 2 nw DSchG (VR 1980, 384, 385).

[236] I.E. wie hier Oebbecke, VR 1980, 384 (388); Dörffeldt, hess Denkmalschutzrecht, § 10, Erl. 8; VGH Kassel, NVwZ 1986, 237 (238). – A.A. Fischermeier, Inschutznahme, S. 109/110 für das bayerische Recht.

[237] Beschlußempfehlung des Landtagsausschusses für Schule und Kultur, LT-Drucks. 8/5625, S. 46; Gahlen / Schönstein, Denkmalschutzrecht, Anm. 1 zu § 4; als Beispiel siehe den Sachverhalt in VG Münster, Urt. v. 22. 3. 1983 – 2 K 913/81 –.

[238] Entsprechende Regelungen enthalten § 18 bad-würt DSchG, § 7 bln DSchG, § 8 brem DSchG, § 11 hess DSchG, § 11 rh-pf DSchG und § 7 schlh DSchG.

[239] VG Düsseldorf, Urt. v. 12. 3. 1982 – 13 K 4871/81 – AU S. 8; VG Gelsenkirchen, Urt. v. 20. 1. 1982 – 10 K 2997/81 – AU S. 8; VG Köln, Urt. v. 1. 2. 1983 – 14 K 5229/81 – AU S. 5; offenbar auch VG Münster, Urt. v. 22. 3. 1983 – 2 K 913/81 – AU S. 7; VG Münster, Beschl. v. 17. 11. 1983 – 2 L 256/83 – AU S. 10 ff.; Gahlen / Schönstein, Denkmalschutzrecht, Anm. 2 zu § 4; Gahlen, StuGR 1981, 374 (378); offengelassen in VG Münster, DVBl. 1984, 643.

kommt es auf die materiellen Voraussetzungen des § 2 Abs. 1 nw DSchG gar nicht an[241]?

Nach der hier vertretenen Auffassung geht es um die gerichtlich zu kontrollierenden Anforderungen an die Begründung der Verwaltung[242]. Ob diese Begründung im Hinblick auf zugrunde gelegte Erhebungsdaten, die Art ihrer Absicherung, die darauf aufbauende Bedeutungsanalyse und Bewertung die Denkmaleigenschaft bereits plausibel nachweisen muß oder sich auf vorläufige und unvollständige „Beweisführungen" etwa wegen noch ausstehender Erhebungsergebnisse beschränken darf, hängt davon ab, ob man die Vorschrift als eine reine Verfahrens- oder auch als materielle Prüfungs- und Begründungserleichterung einordnet[243]. Der Wortlaut spricht für die zweite Möglichkeit, verfassungsrechtliche Überlegungen hingegen für die erstgenannte. Als eigentumsinhaltsbestimmende Norm mit u. U. einschneidenden belastenden Folgen für den Eigentümer muß sie, falls möglich, so ausgelegt werden, daß sie dem verfassungsrechtlichen Erforderlichkeitsprinzip genügt[244]. Die belastende Inhaltsmodifikation darf nur soweit gehen, wie dies zur Verfolgung des gesetzgeberischen Zwecks erforderlich ist[245]. Dieser Zweck erfordert die Auferlegung der mit der Denkmaleigenschaft verbundenen Pflichten und Nachteile in aller Regel nur dann, wenn feststeht, d. h. hinreichend begründet wird, daß und warum ein Bauwerk denkmalwürdig ist. Man wird daher fordern müssen, daß diese Begründung im Prinzip bereits im Zeitpunkt der vorläufigen Unterschutzstellung die Denkmaleigenschaft des Bauwerks „nachweist". Nur in Ausnahmekonstellationen ist es denkbar und auch verfassungsrechtlich nicht zu beanstanden, wenn aufgrund bestimmter Einzelfallumstände erst eine Art vorläufiges, noch nicht hinreichend begründetes Urteil möglich erscheint. So wenn etwa ein Bauwerk anläßlich eines Abbruchantrages erstmals „denkmalverdächtig" wird und die erforderlichen Erhebungen (Baudaten, Vergleichsuntersuchungen) in der Kürze der zur Verfügung stehenden Zeit aus bestimmten Gründen nicht durchgeführt oder nicht abgeschlossen werden können. Im Regelfall aber müssen die Voraussetzungen der Denkmalwürdigkeit im Zeitpunkt der vorläufigen Unterschutzstellung vorliegen und in Gestalt einer tragfähigen Begründung belegt werden.

Da die vorläufige Unterschutzstellung als Fiktion einer Eintragung ausgestaltet ist, handelt es sich wie diese um einen dinglichen Verwaltungsakt

---

240 OVG Münster, Beschl. v. 9. 9. 1982 – 10 B 693/82 – u. v. 16. 9. 1983 – 10 B 1298/83 –; wohl auch Oebbecke, VR 1980, 384 (388).

241 So wohl Rothe, § 4 Rn. 2.

242 Siehe oben, I 3 f.

243 Nachweise zum Parallelproblem der landschaftsrechtlichen Sicherstellungsanordnung bei VG Münster, DVBl. 1984, 643.

244 Vgl. Battis / Schmittat, NuR 1983, 102 ff. m.w.N.

245 BVerfGE 21, 73 (86).

im Sinne von § 35 S. 2 2. Alt. VwVfG. Seine Besonderheit liegt lediglich in der Möglichkeit automatischen Wegfalls, dann nämlich, wenn nicht innerhalb eines halben Jahres das Verfahren zur Eintragung in die Denkmalliste eingeleitet wird (bedingte Befristung)[246].

3. Denkmalbereichsschutz durch gemeindliche Satzung

Die Rechtsfigur des Denkmalbereichs im nordrhein-westfälischen Recht bereitet in der Ermittlung von Begriffsinhalt, Abgrenzung[247] und Wirkung ganz besondere Schwierigkeiten – ein Beleg für eine nicht zu Ende geführte konzeptionelle Durcharbeitung und systematische Feinabstimmung des Gesetzes:

Erstens ist der Begriff des Denkmalbereichs im Gesetz nicht definiert. Der Gesetzgeber beschränkt sich insoweit in § 3 Abs. 3 S. 1 nw DSchG auf eine „Negativdefinition", die in Satzbau und Aussageinhalt das Gemeinte eher verschleiert als verdeutlicht[248], alles in allem eine, zurückhaltend formuliert, bemerkenswerte Fehlleistung: „Denkmalbereiche sind Mehrheiten baulicher Anlagen, und zwar auch dann, wenn nicht jede dazugehörige einzelne bauliche Anlage die Voraussetzungen in Abs. 1 erfüllt" (!)[249]. In § 3 Abs. 3 S. 2 und 3 wird sodann versucht, den Begriff anhand von Beispielen zu verdeutlichen (Stadtgrundrisse, Stadt-, Ortsbilder und -silhouetten, Stadtteile und -viertel, Siedlungen, Gehöftgruppen, Straßenzüge, bauliche Gesamtanlagen und Einzelbauten). Die Aufreihung zeigt, daß der Denkmalbereich weiter ist, als der traditionelle Ensemblebegriff, der sich im wesentlichen auf Mehrheiten baulicher Anlagen beschränkte[250]. Sein allgemeines Kennzeichen ist ein baulicher Zusammenhang, der durch ein einheitsstiftendes, verbindendes Element vermittelt wird[251]. Die allgemeinen Kriterien des § 2 Abs. 1 nw DSchG sind in § 2 Abs. 3 nw DSchG hineinzulesen: Der Bereich muß bedeutend für die Geschichte des Menschen, für Städte und Siedlungen

---

[246] Die fünfjährige Anlaufphase, während der diese Begrenzung nicht galt (§ 4 Abs. 3 nw DSchG), ist am 1. 1. 1985 abgelaufen. Zur Bekanntmachungsproblematik siehe § 4 Abs. 2 S. 1 nw DSchG sowie allgemein Niehues, DVBl. 1982, 317.

[247] Zum Verhältnis von Denkmalbereichsschutz und Satzung nach § 39 h BBauG (jetzt: § 172 BauGB) auch in verfahrensrechtlicher Hinsicht Watzke, ZfBR 1981, 10 ff., 67 ff.; Kiepe, Der Städtetag 1983, 409; Stich, ZfBR 1983, 61; Gahlen, StuGR 1981, 374 (377).

[248] Sprachlich präziser und wesentlich aussageintensiver ist z. B. das rh-pf DSchG (§§ 4 Abs. 1, 5); vgl. auch die Kritik von Moench, NJW 1983, 1998 (2007).

[249] So formuliert ist der erste Teil der Definition falsch, denn Mehrheiten baulicher Anlagen konstituieren nicht per se einen Denkmalbereich. Der zweite Teil besagt, was für einen Denkmalbereich nicht unbedingt wesentlich ist. Das Ganze gibt nur einen Sinn als Ergänzung einer zuvor getroffenen Definition, die jedoch fehlt.

[250] Brönner, Rheinische Heimatpflege 1981, 1 (2).

[251] Ellger, Der Landkreis 1975, 311; T. Breuer, in: Gebeßler / Eberl (Hrsg.), Schutz und Pflege, S. 22 (32 ff.).

etc. sein[252]. Die oben aus Definitionsstruktur und gesamtgesetzlicher Systematik abgeleitete Feststellung[253], daß der Denkmalbegriff für die abwägende Berücksichtigung von gegenläufigen Gesichtspunkten keinen Raum gibt, gilt deshalb hier entsprechend.

Zweitens ist die Abgrenzung zum Baudenkmal nach § 2 Abs. 2 S. 1 nw DSchG aus dem Gesetz nicht ohne weiteres zu entnehmen. Anders als etwa im bayerischen Recht[254] soll der Denkmalbereich offenbar eine eigenständige Schutzkategorie bilden, weshalb Denkmalbereiche nicht einfach als Baudenkmäler bezeichnet werden.

Andererseits normiert § 5 Abs. 1 S. 2 nw DSchG, daß Denkmalbereiche wie auch Baudenkmäler mit ihrer Unterschutzstellung den Vorschriften dieses Gesetzes unterliegen. Angesichts dessen erscheint zweifelhaft, welche eigenständige Bedeutung der Denkmalbereich hat und welches Gewicht der Abgrenzung zum Baudenkmal zukommt.

Mittlerweile darf im Anschluß an Oebbecke[255] als geklärt gelten, daß dem Denkmalbereich ein andersgearteter, minderer Schutz zugedacht ist. Das gilt zum einen für die anwendbaren Vorschriften. Aus § 5 Abs. 2 S. 1 nw DSchG ist zu entnehmen, daß auf Denkmalbereiche die Genehmigungsvorschrift des § 9 nw DSchG Anwendung findet, nicht aber die Pflichten der §§ 7 und 8 (Erhaltung/Nutzung)[256], soweit nicht zum Denkmalbereich bauliche Anlagen zählen, die ihrerseits als selbständige Baudenkmäler in die Liste eingetragen und damit in vollem Umfang den gesetzlichen Regelungen unterstellt sind[257].

Die unterschiedliche Behandlung, deren Existenz allein den Sinn der gesonderten Schutzkategorie zu begründen vermag, zeigt sich vor allem aber in einer spezifischen, nämlich beschränkten Schutzrichtung. Die gesetzlichen Beispiele in § 3 Abs. 3 nw DSchG und § 5 Abs. 2 nw DSchG verdeutlichen, daß in der Hauptsache nur ein Schutz des Erscheinungsbildes eines Platzes, eines Straßenzuges, einer Stadtsilhouette bezweckt ist[258]. Für die Schutzintensität kommt es jeweils sehr darauf an, worin der schutzwürdige Zusammenhang, die raumgestaltende Struktur liegt. § 5 Abs. 2 nw

---

252 Feger, VR 1983, 279 (283); anderenfalls wäre der Begriff des Denkmalbereichs völlig inhaltlos.

253 Siehe oben, I 2.

254 Art. 1 Abs. 3 bay DSchG. – Vgl. auch den Überblick bei Buelow, Rechtsfragen, S. 238 ff. und ferner unten, Anm. 333.

255 VR 1980, 383 (387); ebenso Gahlen / Schönstein, Denkmalschutzrecht, Anm. 2, 3 zu § 5; Rothe, § 5, Rn. 4, 5.

256 Siehe vorige Anm. – A.A. Brönner, Mitteilungen aus dem Rheinischen Amt für Denkmalpflege Bonn, 1981, 19 (26); Buelow, Rechtsfragen, S. 267 f.

257 Zur Rechtslage in Rheinland-Pfalz OVG Koblenz, DVBl. 1986, 189.

258 Oebbecke (Anm. 255); Gahlen, NVwZ 1982, 423; VG Münster, Beschl. v. 17. 11. 1983 – 2 L 256/83 –.

DSchG verlangt deshalb eine spezifische, durch Pläne und Zeichnungen usw. erläuterte Begründung der Unterschutzstellung, die ihrerseits für den Schutzumfang konstitutive Bedeutung hat. Ist z. B. der Grundriß eines Stadtviertels oder die bestimmte Abfolge baulicher Anlagen in ihrer Maßstäblichkeit und Stellung zueinander Schutzgegenstand, so hindert dies Veränderungen bis zur völligen Substanzersetzung nicht, wenn die geschützten Aspekte nach Raumnutzung, Baukörperstellung, Maßstäblichkeit (Stockwerkszahl und -höhe, Traufrichtung und -höhe, Firsthöhe) und ggf. Materialbeschaffenheit usw. durch Umbau oder Ersatzbau gewahrt sind. Ein Substanzschutz findet in derartigen Fällen nicht statt[259].

Zu weit geht allerdings die Auffassung, daß das Instrument des Denkmalbereichs einen Bestandsschutz stets und völlig ausschließe[260]. Wenn beschriebener Schutzgegenstand etwa eine bestimmte einheitliche Abfolge von Fassaden samt vorgelagertem Straßenbild (Kopfsteinpflaster, Straßenmöblierung) ist, so ist nicht einleuchtend, warum dieser Zusammenhang nicht auch in seiner Substanz geschützt sein soll, soweit diese Substanz Bedeutungsträger ist. Eine Abfolge „nachgemachter" Fassaden ist aber nicht mehr das an konkreter historischer Substanz klebende Erscheinungsbild. Je nach inhaltlicher Ausgestaltung kann die Denkmalbereichsausweisung demnach auch einen begrenzten Substanzschutz bewirken[261]. Wie weit er im Einzelfall reicht, hängt von den in der Satzung zu begründenden Schutzgegenständen und -zwecken ab[262].

Daß dieser Substanzschutz prinzipiell begrenzt ist, folgt andererseits aus der grundsätzlichen Ausrichtung des Schutzinstruments an einer optischen Orientierungs- und Identifikationsfunktion. Sie ergibt sich daraus, daß das Gesetz mehrfach auf das Erscheinungsbild verweist (§§ 3 Abs. 3, 5 Abs. 2 nw DSchG). So vermag im obigen Beispiel die Ausweisung als Denkmalbereich je nach zu begründendem Schutzinhalt den Schutz einiger oder aller Fassaden zu ermöglichen, nicht aber Einfluß auf das zu nehmen, was „dahinter" geschieht.

Der gesetzliche Denkmalbereichsschutz kann damit nicht in all denjenigen Konstellationen hinreichenden Schutz gewähren, in denen die Denkmalpflegetheorie der Substanz nach schutzwürdigen baulichen Zusammenhang anerkennt[263]. So sind Fälle nicht selten, in denen die Schutzwürdigkeit

---

[259] Gahlen, NVwZ 1982, 423.

[260] So wohl Gahlen, NVwZ 1982, 423; ders., StuGR 1981, 374 (377); Oebbecke, VR 1980, 384 (387).

[261] Ebenso i.E. Brönner, Mitteilungen aus dem Amt für Denkmalpflege Bonn, 1981, 19 (26). Noch weitergehend wohl Buelow, Rechtsfragen, S. 248 ff., 267 ff.

[262] Vgl. hierzu auch T. Breuer, DKD 1976, 21 (35).

[263] Siehe hierzu T. Breuer, in: Gebeßler / Eberl (Hrsg.), Schutz und Pflege, S. 22 (32 ff.); ders., DKD 1976, 21 ff.; Ellger, Der Landkreis 1975, 311 ff.; Deiseroth, Kunstchronik 1975, 231.

einer Abfolge von Gebäuden nicht aus der jedem Einzelbauwerk zuzumessenden Denkmalwürdigkeit erwächst, sondern erst aus dem Zusammenhang als solchem. Man denke an eine geschlossene Fachwerkhauszeile von Bürgerhäusern aus dem 18. Jahrhundert, deren einzelne Exemplare je für sich nicht besonders bedeutsam sind, deren Einheitlichkeit und Zusammenhang aber selten ist. In solchen und ähnlichen Fällen, in denen das Ganze mehr ist als die Summe der Einzelteile, vermittelt der Denkmalbereich keinen ausreichenden Schutz[264]. Denn hier fordert die Bedeutung den umfassenden Substanzschutz. Da die einzelnen Häuser für sich betrachtet keine Baudenkmäler sind, fragt sich, ob die Eintragung der kompletten Häuserzeile als einheitliches Baudenkmal möglich ist. Die gesetzliche Begriffsbestimmung zwingt nicht zu der Annahme, ein Baudenkmal könne nur aus einer baulichen Anlage bestehen[265]. § 2 Abs. 1 S. 1 nw DSchG spricht von „Mehrheiten von Sachen“, § 2 Abs. 2 S. 1 nw DSchG definiert Baudenkmäler als solche, die aus baulichen Anlagen bestehen, ohne für den Singular eine einschränkende Klarstellung hinzuzufügen. Daß die systematische Interpretation eine strikte Trennung des Anwendungsbereichs von Einzelbaudenkmalschutz und Denkmalbereichsschutz verlangt und einer Überschneidung entgegensteht, ist nicht ersichtlich[266]. Die Regelung des § 2 Abs. 3 S. 2 nw DSchG, wonach ein Denkmalbereich auch aus einem Einzelbauwerk bestehen kann[267], weist eher auf das Gegenteil hin. Insgesamt erscheint somit die Eintragung einer ganzen Häuserzeile als „Gesamtdenkmal“ möglich[268] und in Fällen wie dem geschilderten unverzichtbar.

Das Baudenkmal im Sinne von § 2 Abs. 1, 2 nw DSchG und der Denkmalbereich unterscheiden sich folglich nicht wie zwei getrennte Kreise durch ihren räumlichen Radius, sondern durch ihre Schutzrichtung und die damit verbundene Schutzintensität.

Zum Schutz baulicher Zusammenhänge, namentlich von Gebäudegruppen, kommen demnach je nach den gegebenen Voraussetzungen drei Verfahrensweisen in Betracht:[269]

(1) Eintragung des Ganzen als einheitliches Baudenkmal
(2) Eintragung einiger oder aller Einzelbauwerke
(3) Denkmalbereichsschutz (ggf. kombiniert mit (2)).

---

[264] Richtiger Ansicht nach ist für die Ausweisung als Denkmalbereich nicht erforderlich, daß er mindestens ein Baudenkmal im Sinne von § 2 Abs. 2 nw DSchG erfaßt (Gahlen / Schönstein, Denkmalschutzrecht, Anm. 23 zu § 2).

[265] A.A. VG Gelsenkirchen, Beschl. v. 1. 12. 1981, NVwZ 1982, 457; dagegen mit Recht Gahlen, NVwZ 1982, 423.

[266] Siehe hierzu auch Gahlen, NVwZ 1984, 687 (689).

[267] Berechtigte Kritik an dieser Regelung üben Erbguth / Paßlich / Püchel, Denkmalschutzgesetze, S. 50 f.

[268] Gahlen (Anm. 265) gegen VG Gelsenkirchen.

[269] Zum Konkurrenz- und Ergänzungsverhältnis hinsichtlich anderer Instrumente s. die Nachweise in Anm. 247.

Der Denkmalbereichsschutz geschieht durch eine gemeindliche Satzung, die der aufsichtsbehördlichen Genehmigung bedarf (§ 5 Abs. 1 S. 1 nw DSchG)[270]. Versagungsgrund ist neben Verfahrens- und sonstigen Rechtsverstößen (§ 5 Abs. 3 lit. a, b nw DSchG) auch der Umstand, daß die Festlegungen zur Erfüllung der Ziele dieses Gesetzes nicht ausreichen (§ 5 Abs. 3 lit. c nw DSchG). Zum Erlaß der Satzung ist die Gemeinde ebenso verpflichtet, wie zur Eintragung von Baudenkmälern in die Denkmalliste[271]. Auch bei dieser besonderen Erscheinungsform des Denkmalschutzes hat die Gemeinde keinen Ermessens- oder Abwägungsspielraum.

Ein der vorläufigen Unterschutzstellung von Baudenkmälern entsprechendes Instrument (§ 4 nw DSchG) stellt das Gesetz für den Denkmalbereich nicht zur Verfügung[272]. Geregelt ist hingegen die aufsichtsbehördliche Ersatzvornahme in Gestalt einer ordnungsbehördlichen Verordnung, wenn die Gemeinde ihrer Pflicht zum Satzungserlaß trotz Fristsetzung nicht nachkommt (§ 5 Abs. 4 nw DSchG).

4. Rechtsfolgen der Unterschutzstellung

Ist eine bauliche Anlage in die Denkmalliste eingetragen oder vorläufig unter Schutz gestellt oder ist ein Denkmalbereich durch Satzung der Gemeinde ausgewiesen, so löst dies Rechtsfolgen aus, die sich global betrachtet als Einschränkungen der Handlungsfreiheit des Eigentümers beschreiben lassen und darüber hinaus Anforderungen an staatliche Planungsträger begründen[273]. Die wesentlichen werden nachstehend in groben Zügen skizziert:

a) Erhaltungs- und Instandsetzungspflicht

§ 7 nw DSchG normiert die Pflicht des Eigentümers oder sonstigen Nutzungsberechtigten zur Instandhaltung, Instandsetzung, sachgemäßen Behandlung und zum Schutz vor Gefährdung. Die ausdrückliche Erwähnung der Instandsetzung neben der Instandhaltung bedeutet eine Erweiterung des Pflichtenkreises gegenüber der Regelung in anderen Bundesländern[274]. In Nordrhein-Westfalen ist es deshalb prinzipiell möglich, vom

[270] Zum Verfahren Feger, VR 1983, 279 (283 f.).

[271] Dieses Ergebnis folgt zwingend aus § 5 Abs. 4 nw DSchG. Zutreffend deshalb Brönner, Rheinische Heimatpflege 1981, 1 (4).

[272] De lege ferenda dazu Feger, VR 1983, 279 (284).

[273] Kummer, Denkmalschutzrecht, S. 69. Für Denkmalbereiche gilt nur der Genehmigungsvorbehalt, vgl. oben, II 3. – Zur Bedeutung des Denkmalschutzes für die Bauleitplanung siehe unten, Zweiter Teil. – Zum folgenden und zu weiteren Rechtsfolgen rechtsvergleichend Erbguth / Paßlick / Püchel, Denkmalschutzgesetze, S. 32 ff.

[274] Nur „Erhaltung" verlangen § 6 bad-würt DSchG, § 9 Abs. 1 bln DSchG, § 9 Abs. 1 brem DSchG, § 15 Abs. 1 hamb DSchG, § 12 Abs. 1 hess DSchG, § 2 Abs. 1

Eigentümer die Freilegung einer vor Eintragung des Objekts in die Liste überdeckten alten Fassade zu verlangen[275]. Dieses Begehren wie auch die anderen Pflichten des Eigentümers aus der Vorschrift steht jedoch unter dem Vorbehalt der Zumutbarkeit. Jenes Merkmal kann, will man merkwürdige Ergebnisse verhindern, nur objektiv – objektbezogen verstanden werden[276]. Von den Zufälligkeiten und Veränderungen der allgemeinen Vermögensverhältnisse des Eigentümers kann die Erhaltungspflicht nicht abhängig sein. Zur Erfüllung seiner Pflichten kann der Eigentümer durch behördliche Verfügung angehalten werden[277]. Letztes Mittel ist die Verwaltungsvollstreckung (Ersatzvornahme).

Zur Vermeidung bestandsgefährdender Zeitverluste gibt § 7 Abs. 2 nw DSchG der Behörde die Möglichkeit, falls notwendig ohne eine die gesetzliche Pflicht des § 7 Abs. 1 nw DSchG konkretisierende Grundverfügung[278] bzw. vor Vollziehbarkeit einer solchen Verfügung[279] sofort die notwendigen Maßnahmen zu treffen, namentlich im Wege der Ersatzvornahme durch Bestellung von Handwerkern[280].

b) Nutzungspflicht

Da der Bestand der Baudenkmäler wesentlich mit abhängig ist von ihrer Nutzung[281], verpflichtet das Gesetz zur substanzerhaltenden Nutzung (§ 8 Abs. 1 nw DSchG). Für den Betroffenen ist nicht immer erkennbar, welches Verhalten demnach geboten oder verboten ist. Deshalb sieht § 8 Abs. 2 nw

---

rh-pf DSchG und § 12 Abs. 1 schlh DSchG. – Wie in Nordrhein-Westfalen demgegenüber Art. 4 Abs. 1 bay DSchG, § 6 Abs. 1 nds DSchG und § 9 Abs. 1 saarl DSchG.

275 Vgl. auch Moench, NJW 1983, 1998 (2002). A.A. Erbguth / Paßlick / Püchel, Denkmalschutzgesetze, S. 32 f.

276 Moench, NJW 1980, 1545 (1549); ders., NJW 1983, 1998 (2002); ders., NVwZ 1984, 146 (151) m.w.N.; a. A. Gahlen / Schönstein, Denkmalschutzrecht, Anm. 2 zu § 7 m.w.N.

277 Rechtsgrundlage ist die ordnungsrechtliche Generalklausel, § 14 nw OBG, nach a. A. unmittelbar § 7 Abs. 1 nw DSchG, nach Rothe (§ 7 Rn. 10 ff.) hingegen § 7 Abs. 2 nw DSchG.

278 Besonders geregelter Fall des sofortigen Vollzuges nach § 55 Abs. 2 nw VwVG.

279 Übergang vom normalen „gestreckten" Verwaltungszwangverfahren (§ 55 Abs. 1 nw VwVG) auf den sofortigen Vollzug.

280 Gahlen / Schönstein verlangen demgegenüber stets eine vollziehbare Anordnung nach § 7 Abs. 1 nw DSchG (Denkmalschutzrecht, Anm. 8 zu § 7) sowie Ablauf einer angemessenen Frist. Der Wortlaut des § 7 Abs. 2 nw DSchG spricht aber nicht von behördlichen Anordnungen, sondern von Verpflichtungen, erfaßt also auch die ohne weiteres aus dem Gesetz folgende Erhaltungspflicht. Im übrigen wäre bei dieser Interpretation die Vorschrift überflüssig, weil die Behörde bereits nach allg. Vorschriften (Ersatzvornahme) vorgehen könnte (s. §§ 55 Abs. 1, 59, 63 nw VwVG). – Rothe (§ 7, Rn. 10 ff.) versteht die Vorschrift hingegen als Ermächtigung, die Pflichten des § 7 Abs. 1 behördlich durch Verfügung zu konkretisieren. Die Vollstreckung richtet sich dann ausschließlich nach §§ 55 ff. nw VwVG. Auch dies ist diskutabel.

281 Näher Mosel, in: Gebeßler / Eberl (Hrsg.), Schutz und Pflege, S. 257 ff.

DSchG eine Anordnung der Behörde zu einer erhaltungssichernden Nutzung vor, die wiederum unter dem Vorbehalt der Zumutbarkeit steht.

c) *Genehmigungsvorbehalt für Veränderungen*

Die Vorschrift des § 9 nw DSchG über erlaubnispflichtige Maßnahmen ist die zentrale Norm des Denkmalschutzrechts[282]. Sieht man von der ebenfalls recht neuen Bestimmung des § 172 BauGB ab, so wird durch den Genehmigungsvorbehalt erstmalig eine rechtliche Handhabe geschaffen, mit der die Zerstörung oder nachteilige Veränderung von Baudenkmälern effektiv verhindert werden kann. Weder das frühere Bauplanungsrecht, noch das Bauordnungsrecht enthielten ein solches Instrument[283].

Der Anwendungsbereich der Erlaubnispflicht geht über Veränderungen am eingetragenen Objekt hinaus und erstreckt sich auf den Schutz der engeren Umgebung von Baudenkmälern (§ 9 Abs. 1 lit. b nw DSchG). Die Eintragung eines Denkmals kann damit auf die Rechtsstellung der Eigentümer der umliegenden Grundstücke einwirken. Man wird daraus die Konsequenz zu ziehen haben, daß jeder Eigentümer, der nach dem geltenden Bauplanungs- und Bauordnungsrecht ein Bauwerk errichten oder verändern könnte und hierdurch nach den konkreten Gegebenheiten möglicherweise das Baudenkmal beeinträchtigen würde, zur Anfechtung der Eintragung in die Denkmalliste befugt ist (§ 42 Abs. 2 VwGO)[284]. Da bei der Denkmalbereichsausweisung durch Satzung § 47 VwGO nicht greift[285], bleibt neben der Feststellungsklage[286] nur der Inzidentschutz anläßlich der Versagung einer Genehmigung nach § 9 Abs. 1 lit. b bzw. Abs. 3 nw DSchG.

Nach der Systematik des nordrhein-westfälischen Gesetzes ist der Umgebungsschutz nicht eine Erscheinungsform des Denkmalbereichs, sondern ein zumindest teilweise eigenständiges Schutzinstrument[287]. Denn die

---

[282] Gahlen / Schönstein, Denkmalschutzrecht, Anm. 1 zu § 9. – Entsprechendes gibt es in allen anderen Ländergesetzen: §§ 8, 15 bad-würt DSchG, Art. 6 bay DSchG, § 10 bln DSchG, § 10 brem DSchG, § 9 hamb DSchG, § 16 hess DSchG, § 10 nds DSchG, § 13 rh-pf DSchG, § 12 saarl DSchG, § 9 schlh DSchG.

[283] Zum Bauplanungsrecht näher unten, Zweiter Teil. – Die Rechtslage vor Inkrafttreten von Denkmalschutzgesetz und § 39 h BBauG beschreibt Wiethaup, SKV 1975, 241; Hingst, Denkmalschutz und Denkmalpflege in Deutschland, 1964; vgl. ferner BayVGH, BayVBl. 1970, 406.

[284] Battis / Schmittat, NuR 1983, 102 (109); Gahlen / Schönstein, Denkmalschutzrecht, Anm. 10 zu § 3.

[285] Bei Aufnahme in den Bebauungsplan dürfte sich aus § 6 Abs. 4 nw DSchG i.V.m. § 9 Abs. 4 BauGB und § 47 Abs. 1 Nr. 1 VwGO die Zulässigkeit der Normenkontrolle ergeben.

[286] Gegenstand der Klage wäre die Feststellung des Nichtbestehens einer Rechtspflicht nach § 9 Abs. 1 nw DSchG (Pflicht zur Erlaubniseinholung für denkmalbeeinträchtigende Maßnahmen). Allg. zu dieser Form des Rechtsschutzes gegen Normen Siemer, Normenkontrolle durch Feststellungsklage?, 1971, S. 26 ff.

[287] Hierzu aus bayerischer Sicht T. Breuer, DKD 1976, 21.

Genehmigungspflicht besteht auch außerhalb räumlich festgelegter Denkmalbereiche.

Eine gewisse Überschneidung mit dem Denkmalbereich ergibt sich daraus, daß nach § 5 Abs. 2 nw DSchG auch die Umgebung von Stadt- und Ortsbildern usw. Inhalt des Denkmalbereichs sein kann[288]. Dies gilt aber nur in begrenzter, negativer Hinsicht, soweit es nämlich um die Freihaltung von Flächen und die Sicherung von Sichtbezügen geht. Diese Hineinnahme der Umgebung in den Denkmalbereich scheidet aus, wenn eine solche Freihaltung nicht notwendig ist. Auch dann kann aber das Erscheinungsbild eines Ensembles etwa durch störende Werbeanlagen in der Nachbarschaft[289], mehr aber noch durch eine maßstabssprengende neue Denkmalbereichsrandbebauung beeinträchtigt werden[290]. In solchen Fällen entfaltet der Umgebungsschutz seine eigenständige Funktion. Ist hingegen gewollt und begründbar, daß die Umgebung eines Baudenkmals in ihrer bereits bestehenden Raumnutzung, der Maßstäblichkeit der Bauweise erhalten bleibt, so wäre die Ausweisung als Denkmalbereich das richtige, aus Rechtssicherheitsgründen auch gebotene Instrument.

Die materiellen Voraussetzungen der Erlaubniserteilung verlautbaren eine doppelte Funktion des Erlaubnisvorbehalts:

Zum einen geht es um Gefahrenabwehr, nämlich die Kontrolle von geplanten Veränderungen darauf hin, ob und in welchem Ausmaß die geschützten Belange beeinträchtigt werden. Schon das gesetzliche Ziel einer erhaltungsfördernden Nutzung zeigt, daß hier nicht museale Erstarrung der gewollte Maßstab sein kann[291]. Vielmehr wird eine gewisse Flexibilität im Hinblick auf Renovierungs- und Modernisierungsbestrebungen, die eine solche Nutzung erst ermöglichen, schon im Interesse der Denkmalerhaltung selbst zulässig und geboten sein.

Zum zweiten kommt der Genehmigungsvorschrift die Funktion einer Kollisionsnorm zu[292]. Stehen Gründe des Denkmalschutzes einem Vorhaben entgegen, so ist zu entscheiden, ob und unter welchen Voraussetzungen diese Belange dennoch gegenüber anderen Interessen zurückzutreten haben. Darin offenbart sich, daß Denkmalschutz kein absoluter, allem anderen a priori übergeordneter Belang ist[293].

---

288 Vgl. hierzu auch Brönner, Rheinische Heimatpflege 1981, S. 1 (2 f.).

289 VGH Mannheim, Urt. v. 30. 10. 1981, VBlBW 1982, 266; OVG Koblenz, Beschl. v. 26. 11. 1981 – 12 A 214/80 –.

290 Vgl. BayVGH, Urt. v. 11. 7. 1978, BRS 33 Nr. 72 = BayVBl. 1979, 274.

291 Gahlen / Schönstein, Denkmalschutzrecht, Anm. 8 zu § 9.

292 Dittus, StuGR 1980, 297 (302).

293 Näher zu dieser Kollisionsvorschrift unten sub V.

III. Vollzugsorganisation

1. Rechtliche Regelung

Art. 18 Abs. 2 der Landesverfassung NW stellt die Denkmäler der Kunst, der Geschichte und der Kultur unter den Schutz des Landes, der Gemeinden und der Gemeindverbände.

Diesen Grundsatz aufnehmend normiert § 1 Abs. 2 nw DSchG, daß Denkmalschutz und Denkmalpflege dem Land, den Gemeinden und Gemeindeverbänden nach näherer Bestimmung dieses Gesetzes obliegen.

Nach verbreitetem Vorbild[294] führt § 20 nw DSchG eine eigene Funktionsbezeichnung für die zum Vollzug berufenen Stellen ein, die „Denkmalbehörden". Sie sind dreischichtig aufgebaut und bestehen aus der Obersten Denkmalbehörde – dem Minister für Landes- und Stadtentwicklung[295] –, der Oberen Denkmalbehörde – den Regierungspräsidenten für die kreisfreien Städte, im übrigen Oberkreisdirektoren als untere staatliche Verwaltungsbehörden – und auf der untersten Stufe den „Unteren Denkmalbehörden" – den Gemeinden – (§ 20 Abs. 1 nw DSchG). Diese Behörden bezeichnet das Gesetz als Sonderordnungsbehörden, die ihnen obliegenden Aufgaben gelten als solche der Gefahrenabwehr (§ 20 Abs. 3 nw DSchG). Durch diese Aufgabenqualifikation werden über die Brücke des § 12 OBG die im Ordnungsbehördengesetz enthaltenen Regelungen anwendbar (§ 12 Abs. 2, 1 OBG).

Die für die Instanzenzuordnung wichtigen Elemente der damit auch im Denkmalschutzrecht geltenden ordnungsrechtlichen Bestimmungen sind das sonderaufsichtliche Weisungsrecht der Aufsichtsbehörden (§ 9 Abs. 1, 2 OBG), die Möglichkeit der Organleihe (§ 9 Abs. 4 OBG) und ihr daran anknüpfendes Selbsteintrittsrecht (§ 10 OBG)[296].

Die den Gemeinden als Unteren Denkmalbehörden zugewiesenen Aufgaben sind demnach Pflichtaufgaben zur Erfüllung nach Weisung (§§ 20 Abs. 3 nw DSchG i.V.m. § 3 Abs. 1 OBG, § 3 Abs. 2 GO).

Für den Vollzug des Denkmalschutzgesetzes sind grundsätzlich die Unteren Denkmalbehörden zuständig (§ 21 Abs. 1 nw DSchG). Es obliegt also den Gemeinden, die Schutzinstrumente des Gesetzes anzuwenden. Sie haben die Denkmalliste zu führen und Denkmäler sofort einzutragen. Fer-

---

[294] Z. B. „Bauaufsichtsbehörden" (§ 57 nw BauO), „Landschaftsbehörden" (§ 8 nw Landschaftsgesetz).

[295] Zuständig ist entgegen dem Gesetzeswortlaut nicht mehr der Kultusminister, sondern gem. § 4 Abs. 3 nw LOG i.V.m. der Bekanntmachung über Änderungen der Geschäftsbereiche der Obersten Landesbehörden v. 22. 1. 1981 (GV NW S. 134) der Minister für Landes- und Stadtentwicklung.

[296] Zu diesen Handlungsmöglichkeiten näher unten sub IV 2.

ner sind sie z. B. zuständig für die Anordnung und ggf. Durchsetzung von Erhaltungsmaßnahmen im Sinne von § 7 nw DSchG, den Erlaß von Nutzungsgeboten (§ 8 nw DSchG) und schließlich für die Erteilung der Erlaubnis nach § 9 DSchG, soweit diese Entscheidung nicht in einem anderen Verfahren (Erteilung der Baugenehmigung, Planfeststellung) aufgeht (§ 9 Abs. 3 nw DSchG)[297].

Die Besonderheit des Denkmalschutzrechts gegenüber anderen ordnungsrechtlichen Materien besteht in der Einbeziehung einer weiteren Behörde in die Vollzugsorganisation. Untere und Obere Denkmalbehörde treffen ihre Entscheidungen positiver und negativer Art im Benehmen mit dem Landschaftsverband (§ 21 Abs. 4 nw DSchG)[298]. Für das Eintragungsverfahren wiederholt § 3 Abs. 2 nw DSchG dieses Erfordernis[299] und räumt dem Landschaftsverband darüber hinaus die Möglichkeit ein, durch Antrag bei der Unteren Denkmalbehörde seinerseits das Eintragungsverfahren zu initiieren[300].

Hervorzuheben ist schließlich das in § 21 Abs. 4 S. 3 nw DSchG enthaltene Appellationsrecht des Landschaftsverbandes: Will die Denkmalbehörde von der Äußerung des Landschaftsverbandes abweichen, so hat dieser das Recht, unmittelbar die Entscheidung der Obersten Denkmalbehörde herbeizuführen. Dessen Entscheidung stellt eine Weisung im Sinne von § 9 OBG dar[301].

Der Sinn dieser Einbindung liegt in dem Bestreben, den Sachverstand des Landesamtes für Denkmalpflege, dessen Rechtsträger der Landschaftsverband ist, für die anstehenden Entscheidungen nutzbar zu machen. Die Landesämter sind bei ihrer gutachtlichen Tätigkeit an fachliche Weisungen nicht gebunden (§ 22 Abs. 4 nw DSchG). Die Herstellung des Benehmens mit dem Landschaftsverband führt demnach zu einer unabhängigen gutachterlichen Äußerung des Landesamtes (§§ 22 Abs. 2, 3 Nr. 1 nw DSchG). Das Benehmen gilt als hergestellt, wenn der Landschaftsverband sich nicht innerhalb von drei Monaten äußert (§ 21 Abs. 4 S. 2 nw DSchG). Wenn er sich aber – wie wohl im Regelfall – äußert, so geschieht dies intern

[297] Zu dieser Ersetzungswirkung unten sub V 4.

[298] Die Pflicht zur Herstellung des Benehmens gilt auch, wenn die Gemeinde etwa die Eintragung in die Denkmalliste ablehnen will.

[299] "Benehmen" verlangt kein Einverständnis, bedeutet aber mehr als „Anhörung". Erforderlich ist ein den Umständen angepaßtes Maß an Kooperation. Entscheidungsbefugt ist und bleibt aber allein die Untere Denkmalschutzbehörde (Gahlen / Schönstein, Denkmalschutzrecht, Anm. 6 zu § 21).

[300] Nach Oebbecke (VR 1980, 384, 385 m.w.N.) ist dadurch dem Landschaftsverband ein subjektiv-öffentliches Recht eingeräumt, welches ggf. gerichtlich durchsetzbar ist. Gemeint ist wohl nicht nur ein Bescheidungsrecht, sondern ein Anspruch auf Eintragung in die Denkmalliste. Im Hinblick auf die Möglichkeiten zur verwaltungsinternen Konfliktbereinigung (Appellationsrecht, Weisungsmöglichkeiten der Aufsichtsbehörden) erscheint diese Deutung zweifelhaft.

[301] So zutreffend Gahlen / Schönstein, Denkmalschutzrecht, Anm. 7 zu § 21.

durch die fachliche Stellungnahme des Landesamtes, die als „Gutachten" im Sinne von § 22 Abs. 4 nw DSchG zu werten ist[302] und deshalb den Schutz der Unabhängigkeit von fachlichen Weisungen genießt. Der Landschaftsverband kann deshalb weder die Stellungnahme seines Landesamtes korrigieren noch durch generelle Nichtäußerung blockieren (siehe auch § 22 Abs. 4 2. Halbsatz nw DSchG)[303].

Das Antragsrecht nach § 3 Abs. 2 S. 2 und das Appellationsrecht nach § 21 Abs. 4 S. 3 nw DSchG stehen aber nicht den Landesämtern zu, sondern ihren Rechtsträgern[304]. Dadurch ist theoretisch die Möglichkeit nicht ausgeschlossen, daß der Landschaftsverband sich etwa auf die Seite der Gemeinde schlägt und die unabhängige fachliche Äußerung seines Landesamtes nicht in entsprechende Anträge nach § 3 Abs. 2 S. 2 nw DSchG bzw. § 21 Abs. 4 S. 3 nw DSchG „umsetzt"[305].

In der Kommunalisierung des Denkmalschutzes ist Nordrhein-Westfalen durch diese Regelungen weiter gegangen als alle anderen Bundesländer[306].

---

[302] Gahlen / Schönstein, ebd., Anm. 7 zu § 22.

[303] Zu diesen Befürchtungen Kummer, Denkmalschutzrecht, S. 97, sowie Erbguth / Paßlick / Püchel, Denkmalschutzgesetze, S. 31. – Die Einbindung von Sachverstand durch Beteiligung von Fachbehörden findet sich in allen Landesgesetzen, allerdings in sehr unterschiedlichen Ausprägungen. Sie reicht von der eigenen Entscheidungszuständigkeit der Fachbehörde hinsichtlich der Unterschutzstellung (Art. 2 Abs. 1 S. 2 bay DSchG „im Benehmen mit der Gemeinde"; § 10 Abs. 1 hess DSchG; § 6 Abs. 1 schlh DSchG) über Mitwirkungsrechte verschiedener Intensität – „Anhörung", „Benehmen", „Einvernehmen" – (§ 3 Abs. 2 bad-würt DSchG; Art. 12 bay DSchG, § 4 Abs. 4 brem DSchG; § 7 Abs. 4 hamb DSchG; § 21 nds DSchG; §§ 8 Abs. 4, 13 Abs. 5 rh-pf DSchG; § 4 Abs. 4 saarl DSchG) bis hin zur verfahrensmäßig nicht näher definierten „Beratung" (§ 4 bln DSchG: Beratung durch ehrenamtlichen Beirat).

[304] Darauf weist mit Recht Kummer, Denkmalschutzrecht, S. 96 hin. Siehe ferner VG Arnsberg, Beschl. v. 19. 1. 1981 – 4 L 689/80 –.

[305] Vgl. Erbguth / Paßlick / Püchel, Denkmalschutzgesetze, S. 31.

[306] In den anderen Bundesländern sind regelmäßig nur diejenigen (größeren) Gemeinden zugleich (weisungsgebundene) Untere Denkmalbehörden, denen die Aufgaben der Bauaufsicht übertragen sind. So nach der Novellierung in Baden-Württemberg (dazu Strobl, BWVerwPr 1983, 278): § 3 Abs. 1 bad-würt DSchG i.V.m. §§ 13 ff. LVG. Ferner: Art. 11 Abs. 1 S. 2 bay DSchG; § 3 Abs. 2 hess DSchG; § 19 Abs. 1 nds DSchG; § 4 Abs. 2 saarl DSchG; § 24 Abs. 2 Nr. 3 rh-pf DSchG (Kreise und kreisfreie Städte); § 2 Abs. 1, 2 schlh DSchG (Kreise und kreisfreie Städte). Davon zu unterscheiden ist die Frage der Entscheidungszuständigkeit hinsichtlich Denkmaleigenschaft und denkmalrechtlicher Erlaubnis und – sofern die Gemeinden nicht selbst Entscheidungsträger sind – einer gesetzlich normierten Beteiligung der Gemeinde hieran. Bayern: (nachrichtliche) Eintragung durch Fachbehörde im Benehmen mit der Gemeinde (Art. 2 Abs. 1 S. 2); Baden-Württemberg: Eintragung durch Untere Denkmalbehörde nach Anhörung der Gemeinde (§ 13); Bremen: Eintragung durch Obere Denkmalbehörde nach Anhörung der zuständigen Stadtgemeinde (§ 7 Abs. 2); Hessen: Eintragung durch Fachbehörde auf Antrag bzw. nach Anhörung der Gemeinde (§ 10 Abs. 1, 3); Niedersachsen: (deklaratorische) Eintragung durch Untere Denkmalschutzbehörde „mit Unterstützung der Gemeinde" (§ 4 Abs. 1); Rheinland-Pfalz: Eintragung durch Untere Denkmalschutzbehörde nach Anhörung der Gemeinde (§ 8 Abs. 5); Saarland: (deklaratorische) Eintragung durch Oberste Denkmalschutzbehörde (§ 7 Abs. 2); Schleswig-Holstein: Eintragung durch Fachbehörde (§ 6 Abs. 1). Für die denkmalrechtliche Erlaubnisentscheidung ist durchweg die untere Instanz zuständig. § 24 Abs. 1 nds DSchG sieht auch in dieser Hinsicht ausdrücklich eine Stellungnahme der Gemeinde vor.

Dies kommt einer Auffassung entgegen, die sich vehement für eine – noch weitergehende – Zuweisung des Denkmalschutzes an die Gemeinden einsetzt[307]. Sie beruft sich insbesondere auf die kommunale Kulturkompetenz aus Art. 28 Abs. 2 GG, die demokratische Legitimation der Gemeindeorgane, den Zusammenhang von Denkmalschutz und gemeindlicher Stadtgestaltungsaufgabe und die daraus folgende Notwendigkeit flexibler Aufgabenbewältigung durch Interessenausgleich ohne staatliche Reglementierung und Weisung. Ebenso nachdrücklich wird im Fachschrifttum aber auch gegen eine wie immer geartete Entscheidungskompetenz der Gemeinden im Denkmalschutz Position bezogen. Die Gegner der Kommunalisierung[308] hegen Zweifel an der Fachkompetenz der Gemeinde und befürchten vor allem eine unzureichende Durchsetzungskraft der Denkmalschutzbelange, weil diese zum Gegenstand kommunalpolitischer Interessenkonflikte werden könnten und Gefahr liefen, aus fachfremden, etwa finanzpolitischen Gründen hintangestellt zu werden. Dazu komme die Notwendigkeit landesweit-einheitlicher Maßstäbe der Gesetzesanwendung[309]. Zwischen diesen gegensätzlichen (verfassungs-)politischen Standpunkten verfolgt die nordrhein-westfälische Lösung einen Mittelweg, indem sie gemeindliche Entscheidungskompetenz mit sonderaufsichtlichem Weisungsrecht der staatlichen Instanzen kombiniert.

2. Folgerungen

Für die zutreffende Erfassung der Rechtsposition der Gemeinden im Denkmalschutzrecht ist die Zusammenschau der vorstehend dargestellten Organisationsprinzipien erforderlich. Vor Ort ist die Gemeinde im Prinzip die allein entscheidungsbefugte Instanz. Fehlender Fachverstand und die Gefahr kommunalpolitischer Blickverengung sollen ausgeglichen werden durch Einbindung der Fachbehörde und deren Appellationsrecht. Dem gleichen Ziel sowie einer gewissen Vereinheitlichung des landesweiten Gesetzesvollzuges dienen die über eine allgemeine Kommunalaufsicht hinausgehenden sonderaufsichtlichen Befugnisse, insbesondere das Weisungsrecht der Oberen und Obersten Denkmalbehörde, dessen Ausübung von der Appellation des Landschaftsverbandes unabhängig ist. Rechtlich ist damit gesichert, daß die Aufsichtsbehörden ihre eigene Auffassung zur Denkmaleigenschaft, die vom Gutachten des Landesamtes maßgeblich beeinflußt sein kann, durchsetzen kann.

---

[307] Rommel, Der Städtetag 1978, 279; Pappermann, StuGR 1983, 147 ff. Zurückhaltender Gaentzsch, Die alte Stadt 1974, 273 ff.

[308] Hönes, Die alte Stadt 1979, 377 (387); ders., DÖV 1981, 957; ders., DÖV 1979, 286 (288); Moench, NJW 1983, 1998 (2007); Kummer, Denkmalschutzrecht, S. 94 ff. (106 ff.); Eberl, DÖV 1983, 455 (459); allerdings unter teilweiser Verkennung der nw Rechtslage.

[309] Eberl, DÖV 1983, 455 (458).

Diese Regelung hat Auswirkungen auf die inneradministrative Verteilung der oben dargelegten Befugnis der Verwaltung zur Konkretisierung des gesetzlich nicht weiter präzisierbaren Denkmalbegriffs durch Maßstabsetzung sowie Maßstabanwendung im Einzelfall: In der Ausgestaltung als Pflichtaufgabe zur Erfüllung nach Weisung liegt die gesetzgeberische Entscheidung, daß nicht nur Ermessensspielräume einem (begrenzten) Zugriff von oben ausgesetzt sein sollen (§ 9 Abs. 2 lit. b OBG), sondern auch die Rechtsauffassung der Aufsichtsbehörden über Inhalt und Auslegung der zu vollziehenden Normen zur verbindlichen und durchsetzbaren Richtschnur erhoben werden kann[310]. An die Stelle der „Geschäftsleitungsgewalt", die bei den früheren Auftragsangelegenheiten die Basis für den Erlaß von Weisungen bildete, ist bei diesen Pflichtaufgaben das ausdrückliche gesetzliche Weisungsrecht getreten[311]. Damit sind bindende Weisungen zum Gesetzesvollzug im allgemeinen und im Einzelfall[312] ermöglicht[313]. Dieser Sinn des Weisungsrechtes nach § 9 OBG tritt besonders hervor, wenn man die Vorschrift mit der auf die Gesetzeswahrung zugeschnittenen Anordnungsbefugnis der allgemeinen Kommunalaufsicht vergleicht (§ 109 GO). Das Instrumentarium der davon abgehobenen Sonderaufsicht (§ 106 Abs. 2 GO) ist gerade dadurch als besonderes gekennzeichnet, daß es – wie auch das Selbsteintrittsrecht nach § 10 OBG verdeutlicht – den Aufsichtsbehörden die Möglichkeit eröffnet, ihre Zweckmäßigkeitserwägungen und ihre Rechtsauffassung durch verbindliche Weisungen durchzusetzen[314], ungeachtet etwaiger Rechtsschutzmöglichkeiten der angewiesenen Gemeinde. Daraus ist der Schluß zu ziehen, daß die Konkretisierungsbefugnis hinsichtlich des Vagheitsbereichs des Begriffs „Baudenkmal" nicht ausschließlich der Gemeinde und ebenfalls nicht der nur beratenden Fachbehörde, sondern dem Behördenzweig insgesamt zugewiesen ist und damit letztlich dem Zugriff der politisch verantwortlichen Instanzen unterliegt[315].

---

[310] Nach Ziff. 9. 12 der VV OBG zu § 9 (abgedruckt bei Rietdorf / Heise / Böckenförde / Strehlau, Ordnungs- und Polizeirecht in Nordrhein-Westfalen, 2. Aufl., S. 70) gehört die Beachtung allg. Weisungen der Aufsichtsbehörde zum gesetzmäßigen Aufgabenvollzug. Ihre Nichtbeachtung ermöglicht Einzelweisungen nach § 9 Abs. 1 OBG, mit der rechtliche Meinungsverschiedenheiten über das von Rechts wegen geforderte Behördenverhalten entschieden werden (Rietdorf / Heise / Böckenförde / Strehlau, § 9, Rn. 8).

[311] Ossenbühl, Verwaltungsvorschriften und Grundgesetz, S. 392.

[312] Die gesetzlichen Einschränkungen des Weisungsrechts in § 9 Abs. 2 OBG stellen unbestimmte Rechtsbegriffe dar, über deren Vorliegen im Rahmen des insoweit bestehenden Beurteilungsspielraums die Aufsichtsbehörde entscheidet (Wolff / Bachof, VerwR III, § 123, Rn. 32). So zu Zweckmäßigkeitsweisungen nach § 9 Abs. 2 OBG auch Rietdorf / Heise / Böckenförde / Strehlau, § 9, Rn. 12.

[313] Ossenbühl, Verwaltungsvorschriften und Grundgesetz, S. 392.

[314] Vgl. Wolff / Bachof, VerwR III, § 123, Rn. 32. Diesen Unterschied betont auch das VG Köln, NVwZ 1984, 745 und leitet daraus Konsequenzen für den Rechtsschutz ab.

[315] Ebenso Kummer, Denkmalschutzrecht, S. 97.

Angesichts der allgemeinen Tendenz, von aufsichtsbehördlichen Weisungsbefugnissen nur zurückhaltend Gebrauch zu machen[316], kommt den Gemeinden allerdings faktisch ein erheblicher Einfluß auf den Gesetzesvollzug zu[317]. Sein Umfang und Gewicht sind wesentlich eine Frage des politischen Prozesses und der Behördenpraxis. Wenn etwa eine Gemeinde trotz Anregung der Fachbehörde oder förmlichen Antrags des Landschaftsverbandes das Eintragungsverfahren etwa aus planerischen oder finanziellen Erwägungen gar nicht oder verzögerlich betreibt[318] oder als Bauaufsichtsbehörde eine nach Auffassung des Landesamtes unzulässige Abrißgenehmigung zu erteilen beabsichtigt, so haben Landschaftsverband wie auch Aufsichtsbehörden jeweils zu entscheiden, ob sie von den ihnen eingeräumten Befugnissen Gebrauch machen wollen. Dabei dürften in der Praxis nicht nur denkmalfachliche und rechtliche Überlegungen eine Rolle spielen. Von dem Weisungsrecht haben die Behörden auch Gebrauch gemacht[319].

3. Die Rolle der Gemeinden beim Denkmalbereichsschutz

Nicht zweifelsfrei ist die Qualifikation der Rolle der Gemeinden bei der Ausweisung von Denkmalbereichen. Das Gesetz unterscheidet nämlich zwischen Denkmalschutz und Denkmalpflege und weist letztere den Gemeinden als Selbstverwaltungsaufgabe zu (§ 22 Abs. 1 S. 1 nw DSchG). Welcher Aufgabenbereich im einzelnen diesen Begriffen wiederum zuzuordnen ist, ist nirgends ausdrücklich gesagt und angesichts einer recht beliebigen Wortwahl des Gesetzgebers[320] der gesamten Regelung nicht ohne weiteres zu entnehmen. Orientiert man sich einerseits am ordnungsbehördlichen Charakter des Denkmalschutzes und andererseits an der denkmalpflegerischen Aufgabenaufzählung in § 22 Abs. 3 nw DSchG[321], so liegt es nahe, den Einsatz verbindlicher Regelungsinstrumente dem Denkmalschutz zuzurechnen und die Denkmalpflege auf die beratende, forschende, fördernde Tätigkeit zu beschränken. Dieser Ansatz würde dafür sprechen, die Denkmalbereichsausweisung als verbindliches Schutzinstrument ebenso wie die

---

[316] Siehe auch Kummer, ebd., S. 98 Fn. 109.

[317] Das betont und befürchtet zugleich Kummer, Denkmalschutzrecht, S. 98, 113, 114. Vgl. auch Brohm, DVBl. 1984, 293 (298) unter Hinweis auf den häufigen Vollzugszusammenhang zwischen Pflichtaufgaben zur Erfüllung nach Weisung und Selbstverwaltungsaufgaben (hier: Denkmalpflege durch Förderung und finanzielle Unterstützung); ebenso ders., DÖV 1986, 397 (399).

[318] So der Sachverhalt in VG Münster, Urt. v. 4. 10. 1983 – 2 K 521/83 –. Ob in diesem Fall das Appellationsrecht eingreift, ist angesichts des fehlenden ausdrücklichen „Abweichungswillens" der Gemeinde zweifelhaft, nach Sinn und Zweck m. E. aber zu bejahen. In jedem Fall können die ggf. vom Landesamt in Kenntnis gesetzten Aufsichtsbehörden von sich aus handeln.

[319] VG Münster, Urt. v. 4. 10. 1984 – 5 K 521/83 –; VG Köln, Urt. v. 7. 3. 1984, NVwZ 1984, 745; VG Arnsberg, Beschl. v. 19. 1. 1981 – 4 L 689/80 –.

[320] Siehe etwa § 22 Abs. 3 Nr. 1 nw DSchG.

[321] Oebbecke, VR 1980, 384 (385); VG Köln, NVwZ 1984, 745.

Listeneintragung zum gefahrenabwehrenden Denkmalschutz zu zählen. Regelungstyp und gesetzliche Bezeichnung des Regelungsträgers sprechen wiederum dagegen. Insoweit handelt nach § 5 nw DSchG „die Gemeinde", nicht die „Untere Denkmalbehörde". Der vom ursprünglichen Gesetzesentwurf[322] abweichende Regelungstyp der gemeindlichen Satzung ist nach überkommener Auffassung ein Instrument eigenverantwortlicher Normsetzung durch die Gemeinde als Selbstverwaltungsträger[323] und für die Bewältigung von Pflichtaufgaben zur Erfüllung nach Weisung jedenfalls untypisch.

Hierzu schreibt Schmidt-Aßmann[324]:

> „Satzungsregelung besteht nicht in der Formulierung rechtlich streng gebundener Entscheidungen. Sie ist nicht bloßer Vollzug gesetzlicher Vorgaben, sondern umfaßt einen Gestaltungsspielraum, der ihren Kern ausmacht und dem Gesetzgeber wie den Gerichten gegenüber besteht. Dieser Spielraum ergibt sich in der Praxis schon aus der Struktur der satzungsdirigierenden Rechtsnormen, die durchgängig dem Typus finalprogrammierender Normen angehören. Speziell für die gemeindliche Satzungsbefugnis folgt er normativ zudem aus der Selbstverwaltungsgarantie."[325]

Für den Denkmalbereich als einer Variante des Baudenkmals hat die Analyse von Definitionsstruktur und -elementen sowie der gesamtgesetzlichen Systematik hingegen gezeigt, daß ein (planerischer) Abwägungsspielraum im Sinne des Ausgleichs von Denkmalschutzbelangen und sonstigen Interessen bei der Ausweisung von Denkmalbereichen nicht angenommen werden kann[326]. Es hieße auch, die Grenzen methodisch zulässiger Gesetzesinterpretation zu überschreiten, wollte man mit Hinweis auf den gewählten Regelungstyp die materiellen, die Satzungsbefugnis inhaltlich formenden Bestimmungen durch Hineinlesen gemeindlicher Spielräume namentlich planerischer Art „korrigieren". Angesichts des nachgewiesenen Ausschlusses gerade solcher Erwägungen durch das materielle Recht[327] kann die zudem in ihrer Aussagekraft durch die besonderen Aufsichtsbefugnisse[328] zweifelhafte Rechtsformbestimmung nicht zur Korrektur der gesetzlichen

---

322 Der Gesetzentwurf sah eine Verwaltungsvereinbarung vor, erlassen vom Kultusminister im Einvernehmen mit dem Innenminister und der zuständigen Gebietskörperschaft (Entwurf des § 4 Abs. 2 nw DSchG, LT-Drucks. 8/4492, S. 8 sowie Begründung S. 29: Sicherung der kommunalen Selbstverwaltung, insbesondere Planungshoheit).

323 Schmidt-Aßmann, Kommunale Rechtsetzung, S. 4 ff. m.w.N. Hinsichtlich örtlicher Bauvorschriften in Satzungsform auf der Grundlage der jeweiligen Landesbauordnung ist das jedoch streitig. Siehe dazu Brohm, DVBl. 1985, 593 (598 m. zahlr. Nachw. in Fn. 51), sowie für das nw Recht (wie oben im Text) OVG Münster, NVwZ 1984, 319; Gädtke / Böckenförde / Temme, Landesbauordnung NW, § 81, Rn. 5.

324 Kommunale Rechtsetzung, S. 11.

325 Zur Abwägungspflicht bei baugestalterischen Satzungen siehe die zitierte Entscheidung des OVG Münster (Anm. 323).

326 Siehe oben, I 2, II 3.

327 Siehe oben, I 2, II 3.

328 Dazu oben, II 3 sowie unten im Text.

Begriffsinhalte herhalten. Sollte dem Gesetzgeber etwas anderes vorgeschwebt haben[329], so hat dies jedenfalls im Gesetz keinen hinreichend deutlichen Niederschlag gefunden.

Von einer gewissen Anlauffrist[330] einmal abgesehen, die spätestens mit der gutachterlich begründeten Anregung des Landesamtes beginnen dürfte, ist die Gemeinde darüber hinaus auch hinsichtlich des „Wann" gebunden. Eine Befugnis zuzuwarten etwa mit dem Hinweis, gegenwärtig drohe dem betreffenden Denkmalbereich keine Gefahr, ist ihr nicht eingeräumt.

Angesichts dessen kann der mit der Satzungsbefugnis in aller Regel implizierte Spielraum[331] sich nur noch darauf beziehen, daß die der Verwaltung insgesamt zukommende gesetzeskonkretisierende fachliche Beurteilungskompetenz zur Feststellung von Denkmalbereichen[332] verwaltungsintern den Gemeinden zugeordnet ist.

Die gesetzgeberische Entscheidung für den Denkmalbereichsschutz durch gemeindliche Satzung und nicht, wie in einigen anderen Bundesländern[333], durch staatliche Rechtsverordnung enthält gewichtige Anhaltspunkte dafür, daß diese Frage zu bejahen ist. Die zugleich der Aufsichtsbehörde eingeräumten Befugnisse sprechen wiederum dagegen[334]. Die Möglichkei-

---

329 Siehe hierzu die Begründung zu § 4 Abs. 2 des ursprünglichen Gesetzentwurfs (LT-Drucks. 8/4492, S. 29). Der ursprünglich vorgesehene Denkmalbereichsschutz durch Verwaltungsvereinbarung im Einvernehmen mit der Gemeinde würde die Frage aufwerfen, ob die Gemeinde ihr Einvernehmen mit Rücksicht auf planerische oder auch befürchtete finanzielle Folgen versagen dürfte (zur ähnlichen Problematik bei § 36 BBauG Skouris / Tschaschnig, NuR 1983, 92 ff.). Sollte nicht nur dem ursprünglichen Entwurf, sondern auch der verabschiedeten Gesetzesfassung die Vorstellung zugrunde gelegen haben, Denkmalbereich solle nur sein, was die Gemeinde etwa wegen bejahter „Planungs-/Entwicklungsverträglichkeit" als solchen akzeptiere, so besteht eine Divergenz zwischen dem Gewollten und der Gesetz gewordenen Regelung.

330 § 5 Abs. 4 nw DSchG.

331 Zu dessen Inhalt und Ausfüllung Schmidt-Aßmann, Kommunale Rechtsetzung, S. 11 ff.

332 Zu Begründung und Inhalt oben, I 3.

333 Alle Landesgesetze kennen einen Denkmalschutz, der über das Einzelbauwerk hinausgeht. Art und Umfang eines Ensembleschutzes sind aber ebenso unterschiedlich, wie die rechtstechnische Verwirklichung. Außer Nordrhein-Westfalen sieht nur noch Baden-Württemberg einen Denkmalbereichsschutz durch gemeindliche Satzung vor (§ 19 bad-würt DSchG: gemeindliche Satzung im Benehmen mit dem Landesdenkmalamt). Den Weg der staatlichen Rechtsverordnung gehen Hamburg (§ 7 Abs. 2 hamb DSchG), Rheinland-Pfalz (§ 8 Abs. 1, 4 rh-pf DSchG) und Saarland (§ 3 Abs. 1 saarl DSchG). Die übrigen Länder verwirklichen den Ensembleschutz durch Eintragung als Baudenkmal in ein Denkmalverzeichnis (§ 2 Abs. 1, 2 brem DSchG; § 18 hess DSchG – nach Anhörung der Gemeinde gem. § 10 Abs. 2 hess DSchG; § 5 Abs. 1 schlh DSchG), soweit nicht – im Bereich des Generalklauselsystems – ein solcher Schutz bereits von Gesetz wegen kraft entsprechender Denkmaldefinition besteht (Art. 1 Abs. 3 bay DSchG; §§ 3 Abs. 3, 4 Abs. 1 nds DSchG). Ein Umgebungsschutz durch Rechtsverordnung ist in Berlin möglich (§ 17 bln DSchG). Zu den Unterschieden im Ensembleschutz näher Erbguth / Paßlick / Püchel, Denkmalschutzgesetze, S. 46 ff.; Buelow, Rechtsfragen, S. 238 ff.

334 Zum folgenden Brohm, DVBl. 1985, 593 (598 f.).

ten, „nicht ausreichende“ kommunale Satzungen nicht zu genehmigen und hilfsweise das Erforderliche selbst durch ordnungsbehördliche Verordnung zu regeln, stellen spezielle, über die Regelungen der allgemeinen Kommunalaufsicht hinausgehende Kontroll- und Einflußmittel dar[335]. Zwar ist eine etwaige aufsichtsbehördliche „Ersatznormierung“ wieder aufzuheben, sobald eine rechtsgültige gemeindliche Denkmalbereichssatzung vorliegt (§ 5 Abs. 4 S. 3 nw DSchG). Doch kann eine inhaltliche oder räumliche „Ausdünnung“ des staatlichen Bereichsschutzes durch eine nachgeschobene gemeindliche Satzung wiederum von der Aufsichtsbehörde verhindert werden, indem sie die Genehmigung für eine nicht ausreichende Satzung verweigert (§ 5 Abs. 3 lit. c nw DSchG). Während der ursprüngliche Gesetzesentwurf, der den Bereichsschutz durch Verwaltungsvereinbarung an das Einvernehmen der Gemeinde gebunden hat[336], i. E. wohl eine stärkere gemeindliche Stellung vorsah[337], wird man dem Gesetz gewordenen Recht zu entnehmen haben, daß es letztlich auf die Auffassung der Aufsichtsbehörde ankommen soll, wenn zweifelhaft und umstritten ist, ob und inwieweit im konkreten Fall begrifflich ein Denkmalbereich vorliegt[338]. Die Auffassung der Aufsichtsbehörde dazu, ob eine Satzung geboten wäre, d. h. ob es sich um einen Denkmalbereich handelt, soll offenbar nicht nur für außerhalb einer begrifflichen Konkretisierungskompetenz liegende Evidenzfälle maßgeblich sein[339].

Man wird daher zu dem Ergebnis kommen müssen, daß auch der in diesem Bereich einzig denkbare gemeindliche Spielraum in Gestalt einer Beurteilungskompetenz nicht existiert[340]. Vielmehr muß sich die Gemeinde auch hier letztlich von der Aufsichtsbehörde sagen lassen, was ein Denkmalbereich ist. Die trotz gemeindlicher Satzungsbefugnis durch Definitionsstruktur, Handlungspflicht und staatliches Zugriffsrecht bewirkte Parallelbehandlung von Einzelbaudenkmal und Denkmalbereichen[341] hat eine gewisse innere Logik für sich. Wenn die Ausweisung von Denkmalbereichen ohnehin planerisch-abwägenden Aspekten nicht zugänglich ist, so entfällt der

---

335 Zu deren Sinn, die Effizienz der Aufsicht zu stärken Gahlen / Schönstein, Denkmalschutzrecht, Anm. 8 zu § 5.

336 Siehe Anm. 322 und 329.

337 So mit Recht für das entsprechend ausgestaltete bw DSchG vor der Novellierung im Jahre 1983 (dazu Strobl, BWVerwPr 1983, 278 ff.) Brohm, DVBl. 1985, 593 (598 f.). – A.A. Friauf / Wendt, Arbeiterwohnsiedlungen, S. 83.

338 In diese Richtung wohl auch Gahlen / Schönstein, die ausführen, die gemeindliche Satzungsbefugnis werde eingeschränkt oder entfalle, wenn die Gemeinde von ihr keinen Gebrauch mache, obwohl dies sachlich geboten wäre (Denkmalschutzrecht, Anm. 8 zu § 5; ferner dort Anm. 9).

339 So auch Kummer, Denkmalschutzrecht, S. 96/97.

340 Möglicherweise anders zu bewerten ist die Neuregelung des bad-würt DSchG (§ 19), welches für Gesamtanlagen jetzt eine nicht genehmigungspflichtige Satzung vorsieht. Hierzu Strobl, BWVerwPr 1983, 278 (281).

341 Dies offenbar im Widerspruch zur Absicht des Gesetzesentwurfs (vgl. Anm. 329).

zentrale Sinn für eine eigenverantwortliche gemeindliche Normierung. Der verbleibende „eindimensionale" Konkretisierungsspielraum bedarf eines Minimums an Einheitlichkeit vor allem auf der Ebene der Maßstabsbildung, wenn man nicht in Kauf nehmen will, daß jede Gemeinde ihren eigenen Denkmalbereichsbegriff entwickelt[342]. Im übrigen wäre die Gefahr nicht von der Hand zu weisen, daß eine den Gemeinden zugewiesene begriffliche Konkretisierungskompetenz in verdeckter Art contra legem doch wieder mit planerischen Erwägungen aufgefüllt würde[343].

Die Analyse der geltenden Regelungen in Nordrhein-Westfalen führt demnach zu dem Befund, daß dem mit dem Begriff Satzung und seiner Erscheinungstypik verbundenen Gestaltungsspielraum eine entsprechende Struktur der satzungsdirigierenden Rechtsnormen nicht korrespondiert. Anders als etwa im Bereich der Bauleitplanung ist im Denkmalschutzrecht der Gemeinde nicht lediglich ein Ziel aufgegeben und zu seiner Verwirklichung ein Instrumentarium bereitgestellt, dessen Anwendung Spielräume des „Wann" und „Wie" eröffnet und insbesondere die Befugnis zum Ausgleich verschiedener zu berücksichtigender Belange umfaßt[344]. Das offenbare Bestreben des Gesetzgebers, beim Schutz von Denkmalbereichen auf die gemeindliche Selbstverwaltung Rücksicht zu nehmen, hat, womöglich wegen nicht durchdachter Vorstellungen über die Rolle der Gemeinden, zu einer in sich nicht stimmigen Rechtskonstruktion geführt, dem Paradoxum einer materiell gebundenen formellen Gestaltungsbefugnis. Das Element der Kommunalisierung des Bereichsschutzes durch Einräumung von Satzungsbefugnis ist durch eine Spielräume ausschließende durchgängige Rechtsbindung konterkariert.

Mit Rücksicht auf Normgeber und formellen Regelungstypus mag man deshalb mit Gahlen / Schönstein[345] den Vorgang der Ausweisung von Denkmalbereichen noch dem Selbstverwaltungsbereich der Gemeinden zuordnen[346]. Das hat etwa zur Konsequenz, daß das Appellationsrecht nach § 20 Abs. 4 S. 3 nw DSchG nicht eingreift[347]. Die Aussagekraft dieser Qualifizie-

---

[342] Z. B. in Gestalt pauschaler Ausklammerung von Arbeiterwohnsiedlungen (dafür Friauf / Wendt, Arbeiterwohnsiedlungen, S. 77 ff.; dagegen zu Recht Oebbecke, VR 1980, 384, 387 mit Anm. 47 a).

[343] Zu derartigen Befürchtungen Kummer, Denkmalschutzrecht, S. 98.

[344] Auch die Pflicht der Gemeinde, Bauleitpläne aufzustellen (§ 1 Abs. 3 BauGB) steht in gewissem Umfang zu ihrer Disposition, weil sie wiederum an die planerische Konzeption der Gemeinde rückgekoppelt ist (vgl. BVerwG, DÖV 1971, 633). – § 172 BauGB ist anders als der landesrechtliche Denkmalbereichsschutz ein „Kann-Instrument" der Gemeinde, welches ihr die Entscheidung beläßt, ob, wann und in welchem räumlichen Umfang sie davon Gebrauch macht.

[345] Anm. 9 zu § 5; vgl. auch Rothe, Anm. 3, 13 ff. zu § 5.

[346] Zweifelnd Brohm, DVBl. 1985, 593 (598).

[347] Dagegen ließe sich freilich folgendes einwenden: § 5 Abs. 2 S. 5 nw DSchG verlangt die Beifügung des Gutachtens des Landschaftsverbandes gem. § 22 Abs. 3 nw DSchG zur Satzung. Das könnte darauf hindeuten, daß nicht nur eine Pflicht besteht,

rung wird jedoch durch die genannten Einbindungen der Gemeinde relativiert. Sie enthalten zusammengenommen und unter besonderer Berücksichtigung des bedingten staatlichen Regelungszugriffs (§ 5 Abs. 4 nw DSchG) gewisse Anklänge an den in anderen Bundesländern praktizierten Ensembleschutz durch staatliche Rechtsverordnung[348].

Freilich beinhaltet die Verlagerung der primären Regelungsbefugnis und -initiative auf die Gemeinden verwaltungspraktisch auch die Möglichkeit, daß von den eingeräumten Aufsichts- und Ersatznormsetzungsbefugnissen zurückhaltend und behutsam, flexibel oder auch gar nicht Gebrauch gemacht wird[349]. So kann es aus aufsichtsbehördlicher Sicht von Bedeutung sein, ob dem Schutzanliegen der §§ 3 Abs. 3, 5 nw DSchG durch eine Satzung nach § 172 BauGB genüge getan ist, die die Gemeinde beschlossen hat oder beabsichtigt[350]. Wie bei der Eintragung von Baudenkmälern hängen auch hier die tatsächlichen Verhaltensmöglichkeiten der Gemeinde von der Verwaltungspraxis ab. Rechtlich ist ein irgendwie gearteter Spielraum nicht gesichert.

Auf anderer, verfassungsrechtlicher Ebene liegt die Frage, ob die so beschaffenen Regelungen nach Maßgabe der Selbstverwaltungsgarantie (Art. 28 Abs. 2 GG) hätten anders ausfallen müssen, wenn und weil es sich um die Regelung von „Angelegenheiten der örtlichen Gemeinschaft“ handelt.

4. Ergebnis

Anders als in den anderen Bundesländern sind in Nordrhein-Westfalen alle Gemeinden als Untere Denkmalbehörden zum Gesetzesvollzug berufen. Im Rahmen der ihnen insoweit übertragenen Pflichtaufgaben unterliegen sie einem sonderaufsichtlichen Weisungsrecht. Aus dieser Ausgestaltung ist zu folgern, daß die aufgezeigte Administrativkompetenz zur Konkretisierung des gesetzlichen Denkmalschutzbegriffs dem Behördenzug insgesamt

---

ein solches Gutachten einzuholen, sondern darüber hinaus auch eine Benehmenspflicht in die gutachtliche Beratung durch das Landesamt „eingebettet“ ist. Die Benehmenspflicht ist aber in § 21 Abs. 4 nw DSchG statuiert und richtet sich an die Gemeinde als Denkmalschutzbehörde. Dies spräche dafür, auch die Denkmalbereichsausweisung zum „Denkmalschutz“ zu zählen mit der Besonderheit, daß gem. § 12 Abs. 2 OBG die allgemeinen Aufsichtsbefugnisse der §§ 9, 10 OBG (zur Beeinflussung von Satzungen im ordnungsrechtlichen Bereich durch aufsichtsbehördliche Weisungen Ossenbühl, Verwaltungsvorschriften und Grundgesetz, S. 474 mit einem argumentum e contrario aus § 9 Abs. 4 – jetzt § 9 Abs. 5 OBG) durch die abschließende Regelung des § 5 Abs. 3, 4 nw DSchG verdrängt wären. Für die Anwendung von § 21 Abs. 4 nw DSchG bliebe hingegen Raum. Das mag hier unentschieden bleiben.

[348] Siehe Anm. 333.

[349] Kummer, Denkmalschutzrecht, S. 98 befürchtet staatliche Zurückhaltung und faktische Dominanz der Gemeinden.

[350] Hierzu auch Gahlen, StuGR 1981, 374 (377).

zugewiesen und die Gemeinde deshalb dem Zugriff vorgeordneter Instanzen ausgesetzt ist. Dies gilt auch für den Denkmalbereichsschutz durch gemeindliche Satzung, weil auch hier materiell eine gemeindliche Spielräume ausschließende durchgängige Rechtsbindung besteht.

IV. Konsequenzen für den Rechtsschutz der Gemeinden

Der Rechtsschutz der Gemeinden gegen Maßnahmen der Aufsichtsbehörden im Bereich der Pflichtaufgaben zur Erfüllung nach Weisung ist umstritten, seit diese Aufgabenart nach dem Vorbild des „Weinheimer Entwurfs[351]" einführt worden ist[352]. Hauptursache dieser Unterschiede in den Auffassungen sind gleichermaßen Schwierigkeiten der Verortung dieser Aufgabenkategorie in dem überkommenen dualistischen Vorstellungsbild vom einerseits eigenen und andererseits übertragenen Wirkungskreis der Gemeinden[353], wie auch grundsätzliche Divergenzen über Inhalt, Umfang und Wirkungsweise der Selbstverwaltungsgarantie[354].

Es kann nicht Aufgabe dieser Untersuchung sein, diesen Streit in seinen Grundlagen aufzunehmen und bis in die prozessualen Verästelungen zu verfolgen. Zu fragen ist im vorliegenden Kontext lediglich, welche Auswirkungen sich aus den bisherigen Erörterungen auf den Rechtsschutz der Gemeinden im Streit um die Denkmaleigenschaft eines Bauwerkes bzw. den Denkmalbereichscharakter eines baulichen Zusammenhanges ergeben. Diese Konsequenzen sollen aufgezeigt werden anhand von Aufsichtsmaßnahmen, die für den Vollzug des Denkmalschutzrechtes typisch und praktisch wichtig sind: Die Weisung, ein Gebäude gemäß § 4 nw DSchG vorläufig unter Schutz zu stellen und die nachfolgende Unterschutzstellung durch die Aufsichtsbehörde. Ergänzend betrachtet werden für den Denkmalbereichsschutz die – soweit bekannt geworden – bislang nur theoretischen Aufsichtsmittel der Aufforderung zur Vorlage einer Denkmalbereichssatzung sowie des Erlasses einer ordnungsbehördlichen Rechtsverordnung zum Schutze von Denkmalbereichen.

---

[351] Weinheimer Entwurf einer Gemeindeordnung vom Juli 1948. Zur Entwicklung vgl. die Darstellungen von Engeli, Neuanfänge, in: HKWP, 2. Aufl., S. 114 ff. sowie Menger, Entwicklung der Selbstverwaltung, in: FS f. v. Unruh, S. 25 ff.

[352] Hierzu Jesch, DÖV 1960, 739; Dehmel, Übertragener Wirkungskreis, m.w.N. bis Ende 60er Jahre; Rietdorf / Heise / Böckenförde / Strehlau, Ordnungs- und Polizeirecht in Nordrhein-Westfalen, § 3 OBG Rn. 6 ff. m.w.N.

[353] Hierzu etwa Dehmel, Übertragener Wirkungskreis, S. 37 ff.; Scheuner, AfK 1973, S. 1 ff.; kritisch Burmeister, Verfassungstheoretische Neukonzeption, S. 116 ff.

[354] Das Schrifttum ist nahezu unübersehbar. Besonders zu verweisen ist auf die Darstellungen und Materialnachweise bei Blümel / Grawert, Gemeinden und Kreise vor den öffentlichen Aufgaben der Gegenwart, VVDStRL 36 (1978), S. 171 ff., 277 ff. Siehe ferner die Beiträge in: v. Mutius (Hrsg.), Selbstverwaltung im Staat der Industriegesellschaft, FS f. v. Unruh, 1983; v. Mutius, Gutachten E zum 53. DJT, 1980.

1. Weisungen zur vorläufigen Unterschutzstellung

Da § 4 nw DSchG einen begrenzten Ermessensspielraum eröffnet, ist als Rechtsgrundlage der Weisung zur vorläufigen Unterschutzstellung die Vorschrift des § 9 Abs. 2 lit. b OBG i.V.m. §§ 20 Abs. 3, 4 nw DSchG zu prüfen. Für die verwandte Weisung, das Eintragungsverfahren in Gang zu setzen, gilt demgegenüber § 9 Abs. 1 OBG.

Der Erfolg einer hiergegen gerichteten verwaltungsgerichtlichen Klage der Gemeinde hängt davon ab, ob die Weisung rechtswidrig ist und sie in ihren eigenen Rechten verletzt (§§ 42 Abs. 2, 113 VwGO). Da der verwaltungsgerichtliche Rechtsschutz nicht mehr vom Vorliegen eines Verwaltungsaktes abhängig ist, spielen die Rechtsnatur der Weisung und damit auch die Klageart nur eine untergeordnete, namentlich für Vorverfahren und Frist beachtliche Rolle[355]. Richtiger Auffassung nach handelt es sich um einen Verwaltungakt, da die Gemeinden in Nordrhein-Westfalen den Aufsichtsbehörden – abgesehen von den alten Auftragsangelegenheiten – als eigenständige Körperschaften gegenüberstehen und nicht als Teil der Landesverwaltung fungieren[356]. Ob sie durch eine solche Weisung in eigenen Rechten betroffen sein können, ist ein Problem der Klagebefugnis und von der Qualifikation der Aufsichtsmaßnahme zu trennen[357].

a) Der Zusammenhang zwischen Beurteilungskompetenz und Rechtmäßigkeit der Weisung

Für die Rechtmäßigkeit der Weisung ist vor allem erheblich, ob es sich um ein Baudenkmal handelt. Ist das nicht der Fall, so ist der in § 9 Abs. 2 lit. b OBG vorausgesetzte Handlungsspielraum der angewiesenen Gemeinde gar nicht eröffnet bzw. eine Handlungspflicht im Sinne von § 9 Abs. 1 OBG nicht existent. Damit ist die Weisung auf einen rechtswidrigen Akt gerichtet und folglich selbst rechtswidrig.

---

[355] Da die Sondervorschrift des § 112 nw GO nur für die allgemeine Aufsicht, nicht aber für die Sonderaufsicht gilt, ist ein Widerspruchsverfahren entgegen Gahlen / Schönstein (Denkmalschutzrecht, Anm. 3 zu § 20) erforderlich. Gahlen / Schönstein übersehen, daß die Weisung auch dann eine sonderaufsichtliche Maßnahme bleibt, wenn sie mangels Denkmaleigenschaft rechtswidrig ist und möglicherweise das Selbstverwaltungsrecht der Gemeinde tangiert. Weisungscharakter und (fehlende) Weisungskompetenz sind auseinanderzuhalten. Richtig: VG Köln, NVwZ 1984, 745 = DVBl. 1985, 180.

[356] Jesch, DÖV 1960, 739 ff.; Knemeyer, HKWP, Bd. 1, 2. Aufl. 1981, S. 265 (279); Erichsen, DVBl. 1985, 943 (947); ebenso selbst für Auftragsangelegenheiten im übertragenen Wirkungskreis Engel, DVBl. 1982, 757 ff. (760). A.A. die Rspr. des BVerwG, vgl. BVerwGE 6, 101 (102); BVerwG VerwRspr. 30 (1979), 85 ff.; a.A. wohl auch Wolff / Bachof, VerwR III, § 123, Rn. 32.

[357] Abzulehnen sind Auffassungen, die den Rechtscharakter der Weisung mit der Frage ihrer Rechtmäßigkeit verquicken. Hierzu kritisch Jesch, DÖV 1960, 739 (743 ff.); Engel, DÖV 1982, 757 (760).

Die bislang erarbeiteten Ergebnisse zum Inhalt des gesetzlichen Denkmalbegriffs wirken sich hier folgendermaßen aus:

– Die gesetzliche Begriffsbestimmung läßt nicht zu, daß bei der Beurteilung der Denkmaleigenschaft gemeindliche Interessen, sei es finanzieller oder entwicklungsplanerischer Art, abwägend berücksichtigt werden. Der Denkmalbegriff ist vielmehr eindimensional fachbezogen[358]. Wendet sich die Gemeinde deshalb gegen die Weisung mit der Begründung, ihre Interessen stünden einer Denkmalwürdigkeit entgegen, so wird sie mit diesem Vorbringen nicht gehört. Ebenso unerheblich ist der Hinweis auf Belange des Eigentümers; auch diese spielen für die Denkmaleigenschaft keine Rolle[359].

– Besteht im eigentlichen engeren Sinne Streit um die Denkmaleigenschaft eines Gebäudes, so liegt – wenn die Zweifelsfrage in dem gesetzlich nicht weiter eingrenzbaren Vagheitsbereich angesiedelt ist – die Befugnis zur konkretisierenden Maßstabsbildung, wie auch zur maßstabskonformen Einzelfallbeurteilung letztlich bei der Aufsichtsbehörde[360].

– Diese Verteilung der Beurteilungskompetenz führt, soweit sie reicht und den Anforderungen entsprechend ausgeübt wird, dazu, daß die Entscheidung der Aufsichtsbehörde die rechtlich maßgebende, rechtmäßige „Gesetzesauslegung" ist. Folglich ist eine Weisung, das Eintragungsverfahren gemäß § 3 nw DSchG einzuleiten, angesichts der gesetzlichen Rechtspflicht zur Eintragung eine zur gesetzmäßigen Erfüllung einer ordnungsbehördlichen Aufgabe zulässige Weisung (§ 9 Abs. 1 OBG). Die entsprechende Weisung zur Anordnung der vorläufigen Unterschutzstellung ist nicht wegen fehlender Denkmaleigenschaft des Gebäudes rechtswidrig[361].

b) Handlungszwang und Ermessen

Handelt es sich um ein Baudenkmal, so kommt es weiter darauf an, ob die Gemeinde es vorläufig unter Schutz stellen muß oder dies nach Ermessen auch unterlassen kann.

Sinn und Zweck des Instruments des § 4 nw DSchG ist die Gefahrenabwehr[362]. Sobald erkennbar wird, daß dem Baudenkmal Veränderungen drohen, die den Einsatz denkmalschutzrechtlicher Mittel erfordern, verdichtet

---

[358] Siehe oben, I 2.

[359] Siehe oben, I 2.

[360] Siehe oben, I 3.

[361] Stünde diese Beurteilungskompetenz hingegen der Gemeinde zu, so würde ihre Entscheidung, sofern sie die Grenzen der Beurteilungskompetenz wahrt, die rechtliche Denkmaleigenschaft des Gebäudes verbindlich bejahen oder verneinen; davon abweichende Weisungen wären rechtswidrig.

[362] Gahlen / Schönstein, Denkmalschutzrecht, Anm. 1 zu § 4.

sich das ohnehin begrenzte Ermessen der Gemeinde dahingehend, daß eine vorläufige Unterschutzstellung geboten ist[363]. Liegen die Dinge so, dann trägt eine entsprechende Weisung nicht mehr den Charakter einer Ermessensdirektive, sondern sichert die gesetzmäßige Erfüllung der Aufgaben der Gemeinde als Denkmalbehörde (§ 9 Abs. 1 nw DSchG).

Besteht hinsichtlich des fraglichen Objektes ein konkreter denkmalschutzrechtlicher Handlungsbedarf nicht, so wäre eine Ermessensweisung auf vorläufige Unterschutzstellung nach § 9 Abs. 2 lit. b nw DSchG möglich[364].

Wichtig ist, daß auch im Falle unstreitiger Denkmaleigenschaft für eine gemeindliche Abwägung kein Raum ist. Wenn eine Gemeinde das Eintragungsverfahren trotz unzweifelhaften Denkmalcharakters nicht betreibt und auch die vorläufige Unterschutzstellung unterläßt, weil etwa entwicklungsplanerische Überlegungen dagegen sprechen[365] oder weil der Eigentümer in seinen Abrißplänen nicht beeinträchtigt werden soll, so könnte sie gegen die Rechtmäßigkeit einer Weisung nach § 9 Abs. 2 lit. b OBG – im letztgenannten Beispiel: § 9 Abs. 1 OBG – nichts Durchschlagendes vorbringen.

c) *Zwischenergebnis*

Nach hier vertretener Auffassung hängt die Rechtmäßigkeit der Weisung allein davon ab, ob die Aufsichtsbehörde sich in den Grenzen ihrer Beurteilungskompetenz gehalten hat.

Fordert man demgegenüber die volle gerichtliche Überprüfung des Denkmalbegriffs, so wäre letztlich entscheidend, was das Verwaltungsgericht für denkmalwürdig hält und was nicht.

Ist die Denkmaleigenschaft des Bauwerks demnach zu bejahen bzw. mit gesetzeskonformen Argumenten plausibel dargetan, so ist die Weisung rechtmäßig und die Klage unbegründet.

Fehlt es hingegen an der rechtlichen Denkmaleigenschaft, so ist die Weisung auf eine rechtswidrige Maßnahme gerichtet und dadurch selbst rechtswidrig.

---

363 VG Münster, Urt. v. 4. 10. 1982 – 2 K 521/83 – "Wasserburg Hülshoff".

364 Die gesetzliche Einschränkung des Einzelweisungsrechts im Zweckmäßigkeitsbereich (§ 9 Abs. 2 lit. b OBG) ist dadurch gekennzeichnet, daß die Aufsichtsbehörde grs. selbst darüber zu befinden hat, ob die normierten Voraussetzungen vorliegen (Rietdorf / Heise / Böckenförde / Strehlau, § 9 OBG, Rn. 12). Die Aufsichtsbehörde hat insoweit einen gerichtlich zu respektierenden Beurteilungsspielraum (Wolff / Bachof, VerwR III, § 123, Rn. 32).

365 Dies hält Rothe (§ 4 Rn. 2) für zulässig. Dagegen ist einzuwenden, daß der bei § 4 nw DSchG eröffnete Ermessensspielraum nicht dazu dient, Planungsvorstellungen der Gemeinde aufzunehmen. Das Instrument der vorläufigen Unterschutzstellung soll den Schutz nicht relativieren, sondern intensivieren, vor allem in der Anlaufphase der Gesetzesanwendung (vgl. Gahlen / Schönstein, Denkmalschutzrecht, Anm. 1 zu § 4).

d) Subjektive Rechtsverletzung der Gemeinde durch rechtswidrige Weisung?

Ob dies bereits einer gemeindlichen Klage zum Erfolg verhelfen kann, ist umstritten.

Nach einer vor allem von Jesch[366] nachdrücklich verfochtenen und geprägten Auffassung verletzt im Bereich der Pflichtaufgaben zur Erfüllung nach Weisung jede rechtswidrige Weisung der Aufsichtsbehörde subjektiv-öffentliche Rechte der Gemeinde.

Aus der Rechtswidrigkeit der Weisung folgt nach dieser Auffassung ohne weiteres die Begründetheit einer gemeindlichen Klage.

Jesch begründet seine Auffassung – zusammengefaßt – folgendermaßen: Die Selbstverwaltungsgarantie des Art. 28 Abs. 2 GG sei zwar nicht ihrem gesamten normativen Gehalt nach ein subjektives Recht der Gemeinde. Aus ihr als Institutionsgarantie flössen aber einzelne subjektiv-öffentliche Rechte der Gemeinde[367] wie das Recht auf eigenverantwortliche Wahrnehmung wenigstens eines Kernbereichs an Aufgaben, sowie die Personalhoheit[368]. Jenseits dieses garantierten Mindestgehaltes – bildlich gesprochen also in der umliegenden Zone – sei es Sache des Gesetzgebers zu entscheiden und im einzelnen zu regeln, ob und welche Sachbereiche der Gemeinde ferner zur eigenverantwortlichen Erledigung zugewiesen werden. In den Ländern, die dem „Weinheimer-Entwurf" gefolgt sind, sei die Entscheidung zugunsten eines einheitlichen Wirkungskreises der Gemeinden gefallen. In diesem monistischen System gelte das Prinzip der Weisungsfreiheit, lediglich durchbrochen durch ausdrückliche gesetzliche Weisungsrechte begrenzten Inhalts zugunsten der staatlichen Aufsichtsbehörden. Durch diese von Art. 28 Abs. 2 GG durchaus nicht geforderte legislatorische Entscheidung sei den Gemeinden das prinzipielle Recht auf weisungsfreie Aufgabenerfüllung eingeräumt worden. Da dieses Recht nur durch ausdrückliche staatliche Weisungsrechte außer Kraft gesetzt werde, sei es jeweils tangiert, wenn die Voraussetzungen für das Weisungsrecht nicht vorliegen. Das bedeute: Nicht erst die Überschreitung der „äußeren Grenzen staatlicher Weisungsbefugnis" verletze das Recht der Gemeinden auf weisungsfreie Aufgabenerfüllung. Vielmehr beeinträchtige bereits jede rechtswidrige Weisung dieses gemeindliche Recht, weil die Voraussetzungen für dessen Durchbrechung nicht erfüllt sind. Daß die Gemeinde gegen eine derartige Verletzung gesetzlich begründeter subjektiv-öffentlicher Rechtspositionen

---

[366] DÖV 1960, 739 ff. (746); zustimmend Burmeister, Verfassungstheoretische Neukonzeption, S. 180 Fn. 7; Erichsen, DVBl. 1985, 943 (947).

[367] Hierzu Blümel, Wesensgehalt, FS f. v. Unruh, 1983, 265 ff. sowie Bethge, Selbstverwaltungsrecht, ebd., S. 149 ff.

[368] Jesch, DÖV 1960, 739 (745).

auch gerichtlich vorgehen könne, folge aus Art. 19 Abs. 4 GG, dem grundrechtlichen „Annex“ materiell begründeter subjektiver Rechte.

Es mag hier dahinstehen, ob die überkommene Vorstellung eines gegenständlich abschichtbaren, unentziehbaren Kerns eigenverantwortlicher Aufgabenerfüllung der Gemeinde heute noch aufrecht erhalten werden kann oder aber, wie Burmeister[369] gefordert hat, einer grundlegenden Revision bedarf[370]. An dieser Stelle ist auch nicht zu erörtern, ob der Gesetzgeber von Verfassungs wegen den gesetzlichen Denkmalschutz in dem hier interessierenden Bereich als Pflichtaufgabe zur Erfüllung nach Weisung ausgestalten durfte[371]. Vielmehr geht es hier um die Frage, welche Folgerungen für den Rechtsschutz der Gemeinde daraus abzuleiten sind, daß das Denkmalschutzrecht de lege lata so und nicht anders ausgestaltet ist.

So bestechend Jeschs Antwort auf den ersten Blick auch erscheint, sie gewichtet das vorfindliche Interpretationsmaterial einseitig. Das monistische Modell eines einheitlich-eigenen Wirkungskreises ist nur ein – wenn auch prägendes – Strukurelement gemeindlichen Wirkungsfeldes in den Landesverfassungen und Gemeindeordnungen, die den Weinheimer Entwurf aufgegriffen haben. Ein weiteres ist der gesetzlich zu vermittelnde staatliche Zugriff auf einzelne Aufgabenbereiche in Gestalt von Weisungsrechten. Erst die Zusammenschau beider Elemente erlaubt Schlußfolgerungen für die Rechtsstellung der Gemeinden. Wer wie Jesch aus der Entscheidung für das monistische Aufgabensystem das prinzipielle, durchgehende und nur partiell überlagerte Recht der Gemeinden auf weisungsfreie Aufgabenerfüllung ableitet, überzeichnet eines der genannten Elemente. Richtig ist zwar die Annahme eines Regel-Ausnahme-Verhältnisses: Wo gesetzlich begründete Weisungsrechte fehlen, gilt ohne weiteres das Prinzip der Weisungsfreiheit[372], welches man, mit Jesch[373] auch als subjektiv-rechtlich abgesichert anzusehen hat. Von einer in der Weisungsfreiheit implizierten Eigenverantwortlichkeit der Gemeinden läßt sich hingegen nicht sprechen, soweit gesetzlich fundierte Weisungsbefugnisse bestehen[374]. Ihr unbestritten auch auf Zweckmäßigkeitsfragen erstreckbarer Inhalt zeigt, daß innerhalb des Weisungen zugänglichen Bereichs die letztliche Eigenverantwortlichkeit der Gemeinde eine Frage faktischer Aufsichtshandhabung, gesetzlich aber gerade nicht verankert ist. Bildlich gesprochen sind aus dem eigenen,

---

369 Verfassungstheoretische Neukonzeption, 1977.

370 Zur Diskussion der Thesen von Burmeister siehe die Nachweise bei Stern, HKWP, Bd. 1, S. 206 (210 f.); ferner die Beiträge von Knemeyer, v. Mutius und Blümel in: FS f. v. Unruh, 1983, S. 209 ff., 227 ff., 265 ff.

371 Dazu unten, Vierter Teil.

372 Ossenbühl, Verwaltungsvorschriften und Grundgesetz, 1968, S. 392.

373 (Anm. 356) S. 745 f.

374 Dehmel (Anm. 352) S. 150 f. Nicht gefolgt werden kann Dehmel aber darin, daß nur Überschreitungen der äußeren Grenzen des Weisungsrechts einer Weisung den Charakter eines Verwaltungsaktes verleihen (dazu bereits oben bei Anm. 357).

hier verstanden im Sinne von eigenverantwortlichem Aufgabenkreis der Gemeinde – "Regel" –, durch gesetzlich normierte Weisungsrechte Segmente herausgeschnitten – „Ausnahmen" –. Das Ausnahme-Regel-Prinzip existiert hingegen nicht – um im Bild zu bleiben – innersektoral.

Infolgedessen ist der Nachweis subjektiver Rechtspositionen der Gemeinde auch innerhalb dieser Bereiche nicht mit dem Hinweis auf ein durchgängiges Prinzip eigenverantwortlicher Aufgabenerfüllung zu führen; dieses ist gerade insoweit durchbrochen[375].

Stellt man diese Eigenarten der Pflichtaufgaben zur Erfüllung nach Weisung in Rechnung, so spricht vieles für die Einschätzung des OVG Münster[376], es handele sich hierbei weder um Auftragsangelegenheiten im überkommenen Sinn, noch um Selbstverwaltungsaufgaben, sondern um eine Kategorie eigener Art.

Erweist sich somit die These als nicht haltbar, auch im Weisungsbereich gebe es gewissermaßen als „Bodensatz" ein Recht auf weisungsfreie Aufgabenerfüllung, welches insoweit die Gestalt eines Rechts auf Freiheit von inhaltlich fehlerhaften Weisungen annehme, so verletzt die Ausfüllung dieses Sektors durch eine staatliche Weisung, die der Gemeinde ein rechtswidriges Verhalten abverlangt und dadurch selbst rechtswidrig ist, nicht eo ipso Rechte der Gemeinde. Eine Rechtsverletzung tritt vielmehr erst ein, wenn zugleich anderweitig fundierte subjektiv-öffentliche Rechtspositionen der Gemeinde beeinträchtigt sind[377].

Nimmt man – insoweit mit Jesch[378] – weiter an, daß der Gemeinde jenseits des weisungszugänglichen Bereichs andererseits ein Recht auf eigenverant-

---

375 Entgegen Burmeister, Verfassungstheoretische Neukonzeption, S. 177 f., bedeutet diese Aussage nicht die Fortführung eines obsoleten Aufgabendualismus von eigenen und staatlichen Aufgaben. Burmeister ist zuzustimmen, daß alle der Gemeinde obliegenden Aufgaben „eigene" im Sinne von „zur eigenen Inhaberschaft übertragene" sind, gemeindliche Tätigkeit damit, von den fortbestehenden alten Auftragsangelegenheiten abgesehen, stets Handeln einer von der übrigen Verwaltungsorganisation abgehobenen und verselbständigten Wirkungseinheit bedeutet. Die Handlungs- und Vollzugskompetenz der Gemeinde schließt aber nicht aus, daß ihre Eigenverantwortlichkeit je nach Sachgebiet und gesetzlicher Verantwortungsverteilung unterschiedlich ausgeprägt ist. Die insoweit vorfindlichen Differenzierungen verlangen auch Beachtung bei der Beantwortung der Frage, inwieweit ihr in concreto subjektive Rechtspositionen hinsichtlich des „Wie" der Aufgabenerfüllung zugewiesen sind. Der Hinweis auf den Vollzugsauftrag der Gemeinde ist hier zu undifferenziert. Soweit staatliche Weisungsrechte bestehen, fehlt es in entsprechendem Umfang an der inhaltlichen Eigenverantwortlichkeit der Gemeinde, obwohl es ihre eigenen Aufgaben im Sinne einer Vollzugskompetenz bleiben. Die fehlende inhaltliche Eigenverantwortlichkeit läßt aber den Schluß zu, daß der Gemeinde insoweit subjektive Rechtspositionen nicht eingeräumt sind.

376 OVGE 13, 356 (358). Deutlicher in Richtung auf einen Charakter als „kommunale Angelegenheiten" jetzt nw VerfGH, DVBl. 1985, 685 = NVwZ 1985, 820.

377 Dehmel (Anm. 352) S. 150 f. in Anlehnung an Bachof, Verfassungsrecht, Verwaltungsrecht, Verfahrensrecht i. d. Rspr. des BVerwG, Bd. 1, 3. Aufl., 1966, S. 307 f.

378 (Anm. 356) S. 745 ff.

wortliche, weisungsfreie Aufgabenerfüllung zusteht, so wird sie in ihrer subjektiven Rechtsstellung verletzt, wenn die äußeren Grenzen staatlicher Weisungsbefugnis überschritten werden[379] und dadurch etwa in die interne Organisation der Aufgabenerfüllung eingegriffen wird[380]. Ob die verlangte Maßnahme ihrerseits rechtswidrig oder rechtmäßig ist, spielt dabei keine Rolle.

Prozessual hat dieser Befund zur Konsequenz, daß der Vortrag der Gemeinde, die Weisung sei rechtswidrig, weil es an der Denkmaleigenschaft des Bauwerks fehle, ihre Klagebefugnis nicht zu begründen vermag[381]. Mit einer abgewandelten „Adressatentheorie" läßt sich hier nicht arbeiten[382].

e) Verletzung anderweitiger gemeindlicher Rechte

Bei der Frage nach anderweitigen subjektiven Rechtspositionen der Gemeinde, die beeinträchtigt sein könnten, ist der Blick zunächst auf das zu vollziehende Fachgesetz zu richten. Zu denken wäre an die gesetzliche Denkmaldefinition des § 2 Abs. 1, 2 nw DSchG, eine Norm, deren Verletzung von der Gemeinde behauptet wird. Die hier anzustellende Prüfung zur Ermittlung subjektiv-rechtlicher Normgehalte[383] verläuft indessen negativ. Ein rechtlich geschütztes Interesse und damit ein Recht der Gemeinde im Sinne von §§ 42 Abs. 2, 113 VwGO wäre zwar zweifelsohne zu bejahen, wenn der Denkmalbegriff inhaltlich auf eine abwägende Mitberücksichtigung gemeindlicher Belange angelegt wäre. Wie oben nachgewiesen, ist das aber gerade nicht der Fall. Sonstige Anhaltspunkte für einen Schutznormcharakter der Vorschrift in Hinsicht auf die Gemeinden sind nicht ersichtlich.

Eine durch das Denkmalschutzgesetz begründete subjektive Rechtsposition der Gemeinde ist ihr dem Selbstverwaltungsbereich zugeordnetes (§ 22 nw DSchG) Recht zur eigenverantwortlichen Denkmalpflege. Dieser Bereich ist – bei gleicher Zielrichtung – vom Denkmalschutz durch die Art des Vorgehens und das rechtliche Instrumentarium abgegrenzt[384]. Aus der

---

379 Vgl. Wolff / Bachof, VerwR III, § 123, Rn. 32.

380 Eine Grenzüberschreitung läge z. B. vor, wenn die Aufsichtsbehörde Weisungen zum organisatorisch-personellen Gesetzesvollzug erteilen würde (Einsatz des Beamten „X"); dazu Edzard Schmidt-Jortzig, Kommunalrecht, S. 188 Rn. 556.

381 A.A. wohl Gahlen / Schönstein, Denkmalschutzrecht, Anm. 3 zu § 20.

382 Zur Problematik der Übertragung der Dogmatik des Art. 2 Abs. 1 GG („Elfes-Urteil", BVerfGE 6, 32), welche Grundlage der Adressatentheorie ist (vgl. Erichsen, Staatsrecht und Verfassungsgerichtsbarkeit I, 3. Aufl., 1982, S. 139 f.) auf die Selbstverwaltungsgarantie des Art. 28 Abs. 2 GG siehe v. Pestalozza, FS f. v. Unruh, S. 1057 ff. (1060 ff.).

383 Zur Schutznormproblematik grdl. Bachof, Gedächtnisschrift für W. Jellinek, S. 287 ff.

384 Siehe oben, III 3.

Zuweisung der Denkmalpflege an die Gemeinden ist jedoch nicht ohne weiteres das Recht auf Unterlassung rechtswidriger Maßnahmen des Denkmalschutzes durch staatliche Behörden im Wege staatlicher Weisung zu folgern. Vor allem aber ist nicht erkennbar, daß etwa die vorläufige Unterschutzstellung eines Bauwerkes aufgrund aufsichtsbehördlicher Weisung den denkmalpflegerischen Handlungsspielraum der Gemeinde nennenswert berührt. Es ist deshalb dem VG Köln[385] zuzustimmen, daß eine rechtswidrige Weisung zur vorläufigen Unterschutzstellung die Gemeinde nicht in dieser Rechtsposition betrifft.

Weit schwieriger ist indes die Frage zu beantworten, ob die Gemeinde durch eine derartige Weisung in verfassungsrechtlich gewährten oder abgesicherten Rechten beeinträchtigt werden kann. Insoweit ist an die Personal-, Finanz- und Planungshoheit zu denken. Bei dieses Rechtsfiguren handelt es sich nach verbreiteter Auffassung[386] um Ausprägungen[387] der Selbstverwaltungsgarantie (Art. 28 Abs. 2 GG).

An die Personalhoheit wäre zu denken, wenn die Weisung der Aufsichtsbehörde verbunden ist mit der Inanspruchnahme des gemeindlichen Hauptverwaltungsbeamten im Wege der Organleihe. Diese Möglichkeit ist der Aufsichtsbehörde gesetzlich eingeräumt (§ 9 Abs. 4 OBG). Das staatliche Zugriffsrecht geht damit über den inhaltlichen Bereich hinaus und erfaßt auch den Umsetzungsvorgang.

Die auch bei Pflichtaufgaben nach Weisung bestehende Personal-[388] und Organisationshoheit[389] schützt einen Freiraum organisatorischer Art hinsichtlich Personaleinstellung und -verwendung[390]. Sie ist aber nicht in der Lage, aus sich heraus eine auch inhaltliche Eigenverantwortlichkeit in bezug auf die zu ergreifenden „Außenmaßnahmen“ zu begründen. Welche Vollzugsakte im Denkmalschutzgesetz zu erlassen sind, entzieht sich aber, wie dargelegt, einer rechtlich gewährleisteten eigenverantwortlichen Willensbildung der Gemeinde. Die Rechtswidrigkeit der angewiesenen Maßnahme und die darauf beruhende Fehlerhaftigkeit der staatlichen Weisung selbst lassen daher die gemeindliche Personal- und Organisationshoheit unberührt[391].

---

[385] NVwZ 1985, 745 (746).

[386] Stern, Bonner Kommentar (Zweitbearbeitung), Art. 28, Rn. 97 ff. m.w.N.; Lecheler, Personalhoheit, FS f. v. Unruh, 1983, S. 541 ff.; Hoppe, Kommunale Selbstverwaltung, ebd., S. 555 ff.; Grawert, Kommunale Finanzhoheit, ebd., S. 587 ff.; BVerfG, NVwZ 1985, 289 m.w.N.

[387] Stern, Bonner Kommentar (Zweitbearbeitung), Art. 28, Rn. 174 ff.

[388] Lecheler, Personalhoheit, FS f. v. Unruh, 1983, S. 552; siehe auch nw VerfGH, NJW 1979, 1201.

[389] Hierzu v. Mutius (Anm. 354) S. 137 ff.; Schmidt-Jortzig, Kommunalrecht, Rn. 546 ff.

[390] Lecheler, Personalhoheit, FS f. v. Unruh, 1983, S. 552. Die je nach Sachgebiet unterschiedlichen gemeindlichen Freiräume des Vollzugs auch bei Weisungsaufgaben betont Engel, DVBl. 1982, 757.

Ein Betroffensein in der Finanzhoheit wird diskutiert[392] im Hinblick auf finanzielle Folgen, die den gemeindlichen Haushalt bei Bejahung der Denkmaleigenschaft treffen können, nämlich die Entschädigungspflicht nach bzw. analog § 33 nw DSchG sowie – als gewichtiger erscheinender Punkt – die Übernahmepflicht nach § 31 nw DSchG[393]. Da die vorläufige Unterschutzstellung ebenso wie die Eintragung eines Denkmals diese Übernahmepflichten (noch) nicht auslöst[394], handelt es sich hinsichtlich der gemeindlichen Finanzhoheit allenfalls um eine potentielle Folgebeeinträchtigung. Entsprechendes gilt für die Entschädigungspflicht nach § 33 nw DSchG. Ob die genannten Folgewirkungen letztlich eintreten, hängt von der 2. Stufe des denkmalschutzrechtlichen Entscheidungsverfahrens ab, nämlich der Frage der Erlaubniserteilung nach § 9 Abs. 2 nw DSchG. Bei der späteren Erörterung dieses Erlaubnistatbestandes wird daher der Frage näher nachzugehen sein, ob und ggf. welche Anforderungen aus dem verfassungsrechtlichen Gesichtspunkt der Selbstverwaltungsgarantie in der Erscheinungsform der sog. Finanzhoheit an dieses Erlaubnisverfahren zu stellen sind[395].

Die Planungshoheit der Gemeinde könnte in rechtlich erheblicher Weise betroffen sein, weil die rechtsverbindliche Bejahung der Denkmalwürdigkeit eines Bauwerks Folgen für die Ausübung ihres Planungsermessens nach § 1 Abs. 5 BauGB haben kann[396].

In beiden Fällen geht es um die aus der Grundrechtsdogmatik ebenso vertrauten wie schwierigen und weithin ungelösten Probleme einer Erstrekkung der Schutzwirkung auf mittelbares Betroffensein und Folgebeeinträchtigungen[397]. Ein Weiterkommen in diesen Fragen setzt zunächst die

---

391 Nicht überzeugend VG Münster, Urt. v. 4. 10. 1983 – 2 K 521/83 –, wo die Klagebefugnis der Gemeinde mit der Adressatentheorie begründet wird. Siehe hierzu oben Anm. 382.

392 Stüer, StuGR 1982, 365; Erbguth / Püchel, StuGR 1983, 215.

393 Allgemein zum Übernahmeanspruch Schmidt-Aßmann, BauR 1976, 145; zum Unterschied zwischen Entschädigung und Übernahme Dieterich, in: Gebeßler / Eberl, Schutz und Pflege, S. 397 (420 f.).

394 VG Gelsenkirchen, Beschl. v. 11. 3. 1982 – 10 L 14/82 – AU S. 21; VG Frankfurt, DVBl. 1982, 367; Gahlen / Schönstein, Denkmalschutzrecht, Anm. 12 zu § 3; Dörffeldt, hess Denkmalschutzrecht, Anm. 19 zu § 10; Moench, NJW 1980, 1545 (1550). – Die in der Rspr. anzutreffenden Vorbehalte für bestimmte Konstellationen – zeitlich vorgelagerter oder gleichzeitiger Abbruchantrag (VG Berlin, DVBl. 1982, 366) sowie (zusätzlich) faktische Verhinderung einer wirtschaftlichen Nutzung (VG Münster, Beschl. v. 27. 5. 1982 – 2 L 427/81 –) sind nicht berechtigt. Auch wenn im konkreten Fall angesichts des Inhaltes der Genehmigungsnorm (§ 9 Abs. 2 lit. b nw DSchG) das Schicksal des Abbruchantrages durch die Eintragung bzw. vorläufige Unterschutzstellung des Objektes schon präjudiziert ist, so tritt eine rechtlich relevante Betroffenheit dennoch erst mit der Versagung der Abbruchgenehmigung ein (vgl. BGH, NVwZ 1984, 819, 821; OVG Münster, DÖV 1985, 158, 160; i.E. auch Moench, NJW 1980, 1545, 1552).

395 Siehe unten, V 2 a.

396 Näher Vierter Teil, III 2 a.

397 Hierzu statt vieler Gallwas, Faktische Beeinträchtigungen im Bereich der Grundrechte, 1971.

nähere Analyse der Kollisionsnorm des § 9 Abs. 2 lit. b nw DSchG voraus. Im Hinblick auf die Planungshoheit bedarf ferner das Verhältnis von fachgesetzlichen Regelungen und den die Planungshoheit ausgestaltenden Vorschriften des BauGB vorab der Betrachtung. Schließlich erfordern Finanz- und Planungshoheit, sollen diese Begriffe über einen vagen Schlagwortcharakter hinausreichen, den Versuch ansatzweiser Skizzierung von Inhalt und Wirkungsweise. – Auf diese Fragen wird zurückzukommen sein.

f) Vorläufiges Ergebnis

Als Ergebnis der in diesem Abschnitt angestellten Überlegungen ist folgendes festzuhalten:

Fehlt einem Bauwerk die rechtliche Denkmaleigenschaft – unter Berücksichtigung der dargelegten Zuordnung der Beurteilungskompetenz –, so verletzt eine aus diesem Grund inhaltlich fehlerhafte Weisung der Aufsichtsbehörde zur vorläufigen Unterschutzstellung bzw. zur Einleitung des Eintragungsverfahrens nicht ohne weiteres subjektive Rechte der Gemeinde. Eine allgemeine subjektive Rechtsposition, von inhaltlich fehlerhaften Sonderaufsichtsweisungen verschont zu bleiben, steht der Gemeinde nicht zu. Klagebefugnis und Klageerfolg können sich nur auf die konkrete Beeinträchtigung spezifischer subjektiv-öffentlicher Rechte der Gemeinde stützen. In Betracht kommen die Finanz- und die Planungshoheit der Gemeinde als u. U. mittelbar beeinträchtigte verfassungsrechtliche Rechtstitel.

2. Die Unterschutzstellung durch die Aufsichtsbehörde

Aufsichtsbehördliche Weisungen nach § 9 Abs. 1, 2 OBG werden im Normalfall an die Gemeinde selbst gerichtet. Sie sind gemeindeintern vom Hauptverwaltungsbeamten durchzuführen[398].

Das Gesetz enthält darüber hinausgehend in § 9 Abs. 4 OBG die Möglichkeit zu einer (Einzelfall-)Weisung, die unmittelbar an den Hauptverwaltungsbeamten adressiert wird und von diesem als staatliche Verwaltungsbehörde durchzuführen ist. Durch die darin liegende „Organleihe ad hoc[399]" wird die grundsätzlich den Gemeinden zur eigenen Erfüllung zugewiesene Gefahrenabwehraufgabe punktuell in eine staatliche umgewandelt[400]. Das Handeln des Gemeindedirektors wird nicht der Gemeinde zugerechnet, sondern allein und unmittelbar dem Land. Erfüllt er diese Sonderform der Weisung, so führt dies deshalb zu einer vorläufigen Unterschutzstellung

---

398 Rietdorf / Heise / Böckenförde / Strehlau, § 9, Rn. 15.
399 Rietdorf / Heise / Böckenförde / Strehlau, § 9, Rn. 16.
400 Rietdorf / Heise / Böckenförde / Strehlau, ebd.

bzw. einer Listeneintragung eines Bauwerks nicht durch die Gemeinde als Unterer Denkmalbehörde, sondern durch das Land als Träger der Aufsichtsbehörden.

Kommt der Hauptverwaltungsbeamte einer solchen Anweisung nicht innerhalb der gesetzlichen Frist nach, hat die Aufsichtsbehörde nach § 10 OBG ein sogenanntes Selbsteintrittsrecht[401]. Sie kann sodann die gesetzlichen Befugnisse der Gemeinde als (Sonder-)Ordnungsbehörde selbst ausüben. Dieser Weg ist funktional äquivalent der daneben bestehenden Möglichkeit einer Ersatzvornahme im Wege der allgemeinen Kommunalaufsicht[402].

Nicht nur der Fall des Selbsteintritts nach § 10 OBG, sondern auch die vorgelagerte Stufe einer zur Unterschutzstellung führenden Inanspruchnahme des Gemeindedirektors in der Sonderform der Organleihe nach § 9 Abs. 4 OBG bewirkt, daß die Gemeinde der denkmalschutzrechtlichen Unterschutzstellung gewissermaßen als Dritter gegenüber steht.

Sieht man einmal davon ab, daß die Unterschutzstellung als dinglicher Verwaltungsakt keinen eigentlichen Adressaten hat[403], so erscheint deshalb die Frage des Rechtsschutzes der Gemeinde hiergegen zunächst einmal im Gewande der bekannten Drittbetroffenheitsproblematik, vergleichbar etwa der Erteilung einer Genehmigung durch die nicht mit der Gemeinde identische Aufsichtsbehörde[404]. Klagebefugnis und – bei unterstellter Rechtswidrigkeit der Verfügung – Begründetheit einer Klage sind insoweit nich per se zu bejahen, sondern vom Nachweis der (möglichen) Betroffenheit konkreter subjektiver Rechtspositionen abhängig[405].

Die Bedeutung der denkmalschutzrechtlichen Maßnahme der Aufsichtsbehörde für die Gemeinde geht aber über diese Aspekte hinaus. Die Ausübung des Selbsteintrittsrechts bzw. das Eigenhandeln der Aufsichtsbehörde durch Organleihe entzieht der Gemeinde punktuell-total ihre Handlungskompetenz[406] aus dem Denkmalschutzgesetz. Darin liegt ein „Mehr" gegenüber einer ggf. vorangegangenen an die Gemeinde gerichteten Weisung. Diese begrenzt zwar den Entscheidungs- und Handlungsspielraum der

---

[401] Allgemein zu dieser Rechtsfigur aus kommunaler Sicht Engel, DVBl. 1982, 757.

[402] § 11 OBG i.V.m. § 109 Abs. 2 GO; hierzu Rietdorf / Heise / Böckenförde / Strehlau, § 10, Rn. 4; dort auch zur Abgrenzung zwischen Selbsteintrittsrecht und originärer außerordentlicher Zuständigkeit nach § 6 OBG.

[403] Vgl. Niehues, DÖV 1965, 319; ders., DVBl. 1982, 317.

[404] Vgl. OVG Koblenz, NVwZ 1983, 753; BVerwG, DÖV 1982, 283; BVerwGE 22, 342. Allgemein zur Problematik Bickel, in: FS f. v. Unruh, 1983, S. 1035 (1047); Jarass, DVBl. 1976, 732.

[405] Bickel, in: FS f. v. Unruh, 1983, S. 1045.

[406] So Schnapp, Die Ersatzvornahme in der Kommunalaufsicht, S. 73 ff. (78) für das verwandte Instrument der allgemeinen kommunalaufsichtlichen Ersatzvornahme; ähnlich Engel, DVBl. 1982, 757 (761): Verlust der „Freiheit des Willensvollzugs".

Gemeinde hinsichtlich des „Ob" und des Inhalts der zu treffenden Maßnahme bis auf Null, läßt ihr aber gleichwohl die Umsetzungskompetenz nach außen, d. h. gegenüber dem betroffenen Bürger[407].

Allerdings besteht kein Grund, diese weitere Folge der aufsichtsbehördlichen Maßnahme – von Schnapp[408] für das Seitenstück der allgemein-kommunalaufsichtlichen Ersatzvornahme als „Innenwirkung" bezeichnet – dahin auszudeuten, daß hierin, gleich welche Rechtsqualität der Außenakt aufweist, jedenfalls und stets im Verhältnis zur Gemeinde ein Verwaltungsakt vorläge, der Gesamtvorgang also u. U. janusköpfig wäre[409]. Die Aufsichtsbehörde trifft hinsichtlich ihrer Kompetenz aus § 10 OBG nicht eine Regelung gegenüber der Gemeinde, sondern sie handelt insoweit faktisch, sie nimmt die Kompetenz tatsächlich in Anspruch. Daß die Weisung nach § 9 Abs. 4 OBG trotz der Begründung einer Handlungspflicht des Hauptverwaltungsbeamten kein Verwaltungsakt ist, von diesem auch nicht angegriffen werden kann und ohne Rücksicht auf die Rechtmäßigkeit durchzuführen ist[410], folgt aus der punktuell-konkreten Umwandlung der Aufgabe in eine staatliche. Diese Umwandlung liegt uno actu in dem Vorgang der Inanspruchnahme. In solches faktisches Handeln einer Behörde eine Entscheidung des Inhalts hineinzulesen, daß konkludent eine verbindliche Feststellung gegenüber einem Dritten, der Gemeinde, über die Rechtmäßigkeit des soeben stattfindenden Vorgehens getroffen oder eine Duldungspflicht des Betroffenen statuiert wird, besteht auch aus Rechtsschutzgründen kein Anlaß. Es kommt vielmehr darauf an, ob der durch den Außenakt der Aufsichtsbehörde – d. h. durch die vom Gemeindedirektor als Fremdorgan oder der Aufsichtsbehörde selbst durchgeführte (vorläufige) Unterschutzstellung – faktisch bewirkte punktuelle Kompetenzentzug Rechte der Gemeinde tangieren kann[411].

Die Antwort hängt davon ab, ob den Gemeinden über die Handlungsbefugnisse und -pflichten hinausgehend auch ein Recht auf die Kompetenz eingeräumt ist. Das verweist wiederum auf die grundsätzliche Problematik der Pflichtaufgaben zur Erfüllung nach Weisung, die eben weder mit den Selbstverwaltungsaufgaben, noch den überkommenen Auftragsangelegen-

---

[407] Zur Selbständigkeit der Gemeinde trotz fachlicher Weisung Engel, DVBl. 1982, 757 ff.

[408] Die Ersatzvornahme in der Kommunalaufsicht, S. 76.

[409] So Schnapp, ebd., S. 73 ff.

[410] Rietdorf / Heise / Böckenförde / Strehlau, § 9, Rn. 16.

[411] Das führt zu dem von Schnapp, S. 76 für die Ersatzvornahme als „absurd" bezeichneten Ergebnis, daß die Ausübung des Selbsteintrittsrechts nicht einen gemeindeadressierten Rechtsakt konstanter Form beinhaltet, sondern sich der Rechtsform nach z. B. auch als eine Verfahrenshandlung, wie die Anhörung des Bürgers darstellen kann. Der Rechtsschutz der Gemeinde richtet sich folglich nach der jeweiligen Form des Außenaktes der Aufsichtsbehörde. – A.A. unter Hinweis auf eine Beeinträchtigung der Personalhoheit der Gemeinde OVG Münster, Beschl. v. 5. 11. 1981 – 15 B 1634/81 –.

heiten identisch sind[412]. Mit Jesch[413] wird man annehmen können, daß die den Gemeinden insoweit zugeordneten Handlungsbefugnisse auch als wehrfähige subjektive Rechte einzustufen sind[414]. Dies gilt aber nur in dem jeweils gesetzlich ausgestalteten Umfang.

Das Denkmalschutzrecht weist der Gemeinde nicht eine durchgehende, sondern eine nach §§ 9, 10 OBG (i.V.m. § 20 nw DSchG) entziehbare Vollzugskompetenz zu. Die Gemeinde ist in dieser Rechtsstellung verletzt, wenn die Voraussetzungen des aufsichtsbehördlichen Zugriffs nicht vorliegen, wenn etwa die Aufsichtsbehörde ohne vorherige Weisung nach § 9 Abs. 4 OBG eine Unterschutzstellungsanordnug selbst trifft[415] und auch die besondere Notfallzuständigkeit des § 6 OBG nicht gegeben ist. Was im Verhältnis zum betroffenen Bürger sich als Zuständigkeitsfehler darstellt, begründet hier interbehördlich eine Kompetenzrechtsverletzung.

Allerdings eröffnet das Gesetz der Aufsichtsbehörde in Gestalt der Organleihe eine nahezu unbegrenzte Möglichkeit zur Zuständigkeitsverlagerung im Einzelfall. Diese auf eine Art „Rückholrecht" hinauslaufende Möglichkeit steht im Ermessen der Aufsichtsbehörde[416] und ist insbesondere nicht an die Begrenzungen des § 9 Abs. 2 lit. b OBG gebunden[417]. Kompetenzrechtlich ist damit den Gemeinden eine nur schwache Rechtsstellung zugewiesen. Die (vorläufige) Unterschutzstellung eines Bauwerks durch die Aufsichtsbehörde nach §§ 9 Abs. 4, 10 OBG wird deshalb, gleich ob es sich tatsächlich um ein Baudenkmal im Rechtssinne handelt, nur selten eine Kompetenzrechtsverletzung der Gemeinde begründen. Denn kompetenzrechtlich sind nur die, wie dargelegt, kaum erkennbaren Grenzen eines aufsichtsbehördlichen Zugriffsrechts von Interesse, nicht aber die etwaige Rechtswidrigkeit der kraft Organleihe im staatlichen Bereich angesiedelten und für den Gemeindedirektor stets bindenden Handlungsanweisung[418] bzw. die Rechtswidrigkeit der Unterschutzstellung selbst. Es ist eine andere, davon zu trennende Frage, ob die inhaltliche Rechtswidrigkeit einer nach § 9 Abs. 4 OBG ergangenen Weisung bzw. der daraus resultierenden denkmalschutzrechtlichen Maßnahme der Aufsichtsbehörde das Selbstverwaltungsrecht der Gemeinde verletzen kann[419].

---

412 Vgl. oben bei Anm. 376.

413 (Anm. 356); i.E. ebenso selbst für die Auftragsangelegenheiten herkömmlicher Art Engel, DVBl. 1982, 757 (761).

414 A.A. BVerwGE 52, 226 (234) auf der Basis der Auffassung, daß Pflichtaufgaben zur Erfüllung nach Weisung staatliche Aufgaben darstellen. I.E. wie hier wohl aber Rietdorf / Heise / Böckenförde / Strehlau, § 9, Rn. 16.

415 § 10 OBG verlangt lediglich eine vorangehende Weisung nach § 9 Abs. 4 OBG. Auf deren Rechtmäßigkeit kommt es nach Gesetzessinn und -systematik nicht an.

416 Rietdorf / Heise / Böckenförde / Strehlau, § 9, Rn. 16.

417 Rietdorf / Heise / Böckenförde / Strehlau, ebd.

418 Rietdorf / Heise / Böckenförde / Strehlau, ebd.

419 Für den erstgenannten Fall bejahend Rietdorf / Heise / Böckenförde / Strehlau: Wenn keine ordnungsbehördliche Aufgabe vorliege, stelle die Inanspruchnahme des

Angesichst der kaum eingegrenzten Befugnis der Aufsichtsbehörden zur Kompetenzverlagerung im Einzelfall führt die hier vertretene grundsätzliche Anerkennung eines gemeindlichen Rechtes an der zugewiesenen denkmalschutzrechtlichen Kompetenz in aller Regel nicht zu einer in conreto wehrfähigen gemeindlichen Rechtsposition. Die (vorläufige) Unterschutzstellung eines Bauwerks durch die Aufsichtsbehörde auf einem der genannten Wege bewirkt deshalb ungeachtet der Frage der rechtlichen Denkmalqualität des Objektes nur selten eine subjektive Rechtsverletzung der Gemeinde unter dem Aspekt der Mißachtung von Kompetenzrechten. Es bleibt hier, wie auch bei der gemeindeadressierten „normalen" aufsichtsbehördlichen Weisung, die Frage, ob die Unterschutzstellung, sofern sie rechtswidrig ist, sonstige aus dem Selbstverwaltungsrecht ableitbare Rechtspositionen der Gemeinde, insbesondere die Planungshoheit verletzen kann. Darauf wird bei der Erörterung der einschlägigen verfassungsrechtlichen Grundlagen näher einzugehen sein.

3. Aufsichtsmaßnahmen im Denkmalbereichsschutz

Die formalrechtliche Zuordnung des Denkmalbereichsschutzes zur gemeindlichen Selbstverwaltung ermöglicht es, die Behandlung des gemeindlichen Rechtsschutzes gegen aufsichtsbehördlichen Zugriff in diesem Bereich auf wenige Bemerkungen zu beschränken[420]. Wenn das Gesetz diesen Komplex, was die Rolle der Gemeinden angeht, von dem des Einzelbaudenkmalschutzes abhebt, will es offenbar – jedenfalls auch – zum Ausdruck bringen, daß der Gemeinde insoweit ein qualitativ anderer Rechtsstatus, nämlich die Befugnis zu weisungsfreier, eigenverantwortlicher Tätigkeit zugedacht und dies auch subjektiv-rechtlich abgesichert sein soll. Daran ändert auch der Umstand nichts, daß es mit der Eigenverantwortlichkeit materiell letztlich nicht weit her ist, weil die anzuwendenden Vorschriften nach Inhalt und Bindungsintensität nennenswerte Spielräume der Gemeinde nicht enthalten und die rein fachlich-eindimensional ausgerichtete Beurteilung der Denkmalwürdigkeit, wie dargelegt[421], letztlich dem Zugriff der Aufsichtsbehörde offensteht. Auf dieses eigenartige, mangels konsequenter Grundkonzeption wenig überzeugende Spannungsverhältnis zwischen formaler, an den Handlungstypus anknüpfender Eigen-

---

Gemeindedirektors durch Organleihe eine Verletzung des Selbstverwaltungsrechtes dar. Hintergrund dieser Argumentation ist offenbar ein Schutz der Personal- und Organisationshoheit der Gemeinde. Nach hier vertretener Auffassung ist diese jedoch durch eine rechtswidrige Inanspruchnahme nach § 9 Abs. 4 OBG ebensowenig betroffen, wie durch eine rechtswidrige, an die Gemeinde selbst adressierte Weisung (vgl. dazu oben bei Anm. 390).

[420] Nicht behandelt wird im folgenden das Genehmigungserfordernis nach § 5 Abs. 3 nw DSchG.

[421] Siehe oben, III 3.

verantwortlichkeit und nahezu vollständig fehlendem Gestaltungsspielraum wurde bereits hingewiesen[422].

a) Weisung zum Satzungserlaß

Die Weisung der Aufsichtsbehörde, innerhalb von drei Monaten eine Denkmalbereichssatzung vorzulegen (§ 5 Abs. 4 nw DSchG) stellt nicht nur eine entscheidungsvorbereitende Verfahrenshandlung dar, sondern konkretisiert als erste Stufe aufsichtsbehördlicher Eingriffsmaßnahmen eine von der Aufsichtsbehörde jedenfalls angenommene gesetzliche Verpflichtung der Gemeinde im konkreten Einzelfall. Gegen diesen Verwaltungsakt[423] kann sich die Gemeinde stets mit der Behauptung zur Wehr setzen, es handele sich nicht um einen Denkmalbereich. Trifft dies zu, so ist die Aufforderung rechtswidrig und verletzt das formalgesetzliche Recht der Gemeinde auf eigenverantwortliches Handeln auf diesem Aktionsfeld. Daß darüber hinaus die Gemeinde durch die Aufforderung dazu angehalten werden soll, selbst auf ihre Planungshoheit einzuwirken bzw. sich möglicherweise finanzielle Folgelasten aufzubürden, vermag u. U. zusätzliche Gesichtspunkte zu liefern, ist jedoch für Klagebefugnis und, bei Rechtswidrigkeit der Aufforderung, Begründetheit einer Anfechtungsklage nicht entscheidungserheblich.

Die tatsächlichen Erfolgsaussichten einer Klage der Gemeinde sind allerdings nach hier vertretener Auffassung dadurch gemindert, daß die Beurteilungskompetenz hinsichtlich der Denkmalbereichseigenschaft letztlich nicht bei der Gemeinde, sondern der Aufsichtsbehörde zu verorten ist[424].

b) Aufsichtsbehördliche Rechtsverordnung

Hat die Aufsichtsbehörde nach fruchtlosem Ablauf der Dreimonatsfrist durch Rechtsverordnung einen Denkmalbereich ausgewiesen, so ist – von einer verwaltungsgerichtlichen Feststellungsklage einmal abgesehen[425] – die landesrechtliche[426] kommunale Verfassungsbeschwerde das adäquate Rechtsschutzinstrument[427]. Auch eine Rechtsverordnung ist „Landesrecht" im Sinne von § 50 nw VGHG[428]. Die erforderliche Rüge einer Verletzung des

[422] Siehe oben, III 3.

[423] Vgl. oben bei Anm. 356. – Zum Normsetzungsgebot nach Landesplanungsrecht als Verwaltungsakt Stern / Burmeister, Planungsgebot, S. 39.

[424] Siehe oben, III 3.

[425] Dazu Siemer, Normenkontrolle durch Feststellungsklage?, S. 26 ff.

[426] Die bundesrechtliche kommunale Verfassungsbeschwerde ist gegenüber der landesrechtlichen subsidiär (Art. 93 Nr. 4 b GG).

[427] Dazu jetzt ausführlich v. Pestalozza, FS f. v. Unruh, S. 1057 m.w.N.; Sachs, BayVBl. 1982, 37.

[428] NW VerfGH, NJW 1979, 1201 („Datenverarbeitungszentrale"); ebenso für diesubsidiäre kommunale Verfassungsbeschwerde zum BVerfG nach Art. 93 Abs. 1 Nr. 4

Selbstverwaltungsrechts kann bereits darauf gestützt werden, daß der Gemeinde ihr einfachgesetzlich zugewiesener formal-eigenverantwortlicher Handlungsbereich punktuell-total entzogen werde und sei es, wegen § 5 Abs. 4 S. 2 nw DSchG, auch nur vorläufig. Rügefähig ist nicht nur das Eindringen in einen wie auch immer abzugrenzenden verfassungsunmittelbaren „Kernbereich" der Selbstverwaltungsgarantie, sondern auch die Verletzung einfachgesetzlich zugewiesener subjektiver Rechtspositionen, welche zugleich die verfassungsrechtliche Gewährleistung inhaltlich konkretisieren[429]. So liegt es hier[430]. Auch hier kommt das potentielle mittelbare Betroffensein in Planungs- und/oder Finanzhoheit lediglich als zusätzlicher Gesichtspunkt zur Begründung der Rügebefugnis in Betracht[431].

V. Denkmalschutz und kollidierende Interessen: Die fachgesetzliche Kollisionsnorm

1. Die Normstruktur des § 9 Abs. 2 nw DSchG

Der Stellenwert des öffentlichen Belangs Denkmalschutz in der Rechtsordnung ist vornehmlich abzulesen an seiner rechtlichen „Wehrfähigkeit" gegenüber denkmalwidrigen Verhaltensweisen und Interessen.

§ 9 nw DSchG enthält als denkmalschutzrechtliche Zentralnorm eine Erlaubnispflicht für denkmalschädigende Verhaltensweisen und namentlich den Gebäudeabriß.

---

b GG i.V.m. § 91 BVerfGG BVerfGE 26, 228 (236); 56, 298 (309); BVerfG, DVBl. 1982, 37.

[429] Zur Differenzierung von „Kernbereich" und „Selbstverwaltungsumfeld" v. Pestalozza, FS f. v. Unruh, S. 1060 ff. – Die bei der Individualverfassungsbeschwerde nach Art. 93 Nr. 4 a GG von der Rspr. – entgegen der Logik des Elfes-Urteils (BVerfGE 6, 32; hierzu statt vieler Erichsen, Verfassungsrecht und Verfassungsgerichtsbarkeit I, 3. Aufl., 1982, S. 139 f.) – praktizierte Unterscheidung zwischen einfachgesetzlicher Rechtswidrigkeit und „spezifischer Grundrechtsverletzung" (vgl. v. Pestalozza, Verfassungsprozeßrecht, 2. Aufl., 1982, S. 107; einschränkend BVerfG, NJW 1985, 261 „anachronistischer Zug") kommt bei der kommunalen Verfassungsbeschwerde so nicht zum Zug: Die ggf. interpretativ ermittelte gesetzliche Zuweisung konkreter subjektiv-öffentlicher Rechtspositionen bildet zum guten Teil das Substrat der Selbstverwaltungsgarantie außerhalb eines wie auch immer abzugrenzenden „Kernbereichs". Ihre Verletzung trifft folglich per definitionem zugleich das Selbstverwaltungsrecht.

[430] Zur Frage, ob der Denkmalschutz unabhängig von der gesetzlichen Regelung sozusagen eine „geborene" Angelegenheit der örtlichen Gemeinschaft ist und zu dem Gestaltungsermessen des Gesetzgebers siehe unten, Vierter Teil, II 1.

[431] An diese Aspekte wäre zur Begründung der Klagebefugnis zu denken, wenn die Rechtsverordnung von einer Nachbargemeinde angegriffen wird. Doch wird ein auch nur mittelbares Betroffensein der Nachbargemeinde etwa in ihrer Planungshoheit in diesen Fällen kaum begründbar sein. Vgl. auch v. Pestalozza, FS f. v. Unruh, S. 1066 ff.

Die nach § 9 Abs. 1 erforderliche Erlaubnis ist nach Abs. 2 zu erteilen, wenn

(a) Gründe des Denkmalschutzes nicht entgegenstehen,

oder

(b) ein überwiegendes öffentliches Interesse die Maßnahme verlangt.

Bei näherer Betrachtung der Genehmigungsnorm fällt zunächst zweierlei auf:

a) Ausschluß privater Belange

Private Belange gleich welcher Intensität begründen als solche keinen Anspruch auf Erteilung der Erlaubnis[432]. Ihre Durchsetzung ist nur dann rechtlich gesichert, wenn sie mit einem öffentlichen Interesse zusammenfallen und die übrigen Voraussetzungen der Genehmigungsalternative § 9 Abs. 2 lit. b nw DSchG gegeben sind.

Der Normanwender ist damit vor die für das öffentliche Recht typische[433] Aufgabe gestellt, private und öffentliche Interessen auseinanderzuhalten[434]. Dieses Unterfangen ist deshalb besonders schwierig, weil in der Realität nicht die Geschiedenheit der beiden Interessensphären, sondern Interessenparallelitäten, häufig als Folge von Transformationen privater in öffentliche Interessen, die Regel bilden[435]. Die bei solchen Auf- und Umwertungen in die Sphäre des Gemeinnutzes[436] praktizierten Mechanismen sind kaum diszipliniert und wohl auch kaum disziplinierbar, weil es an inhaltlichen Kriterien dafür fehlt, unter welchen Voraussetzungen welche privaten Interessen zugleich zu öffentlichen erhoben werden können[437].

Es dürfte vielfach so liegen, daß sich die Verfolgung eines privaten Interesses aus einem bestimmten als „Transformator" wirkenden Blickwinkel – wie z. B. volkswirtschaftliche Gründe, Arbeitsplatzsicherung, Volksgesundheit – als im Allgemeininteresse liegend und damit auch als öffentlicher Belang formulieren läßt mit der Folge, daß sich eine Gemengelage einstellt. Bei der Herleitung, Auswahl und Begründung solcher transformatorischen Gesichtspunkte ist der Normanwender zwar an ausdrückliche Vorgaben der

---

432 Battis / Schmittat, NuR 1983, 102 (105); OVG Münster, DÖV 1985, 158 (159); ebenso OVG Koblenz, NVwZ 1984, 192 zur entsprechenden Vorschrift des rh-pf DSchG. A.A. für die Rechtslage in Schleswig-Holstein OVG Lüneburg, NVwZ 1984, 741; ferner Hönes, NVwZ 1983, 213 (214); ebenfalls a.A., aber ohne Begründung Beninde / Martin, VR 1985, 16 (18).

433 Häberle, Öffentliches Interesse, S. 145 ff.

434 Eingehend Leisner, DÖV 1970, 217 ff.

435 Das exemplifiziert in Hinsicht auf Art. 14 Abs. 3 GG anschaulich Weyreuther, Situationsgebundenheit, S. 84 ff.

436 Treffend spricht Häberle, Öffentliches Interesse, S. 229, von „ ... durch einen öffentlichen Bewertungsvorgang hindurchgegangenen privaten Interessen".

437 Leisner, DÖV 1970, 217 ff.

betreffenden Norm selbst, an ratio und telos des Gesetzes insgesamt, sowie an die in der Rechtsordnung im übrigen vorfindlichen Gemeinwohlkonkretisierungen gebunden[438]. Dennoch überwiegt wohl eher die Freiheit als die Bindung, Ausdruck der prinzipiellen Durchlässigkeit des öffentlichen Interesses für privaten Nutzen[439]. Trotz all dem geht das geltende Recht überall von der Trennung und also der Trennbarkeit der Bereiche aus.

Die Irrelevanz der Eigentümerbelange in § 9 Abs. 2 lit. b nw DSchG ist durchaus keine Zufälligkeit und kein Redaktionsversehen. Ein eigenständiger Erlaubnistatbestand der „wirtschaftlichen Unzumutbarkeit der Versagung“ ist erwogen worden, fand jedoch im zuständigen Parlamentsausschuß keine Mehrheit[440]. Die Unzumutbarkeit der Versagungsfolgen für den Eigentümer ist nach Entstehungsgeschichte wie Gesetzessystematik ausschließlich von Bedeutung für die Ansprüche des Eigentümers aus §§ 31, 33 nw DSchG (Übernahme, Entschädigung). Verfassungsrechtlich begegnet dies keinen durchgreifenden Bedenken. Denn die Eigentumsgarantie des Art. 14 Abs. 1 GG verlangt auf einfachgesetzlicher Ebene nicht die Gewährleistung eines individuell-konkreten „Verhältnismäßigkeitseigentums“. Ausreichend ist die entschädigungsrechtliche Kompensation von im Einzelfall unzumutbaren Folgen[441]. Die Auslegung ergibt demnach, daß der im Prinzip auch zur transformatorischen Aufnahme privater Belange geeignete Begriff des öffentlichen Interesses im konkreten Zusammenhang (auch) als bewußter Gegenbegriff zu Privatbelangen gemeint ist, als deren gewollte Ausgrenzung. Das gibt Veranlassung besonderes Augenmerk darauf zu richten, ob die Gemeinwohlkonkretisierung im Rechtsanwendungsprozeß auf Umwegen bzw. in verdeckter Form solche Privatinteressen als öffentliche Belange einführt. Es wird kritisch zu prüfen sein, inwieweit die zur Legitimation solcher Parallel- bzw. Aufwertungen ins Felde geführten Argumente angesichts der genannten ratio des Gesetzes tragfähig sind.

b) Gebundene Entscheidung

Zum zweiten ist der Gesetzeswortlaut unmißverständlich so gefaßt, daß die Entscheidung als gebundene Erlaubnis einzuordnen ist. Die Zulassung einer über die geregelten Tatbestände hinausgehenden Erlaubniserteilung nach Ermessen[442] würde in sinnwidriger Weise den Schutzzweck des Geset-

---

[438] Zur Frage der Rückbindung an die Bauleitplanung siehe unten, Dritter Teil, II 4. Zur Typologie der in Betracht kommenden Verweisungstechniken und dem dabei bestehenden Spielraum des Gesetzgebers Häberle, Öffentliches Interesse, S. 226 ff.

[439] Leisner, DÖV 1970, 217 (219/220).

[440] LT-Drucks. 8/5625, Ausschußbericht S. 49 oben.

[441] Siehe oben, I 2 e.

[442] So Beninde / Martin, VR 1985, 16 (18); Moench, ZfBR 1985, 113 ff., 163 ff.; ders., NVwZ 1984, 146 (150) m. N. der Rspr. zu den Denkmalschutzgesetzen der anderen

zes umgehen, welcher ersichtlich darauf gerichtet ist, die Belange des Denkmalschutzes ausschließlich unter bestimmten näher bezeichneten Voraussetzungen zurücktreten zu lassen. Die Formulierung des Genehmigungstatbestandes als gebundener Entscheidung muß bei Berücksichtigung von ratio und Systematik des Gesetzes nicht etwa nur als Fixierung derjenigen Fälle interpretiert werden, in denen dem Antragsteller ein Rechtsanspruch auf Genehmigung zusteht[443] – bei stillschweigend eingeräumten weitergehenden Genehmigungsmöglichkeiten der Behörde –, sondern gerade auch als Begrenzung der Relativierungsmöglichkeiten des zum Schutzgut erhobenen Belangs durch die entscheidende Behörde. Zu Recht hat daher die Rechtsprechung Bestrebungen[444] eine Absage erteilt, in § 9 Abs. 2 lit. b nw DSchG eine zusätzliche Erlaubniserteilung nach Ermessen hineinzulesen und damit die Erlaubnisgrenzen zu umgehen[445].

Auch durch Art. 14 Abs. 1 GG ist eine erweiternde Auslegung nicht geboten[446].

Für den Eigentümer eines Baudenkmals bedeutet dies, daß die Entscheidung über einen späteren Abriß und sonstige nicht durch Auflagen kompensierbare[447] denkmalwidrige Maßnahmen de facto bereits mit der (vorläufigen) Unterschutzstellung fällt, es sei denn, sein Abrißvorhaben koinzidiert mit einem öffentlichen Interesse und führt zur Genehmigungserteilung nach § 9 Abs. 2 lit. b nw DSchG. Die mit Recht betonte Zweistufigkeit des Denkmalschutzverfahrens[448] bedeutet nicht, daß die im Rahmen der Denkmaleigenschaft nicht zu berücksichtigenden Aspekte[449] sämtlich im späteren Erlaubnisverfahren rechtlich relevant sind. Soweit sich auf Dauer lediglich private Verwendungsinteressen einerseits und Denkmalschutzbelange andererseits gegenüber stehen, ist die rechtliche Zulässigkeit eines späteren Abbruchs im Zeitpunkt der Eintragung in die Denkmalliste nicht mehr eine offene, auf das nachfolgende Genehmigungsverfahren verlagerte Frage. Da das Erlaubnisverfahren nach Tatbestand und strikter Handlungsbindung der Behörde für private Interessen nicht aufnahmefähig ist, bedürfen, wie

---

Bundesländer, z. B. VGH Mannheim, NVwZ 1984, 191; Erbguth / Paßlick / Püchel, Denkmalschutzgesetze, S. 40; M. Müller, Baudenkmalschutz, S. 206. Der Hinweis von Dittus, StuGR 1980, 303 auf den mittlerweile aufgehobenen § 9 Abs. 4 nw DSchG gibt nichts her, weil Auflagen auch bei gebundenen Entscheidungen ein wichtiges Instrument zur Ausräumung von Versagungsgründen sein können. – Zum Parallelproblem bei § 39 h BBauG (jetzt § 172 BauGB) Henke, Stadterhaltung, S. 219 ff.

[443] So aber Moench (Anm. 442).

[444] Siehe Nachweise Anm. 442.

[445] OVG Münster, DÖV 1985, 158 = DVBl. 1985, 403.

[446] Siehe oben, I 2 e. – A.A. VG Münster, DVBl. 1984, 643 (644); Moench, ZfBR 1985, S. 164; siehe auch OVG Lüneburg, DVBl. 1984, 285.

[447] Zu dieser im Rahmen von § 9 Abs. 2 lit. a nw DSchG bedeutsamen Möglichkeit Dittus, StuGR 1980, 297 (302 f.).

[448] Zuletzt Hönes, NVwZ 1986, 190 m.w.N.

[449] Siehe oben, I 2 f.

das OVG Münster[450] mit Recht bemerkt, denkmalschutzrechtliche Unterschutzstellung und Genehmigungsversagung im Hinblick auf Art. 14 GG einer zusammenfassenden Betrachtung. Die nordrhein-westfälische Regelung ist insoweit aber nicht zu beanstanden[451].

2. Kollidierende gemeindliche Interessen

a) Finanzielle Leistungsfähigkeit der Gemeinde

Die Frage, ob eine finanzielle Überforderung der Gemeinde ein öffentliches Interesse darstellen kann, welches ggf. die Erteilung der Genehmigung ermöglicht und nach obiger Auffassung zugleich erzwingt, ist mehrfach diskutiert worden[452]. Die ungewiß erscheinenden Folgelasten einer Unterschutzstellung und die unklare Frage ihrer Vermeidbarkeit auch und gerade durch die Handhabung des Genehmigungstatbestandes waren Grund für die vielfach zu beobachtende anfängliche Zurückhaltung und Unsicherheit von Seiten des gemeindlichen Gesetzesvollzuges[453].

Die mehrfach vorgetragene Argumentationskette[454] knüpft an denkbare rechtliche Folgewirkungen einer Genehmigungsversagung an und plädiert im Interesse ihrer Vermeidung für eine bestimmte „Lesart" des Erlaubnistatbestandes: Die Versagung einer Abriß- oder Veränderungsgenehmigung könne im Einzelfall wegen Unzumutbarkeit ihrer Folgen Ansprüche des Eigentümers aus § 31 nw DSchG (Übernahmeanspruch) und § 33 nw DSchG (Entschädigung) begründen, für deren Geltendmachung jeweils die Gemeinde passivlegitimiert sei[455]. Gerade bei größeren Objekten könnte dies zu einer untragbaren Belastung des Gemeindehaushalts führen, da eine rechtlich gesicherte Einstandspflicht des Landes nicht bestehe[456]. Im Hinblick auf die durch Art. 28 Abs. 2 GG als Bestandteil der Selbstverwaltungsgarantie geschützte kommunale Finanzhoheit sei deshalb § 9 Abs. 2 lit. b nw DSchG so auszulegen, daß die möglichen finanziellen Folgen einer Erlaubnisversagung als öffentliche Interessen mit zu berücksichtigen seien und ggf. die Erlaubniserteilung ermöglichen[457].

---

[450] DÖV 1985, 158 m. Anm. v. Gahlen, S. 411 ff.

[451] Battis / Schmittat, NuR 1983, S. 102 ff.; siehe ferner oben, I 2 e.

[452] Erbguth / Paßlick / Püchel, Denkmalschutzgesetze, S. 72 ff.; Stüer, StuGR 1982, 365; Moench, ZfBR 1985, 163 (164); Mitteilungen des Landschaftsverbandes Westfalen-Lippe, 1982, Nr. 5, S. 3 ff.

[453] Vgl. Grätz, Denkmalschutz in der Kommunal- und Kulturpolitik, S. 13 ff. (21 ff.).

[454] Siehe etwa Stüer (Anm. 452) zum Fall „Havixbeck-Wasserburg Hülshoff".

[455] Stüer, ebd., S. 368 m.w.N.

[456] Hierzu näher Oebbecke, VR 1980, 384 (386).

[457] Erbguth / Paßlick / Püchel (Anm. 452); VG Köln, NVwZ 1984, 745 (746),

Auch wenn die befürchteten Folgen nur in wenigen Fällen praktisch werden dürften, sind diese Überlegungen nicht a limine von der Hand zu weisen. Die Problemlösung wird jedoch im Ergebnis an einer nach Gesetzeswortlaut, Systematik und Sinn falschen Stelle gesucht. Zu nennen sind vor allem drei Einwände:

(1) Der Berücksichtigung finanzieller Folgen für die Gemeinde steht bereits der ernstgenommene Gesetzeswortlaut entgegen, wie offenbar regelmäßig übersehen wird. Der Begriff der „Maßnahme", auf die sich das öffentliche Interesse richten muß, meint, wie aus dem Sinnzusammenhang von § 9 Abs. 2 und Abs. 1 folgt, nicht etwa die Erteilung der Erlaubnis nach dieser Vorschrift, sondern die Durchführung der zur Erlaubnis gestellten Handlung und bezeichnet damit insbesondere einen Abriß. Die beabsichtigte Gebäudebeseitigung muß durch ein überwiegendes öffentliches Interesse geboten sein. Die Überforderung der gemeindlichen Finanzkraft kann aber nur die Verhinderung der Inanspruchnahme durch den Eigentümer, d. h. die Erteilung der beantragten Genehmigung und damit einen Rechtsakt legitimieren, nicht jedoch die tatsächliche Durchführung der Maßnahme, d.h. den Abriß selbst verlangen. Der Unterschied zeigt sich in dem denkbaren Fall, daß der Eigentümer von einer Genehmigung, die ihm wegen der drohenden Folgekosten bei „oktroyierter Erhaltung" erteilt wurde, wegen anderweitiger Dispositionen keinen Gebrauch macht. Das die Genehmigungserteilung hier legitimierende öffentliche Interesse hat sich mit dem Genehmigungsvorgang erschöpft. Wie der Eigentümer weiter verfährt, ist von diesem Interesse her gleichgültig. § 9 Abs. 2 lit. b verlangt aber, daß gerade die Durchführung der beantragten Handlung als „Maßnahme" im öffentlichen Interesse liegt.

(2) Die Berücksichtigung der Finanzkraft der Gemeinde im Rahmen von § 9 Abs. 2 lit. b nw DSchG führt ferner auf Umwegen mittelbar wiederum die privaten Interessen des Eigentümers ein, die nach Entstehungsgeschichte, Wortlaut und Gesetzessystematik dort gerade nicht einschlägig sein sollen[458].

(3) Schließlich kann die hier erörterte Auffassung zugespitzt zu dem Ergebnis führen, daß überregional bedeutsame und zugleich finanzaufwendige Baudenkmäler eine Abbruchgenehmigung provozieren, weil sie in besonderem Maße die Finanzkraft der Gemeinde beeinträchtigen[459]. Je bedeutsamer und kostenträchtiger das Denkmal wäre, desto mehr wäre es bei dieser Sichtweise gefährdet – ein mit dem Schutzzweck des Gesetzes unvereinbares Ergebnis[460]. Allerdings ließe sich diesem Gesichtspunkt wiederum entgegenhalten, das Land als weiterer Aufgabenträger des Denkmal-

[458] Siehe oben bei Anm. 440 f.

[459] OVG Münster, DÖV 1985, 158 (159).

[460] OVG Münster, a.a.O., mit zustimmender Anm. v. Gahlen, DÖV 1985, S. 411 ff.

schutzes[461] habe die Möglichkeit, im Einzelfall eine drohende Genehmigungserteilung dadurch zu verhindern, daß in Anwendung von § 35 nw DSchG eine verbindliche Zusage von Landesmitteln für den Fall gemeindlicher Inanspruchnahme als Folge der Genehmigungsversagung abgegeben und auf diese Weise dem öffentlichen Interesse im Sinne von § 9 Abs. 2 lit. b nw DSchG die Durchschlagskraft genommen wird.

Würden derart die Gemeinden einerseits entlastet und die vom OVG Münster[462] aufgezeigten Konsequenzen andererseits vermieden, so bliebe es aber immer noch bei den anderen oben vorgetragenen Einwänden. Insgesamt muß daher allen Versuchen entgegengetreten werden, den Erlaubnistatbestand des § 9 Abs. 2 lit. b nw DSchG für gemeindliche Finanzerwägungen zu öffnen. Die Lösung der angesprochenen Problematik gemeindlicher Haushaltsknebelung ist stattdessen im Rahmen der §§ 35 ff. nw DSchG und letztlich in dem verfassungsrechtlichen Gebot angemessener Finanzausstattung der Gemeinden zu suchen (Art. 78 Abs. 3 nw LV, 28 Abs. 2 GG). Das kann hier nur angedeutet werden:

§ 35 nw DSchG sieht die Gewährung von Landesmitteln auch an Gemeinden vor, ohne allerdings einen Rechtsanspruch der Gemeinden auf Förderung zu begründen. Auch wenn das Land bei Aufwendungen, die die Finanzkraft der einzelnen Gemeinden überschreiten, insoweit „in der Verantwortung steht“[463], wird man eine verfassungsrechtlich begründete Verdichtung der genannten Vorschrift zu einem Kostenersatzanspruch[464] nach der jüngst ergangenen Grundsatzentscheidung des nordrhein-westfälischen Verfassungsgerichtshofs[465] nicht mehr annehmen können. Das Gericht hat die in Art. 78 Abs. 3 nw LV geregelte Pflicht, bei der Zuweisung neuer Pflichtaufgaben zur Erfüllung nach Weisung zugleich die Kostentragung zu regeln, ausdrücklich nicht im Sinne eines konkreten Erstattungsanspruchs hinsichtlich der mit der Aufgabenwahrnehmung verbundenen Zweckausgaben interpretiert und sich damit gegen das in der Literatur vertretene „Konnexitätsprinzip“[466] ausgesprochen. Von Verfassungs wegen sei das Land nur gehalten Sorge zu tragen, daß der Gemeinde insgesamt eine angemessene finanzielle Grundausstattung zur Verfügung steht. Die Pflicht zur angemessenen Mindestausstattung folge aus Art. 78 Abs. 3 nw LV, der der Konkretisierung der verfassungsrechtlichen Selbstverwaltungsgarantie (Art. 78 Abs. 1 und 2 nw LV, 28 Abs. 2 GG) auf finanziellem Gebiet diene[467].

---

[461] § 1 Abs. 2 nw DSchG.

[462] Siehe Anm. 459.

[463] So der Abgeordnete Heinz laut Plenarprotokoll 8/129, S. 8787 D.

[464] So der Vorschlag von Oebbecke, VR 1980, 384 (386).

[465] DVBl. 1985, 685 = NVwZ 1985, 820; bestätigt in OVG Münster, DÖV 1987, 826 und NVwZ 1988, 77. Siehe ferner VG Düsseldorf, NVwZ 1985, 859.

[466] Vgl. v. Mutius / Hennecke, Kommunale Finanzausstattung und Verfassungsrecht, 1985, S. 73 ff., 97 ff., dies., Urteilsanm., DVBl. 1985, 689.

[467] So bereits OVG Münster, DVBl. 1980, 763 (764).

Damit wird die vom Bundesverfassungsgericht bislang ausdrücklich offengelassene[468] Frage nach einem solchen Inhalt der Gewährleistungsdimension „Finanzhoheit“ für den Bereich der nordrhein-westfälischen Landesverfassung bejaht.

Die Zuweisung der erforderlichen Mittel kann aber global und ohne Ausdifferenzierung der Verwendungszwecke im jährlichen Finanzausgleich geschehen. Immerhin hat die Gemeinde demnach einen verfassungskräftigen Anspruch auf Berücksichtigung dieser Belastungen im jährlichen Finanzausgleich, wenn sie tatsächlich einem Entschädigungs- bzw. Übernahmebegehren aufgrund des DSchG nachzukommen hatte und ihr dadurch nicht mehr die angemessenen Mittel zu ihrer sonstigen Aufgabenerfüllung verbleiben[469].

Indem der Verfassungsgerichtshof den in finanzieller Hinsicht verfassungsrechtlich gebotenen Schutz der Gemeinden und die korrespondierenden Pflichten des Gesetzgebers derart umreißt, zeigt er zugleich in praktisch bedeutsamer Weise die Grenzen auf, die einer Instrumentalisierung des Topos „Finanzhoheit“ bei der (verfassungskonformen) Auslegung einfachen Gesetzesrechts gezogen sind: Geht der verfassungsrechtliche Anspruch der Kommunen lediglich auf Globalberücksichtigung ihres gewachsenen Aufgabenkreises im jährlichen Finanzausgleich (d. h. auch nachträglich!), dann bietet die kommunale Finanzhoheit keine Grundlage mehr zur gemeindefreundlichen (Um-)Interpretation einfachen Gesetzesrechts. Das hat die dargelegten Konsequenzen für § 9 Abs. 2 lit. b nw DSchG und wirkt sich auch aus bei der Frage gemeindlichen Rechtsschutzes gegen aufsichtsbehördliche Maßnahmen beim Gesetzesvollzug[470].

b) Planungen und Planungsabsichten

Während gemeindliche Finanzbelange im Rahmen des § 9 Abs. 2 lit. b nw DSchG unbeachtlich sind, stellen öffentliche und gerade auch kommunale Planungsabsichten gerade diejenigen öffentlichen Interessen dar, um die es der Kollisionsnorm geht. Daß der Baudenkmalschutz im Spannungsverhältnis konfligierender Nutzungsvorstellungen kein unverrückbarer, stets überwiegender Belang sein darf, stellt schon ein Gebot praktischer Vernunft dar, dem sich der Gesetzgeber nicht verschließen konnte. Die Überwindung der Erhaltungsbelange ist aber an strenge Voraussetzungen geknüpft. Das für den Abbruch ins Feld geführte Interesse muß den Erhaltungsbelang „über-

---

468 Zuletzt BVerfG, NVwZ 1986, 289 m.w.N.

469 Zur entsprechenden Prüfungspflicht des Gesetzgebers VG Düsseldorf, NVwZ 1985, 859.

470 Die Finanzhoheit scheidet infolgedessen als möglicherweise verletzte subjektive Rechtsposition der Gemeinde aus. Siehe zu dieser Frage oben, IV 1 e bei Anm. 392 f.

wiegen", wobei der diesem Interesse gesetzlich und landesverfassungsrechtlich zugewiesene Rang zu berücksichtigen ist[471]. Darüber hinaus muß jedes stärkere öffentliche Interesse die denkmalwidrige Maßnahme „verlangen", was zu einer erheblichen und intensiven Begründungslast führt[472]. Unter diesen beiden Voraussetzungen besteht ein Anspruch des Eigentümers auf Genehmigungserteilung, die Durchsetzung des stärkeren öffentlichen Belangs ist rechtlich „subjektiviert".

Diese Regelung wirft zum einen – gesetzesimmanent – die sogleich[473] zu erörternden Fragen nach der inneren Beschaffenheit der zu treffenden Abwägungsentscheidung, der behördlichen Kompetenzverteilung und der Intensität ihrer gerichtlichen Kontrolle auf.

Zum anderen vollzieht die Norm durch das Merkmal des „öffentlichen Interesses" den Brückschlag zu Materien und Entscheidungen, die in anderen (Fach-)Gesetzen geregelt sind. Deutlich wird dies auch an der ergänzenden Vorschrift des § 9 Abs. 3 nw DSchG, die die Erheblichkeit und den Stellenwert des Denkmalschutzes im Rahmen anderweitiger Entscheidungsverfahren fixiert.

Bei der inhaltlichen Auffüllung des Kriteriums „überwiegend" liegt es nahe, die gegen den Denkmalschutz ins Feld geführten anderweitigen (Planungs-)Interessen differenzierend danach zu gewichten, ob und inwiefern sie bereits auf der Grundlage anderer gesetzlicher Regelungen, vor allem des BauGB, in den dort vorgesehenen Verfahren rechtsförmlich konkretisiert sind. Eine solche Bewertung nach Konkretisierungsgrad könnte etwa zu der Schlußfolgerung führen, eine sich über Denkmalschutzbelange hinwegsetzende bauleitplanerische Entscheidung – ihre Rechtmäßigkeit unterstellt – stelle wegen eines der Bauleitplanung immanenten Vollzugsinteresses stets ein überwiegendes öffentliches Interesse im Sinne von § 9 Abs. 2 lit. b nw DSchG dar und fülle gewissermaßen den Tatbestand dieser Norm auf[474]. Aus gemeindlichem Blickwinkel ist damit das generelle Problem der Zuordnung und Abgrenzung von bauleitplanerischer und fachgesetzlicher Prioritätsentscheidung angesprochen. Diese Frage soll bis zur Klärung der Bedeutung des Denkmalschutzes in der Bauleitplanung und bis zur näheren Betrachtung der verschiedenen denkbaren Konfliktlagen zwischen Bauleitplanung und fachgesetzlicher Entscheidung zurückgestellt werden.

Immerhin ergibt sich schon bei isolierter Betrachtung der fachgesetzlichen Kollisionsnorm, daß ein öffentliches (Planungs-)Interesse eines erheb-

---

[471] Zur Bedeutung dieser Rangzuweisung für die Bauleitplanung näher unten, Zweiter Teil, II 2.

[472] Vgl. Wiechert, nds DSchG, § 7 Rn. 3; grs. zur Begründungslast Gassner, DVBl. 1984, 703.

[473] Siehe unten, sub V 3 a.

[474] Zu dieser Frage näher unten, Dritter Teil, II 4.

lichen Maßes an Verfestigung bedarf, um sich gegenüber den Denkmalschutzbelangen durchsetzen zu können[475]. Das folgt aus dem Tatbestandsmerkmal, daß das fragliche Interesse den Abbruch „verlangen" muß, und zwar aus zwei miteinander verwobenen Gründen: Bestimmte Planungsvorstellungen können nur dann ein zur Überwindung der prinzipiell Geschützten ausreichendes „Gewicht" auf die Waagschale bringen, wenn ihre Realisierung, abgesehen vom Denkmalschutz, rechtlich gesichert erscheint. Noch recht vage Planungs- und Entwicklungsabsichten tragen demgegenüber die im Rahmen von § 9 Abs. 2 lit. b nw DSchG relevante Ungewißheit in sich, ob die jeweils einschlägigen (Planungs-)Vorschriften materieller und formeller Art am Ende das ins Auge Gefaßte auch zulassen. Damit hängt als weiterer Aspekt die bereits angesprochene Begründungslast zusammen, die die fachgesetzliche Kollisionsnorm hinsichtlich der konfligierenden Interessen auflädt. Das ins Feld geführte Vorhaben kann den Abbruch des Baudenkmals nur dann „verlangen", wenn alternative Realisierungsmöglichkeiten hinreichend gründlich geprüft und verneint worden sind[476].

Abgesehen von der davon zu unterscheidenden Frage der Gewichtung der betroffenen Belange – einschließlich des Pro und Contra etwaiger Ausweichmöglichkeiten – wird man deshalb anzunehmen haben, daß das fragliche Vorhaben in dem angesprochenen Sinne bereits bis zum Stadium der „Planreife" gediehen sein muß, um dem Erforderlichkeitsmaßstab des § 9 Abs. 2 lit. b nw DSchG zu genügen. Welcher verfahrensmäßige Konkretisierungsgrad hier zu verlangen ist und ob sich insoweit überhaupt generelle Aussagen machen lassen, bedürfte noch der von Einzelfällen ausgehenden Untersuchung. Als Anhaltspunkt käme die Regelung des § 33 BauGB in Betracht. Auch für das nw DSchG ist jedenfalls der Entscheidung des BayVGH[477] zuzustimmen, wonach die Erhaltung von Baudenkmälern der Vorrang gebührt gegenüber einer nicht verfestigten örtlichen Verkehrsplanung. Zur Verdeutlichung ist ferner an die Situation zu denken, daß ein im nicht beplanten Innenbereich befindliches kleineres denkmalgeschütztes Haus zugunsten eines vielgeschossigen Gewerbeobjektes weichen soll und die Gemeinde den Abbruchantrag mit der Begründung unterstützt, Beseitigung und Neubau lägen im überwiegenden öffentlichen Interesse, weil ein dringender Bedarf an den dort zu schaffenden Gewerbe-, insbesondere Büroflächen bestehe. In solchen und ähnlichen Konstellationen mögen zwar die angeführten Gründe prima facie für die Beseitigung der denkmalgeschützten Bausubstanz einleuchten, werden sie aber regelmäßig schon deshalb nicht „verlangen", weil es an der gebotenen Analyse und Aufarbeitung alternativer Verwirklichungsmöglichkeiten fehlen wird.

---

475 Vgl. auch Gahlen, Urteilsanm., DÖV 1985, 411 (412).

476 In diesem Sinne ausdrücklich § 13 Abs. 1 S. 2 rh-pf DSchG.

477 BayVBl. 1979, 616.

3. Abwägungsbefugnis und Abwägungsspielraum

a) Die Eigenart der Abwägungsentscheidung

Die Entscheidung, ob ein bestimmtes Vorhaben die Beseitigung eines Baudenkmals verlangt, wirft, wie im Vorangehenden bereits deutlich wurde, die Frage nach anderweitigen denkmalschonenden Möglichkeiten zur Verwirklichung des Vorhabens auf (Einbeziehung des Denkmals unter Umbau/Funktionsänderung; anderweitiger Standort des Projektes). Die Ermittlung und Gewichtung der Vor- und Nachteile von Alternativen einschließlich der daran jeweils wiederum anknüpfenden Implikationen und Folgeerwägungen verläßt die auf den ersten Blick in der Kollisionsnorm angelegte Zweipoligkeit einander gegenüberstehender „isolierter" Belange und führt, sachlogisch bedingt, in eine Art Interessengeflecht[478] hinein, welches vielfach als ein typisches Kennzeichen planerischer Entscheidungssituation angesehen wird[479].

Für die Erfassung dieser Regelung ist es hilfreich, an die von Wahl[480] herausgestellte Unterscheidung der beiden Grundtypen verwaltungsrechtlicher Verarbeitung und Umsetzung eines im öffentlichen Interesse liegenden Belangs anzuknüpfen: Der betreffende Belang kann zum einen monofinal durch Rechtsvorschrift zum Schutzgut erhoben und mit dem Mittel der Kontrollerlaubnis gegen Beeinträchtigungen geschützt werden. Der zweite Weg führt zu einer Einbindung des Interesses in einen Prozeß multidimensionaler Abwägung bei der Entscheidung über zulässige bzw. angestrebte Raumnutzung und damit zu einer materiellen Planifizierung. Während der erste Typus vom grundrechtlichen Anspruch des Privaten und seiner verhältnismäßigen Begrenzung durch ein entgegenstehendes Schutzgut her konzipiert ist, wird das zweite Modell geprägt durch gestaltend-abwägende Berücksichtigung der gesamten von einem Vorhaben erfaßten Belange[481].

Der Erlaubnistatbestand des § 9 Abs. 2 lit. a nw DSchG läßt sich unschwer dem erstgenannten Typus der Kontrollerlaubnis zuordnen. Die Regelung des § 9 Abs. 2 lit. b nw DSchG ist demgegenüber eher dem Modell materieller Planifizierung verwandt[482], auch wenn der Entscheidungstenor nicht eine mit Konzentrationswirkung ausgestaltete positive Zulässigkeitsentscheidung hinsichtlich eines geplanten Vorhabens beinhaltet, sondern sich ausschnittsweise auf die gestaltende Abwägung aus der Sicht eines

---

[478] Zu diesem Ausdruck Weyreuther, BauR 1977, 297; ders., Situationsgebundenheit, S. 8 ff.

[479] Siehe hierzu etwa die Nachweise bei Wahl, DVBl. 1982, 51 (55).

[480] Ebd.

[481] Näher Wahl, ebd.

[482] Siehe auch die weitere Analyse Wahls zu Abweichungen und Mischformen der Grundtypen, ebd., S. 56 ff.

betroffenen Belanges beschränkt. Treffend erscheint hierfür der Ausdruck „fachplanerische Nutzungsregelung"[483]. Im Gegensatz zur Entscheidungsstruktur bei der Kontrollerlaubnis können die Nachteile für das geschützte Interesse durch überwiegende Vorteile, die mit dem kollidierenden Vorhaben verbunden sind, kompensiert werden. Aus dem Blickwinkel des Denkmalschutzes umfaßt diese Abwägung nicht nur den Bereich relativen Vorziehens und Hintansetzens des einen oder anderen Belanges diesseits der „Gefahrenschwelle"[484], sondern ermöglicht ggf. auch die völlige Überwindung der Erhaltungsinteressen.

Mit dieser typisierenden Einordnung ist die Folgerung verbunden, daß bei der nach § 9 Abs. 2 lit. b nw DSchG erforderlichen raumgestaltenden Abwägung ein Handlungsspielraum der Behörde anzuerkennen ist, der sich u. a. in der begrenzten gerichtlichen Kontrolldichte manifestiert[485]. Die Etikettierung als „Beurteilungsspielraum", Entscheidung mit „planerischem Einschlag" oder dergleichen ist gegenüber dieser Sachaussage zweitrangig. Der Abwägungsspielraum ist nicht dahingehend mißzuverstehen, daß die Denkmalbehörde die positive Entscheidung über das alternative „Wie" und „Wo" des zugunsten des Eingriffs angeführten Belanges zu entscheiden hat. Die Denkmalbehörde hat aber die Aufgabe, das von einer anderen Verwaltungsstelle formulierte konfligierende öffentliche Interesse selbständig dem von ihr zu gewichtenden Erhaltungsinteresse gegenüberzustellen und unter Berücksichtigung der ihr dargetanen Dringlichkeit gerade dieses Standortes eigenverantwortlich die Prioritätsfrage zu beantworten. Ob sich aus vorausgehenden, bereits formalisierten und ggf. schon bestandskräftigen Planungsentscheidungen zugunsten des konfligierenden Interesses (z. B. in einem Bebauungsplan) eine Art Gewichtungsvorgabe oder eine andere Art der Einschränkung oder Bindung fachgesetzlicher Abwägungsbefugnis ergibt, wird noch zu klären sein[486]. Davon abgesehen wird man die für eine gerichtliche Kontrolle maßgeblichen Grenzen des Abwägungsspielraums in Anlehnung an die Kontrollmaßstäbe zur gerichtlichen Planungsprüfung dort anzusetzen haben, wo das Abwägungsergebnis außer Verhältnis zum objektiven Gewicht der beteiligten Belange steht (Abwägungsdisproportionalität)[487] oder auf einer Verkennung ihres objektiven Gewichtes beruht (Abwägungsfehleinschätzung)[488], wenn also z. B., was selten der Fall sein dürfte, die überragende Bedeutung und Dringlichkeit eines Vorhabens ver-

---

483 Schmidt-Aßmann, Grundfragen, S. 139; ähnlich Breuer, Die hoheitliche raumgestaltende Planung, S. 206 ff.; Watzke, Denkmalschutz- und Stadtplanungsrecht, S. 113.

484 So aber die These Wahls, DVBl. 1982, 51 (56) für die Kontrollerlaubnis.

485 I.E. wie hier Wiechert, nds DSchG, § 3, Rn. 16, § 7, Rn. 5; Dittus, StuGR 1980, 297 (303 f.).

486 Dazu unten, Dritter Teil, II 4.

487 Z. B. BVerwGE 34, 301.

488 BVerwG, a.a.O.

kannt und die dargetane Notwendigkeit gerade des gewählten Standortes ignoriert würde[489].

Durchschlagende Argumente gegen die Anerkennung eines solchen Abwägungsspielraums sind nicht erkennbar, insbesondere auch nicht aus individualrechtlicher Sicht. Denn es geht nicht um die verhältnismäßige und erforderliche Zurückdrängung einer grundrechtlichen Betätigungsfreiheit nach Maßgabe des gesetzlichen Schutzzwecks. Bei Anwendung des § 9 Abs. 2 lit. b nw DSchG steht vielmehr fest, daß die beantragte Maßnahme denkmalwidrig und damit kraft Gesetzes prinzipiell aus den Eigentümerbefugnissen ausgegliedert ist. Wenn das Gesetz unter den genannten Voraussetzungen dem Eigentümer dennoch einen Anspruch auf Erteilung der Erlaubnis einräumt, so stellt dies nur ein rechtstechnisches Mittel dar um sicherzustellen, daß sich das stärkere öffentliche Interesse auch verfahrensmäßig durchsetzt, soweit nicht der formale Erlaubnisvorbehalt des § 9 Abs. 1 nw DSchG durch anderweitig konzentrierte Entscheidungsbefugnisse (Planfeststellung) ohnehin überspielt wird (§ 9 Abs. 3 nw DSchG). Diese Rechtsposition des Eigentümers ist daher von einer raumgestaltenden Abwägung abhängig, bei der seine Interessen keine unmittelbare Rolle spielen. Das anspruchsauslösende Abwägungsergebnis im konkreten Fall hat materiell eine Art Zuteilungswirkung[490]. Der einfachgesetzliche Genehmigungsanspruch steht derart unter „Abwägungsvorbehalt“[491].

In der Praxis wird sich den Gerichten die Frage einer Fehlerhaftigkeit einer Abwägung nur bei der Versagung der denkmalschutzrechtlichen Erlaubnis[492] stellen. In diesem Fall stellt die Nichterfüllung des gesetzlichen Erteilungsanspruchs des Eigentümers die prozessual erforderliche subjektive Rechtsverletzung dar. Die theoretisch denkbare umgekehrte Situation einer rechtsfehlerhaften Abwägung zu Lasten des Denkmalschutzes dürfte hingegen kaum einer gerichtlichen Sachentscheidung zugänglich sein. Denn die denkmalschutzrechtliche Genehmigungserteilung kann Rechte Dritter nicht verletzen, weil kein allgemeiner Anspruch auf Wahrung der Denkmalschutzbelange besteht.

b) Inneradministrative Abwägungskompetenz

An die Anerkennung eines administrativen Entscheidungsspielraums nicht nur bei der Frage der Denkmalwürdigkeit[493], sondern auch bei der Prioritätsfrage im aktuellen Konfliktfall knüpft sich die wiederum aus der

---

489 Für entsprechende Heranziehung dieser Kontrollmaßstäbe auch Dittus (Anm. 485).

490 Vgl. hierzu Wahl, DVBl. 1982, 51 (56 f.)

491 Vgl. Wahl, ebd.

492 Zu ersetzenden Entscheidungen siehe unten, sub V 4.

493 Dazu oben, I 3.

Sicht der Gemeinde besonders bedeutsame Frage nach der inneradministrativen Verteilung dieser denkmalbehördlichen Kompetenz. Die Antwort ist auch an dieser Stelle durch die ordnungsbehördliche Ausgestaltung der Verwaltungstätigkeit vorgezeichnet. Aus der gesetzgeberischen Zuweisung des Tätigkeitsfeldes an die Gemeinden nicht etwa als pflichtige Selbstverwaltungsaufgabe, sondern als sonderordnungsbehördliche Pflichtaufgabe mit den hierfür kennzeichnenden gesetzlichen Weisungsrechten fachlicher Art muß entnommen werden, daß die Letztentscheidungskompetenz und damit auch die Ausfüllung jener gerichtlich nur beschränkt kontrollierbaren Abwägungskompetenz bei den Aufsichtsbehörden und letztlich beim zuständigen Minister liegt[494]. Es ist deshalb nicht gewährleistet, daß sich die Gemeinde mit ihren Planungsvorstellungen und -absichten auch im denkmalschutzrechtlichen Bereich durchsetzt.

4. Ersetzung der denkmalschutzrechtlichen Erlaubnis durch anderweitige Entscheidungen, insbesondere durch die Baugenehmigung

Der Abbruch eines Gebäudes oder seine erhebliche bauliche Veränderung bedürfen einer bauaufsichtlichen Genehmigung[495]. Steht das Haus unter Denkmalschutz, dann wäre, gäbe es die Regelung des § 9 Abs. 3 nw DSchG nicht, neben der Baugenehmigung (Abrißgenehmigung) zusätzlich und selbständig die Erlaubnis nach § 9 nw DSchG einzuholen. Daß es demgegenüber einem praktischen Bedürfnis entspricht, die Zulässigkeit des Umbaus bzw. Abrisses in einem Verfahren mit einheitlicher Entscheidung zu klären, bedarf keiner näheren Begründung. Eine solche Konzentrationswirkung[496] ist materiell in der bauordnungsrechtlichen Genehmigungsnorm bereits angelegt, ist die Genehmigung doch nur zu erteilen, wenn das Vorhaben sämtlichen öffentlich-rechtlichen Vorschriften entspricht[497]. Die Ermöglichung einer konzentrierten Mitentscheidung auch der denkmalschutzrechtlichen Belange in anderen Verfahren erfordert aber darüber hinausgehend in verfahrensrechtlicher Hinsicht, daß das eigenständige Genehmigungserfordernis des DSchG insoweit zurücktritt. Diesem Zweck dient die Regelung des § 9 Abs. 3 nw DSchG. Sie statuiert eine verfahrensmäßige Deroga-

---

494 I.E. wohl ebenso Stüer, StuGR 1982, 365 (368). – Konfliktbeispiel aus der Praxis: Der Streit um den bauleitplanverwirklichenden Abriß des alten Handwerkerhauses „Averdieck" in der Gemeinde Havixbeck/Westf.; siehe dazu den Bericht der Westfälischen Nachrichten v. 9. 9. 1987.

495 § 60 Abs. 1 nw BauO, Ausnahmen in § 62 Abs. 3 nw BauO.

496 Hierzu grs. Jarass, Konkurrenz, S. 50 ff.; Breuer, Die hoheitliche raumgestaltende Planung, S. 36 ff. Instruktiv die Auflistung selbständiger Genehmigungserfordernisse einerseits sowie konzentrierter Mitentscheidung im Baugenehmigungsverfahren andererseits (mit den Intensitätsabstufungen der behördeninternen Beteiligung) bei Gädtke / Böckenförde / Temme, Landesbauordnung NW, § 63, Rn. 11 f.

497 § 70 nw BauO. Zur daran anknüpfenden Problematik einer allseitigen Prüfungskompetenz der Baugenehmigungsbehörde Jarass, Konkurrenz, S. 19 ff.

tion der denkmalschutzrechtlichen Erlaubnis durch anderweitige behördliche Entscheidungen über die erlaubnispflichtige Maßnahme (§ 9 Abs. 3 S. 1 nw DSchG). Für den praktisch wichtigsten Fall der Baugenehmigung wird dieser Grundsatz allerdings zugleich wieder durch Einräumung eines Wahlrechtes zur Disposition des Eigentümers gestellt. Er kann die denkmalschutzrechtliche Erlaubnis auch gesondert beantragen und damit das Konzentrationsprinzip durchbrechen (§ 9 Abs. 3 S. 2 nw DSchG).

a) Der Stellenwert des Denkmalschutzes in den verdrängenden Entscheidungsverfahren

Ob die vom Gesetzgeber erstrebte Konzentrationswirkung zu einer Veränderung der materiellen Schutzposition des Denkmalschutzes, einer Relativierung dieser Belange führt, ist, bedingt durch die sprachliche Fassung des § 9 Abs. 3 S. 1 nw DSchG, nicht zweifelsfrei[498]. Die Wendung, Denkmalschutzbelange seien in den fraglichen Verwaltungsverfahren „entsprechend diesem Gesetz" zu berücksichtigen[499], spricht einerseits für eine unverkürzte Übernahme der materiellen Maßstäbe des § 9 Abs. 2 nw DSchG in die jeweilige Entscheidungsnorm. In Frage gestellt wird dies jedoch andererseits durch den weiteren Zusatz, die Denkmalschutzbelange seien „in angemessener Weise" zu berücksichtigen. Das könnte auf eine Verringerung der Schutzintensität hindeuten.

Den richtigen differenzierenden Ansatz zur Lösung dieser Auslegungsfrage hat das OVG Münster[500] gewählt. Das Gericht versteht die „angemessene Berücksichtigung" im Sinne einer Anpassung an die Eigenart des

---

[498] Allgemein zu dieser Problematik Jarass, Konkurrenz, S. 53 ff.

[499] Die Vorschrift des § 9 Abs. 3 nw DSchG erfaßt, ebenso wie die sachlich gleiche Entscheidungsdirektive des § 1 Abs. 3 nw DSchG, ihrem Wortlaut nach nicht nur landesrechtlich geregelte Entscheidungsverfahren, sondern auch bundesrechtliche Planungs- und Genehmigungsnormen. Das ist aus kompetenzrechtlichem Blickwinkel jedenfalls insoweit unbedenklich, als damit das Landesrecht nur wiedergibt, was in den einschlägigen bundesrechtlichen Regelungsbereichen ohnehin rechtens ist, wie z. B. bei bundesrechtlichen Planfeststellungsverfahren. Dort gilt der allgemeine Grundsatz, daß eine Bindung auch an fachfremde und allgemeine Ländergesetze besteht, freilich unter dem Vorbehalt der Abwägung kollidierender Belange (vgl. BVerwG, DÖV 1969, 206). Insoweit sind die genannten landesrechtlichen Vorschriften mit dem im Planungsrecht geltenden Grundsatz der abwägenden Berücksichtigung aller betroffenen Belange inhaltsgleich (BVerwG, NVwZ 1984, 723 im Hinblick auf § 36 BBahnG). Dieser Grundsatz ist durch das „Gesetz zur Berücksichtigung des Denkmalschutzes im Bundesrecht" vom 1. 6. 1980, BGBl. I, S. 649 lediglich bestätigt und bekräftigt worden (hierzu Moench, NJW 1980, 2343). Kompetenzrechtlich problematisch ist aber die landesrechtliche Vorgabe einer Gewichtung des mitzuberücksichtigenden Belangs, wie er § 1 Abs. 3 nw DSchG wohl vorschwebt (Siehe hierzu unten, Zweiter Teil, II 2). Was den Inhalt der mitzuberücksichtigenden Denkmalschutzbelange angeht, so ist der Fachplanungsträger in kompetenzrechtlich unbedenklicher Weise an die landesrechtliche Begriffsbestimmung gebunden (BVerwG, NVwZ 1984, 723).

[500] DVBl. 1985, 403 = DÖV 1985, 185.

jeweiligen Entscheidungsverfahrens. Die in § 9 Abs. 3 nw DSchG schlagwortartig aufgezählten verdrängenden Verwaltungsentscheidungen sind nach Typus und Entscheidungsstruktur heterogen. Sie umfassen – um erneut an die Grundunterscheidung Wahls anzuknüpfen[501] – einerseits typische Kontrollerlaubnisse wie die bauordnungsrechtliche Abbruchgenehmigung und andererseits Planungsentscheidungen wie etwa die Planfeststellung für eine überörtliche Straße. Die Berücksichtigung der damit verbundenen Unterschiede in der Entscheidungsstruktur bedeutet nichts anderes als die typus- und funktionsadäquate Einbeziehung der Denkmalschutzbelange: Bei der Kontrollerlaubnis werden die materiellen Maßstäbe des § 9 Abs. 2 nw DSchG in vollem Umfang als weitere Prüfungsdimension rezipiert. Beantragt der Eigentümer also nur eine Baugenehmigung zum Abriß des Gebäudes, so entscheidet die Baugenehmigungsbehörde auf der Grundlage von § 70 Abs. 1 S. 1 nw BauO i.V.m. § 9 Abs. 3 S. 1 nw DSchG über den Antrag zusätzlich nach den Maßstäben des § 9 Abs. 2 nw DSchG, ohne daß sich eine Relativierung der Denkmalschutzbelange ergäbe[502]. Handelt es sich hingegen um ein Planfeststellungsverfahren, dann werden die Denkmalschutzbelange in der für Planungsentscheidungen typischen Weise in die allseitige Abwägung „eingeschmolzen“[503] und sind entsprechend überwindbar. Bejaht man allerdings einen gesetzlich fundierten „relativen Gewichtungsvorrang“ für den Belang Denkmalschutz im Rahmen planerischer Abwägung[504], dann liegt, da auch § 9 Abs. 2 lit. b nw DSchG unter bestimmten Voraussetzungen eine Überwindung der Erhaltungsbelange ermöglicht, der Unterschied zur Entscheidung nach § 9 Abs. 2 nw DSchG weniger in den materiellen Maßstäben – hier bestehen dann nur noch graduelle Abweichungen – als vielmehr in der Entscheidungsträgerschaft: Ob Erhaltungsbelange zu weichen haben, ist nicht in die Entscheidungskompetenz der Denkmalbehörde, sondern der Planfeststellungsbehörde gestellt.

b) Umfang der Ersetzung

Nur aufgezeigt, nicht aber eingehend erörtert werden kann eine mit der Ersetzungsklausel verbundene weitere Problematik, nämlich die Frage nach dem Umfang formeller Ersetzungswirkung. Die vom Tatbestand des § 9 Abs. 3 S. 1 nw DSchG vorausgesetzte Verfahrenskonkurrenz, die die Norm in ihrer Rechtsfolge sodann durch Ersetzung beseitigt, besteht nur, soweit die Entscheidungsgegenstände identisch sind bzw. sich überlappen[505].

---

501 (Anm. 479).

502 OVG Münster (Anm. 500), S. 404.

503 Wahl, DVBl. 1982, 51 (55).

504 In diesem Sinne Moench, ZfBR 1985, 163 (166); i.E. ähnlich Watzke, ZfBR 1981, 57 (59). Siehe dazu auch unten, Zweiter Teil, II 2.

505 Hierzu allgemein Jarass, Konkurrenz, S. 61 ff.

Gerade die denkmalschutzrechtlich erlaubnispflichtige Maßnahme muß nach anderen Vorschriften einer weiteren Erlaubnis, Planfeststellung usw. bedürfen. Unzweifelhaft ist eine solche Verfahrenskonkurrenz z. B. gegeben bei der Errichtung von Gebäuden, Verkehrsanlagen oder emittierenden Einrichtungen in der engeren Umgebung eines Baudenkmals (§ 9 Abs. 1 lit. b nw DSchG). Anders liegen die Dinge jedoch u. U., wenn Gegenstand der denkmalschutzrechtlichen Erlaubnispflicht der Abriß eines Gebäudes ist, während der anderweitig einschlägige Genehmigungstatbestand sich mit der Zulässigkeit dessen befaßt, was anstelle des Baudenkmals errichtet werden soll. Im letztgenannten Fall kann es an der Gegenstandsgleichheit der Verfahren fehlen, so daß – nimmt man den Gesetzeswortlaut ernst – mangels Konkurrenz auch eine Ersetzung und eine Entscheidungsverlagerung nicht in Betracht kommt. Das gilt im Prinzip etwa hinsichtlich einer Baugenehmigung oder einer Genehmigung nach dem Immissionsschutzgesetz für ein industrielles Vorhaben an der Stelle eines denkmalgeschützten Fabrikgebäudes. Hier tritt im Grundsatz die denkmalrechtliche Abrißgenehmigung neben die Errichtungsgenehmigung[506].

Diesem Ergebnis kann man nicht mit Erfolg entgegenhalten, es sei unbefriedigend oder gar widersinnig, daß u. U. eine Errichtungsgenehmigung erteilt wird, von der bis zur Erteilung der weiterhin erforderlichen Beseitigungsgenehmigung kein Gebrauch gemacht werden kann. Angesichts der Struktur des § 9 Abs. 2 lit. b nw DSchG und des aufgezeigten behördlichen Entscheidungsspielraums ist zwar in der Tat nicht sicher, daß ein an sich zulässiges Errichtungsprojekt sich auch gegen die Denkmalschutzbelange durchsetzt[507]. Jedoch ist es der gesetzgeberischen Entscheidung überlassen, den Gesamtvorgang einer Nutzungsverwirklichung nach verschiedenen betroffenen Interessen zu zerlegen und die verschiedenen Aspekte unterschiedlichen Genehmigungsverfahren zu unterwerfen[508].

Diese Feststellungen schließen andererseits nicht aus, daß der Antragsteller mit seinem Bauantrag konkludent zugleich die Entscheidung über die Zulässigkeit des Abbruchs eines Bauwerks begehrt, dessen Beseitigung zur Verwirklichung der Bauabsicht erforderlich ist. Ob dem in concreto so ist, ist eine Frage der Auslegung des Antrags. Ebenso zu beantworten ist die Frage, ob ein die Errichtung eines Hauses betreffender Bauvorbescheid aus dem Blickwinkel des verständigen Erklärungsempfängers die Zulässigkeit einer sachlich-logisch vorgelagerten Abbruchmaßnahme mitumfaßt[509]. Im Ergebnis bedarf die zweistufige Nutzungsverwirklichung einer entspre-

---

[506] Abriß und Neuerrichtung von baulichen Anlagen unterliegen bauordnungsrechtlich jeweils eigenständig der Genehmigungspflicht, vgl. § 60 Abs. 1 S. 1 nw BauO.

[507] Vgl. oben, V 1, 3 sowie unten, Dritter Teil, II 4.

[508] Vgl. Wahl, DVBl. 1982, 51 (55).

[509] Vgl. BGH, NJW 1985, 1335.

chenden doppelten Zulässigkeitsentscheidung. Ob der Bauherr das erforderliche Ergebnis in einem Schritt erstrebt oder zunächst nur den einen oder anderen Vorgang zur Prüfung stellt, ist ihm überlassen und eine Frage der Auslegung seines Begehrens[510]. Rechtlich sind die Entscheidungen teilbar und können je für sich Verfahrensgegenstand sein. Einer Errichtungsgenehmigung kommt demnach im Hinblick auf § 9 Abs. 3 nw DSchG nur dann eine Konzentrationswirkung zu, wenn sie infolge entsprechender Antragstellung die gleichfalls erforderliche Abrißgenehmigung konkludent mitenthält.

Die Frage der Konzentrationswirkung darf aber nicht nur aus der Sicht des möglicherweise zurücktretenden Regelungskomplexes beurteilt werden; ein Konzentrationseffekt kann sich auch ergeben aus der verdrängenden Norm[511], sei es im Wege ausdrücklicher Anordnung oder aus einem nach Sinn und Zweck umfassenden und abschließenden Regelungsanspruch des im weiteren Sinne konkurrierenden Entscheidungsverfahrens[512]. Es handelt sich hier dogmatisch um ein Seitenstück der noch zu erörternden Problematik, ob eine förmliche bauleitplanerische Entscheidung für eine bestimmte Raumnutzung die Zulässigkeit der zu ihrer Realisierung erforderlichen Abbruchmaßnahmen mitumfaßt und in diesem Umfang das denkmalschutzrechtliche Erlaubnisverfahren derogiert[513].

Ein derartiger abschließender Regelungsanspruch läßt sich beispielsweise nicht der immissionsschutzrechtlichen[514] oder der bauordnungsrechtlichen Genehmigungsentscheidung[515] entnehmen, wohl aber regelmäßig einer

---

510 Wenn die Unzulässigkeit des Abbruchs bereits feststeht, kann es hinsichtlich der Errichtungsgenehmigung an einem rechtlichen Interesse fehlen. M.E. ist die Behörde nach Belehrung des Betroffenen jedoch nicht gehindert, die Baugenehmigung vorbehaltlich der noch offenen Abrißfrage zu erteilen. Demgegenüber wird zum Teil die Auffassung vertreten, die Baugenehmigung dürfe nur erteilt werden, wenn alle anderen sonst erforderlichen Genehmigungen vorliegen (vgl. Gädtke / Böckenförde / Temme, Landesbauordnung NW, § 70, Rn. 18, 28 sowie Jarass, Konkurrenz, S. 22 m.w.N.). Abgesehen davon, daß dies den Wortlaut der Genehmigungsnorm überdehnt und der Baugenehmigung ohne sachliche Rechtfertigung die Rolle der „letzten" Genehmigung zugewiesen wird, kann ein solcher Grundsatz für den hier erörterten Bereich nicht zum Zuge kommen, weil zwischen Errichtung und vorgelagerter Beseitigung keine Gegenstandsgleichheit im verfahrensrechtlichen Sinne besteht (hierzu grs. Jarass, S. 31).

511 Jarass, Konkurrenz, S. 50 ff. unterscheidet in diesem Sinne zwischen „rezessiver" und „dominanter" Konzentration.

512 So ergibt sich etwa der „Vorrang" (im Sinne einer Konzentration) der Entscheidung nach § 7 Abs. 2 AbfG gegenüber der landesrechtlichen bauaufsichtlichen Genehmigung nicht aus der genannten spezialgesetzlichen Vorschrift selbst, sondern aus einer entsprechenden Anordnung im zurücktretenden Gesetz (§ 60 Abs. 3 nw BauO). Umgekehrt folgt z. B. aus § 7 Abs. 3 nw AbgrabungsG eine spezialgesetzliche, über § 60 Abs. 3 nw BauO hinausgehende ausdrückliche Konzentrationswirkung. Im übrigen stellt § 60 Abs. 4 nw BauO klar, daß Konzentrationswirkungen, die von Planfeststellungsverfahren ausgehen, unberührt bleiben.

513 Dazu unten, Dritter Teil.

514 Das dürfte trotz § 13 BImmSchG gelten, vgl. Jarass, Konkurrenz, S. 61 ff.

515 Vgl. oben, Anm. 510.

förmlichen Planfeststellung. Diese entscheidet in der Regel umfassend und abschließend über die Zulässigkeit eines bestimmten Vorhabens und ersetzt dabei sämtliche anderen behördlichen Entscheidungen[516]. Mit Sinn und Zweck einer solchen abschließenden Entscheidung wäre es unvereinbar, die Projektrealisierung von einer weiteren Genehmigung abhängig zu machen, die sich auf einen akzessorischen Abbruch bezieht. In diesen Fällen besteht deshalb über den Wortlaut des § 9 Abs. 3 S. 1 nw DSchG hinausgehend eine Verfahrenskonzentration zu lasten einer selbständigen denkmalrechtlichen Erlaubnis.

c) Beteiligung der Gemeinde

Soweit die denkmalschutzrechtliche Erlaubnis durch anderweitige behördliche Entscheidungen ersetzt wird, stellt sich, da § 9 Abs. 3 nw DSchG dazu schweigt, die Frage nach der Mitwirkung der Gemeinde hieran. Eine verfahrensmäßige Beteiligung der Gemeinde kommt insoweit unter zwei ganz unterschiedlichen und strikt voneinander zu trennenden Aspekten in Betracht. Ihre Mitwirkung kann zum einen rechtlich geboten sein, weil sie neben anderen Behörden Trägerin der Denkmalschutzbelange ist[517]. Von dieser ihr zugewiesenen Wahrnehmungszuständigkeit, die nach hier vertretener Auffassung den Gemeinden in den gesetzlich normierten Grenzen zugleich ein subjektives Recht auf die Kompetenzausübung gewährt[518], ist ein potentielles Betroffensein der Gemeinde in verfassungsrechtlich fundierten Rechten, nämlich in ihrem Selbstverwaltungsrecht in der Gewährleistungsdimension der Planungshoheit zu unterscheiden[519]. Diese Doppelrolle kann und wird bisweilen eine Art „intrapersonalen Interessenkonflikt" auslösen. Denken wir an das Beispiel, daß in unmittelbarer Nachbarschaft eines denkmalgeschützten kleineren Gebäudes einer Gemeinde, die nicht zugleich Bauaufsichtsbehörde ist, ein Kaufhaus entstehen soll, welches nach Bauvolumen und Baugestaltung das Erscheinungsbild des Baudenkmals beeinträchtigen würde, nach den Entwicklungsvorstellungen der Gemeinde aber gerade nur dort plaziert werden kann. Im Baugenehmigungsverfahren beim Oberkreisdirektor müßte die Gemeinde als Denkmalbehörde einerseits Bedenken anmelden, während ihre Planungsinteressen eine Befürwortung des Vorhabens nahelegen.

---

516 § 75 VwVfG.

517 §§ 1 Abs. 2, 5, 20, 21 Abs. 1, 22 Abs. 1 nw DSchG.

518 Siehe oben bei Anm. 413.

519 Siehe dazu auch unten, Vierter Teil, III 1 b. – Beide Aspekte werden nicht unterschieden von Stüer, StuGR 1982, 365, 368 und Erbguth / Püchel, VR 1983, 312 ff. – Die „Finanzhoheit" liefert demgegenüber ihrem Inhalt nach keinen materiell zu berücksichtigenden (Abwägungs-)Gesichtspunkt und ist deshalb auch verfahrensrechtlich irrelevant; vgl. dazu oben, II 2 a.

Was zunächst die denkmalschutzrechtliche Wahrnehmungszuständigkeit bei öffentlichen Planungen angeht, so verlangt das Gesetz unmißverständlich die verfahrensmäßige Beteiligung der Denkmalbehörden und somit auch der Gemeinden als unterer Ebene (§§ 1 Abs. 3 S. 2, 22 Abs. 3 Nr. 6 nw DSchG). Entsprechend anwendbar ist damit ebenfalls das Abstimmungsverfahren innerhalb der Denkmalbehörden (§ 21 Abs. 4 nw DSchG)[520], d. h. die Beteiligung des Landschaftsverbandes. Zweifeln kann man hingegen, ob der Begriff der „Maßnahme" im Kontext des § 1 Abs. 3 nw DSchG sämtliche anderen Entscheidungsverfahren im Sinne von § 9 Abs. 3 S. 1 nw DSchG erfaßt mit der Folge, daß die Gemeinde stets als Denkmalbehörde zu beteiligen wäre. Wer diese Frage verneint, gelangt zu unstimmigen Ergebnissen. Nimmt man als Beispiel die bereits angesprochene Standardsituation, daß statt einer isolierten denkmalrechtlichen Erlaubnis ausschließlich die Bauerlaubnis (Abrißgenehmigung) beantragt wird, über die der Oberkreisdirektor zu entscheiden hat, dann würde die ausgefeilte Kompetenzstruktur des DSchG mit ihrer starken Einbeziehung der gemeindlichen Ebene bei kleineren Gemeinden nicht voll greifen. Der Denkmalschutz liefe zwar, was das Erlaubnisverfahren angeht, nicht vollends an den Gemeinden vorbei[521]. Der Ratio und der systematischen Einbettung der genannten Norm ist aber zu entnehmen, daß die Gemeinden *als Denkmalbehörden* in all den Verfahren zu beteiligen sind, die die gesonderte Entscheidung nach § 9 Abs. 2 nw DSchG ersetzen[522]. Die gesetzlich allgemein vorgesehene Mitwirkung der Gemeinden im Baugenehmigungsverfahren[523] bedeutet in diesen Fällen demnach, daß die Gemeinden gerade auch in ihrer Eigenschaft als Denkmalbehörden miteinzubeziehen sind, was z. B. zur Folge hat, daß der Gemeinde wegen der Abstimmungspflicht mit dem Landschaftsverband[524] eine längere Frist zur Stellungnahme gegenüber der Bauaufsichtsbehörde einzuräumen ist, als sonst angemessen wäre[525].

Zu weit geht indessen die Auffassung, daß die Gemeinde im Rahmen des beim Oberkreisdirektor anhängigen Baugenehmigungsverfahrens – entsprechendes muß für anderweitige Genehmigungsverfahren gelten – verwaltungsintern selbständig und verbindlich über den Aspekt des Denkmalschutzes entscheidet[526]. Dem nordrhein-westfälischen Gesetz läßt sich nicht mehr als eine verfahrensmäßige Beteiligung entnehmen, nicht aber ein

520 Zutreffend Gahlen, DÖV 1985, 411 (413) in seiner Urteilsanm. zu OVG Münster, DÖV 1985, 158.

521 Ist die Gemeinde nicht selbst Baugenehmigungsbehörde, so ist sie dennoch an dem Genehmigungsverfahren gem. § 63 Abs. 1 S. 1 nw BauO beteiligt.

522 I.E. wie hier Gahlen / Schönstein, Denkmalschutzrecht, § 9, Anm. 16.

523 § 61 Abs. 1 S. 1 nw BauO.

524 § 21 Abs. 4 nw DSchG.

525 Zur haftungsrechtlichen Problematik Kröner, ZfBR 1984, 20 ff.

526 So aber Gahlen (Anm. 520).

Zustimmungserfordernis oder dergleichen[527]. Erst recht ist der Gemeinde de lege lata keine aus der Lehre vom mehrstufigen Verwaltungsakt[528] bekannte behördliche Befugnis zur verwaltungsintern-verbindlichen Prüfung und Entscheidung gegenständlich abschichtbarer Teilaspekte einer nach außen einheitlichen Entscheidung zugewiesen.

Aus der Anerkennung eines einfachgesetzlich zugewiesenen Rechts an der Kompetenz folgt allerdings, daß die gebotene Mitwirkung ein Recht der Gemeinde im Sinne von §§ 42, 113 VwGO darstellt, nicht nur eine Kompetenz. Eine Entscheidung ohne Beteiligung der Gemeinde ist nach den obigen Ausführungen verfahrensfehlerhaft und damit rechtswidrig und kann aus diesem Grund von ihr gerichtlich angegriffen werden.

Nichts mit der gesetzlichen Wahrnehmungszuständigkeit zu tun hat demgegenüber ein Beteiligungsanspruch der Gemeinde auf der Grundlage ihres Selbstverwaltungsrechts (Planungshoheit)[529]. Es ist im Grundsatz anerkannt, daß der Gemeinde ein Verfahrensrecht auf Beteiligung bei solchen behördlichen Entscheidungen zusteht, die die verfassungsmäßig geschützte Planungshoheit tangieren[530]. Wann dies im Einzelfall zu bejahen ist, ist freilich problematisch[531]. Im vorliegenden Zusammenhang kommt vor allem die Situation in Betracht, daß in dem anstehenden Entscheidungsverfahren die Interessen des Denkmalschutzes mit bauleitplanerisch artikulierten gemeindlichen Entwicklungsabsichten kollidieren und die Genehmigungsversagung insoweit die Realisierung der Bauleitplanung zumindest punktuell verhindern würde. Soweit, wie in der geschilderten Situation, eine relevante Betroffenheit der Gemeinde in ihrer Planungshoheit anerkannt werden muß[532], ist ihr subjektivrechtlich fundiertes Mitwirkungsrecht auch gerichtlich wehrfähig[533].

Ist die Gemeinde zugleich als denkmalschutzrechtliche Fachbehörde und als Selbstverwaltungsträger „involviert", wird ihrer Stellungnahme zwangsläufig eine „interne" Interessenabwägung zugrunde liegen. Darin liegt jedoch nicht mehr als ein Entscheidungsvorschlag. Die an den Maßstäben des § 9 Abs. 2 lit. b nw DSchG auszurichtende Entscheidung über den

---

527 Anders ist die Rechtslage z. B. in Baden-Württemberg (§ 7 Abs. 3 bw DSchG) und Hessen (§ 7 Abs. 3 hess DSchG), wo das Gesetz ausdrücklich das Erfordernis der Zustimmung der Denkmalschutzbehörde in den anderweitigen Verwaltungsverfahren normiert.

528 Siehe statt aller Erichsen / Martens, § 11 II 5 d.

529 Dazu Erbguth / Püchel, VR 1983, 312 ff.

530 BVerwG, NJW 1969, 1133; siehe hierzu ferner z. B. Berg, FS f. v. Unruh, S. 1015 ff.; Rothers, in: Püttner (Hrsg.), HKWP, Bd. 2, S. 424 ff.; Erbguth / Püchel, VR 1983, 312 ff., m.w.N., BVerwGE 56, 296 (320 f.).

531 Eingehend hierzu Steinberg, JuS 1982, 578.

532 Dazu näher unten, Vierter Teil, III 2 b.

533 Hierzu Steinberg, JuS 1982, 578.

Abbruch fällt verbindlich die in dem jeweiligen Verfahren zuständige Behörde[534].

5. Ergebnis

Die Regelung von Konflikten zwischen Denkmalschutzbelangen und sonstigen Interessen ist in der fachgesetzlichen Kollisionsnorm des § 9 Abs. 2 lit. b nw DSchG als gebundene Entscheidung ausgestaltet. Berücksichtigungsfähig sind dabei nur öffentliche Interessen, nicht private Belange. Nach Wortlaut, Systematik und Sinn des Gesetzes scheidet die (etwaige) finanzielle Überforderung der Gemeinde als der Erhaltung entgegenstehendes öffentliches Interesse aus. Im Grundsatz zu berücksichtigen sind vor allem öffentliche Planungen und Planungsabsichten, die mit Denkmalbelangen in Widerstreit treten. Durchsetzungsfähig sind solche Planungsvorstellungen indes nur, wenn sie bereits ausreichend verfestigt sind. Ob sie unter dieser Voraussetzung die Erhaltungsbelange überwiegen und die Beseitigung/Beeinträchtigung eines Baudenkmals verlangen, ist durch raumgestaltende Abwägungsentscheidung der Behörde festzustellen, welche nur begrenzter gerichtlicher Kontrolle zugänglich ist. Innerhalb der Exekutive liegt diese Abwägungskompetenz letztlich beim zuständigen Minister.

Soweit der denkmalrechtliche Erlaubnistatbestand durch anderweitige Entscheidungsverfahren verdrängt wird, sind die Denkmalbelange entsprechend der Eigenart des verdrängenden Verfahrens angemessen zu berücksichtigen. Eine Ersetzungswirkung kann sich über § 9 Abs. 3 nw DSchG hinausgehend aus dem umfassenden Regelungsanspruch eines anderweitigen Entscheidungsverfahrens ergeben (Planfeststellung). Findet eine Verdrängung der Fachgesetznorm statt, so hat die Gemeinde in dem anderweitigen Verfahren ein Beteiligungsrecht als Denkmalbehörde und ggf. auch aufgrund betroffener Planungshoheit.

---

534 Zum Rechtsschutz der Gemeinden gegen solche Entscheidungen unten, Vierter Teil, IV.

Zweiter Teil

Denkmalschutz in der Bauleitplanung

I. Denkmalschutz im Bauplanungsrecht im Überblick

Denkmalschutz und Denkmalpflege gehören nach § 1 Abs. 5 Nr. 5 BauGB nunmehr zu den ausdrücklich aufgeführten Abwägungsbelangen bei der Planaufstellung. Eine sachliche Veränderung gegenüber der Rechtslage nach dem BBauG ist damit allerdings nicht verbunden[1]. Die Pflicht der Gemeinde, bei der Bauleitplanung die Belange des Denkmalschutzes miteinzubeziehen, ist seit der Novelle 1976 zum BBauG durch den in § 1 Abs. 6 BBauG enthaltenen Planungsleitsatz erfaßt, wonach „die erhaltenswerten Ortsteile, Bauten, Straßen und Plätze von geschichtlicher, künstlerischer oder städtebaulicher Bedeutung" zu berücksichtigen sind. Auch vor dieser textlichen Erweiterung waren Denkmalschutzbelange planerisch nicht etwa irrelevant. Die schon nach BBauG 1960 zu berücksichtigenden „kulturellen Bedürfnisse der Bevölkerung", sowie die „Gestaltung des Orts- und Landschaftsbildes" enthielten Richtpunkte, die denkmalschützerisches Erhaltungsdenken im Planungsprozeß forderten und normativ absicherten[2].

Das planerische Instrumentarium (§ 9 BauGB) bietet eine Fülle von Möglichkeiten zu erhaltungsfördernden Festsetzungen in einem Bebauungsplan[3]. So kann den betroffenen Bauwerken, Häuserzeilen oder Stadtvierteln jeweils eine Nutzung zugewiesen werden, die eine erhaltende und zugleich

[1] Die Art der textlichen Einbeziehung des Denkmalschutzes in die Abwägungskriterien des § 1 Abs. 5 BauGB muß als wenig glücklich bezeichnet werden. Der RegE (BT-Drucks. 10/4630) sah vor, daß in prägnanter Kürze an die Stelle der bisherigen Regelung (§ 1 Abs. 6, 9. Spiegelstrich BBauG) die „Belange des Denkmalschutzes" treten, ohne daß damit eine inhaltliche Veränderung verbunden sein sollte (amtliche Begründung des RegE zu § 1 Abs. 5 Nr. 4 BauGB). Die Gesetzesfassung in § 1 Abs. 5 Nr. 5 BauGB übernimmt stattdessen die bisherige Gesetzesformulierung – mit Ausnahme der „Bauten" – und setzt die Belange des Denkmalschutzes und der Denkmalpflege hinzu. Diese Kumulierung ist überflüssig und unterschätzt den gegenständlichen Bereich dessen, was Denkmalschutz und Denkmalpflege umfassen.

[2] Vgl. VGH Mannheim, BWVBl. 1973, 185 = ESVGH 23, 188 (193); VGH München, BayVBl. 1982, 497 = BRS 38 Nr. 39; Thierfelder, BWVerwPr. 1975, 74; Bartlsperger, DVBl. 1981, 284 (293 Fn. 60). Moench, ZfBR 1985, 163, 166 weist zu Recht darauf hin, daß die Berücksichtigung von Denkmalschutzbelangen schon vor der Novelle 1976 und unabhängig vom Katalog des § 1 Abs. 6 BBauG ein Gebot rechtsstaatlicher Planung und Abwägung darstellte; vgl. ferner den das Bauplanungs- und Bauordnungsrecht umfassenden Rechtsprechungsbericht von Stich, FS f. Ule, S. 375 ff.

[3] Vgl. a. Gaentzsch, Der Landkreis 1975, 277 ff.

wirtschaftlich sinnvolle Verwendung langfristig ermöglicht[4]. Das für das Erscheinungsbild eines Baudenkmals nicht selten wichtige Umfeld kann etwa durch Freihaltung von Flächen (z. B. zur Erhaltung von Sichtbezügen) oder maßstäblich rücksichtnehmende Bebauung entsprechend strukturiert werden. Allen diesen Möglichkeiten ist eines gemeinsam: Sie können den Anreiz zur Beseitigung erhaltungswürdiger Bausubstanz weitgehend beseitigen, etwa dadurch, daß durch stark gegliederte Festsetzungen die künftig zulässige Bebauung nach Art und Maß, Höhe, Breite und Tiefe der Bauwerke, Bauweise und Stellung der baulichen Anlage sowie ihrer Nutzung am vorhandenen denkmalwürdigen Bestand orientiert und damit die ein Abrißverlangen motivierenden Möglichkeiten anderweitiger, insbesondere intensiverer Neubebauung beschnitten werden. Die durch § 9 Abs. 3 BauGB eröffnete Möglichkeit, aus städtebaulichen Gründen Nutzungsbestimmungen bis ins Detail festzulegen, kann auch denkmalschützerisch eingesetzt werden[5]. Rechtlich verhindert werden kann eine gleichwohl beabsichtigte Beseitigung von Baudenkmälern durch den Festsetzungskatalog des § 9 BauGB jedoch nicht.

Der Grund dafür liegt darin, daß die Möglichkeit zur Festsetzung von Art und Maß zulässiger Nutzung nicht die Befugnis miteinschließt vorzuschreiben, daß die bisher vorhandene Bausubstanz fortgenutzt wird. Die Festlegung von Art und Maß baulicher Nutzung verhält sich neutral gegenüber der Frage, durch welches Bauwerk, ein vorhandenes oder einen Ersatzbau, der gesetzte Rahmen ausgefüllt wird. Damit steht in Einklang, daß die „Umschaltnorm" des § 29 Abs. 1 BauGB den Abbruch baulicher Anlagen nicht erfaßt[6]. Der geplanten Beseitigung eines Baudenkmals kann schon aus diesem Grund planungsrechtlich nicht entgegengehalten werden, sie beende zumindest vorläufig eine planerisch festgesetzte Nutzung bzw. führe zu einer planwidrigen nichtbaulichen Nutzung. Die Neutralität planerischer Festsetzungen gegenüber Abbruchvorhaben gilt auch im Hinblick auf die über den Vorhabenbegriff des § 29 S. 1 BauGB hinausgehende „Stopp-Funktion" des Bebauungsplanes, seine mögliche Ausschlußwirkung auch gegenüber planwidriger nichtbaulicher Grundstücksnutzung. Denn der Gebäudeabriß stellt selbst noch keine Grundstücksnutzung dar, sondern bereitet eine von der bisherigen Substanz gelöste künftige Nutzung baulicher oder nichtbaulicher Art erst vor. Für deren planungsrechtliche Zulässigkeit sind planerische Festsetzungen von Belang, nicht aber für den Abbruch selbst[7].

---

4 Zum Streit um den „Vorrang" der Bauleitplanung beim Schutz von Baudenkmälern siehe etwa einerseits Gaentzsch, ebd., sowie ders., Die alte Stadt 1974, 273 und andererseits Kummer, Denkmalschutzrecht, S. 104 ff.

5 Brohm, DVBl. 1985, 593 (597).

6 OVG Münster, NJW 1983, 2598.

7 Insoweit i.E. wie hier Bartlsperger, DVBl. 1981, 284 (291 f.).

Entsprechendes gilt für den nicht beplanten Bereich. Da die Regelungen über die Zulässigkeit von Vorhaben auch im Bereich der „Planersatzvorschriften" (§§ 34, 35 BauGB) an § 29 S. 1 BauGB anknüpfen, können sie im wesentlichen[8] nur dem Schutz der Umgebung eines Baudenkmals dienen, nicht aber unmittelbar dem eigentlichen Substanzschutz.

Im nicht beplanten Innenbereich können Denkmalschutzbelange im Rahmen der planungsrechtlichen Zulässigkeitsprüfung nach § 34 BauGB dadurch in begrenztem Umfang Relevanz erlangen, daß ein Baudenkmal die Eigenart der näheren Umgebung bestimmt, in die sich das geplante Vorhaben „einzufügen" hat. Auch das Verbot der „Beeinträchtigung des Ortsbildes" kann zum Schutz von Baudenkmälern beitragen. Weitergehende Schutzwirkungen können von § 34 BauGB nicht mehr ausgehen, da die „sonstigen öffentlichen Belange", die nach § 34 BBauG einem Vorhaben nicht entgegenstehen durften[9] und nach den Grundsätzen der Rechtsprechung des BVerwG[10] auch den landesgesetzlich geregelten Denkmalschutz erfaßten[11], nunmehr entfallen sind.

Im Außenbereich zählt der Denkmalschutz gemäß § 35 Abs. 3 5. Spiegelstrich BauGB jetzt ebenfalls zu den ausdrücklich aufgeführten Belangen, die einem Vorhaben entgegengesetzt werden können und zwar auch einem nach § 35 Abs. 1 BauGB privilegierten[12]. Wie früher bei § 34 BBauG können deshalb im Anwendungsbereich des § 35 BauGB denkmalschützerische Belange ohne Rücksicht auf ihre landesrechtliche Verstärkung durch das Medium der „öffentlichen Belange" ins Bauplanungsrecht transformiert werden und bereits dort zur Unzulässigkeit eines Vorhabens führen.

---

[8] Ein unmittelbar planungsrechtlicher Schutz kann gegenüber Änderungen durch Umbauten (z. B. Aufstockung) in Betracht kommen.

[9] Hierzu grs. Weyreuther, BauR 1981, 1 ff.; speziell zum Denkmalschutz Schrödter, DVBl. 1982, 323 (325 ff.) und Moench, ZfBR 1985, 167.

[10] Urt. v. 12. 6. 1970, BVerwGE 35, 256 (Landschaftsschutz); Urt. v. 24. 2. 1978, DVBl. 1978, 610 = BVerwGE 55, 272 (Uferbauverbot); Urt. v. 23. 5. 1980, NJW 1981, 474 (Beeinträchtigung des Ortsbildes).

[11] Die Durchsetzungsfähigkeit sonstiger öffentlicher Belange im Rahmen von § 34 BBauG war zwar nach Auffassung des BVerwG im Prinzip begrenzt, weil dieser Vorschrift die Grundsatzentscheidung für eine Bebaubarkeit der von ihr erfaßten Flächen entnommen wurde, welche nicht unter Berufung auf das Einfügungsgebot oder entgegenstehende öffentliche Belange sonstiger Art in ihr Gegenteil verkehrt werden durfte. Die Verstärkung der Denkmalschutzbelange zu einem landesrechtlich normierten ausdrücklichen Bauverbot begründete aber wegen des Charakters dieser Vorschriften als – nach herkömmlichem Verständnis – potentieller Enteignungsnormen (mit Entschädigungsregelung!) einen sonstigen öffentlichen Belang, der stark genug war, die Bebauung einer Fläche gänzlich zu verhindern (vgl. BVerwG, ebd.; Kummer, Denkmalschutzrecht, S. 134 ff.). – Ob es im Hinblick auf § 29 S. 5 BBauG der planungsrechtlichen Vermittlung eines denkmalschutzrechtlichen Bauverbotes überhaupt bedurfte, mag hier dahinstehen (verneinend Wiechert, nds DSchG, § 1, Rn. 10).

[12] VGH München, BRS 33 Nr. 72. Hinsichtlich privilegierter Außenbereichsvorhaben will Kummer, Denkmalschutzrecht, S. 137 f. die Rspr. des BVerwG zu § 34 BBauG entsprechend anwenden mit der Folge, daß der Denkmalschutz sich wegen seines – nach herkömmlichem Verständnis – potentiell enteignungsrechtlichen Charakters (siehe dazu oben, Erster Teil, I 2 e) auch hier durchsetzt.

Neben die Abwehr beeinträchtigender Umgebungsbebauung tritt die in § 35 Abs. 4 Nr. 4 BauGB eröffnete Möglichkeit einer Änderung oder Nutzungsänderung erhaltenswerter Gebäude. Im Interesse einer weiteren Erhaltung solcher Objekte werden Verwendungen und Veränderungen ermöglicht, die mangels Privilegierung sonst nicht zulässig wären[13].

Ein effektives städtebauliches Erhaltungsinstrument, welches über flankierende Unterstützung hinausgeht, stellt das BauGB durch die Erhaltungssatzung gemäß §§ 172 – 174 BauGB[14] bereit. Die Vorschriften eröffnen die Möglichkeit, durch Erhaltungssatzung eine Genehmigungspflicht für Abbruch, Umbau, Nutzungsänderung und unter bestimmten Voraussetzungen auch für die Errichtung von baulichen Anlagen zu begründen[15]. Die inhaltliche Reichweite dieses Instruments ist nicht ganz unproblematisch[16]; Abgrenzungs- und Zuordnungsfragen hinsichtlich des landesrechtlich geregelten Denkmalschutzes ergeben sich nahezu zwangsläufig[17].

Die Einführung des speziellen Erhaltungsinstrumentes des § 172 BauGB[18] hat sich auch auf das planbezogene Instrumentarium ausgewirkt. So soll die Gemeinde schon während des Bauleitplanverfahrens in die Lage versetzt werden, erhaltenswerte Gebäude gegen Abbruch zu schützen. Nach § 14 Abs. 1 Nr. 1 BauGB kann deshalb eine Veränderungssperre auch mit dem Inhalt beschlossen werden, daß bauliche Anlagen nicht geändert oder beseitigt werden dürfen.

Im Geltungsbereich einer Erhaltungssatzung steht der Gemeinde ferner nach § 24 Abs. 1 Nr. 4 BauGB ein besonderes Vorkaufsrecht zu. Gemäß § 85 Abs. 1 Nr. 6 BauGB ist eine Enteignung zulässig, um innerhalb des Geltungsbereichs einer Erhaltungssatzung ein Gebäude aus den Gründen des § 172 Abs. 3 – 5 BauGB zu erhalten. Zu nennen ist hier weiter das Instandsetzungsgebot nach § 177 BauGB[19].

Ergänzend sei schließlich die den Bebauungsplan mit landesrechtlichen Regelungen verknüpfende Ordnungsvorschrift des § 9 Abs. 6 BauGB erwähnt. Die Regelverpflichtung zur nachrichtlichen Übernahme der

---

[13] Hierzu Schmaltz, BauR 1976, 96; VG Sigmaringen, BWVBl. 1983, 82.

[14] Bisher § 39 h BBauG.

[15] Siehe hierzu die Literaturhinweise im Ersten Teil, Anm. 1. – Die kompetenzrechtliche Basis der Norm ist häufig diskutiert worden. Dabei geht es entscheidend um die Frage, wie weit der Kompetenztitel „Bodenrecht“ (Art. 74 Nr. 18 GG) trägt. Siehe dazu vor allem Watzke, Denkmalschutz- und Stadtplanungsrecht, S. 127 ff. m.w.N.; Kummer, Denkmalschutzrecht, S. 104 ff.; Erbguth, DVBl. 1985, 1352 ff.; Moench, ZfBR 1985, 166; Hönes, Unterschutzstellung, S. 32 ff.; VG Köln, Der Städtetag 1983, 577. Siehe auch unten, Dritter Teil, II 2, 3 mit Anm. 72 und 133.

[16] Vgl. OVG Lüneburg, NVwZ 1983, 557.

[17] Dazu Stich, ZfBR 1983, 61 ff. m.w.N.; Erbguth, DVBl. 1985, 1352 ff.

[18] Flankiert durch die Ordnungswidrigkeitsvorschrift des § 213 Abs. 1 Nr. 4 BauGB.

[19] Das bisher in § 39 c BBauG enthaltene Nutzungsgebot ist entfallen.

„Denkmäler nach Landesrecht“ in den Bebauungsplan wird nicht dadurch ausgeschlossen, daß der Plan als Ergebnis einwandfreier Abwägung eine anderweitige denkmalschädliche Nutzung ausweist[20], denn dadurch verliert das Bauwerk nicht seine rechtliche Eigenschaft als Baudenkmal. Auch ist die Frage noch offen, ob der Bebauungsplan insoweit rechtlich realisierbar sein wird[21]. Die Nichtkennzeichnung der Denkmaleigenschaft könnte den irrigen Eindruck erwecken, über die Beseitigung sei bereits verbindlich entschieden[22].

II. Denkmalschutz als Abwägungsbelang

1. Zum planungsrechtlichen Begriff des Baudenkmals

Denkmalschutz und Denkmalpflege sind, wie eingangs bemerkt, in § 1 Abs. 5 Nr. 5 BauGB ausdrücklich als Abwägungsbelang genannt. Angesichts der Denkmalschutzgesetze der Länder mit den dortigen Begriffsdefinitionen des Erhaltungswürdigen könnte man geneigt sein anzunehmen, der Bundesgesetzgeber habe bei der Neuformulierung dieses Planungsbelangs der Sache nach auf Landesrecht verwiesen oder auch – rechtstechnisch ähnlich – einen mehr oder weniger inhaltsarmen Blankettbegriff geschaffen, der landesrechtlicher Ausfüllung zugänglich ist[23].

Darin läge eine Veränderung gegenüber der bisherigen Rechtslage: Für die Annahme einer Verweisung auf das Landesrecht fehlte es bislang an einem ausreichenden normtextlichen Anhaltspunkt. Der Bundesgesetzgeber hatte vielmehr durch § 1 Abs. 6 BBauG in Gestalt der „erhaltenswerten Ortsteile, Bauten, Straßen und Plätze von geschichtlicher, künstlerischer oder städtebaulicher Bedeutung“ das als erhaltenswert zu Berücksichtigende selbst umschrieben[24], nicht einen landesrechtlichen Begriff rezipiert. Man durfte deshalb für das bisherige Recht von einem eigenständigen bau-

---

[20] Zu dieser Möglichkeit nachstehend unter II 2.

[21] Dazu näher Dritter Teil, II 3 und 4.

[22] A.A. Kummer, Denkmalschutzrecht, S. 147, der für eine Nichtkennzeichnung nicht berücksichtigter Baudenkmäler unter gleichzeitiger Erwähnung in der Planbegründung eintritt. Das ist konsequent vor dem Hintergrund seiner Auffassung, daß das Stadtplanungsrecht in der Abwägungsentscheidung einerseits die (Gewichtungs-) Vorgaben des Landesdenkmalschutzrechtes zu berücksichtigen habe, andererseits aber eine derartige rechtlich einwandfreie Abwägung zu Lasten des Denkmalschutzes das fachgesetzliche Genehmigungsverfahren präjudiziere (S. 138 ff., 147 ff.). Nach hier vertretener Auffassung ist beides de lege lata unzutreffend. Deshalb ist es wichtig, daß der insoweit noch „offene“ Gehalt einer denkmalschädlichen Planausweisung im Plan deutlich gemacht wird.

[23] Zu „Verweisung“, „Blankettnorm“ und anderen Formen des Zusammenhangs von Bundes- und Landesbaurecht Weyreuther, BauR 1972, 1 ff.

[24] Das unterscheidet die Regelung in § 1 Abs. 6 BBauG von der Ergänzung planungsrechtlicher Leitlinien im fachplanerischen Bundesrecht durch Gesetz vom 1. 6. 1980 (BGBl. I 649).

planungsrechtlichen Begriff der erhaltungswürdigen Bausubstanz ausgehen[25]. Der Inhalt dieser planungsrechtlichen Definition ließ andererseits erkennen, daß die in ihrem sachlichen Gehalt im wesentlichen übereinstimmenden[26] landesrechtlichen Denkmalbegriffe mit umfaßt sein sollten. Bauplanungsrechtlich beachtlich war damit nach bisherigem Recht jedenfalls die Bausubstanz, die landesrechtlich Baudenkmal ist[27]. Es spielte deshalb planungsrechtlich keine Rolle, wenn Landesdenkmalrecht mangels konstitutiver Listeneintragung letztlich keine Anwendung fand und damit auch die landesrechtlich angeordnete Rücksichtnahmepflicht bei öffentlichen Planungen (§ 1 Abs. 3 nw DSchG) nicht eingriff, obwohl die fachgesetzlichen Begriffsmerkmale zu bejahen waren. Darüber hinaus war die planungsrechtliche Leitlinie auch einschlägig für Bauwerke, deren Erhaltungswürdigkeit unterhalb der landesrechtlich erheblichen Bedeutungsschwelle liegt[28]. Hier wurde im Abwägungsverfahren der fließende Übergang von der Berücksichtigung im eigentlichen Sinn erhaltungswürdiger Bauwerke zu Erhaltungsüberlegungen etwa aus mehr stadtgestalterischen Motiven deutlich.

Der Gesetzgeber des BauGB hat eine noch umfassendere Einbeziehung der Erhaltungsbelange in die Bauleitplanung gewollt[29]. Das spricht für die Annahme, daß es sich trotz der anderen Wortwahl sachlich unverändert um eine eigenständige planungsrechtliche Umschreibung des Erhaltungswürdigen handelt und nicht um eine inhaltliche Verweisung auf das jeweilige Landesrecht mit den dort zum Teil noch anzutreffenden begrifflichen Verengungen[30]. Freilich gilt nach wie vor, daß der planungsrechtliche Begriff dasjenige einschließt, was landesrechtlich qua lege oder durch Listeneintragung oder dergleichen ausdrücklich unter Schutz gestellt ist.

Es bedurfte und bedarf deshalb nicht des Rückgriffs auf landes(-verfassungs)rechtliche Normen, die – kompetenzrechtlich gedeckt durch §§ 11

[25] Ebenso VGH Mannheim, BWVBl. 1973, 185; hierzu Thierfelder, BWVPr. 1975, 74 ff.; Schmidt-Aßmann, in: Ernst / Zinkahn / Bielenberg, § 1 BBauG, Rn. 231; anders aber wohl ders., ebd., Rn. 182; a. A. für § 36 BBahnG – und wohl für alle durch Gesetz vom 1. 6. 1980 (BGBl. I 649) betroffenen bundesrechtlichen Planungsgesetze – BVerwG, NVwZ 1984, 723: Kein bundesrechtlicher Denkmalbegriff, sondern Berücksichtigung des landesrechtlich Geschützten. Vgl. hierzu ferner Stähler, Denkmalbegriff, S. 169 ff. (198 ff.). A.A. ferner Buelow, Rechtsfragen, S. 302.

[26] Siehe dazu Erster Teil, Anm. 27. Unterschiede ergeben sich insbesondere, soweit einige Denkmalschutzgesetze fordern, daß es sich um Bauwerke aus vergangener Zeit handelt (z. B. Art. 1 Abs. 1 bay DSchG).

[27] Wie hier Kummer, Denkmalschutzrecht, S. 138 f.; Watzke, ZfBR 1981, 59; Schmidt-Aßmann in: Ernst / Zinkahn / Bielenberg, § 1 BBauG, Rn. 182; enger Erbguth, DVBl. 1985, 1352, der eine städtebauliche Bedeutung verlangt; hierzu unten, Dritter Teil, II 2.

[28] Zur Abschichtung von „Baudenkmälern“ und „erhaltenswerter Bausubstanz“ (§ 25 Abs. 2 nw DSchG) Gahlen / Schönstein, Denkmalschutzrecht, § 25, Anm. 4.

[29] Amtliche Begr. RegE zu § 1 Abs. 5 Nr. 4 BauGB sowie AT Begr. RegE, Abschnitt II 1.

[30] Z. B. Art. 1 Abs. 1 bay DSchG „Sachen ... aus vergangener Zeit“.

Abs. 2, 3 i.V.m. § 6 Abs. 2 BauGB[31] – den Denkmalschutz aus fachspezifischer Sicht zum abwägungserheblichen Belang der Bauleitplanung erheben. Zugleich ist Bemühungen eine Absage erteilt, mit kompetenzrechtlicher Begründung erhaltenswerte Bauwerke planerisch nur insoweit für berücksichtigungsfähig zu erklären, als ihr Denkmalwert städtebaulichen Charakter aufweist, während etwa die kulturhistorische Erhaltungswürdigkeit irrelevant sein soll[32]. Darauf ist noch näher einzugehen[33].

2. Der Stellenwert des Denkmalschutzes in der planerischen Abwägung

Für die im Rahmen der bauleitplanerischen Abwägung zu berücksichtigenden Belange ist allgemein kennzeichnend, daß keinem von ihnen a priori ein stets überwiegendes Gewicht, ein unverrückbarer Vorrang zukommt[34]. Die objektive Gewichtigkeit der betroffenen Belange und der daran anknüpfende Abwägungsspielraum der Planungsinstanz – markiert u. a. durch die Stichworte „Abwägungsfehleinschätzung" und „Abwägungsdisproportionalität"[35] – ist vielmehr im Grundsatz eine Frage der Einzelfallkonstellation.

Jenseits dieses Ausgangspunktes erlangt die Frage erhebliche praktische Bedeutung, ob den Denkmalschutzbelangen bei der Abwägung eine Art relativer Priorität im Sinne einer Abwägungsvorgabe zuzuerkennen ist[36]. Dabei kann es entsprechend dem genannten Ausgangspunkt nur um eine abstrakt-relative Rangzuweisung gehen[37]. Dies würde zwar nicht die prinzipielle Abwägungsüberwindbarkeit der Denkmalschutzbelange in Frage stellen, wohl aber in auch verfahrensrechtlich beachtlicher Weise die Argumentationslast für die planende Stelle spürbar erhöhen[38]. Gleichsam spie-

---

31 VGH München, BayVBl. 1982, 497 = BRS 38 Nr. 39; Eberl / Martin / Petzet (Erl. zum DSchG), Einleitung, Rn. 15.

32 So die Konzeption Erbguths, DVBl. 1985, 1352 ff.

33 Dritter Teil, II 2.

34 BVerwG, DVBl. 1975, 492; BVerwGE 47, 144 (148); für den Denkmalschutz ausdrücklich BayVGH, BRS 38 Nr. 39 = BayVBl. 1982, 497.

35 Terminologie nach Hoppe, BauR 1970, 15 (17); siehe ferner Weyreuther, BauR 1977, 300; BVerwGE 34, 301 ff.

36 Aus der Pflicht zur nachrichtlichen Übernahme landesrechtlicher Baudenkmäler in den Bebauungsplan (§ 9 Abs. 6 BauGB) lassen sich Gewichtungsvorgaben nicht herleiten. Vgl. dazu bereits Breuer, Die hoheitliche raumgestaltende Planung, S. 201.

37 Hierzu grs. Schmidt-Aßmann, Situationsbestimmte Abwägungselemente, S. 15 ff. – Solche auf einzelne Belange bezogene gesetzliche Vorgaben sind nach Herkunft und Struktur zu unterscheiden von Planungsgrundsätzen, die Rspr. und Literatur – in Auffächerung des Abwägungsgebots (§ 1 Abs. 6 BauGB) – als Handlungs- und Kontrollmaßstäbe entwickelt haben, wie z. B. das Gebot planerischer Konfliktbewältigung (ausf. Hoppe, Jura 1979, 133 ff.). Sie sind ferner zu unterscheiden von den sog. „Planungsleitsätzen" im Sinne der neueren Terminologie des BVerwG (E 71, 163, 164), die abwägungsunzugängliche Fixpunkte der (Fach-)Planung markieren.

38 Schmidt-Aßmann, Situationsbestimmte Abwägungselemente, S. 15 ff. – Allgemein zur Überwindungslast Gassner, DVBl. 1984, 703.

gelbildlich würde der Gestaltungsspielraum für die Planungsentscheidung materiell verkleinert, weil manchen sachlich einleuchtenden gegenläufigen Interessen die Kraft fehlen wird, sich gegenüber einer solchen Vorgabe argumentativ rechtsfehlerfrei durchzusetzen. Abwägungen zulasten des Denkmalschutzes gerieten dadurch tendenziell eher in den Bereich der Disproportionalität und damit Nichtigkeit[39].

Soweit eine derartige Gewichtungsvorgabe sich nicht aus der Natur der Sache begründen läßt[40], muß eine entsprechende gesetzliche Direktive nachweisbar sein. Solches ist in der Literatur für eine Reihe von planungsrechtlichen Vorschriften vor allem im Umweltschutzrecht erörtert worden[41]. Für das Denkmalschutzrecht wird eine relative Priorität namentlich von Moench[42] verfochten.

Ansatzpunkte für eine derartige gesetzliche Interessenwertung könnten in Nordrhein-Westfalen die bereits erwähnten Normen Art. 18 Abs. 2 nw LV und vor allem § 1 Abs. 3 S. 1, 2 nw DSchG sein. Dort heißt es zwar zunächst nur, daß die Belange des Denkmalschutzes bei öffentlichen Planungen „angemessen zu berücksichtigen“ sind, was im vorliegenden Zusammenhang nichts hergibt. Die Angemessenheit wird sodann jedoch durch die Zielvorgabe konkretisiert, daß die Einbeziehung in die Abwägung die Erhaltung und Nutzung der Denkmäler ermöglichen soll.

Selbst wenn man dem inhaltlich eine relative Priorität des Denkmalschutzes – tendenziell kongruent der in § 9 Abs. 2 lit. b DSchG getroffenen Wertung[43] – entnehmen wollte[44], ist die erwogene Schlußfolgerung kompetenzrechtlich gleichwohl bedenklich. Das mit dem Abwägungsgebot (§ 1 Abs. 6 BauGB) verbundene planerische Gestaltungsermessen[45] ist den Gemeinden durch bundesrechtliche Vorschrift auf der Grundlage des Kompetenztitels

[39] Vgl. jetzt auch BVerwGE 71, 163 (164), wo z. B. § 50 BImmSchG als eine solche Gewichtungsvorgabe eingestuft wird.

[40] Dafür spricht eine gewisse spezifische „Starrheit“ der Erhaltungsbelange: Kollidierende Raumnutzungsansprüche können nicht selten auch anderenorts befriedigt werden, während eine lokale „Verschiebung“ der Erhaltungsbelange (Abbruch und anderweitiger Neuaufbau) nur ganz selten in Betracht kommen wird (sog. „Translozierung“). Hieran knüpft Henke, Stadterhaltung, S. 50 ff. an.

[41] Vgl. die Darstellung bei Schmidt-Aßmann, Situationsbestimmte Abwägungselemente, S. 15 ff. – Für den Umweltschutzbereich (Luftreinhaltepläne) ferner Erbguth / Püchel, NVwZ 1982, 649 ff.

[42] ZfBR 1985, 166; zustimmend Eberl / Martin / Petzet (Anm. 31); ähnlich Gahlen / Schönstein, Denkmalschutzrecht, § 1, Rn. 11; Watzke, ZfBR 1981, 10 ff., 57 ff. (59); Buelow, Rechtsfragen, S. 312 ff. Ferner Henke, Stadterhaltung, S. 50 ff., der die von ihm bereits de lege lata vertretene Gewichtungsvorgabe auch (m. E. nicht überzeugend) grundrechtlich begründet (S. 52, 75 ff.).

[43] Gahlen / Schönstein, Denkmalschutzrecht, § 1, Rn. 11.

[44] So Gahlen / Schönstein, ebd.

[45] Grdl. BVerwGE 34, 301 ff.; BVerwGE 48, 56 ff.; E 56, 110 ff. – Zu Rechtsprechungstendenzen, den Abwägungsspielraum zu weitgehend einzuschränken, kritisch Heinze, NVwZ 1986, 87 ff.

„Bodenrecht" (Art. 74 Nr. 18 GG) eingeräumt[46]. Für landesrechtliche Regelungen ist insoweit nur Raum (Art. 72 Abs. 1 GG), als der Bundesgesetzgeber seine Kompetenz nicht ausgeschöpft hat, die von ihm getroffenen Regelungen erkennbar nicht abschließend und für landesrechtliche Ergänzungen und Modifikationen offen sind. So ist es insbesondere kompetenzrechtlich zulässig, wenn landesrechtliche Vorschriften bestimmte in § 1 BauGB nicht genannte Belange ausdrücklich als im Bauleitplanverfahren abwägungserheblich bezeichnen[47]. Denn der Katalog der Richtpunkte des § 1 Abs. 5 BauGB ist nach Wortlaut und systematischem Zusammenhang nicht abschließend, mithin landesrechtlicher Ergänzung und Verdeutlichung[48] zugänglich[49]. Landesrechtliche Vorschriften hingegen, die aus fachspezifischer Sicht eine absolute oder auch nur eine relative Priorität eines Belanges in der städtebaulichen Planungsentscheidung anordnen, verkürzen substantiell den mit Abwägungsermächtigung und Abwägungsgebot verknüpften Entscheidungsspielraum des Plangebers. Es ist aber nicht erkennbar, daß der Bundesgesetzgeber das von ihm formulierte Abwägungsgebot in dieser Weise materiell dem Zugirff des Landesrechtes aussetzen will[50]. Näher liegt die Annahme, daß das BauGB in dieser Hinsicht eine abschließende Regelung enthält, soweit nicht die Möglichkeit landesrechtlich-externer Rangbestimmungen, Gewichtungsvorgaben oder sonstiger Einschränkungen des „abstrakten" planerischen „Bewegungsspielraums" bundesrechtlich ausdrücklich eröffnet ist[51].

Gewichtungsvorgaben im Sinne einer relativen Priorität eines einzelnen Belanges müßten demnach aus den Planungsvorschriften des § 1 BauGB zu entnehmen bzw. durch sie legitimiert sein[52] oder sich aus anderen bundes-

---

[46] BVerfGE 3, 407 (Rechtsgutachten vom 16. 6. 1954).

[47] Das galt z. B. für Art. 3 Abs. 2 bay DSchG vom 25. 6. 1973 vor der Novellierung des BBauG im Jahre 1976.

[48] Schmidt-Aßmann, in: Ernst / Zinkahn / Bielenberg, § 1, Rn. 182.

[49] BayVGH, BayVBl. 1982, 499 stützt dies bzgl. eines Flächennutzungsplanes auf § 6 Abs. 2 BBauG.

[50] Auch die §§ 6 Abs. 2, 11 BauGB, wonach Bauleitpläne auch sonstige Rechtsvorschriften zu beachten haben, geben nach der systematischen Stellung nichts dafür her, daß die Grundsätze des § 1 BauGB landesrechtlichen Modifikationen offen stehen; vgl. hierzu auch Watzke, ZfBR 1981, 10 ff., 57 ff. (59), der die landesrechtlichen Gebote zur Berücksichtigung bei öffentlichen Planungen im Lichte des allgemeinen planerischen Abwägungsgebotes nach § 1 Abs. 6 BauGB auslegen will. A.A. Schmidt-Aßmann, in: Ernst / Zinkahn / Bielenberg, § 1, Rn. 180; Eberl / Martin / Petzet, bay DSchG, Erl., Einl. Rn. 15. – Entgegen Buelow, Rechtsfragen, S. 336 enthalten die Regelungen in § 7 Abs. 3 bad-würt DSchG und § 7 Abs. 2 hess DSchG keine Einschränkung der Planungsfreiheit durch eine bundesrechtliche Genehmigungspflicht für denkmalschädliche Bebauungspläne. Ähnlich der Regelung in § 9 Abs. 3 nw DSchG beziehen sich diese Vorschriften auf anderweitige Genehmigungen, nicht aber auf den Erlaß eines Bebauungsplans.

[51] Eine solche Einschränkung auch durch landesrechtliche Vorgaben ermöglicht § 1 Abs. 4 BauGB (Pflicht zur Anpassung der Bauleitplanung an die Ziele der Raumordnung und Landesplanung). – I.E. insoweit wohl wie im Text Bartlsperger, DVBl. 1981, 284, 287 ff.

rechtlichen Vorschriften ergeben[53]. Für landesrechtliche Abwägungsvorgaben im erörterten Sinn ist indessen aus Kompetenzgründen kein Raum. Aus dem BauGB selbst läßt sich ein derartiger relativer Vorrang der Denkmalschutzbelange nach Wortlaut[54], Systematik und Gesetzesentwicklung[55] nicht herleiten[56]. Maßgeblich bleibt deshalb der Grundsatz der abstrakten Gleichrangigkeit der städtebaulichen Belange des § 1 Abs. 5 BauGB[57].

Dieser Befund steht in Einklang mit der Art der Einbeziehung des Denkmalschutzes in sonstige bundesrechtliche Planungsnormen durch das Gesetz zur Berücksichtigung des Denkmalschutzes im Bundesrecht vom 1. 6. 1980[58], welches die Erhaltungsbelange in planungsrechtliche Abwägungen einbindet, ohne ihnen aber absolut oder relativ eine Vorzugsstellung zuzuweisen[59].

Die Interessen des Denkmalschutzes sind nach alledem in der Bauleitplanung Abwägungsbelange ohne allgemeine Gewichtungsvorgabe, wie andere betroffene Belange auch. Ihr Gewicht bestimmt sich nach den Gegebenheiten im Einzelfall, also vor allem nach der Bedeutung der jeweils betroffenen Bauwerke. Wird das derart zu ermittelnde objektive Gewicht der konkreten Erhaltungsbelange von der Gemeinde nicht verkannt, so können diese Interessen in den von Rechtsprechung und Literatur entwickelten Grenzen einer „Abwägungsdisproportionalität" in rechtlich einwandfreier Weise auch zugunsten anderer Planungsbelange hintangesetzt werden, sie sind in den allgemein geltenden Grenzen abwägungsüberwindbar[60].

---

[52] Siehe hierzu Schmidt-Aßmann, Situationsbestimmte Abwägungselemente, S. 16 ff.

[53] Z. B. § 5 Abs. 4 ROG. Erörtert wird dies ferner hinsichtlich § 50 BImmSchG, vgl. Schmidt-Aßmann, Situationsbestimmte Abwägungselemente, S. 38 ff.; bejahend jetzt BVerwGE 71, 163 (164).

[54] Das Gesetz verlangt wie bei den anderen Belangen auch hier nur die „Berücksichtigung", nicht aber etwa eine „besondere Berücksichtigung".

[55] Vgl. Schmidt-Aßmann, Situationsbestimmte Abwägungselemente, S. 13 ff. m.w.N. für die Entwicklung bis zum BBauG 1979.

[56] Zur Parallelvorschrift des bisherigen § 10 Abs. 1 S. 2 StBauFG Schmidt-Aßmann, ebd., S. 18 ff. (vgl. jetzt § 136 Abs. 4 Nr. 4 BauGB).

[57] Schmidt-Aßmann, ebd., S. 11 ff.

[58] BGBl. I 649; dazu Moench, NJW 1980, 2343.

[59] Moench, NJW 1980, 2343.

[60] I.E. wie hier Bartlsperger, DVBl. 1981, 284, 287 ff. Einen Fall der Abwägungsdisproportionalität betrifft BayVGH, BayVBl. 1982, 497 = BRS 38 Nr. 39.

Dritter Teil

Denkmalschutz als städtebaulicher Planungsbelang und Gegenstand fachgesetzlicher Regelung

Der Umstand, daß das öffentliche Interesse an der Erhaltung von Baudenkmälern sowohl Gegenstand eines fachgesetzlichen Schutzsystems, als auch abwägungsbeachtlicher Belang der Bauleitplanung ist, ist solange und soweit unproblematisch, als die Gemeinde als Untere Denkmalbehörde ebenso wie als Plangeber bereit ist, den Erhaltungsbelangen Rechnung zu tragen und ihnen im Widerstreit mit anderen Interessen den Vorzug zu geben. Anders aber, wenn die Planungsvorstellungen der Gemeinde im Ergebnis dem Schutzgedanken zuwiderlaufen, insbesondere die Beseitigung denkmalgeschützter Bauwerke oder die nachhaltige Beeinträchtigung ihres Erscheinungsbildes durch Veränderung der Umgebung mit einschließen. In diesem Fall kann das doppelte Auftreten der Erhaltungsbelange zum Problem werden. Denn die bisherige Analyse hat gezeigt, daß die Art der rechtlichen Behandlung und Verarbeitung dieses Interesses im Hinblick auf gegenläufige Belange je nach dem normativen Kontext unterschiedlich ist. Wichtige Divergenzen bestehen, wie sich ergeben hat, in folgenden beiden Punkten:

Erstens ist in der Bauleitplanung die Hintanstellung der Denkmalschutzinteressen in den üblichen Grenzen des Planungsermessens möglich, d. h. gegenläufige vernünftige Planungsbelange von nicht unverhältnismäßiger Bedeutung legitimieren die Zuweisung eines Nachrangs. Objektive Gleichrangigkeit des kollidierenden Belangs reicht im Grundsatz aus. Demgegenüber ist die Überwindbarkeit der Denkmalschutzinteressen im Fachgesetz an erheblich engere Voraussetzung geknüpft. Eine Verengung oder gar Beseitigung der darin liegenden potentiellen „Beurteilungsschere" durch Anhebung des Gewichts der Erhaltungsbelange in der Bauleitplanung im Sinne einer relativen Priorität scheidet aus den erörterten Gründen aus[1].

Zum zweiten ist die Letztentscheidungskompetenz unterschiedlich verteilt. Der in beiden Normkomplexen der Sache nach anzuerkennende (administrative) Entscheidungs- bzw. Beurteilungsspielraum[2] ist im Städtebaurecht ausschließlich der Gemeinde als Planungsträger zugewiesen, während

---

[1] Siehe oben, Zweiter Teil, II 2.

[2] Zur fachgesetzlichen Genehmigungsnorm siehe oben, Erster Teil, V 3.

dessen fachgesetzliche Ausfüllung letztverbindlich Angelegenheit der übergeordneten Denkmalbehörden bzw. der im Sinne von § 9 Abs. 3 DSchG jeweils zuständigen Behörden ist.

Die Unterschiede im rechtlichen Entscheidungsrahmen sowie in der Zuweisung der letztlichen Beurteilungskompetenz lassen es als denkbar erscheinen, daß die Entscheidung zwischen widerstreitenden Belangen städtebaurechtlich so, fachgesetzlich hingegen anders gefällt wird und beides von den jeweiligen gesetzlichen Anforderungen her nicht zu beanstanden ist. Die Zuordnung von Städtebaurecht und Fachgesetz wird damit klärungsbedürftig[3].

Ob infolge der genannten Gegebenheiten letztlich Kollisionen zwischen den Normkomplexen vorgezeichnet und welcher Art etwaige Spannungslagen sind, wird im folgenden zu untersuchen sein. Zugleich ist ggf. nach Kollisionslösungen bzw. Harmonisierungsmöglichkeiten zu fragen. Für die Gemeinde geht es letztlich darum, ob sich die planungsrechtlich artikulierten Vorstellungen von städtebaulicher Entwicklung und Stadtbildgestaltung gegenüber dem fachgesetzlich normierten Interesse durchsetzen können. Solange sich dabei der Konflikt auf ein einzelnes Bauwerk bezieht, mögen stadtgestalterische Absichten nur untergeordnet-punktuell betroffen sein. Bei denkmalschutzrechtlich geschützten Ensembles, z. B. einer Häuserzeile oder einem ganzen Stadtviertel, liegen die Dinge hingegen anders. Das verweist unter dem Stichwort „Planungshoheit" auf die verfassungsrechtliche Dimension des genannten Zuordnungsproblems, die hier einstweilen aber noch zurückgestellt werden soll[4].

Im folgenden wird von der Konstellation ausgegangen, daß sich eine Gemeinde im Bauleitplanverfahren ausweislich der Begründung und des Ergebnisses[5] rechtsfehlerfrei mit den vorfindlichen Belangen der Erhaltung eingetragener oder nicht eingetragener Denkmäler auseinandergesetzt und sich dabei in abwägungsrechtlich nicht zu beanstandender Weise für eine anderweitige Nutzung der betroffenen Flächen entschieden hat. Nunmehr soll die vorhandene planwidrige Bausubstanz abgebrochen werden, sei es auf Initiative des Eigentümers, der eine Abbruchgenehmigung nach Denkmalschutzrecht oder Landesbaurecht[6] erstrebt, oder auf Betreiben der

---

[3] Vgl. auch Brohm, DVBl. 1985, 593 ff. (598 ff.). – In der vorliegenden Untersuchung geht es auf der Grundlage geltenden Rechts um die Zuordnung der Normenkomplexe im Hinblick auf divergierende Entscheidungen. Ob vor dem Hintergrund der gegebenen kompetenzrechtlichen Lage, die Henke (Stadterhaltung, S. 39) als „Stadterhaltungsrecht zwischen den (Kompetenz-)Stühlen" kennzeichnet, de lege ferenda andere gesetzliche Lösungsmöglichkeiten möglich und wünschenswert sind, bleibt bewußt ausgeblendet. Diesen rechtspolitisch orientierten Fragen wendet sich Henke zu (Stadterhaltung, S. 32 ff.).

[4] Dazu unten, Vierter Teil, III.

[5] Zu dieser Zweistufigkeit der Anforderungen der Rspr. kritisch Heinze, NVwZ 1986, 87 ff.

[6] Vgl. dazu oben, Erster Teil, V 4.

Gemeinde in Anwendung von § 179 BauGB (Abbruchgebot[7]) im Zuge der Planverwirklichung. Ergänzend werden mögliche Widersprüche zwischen den Planersatznormen der §§ 34, 35 BauGB und dem Fachgesetz, sowie solche zwischen städtebaulichen bzw. fachgesetzlichen Geboten und dem jeweils anderen Rechtsgebiet untersucht.

I. Kollisionen und Harmonisierungsbedarf

1. Planungsentscheidung und Fachgesetz

Wo eine Gesamtplanung, hier durch die Gemeinde als Selbstverwaltungsträger, und eine Fachplanung[8] bzw. fachgesetzliche Entscheidung abstrakt gesehen auf demselben Entscheidungsfeld stattfinden, können die jeweiligen Aussagen einander frontal widersprechen oder zumindest doch im praktischen Ergebnis schwer miteinander in Einklang zu bringen sein. Ein näherer Blick zeigt, daß die Spannungslagen unterschiedlicher Qualität sind, je nachdem, in welcher Weise Erhaltungsbelange tangiert werden.

a) Abbruch eines Baudenkmals

Für bauleitplanerische Festsetzungen ist grundsätzlich kennzeichnend, daß sie für sich genommen keine direkten Verhaltenspflichten begründen, ebensowenig wie sie aus sich heraus Verhaltensmöglichkeiten unmittelbar eröffnen, d. h. Ansprüche auf Genehmigung und Duldung bestimmter Maßnahmen einräumen. Sie sind in dieser Hinsicht auf Vermittlung, auf Umsetzung ihres Gehaltes durch Normen angelegt, die ihrerseits in konkreterer Weise auf Verhaltenssteuerung abzielen[9]. So entstehen etwa positiv auf Planverwirklichung gerichtete Verhaltenspflichten, wie eine Baupflicht, eine Nutzungspflicht oder eine Abbruchpflicht erst durch besondere gesetzliche Vorschriften und die in ihrem Vollzug ergehenden Verwaltungsakte[10]. Hierfür ist der Plan Grundlage und Bezugspunkt. In Richtung auf die eröffneten Verhaltungsmöglichkeiten wird der Planinhalt ausweislich der

---

[7] Bisher § 39 d BBauG.

[8] Brohm, DVBl. 1985, 593 (599) kennzeichnet den Denkmalschutz als Fachplanung; treffender noch der Ausdruck „fachplanerische Nutzungsregelung" bei Schmidt-Aßmann, Grundfragen, S. 139 und Breuer, Die hoheitliche raumgestaltende Planung, S. 156 ff.

[9] Eine Ausnahme gilt nach Rspr. und h. M. in Hinsicht auf die sog. „Negativfunktion" oder „Ausschlußwirkung" der städtebaulichen Pläne (BVerwGE 42, 30; BVerwG, DÖV 1974, 812). Soweit zur Begründung auf den Normcharakter der Pläne verwiesen wird, überzeugt dies nicht, weil es dem Gesetzgeber trotzdem freisteht, Wirkungsradius und -inhalt der Pläne zu bestimmen. Vgl. hierzu ferner BVerfG, DVBl. 1971, 740 m. kritischer Anm. von Umbach.

[10] §§ 175 ff. BauGB.

Gesetzessystematik umgesetzt durch die Vorschriften der §§ 29 ff. BauGB. Eine die planungsrechtliche Zulässigkeit von Maßnahmen begründende Wirkung entfalten Festsetzungen demnach nur für Vorhaben im Sinne von § 29 S. 1 BauGB.

Der Begriff des Vorhabens erfaßt nach seinem klaren Wortlaut die Errichtung einer neuen baulichen Anlage und die (Nutzungs-)Änderung eines bestehenden Bauwerks, nicht jedoch den (vollständigen) Abbruch[11]. Zum letztgenannten Fall verhält sich das Bauplanungsrecht, wie erwähnt, – abgesehen von dem besonderen Instrument der §§ 172 ff. BauGB – neutral[12]. Ebensowenig wie – mit dieser Einschränkung – Planfestsetzungen einem Abbruch entgegengesetzt werden können[13], vermag ausweislich des Normtextes eine bestimmte denkmalwidrige Festsetzung die Zulässigkeit eines Abbruchs unter dem Aspekt der Planverwirklichung[14] positiv zu begründen. Es fehlt infolge einer nur partiellen Umsetzung der Plangehalte durch §§ 29 ff. BauGB in dieser Hinsicht an einer Normaussage. Formal betrachtet kann deshalb insoweit eine direkte Normenkollision in dem Sinne gar nicht eintreten, daß eine Vorschrift ein bestimmtes Verhalten aus ihrem Blickwinkel ausdrücklich zuläßt, während eine andere Norm, nämlich der denkmalschutzrechtliche Erlaubnisvorbehalt, es letztlich verbietet[15].

Läßt sich insoweit zwar nicht von einer formal auflösungsbedürftigen Normenkollision sprechen, so ist doch gleichwohl eine Spannungslage unverkennbar. Denn die Verwirklichung des planungsrechtlich Festgesetzten wird u. U. durch die fachgesetzliche Entscheidung verhindert. Die Bauleitplanung hat aber seit der Novelle 1976 nicht mehr nur den Charakter einer Auffangplanung, eines Rahmens für privatinitiierte bauliche Nutzung. Sie ist, wie das Instrumentarium der seinerzeit eingefügten §§ 39 b ff. BBauG – jetzt §§ 175 ff. BauGB – verdeutlicht, verstärkt auf Vollzug, auf tatsächliche Veränderung im Sinne der getroffenen Festsetzungen angelegt. Erst die plangemäße Bebauung und Nutzung führt zu der angestrebten geordneten städtebaulichen Entwicklung (§ 1 Abs. 5 S. 1 BauGB)[16]. Aus diesem Blickwinkel besteht im Verhältnis von planerischer Festsetzung und damit zugleich Prioritätsfestlegung und denkmalschutzrechtlicher Entscheidung das Bedürfnis nach Harmonisierung. Es ist naturgemäß je größer, desto weitgehender die Planverwirklichung fachgesetzlich unterlaufen wer-

---

[11] Der Teilabbruch kann begrifflich eine „Änderung einer baulichen Anlage" i.S.v. § 29 S. 1 BauGB sein.

[12] OVG Münster, NJW 1983, 2598; zur Problematik ferner unten, II 1.

[13] Siehe oben, Zweiter Teil, I. – Das Hindernis aus § 14 Abs. 1 Nr. 1 BauGB (Abbruchverbot infolge Veränderungssperre) ist ein rechtstechnisches Mittel zum Schutz der Ziele einer geplanten Erhaltungssatzung nach § 172 BauGB und steht mit diesem Rechtsinstitut in funktionalem Zusammenhang.

[14] Zur Frage eines „planakzessorischen Abbruchs" näher unten, II 1.

[15] Zu diesem Verständnis der Normkollision BVerfGE 36, 342 (363).

[16] Vgl. Schlichter, in: Schlichter / Stich / Tittel, § 39 b, Rn. 2.

den kann und besonders anschaulich, wenn es um den Erhalt flächendekkender Ensembles geht. Da planerische Festsetzungen parzellenscharfe Nutzungsregelungen zu treffen haben[17] und eine Nutzungsentscheidung auch über das vorfindliche Einzelbaudenkmal getroffen werden muß, stellt sich die Harmonisierungsproblematik aber auch in den scheinbar weniger gravierenden Fällen, in denen die Planungsvorstellungen nicht dem gesamten Konzept nach fachgesetzlich in Frage gestellt, sondern nur gewissermaßen punktuell betroffen sind.

b) (Nutzungs-)Änderung eines Baudenkmals; Errichtung eines Bauwerks in seiner Umgebung

Ergeben kann sich eine Normenkollision im oben erörterten Sinne hingegen in den von § 29 S. 1 BauGB erfaßten Fällen der (Nutzungs-)Änderung eines denkmalgeschützten Bauwerks sowie bei der Neuerrichtung einer baulichen Anlage in der Umgebung eines Baudenkmals. Hier kann das Bauplanungsrecht etwas ausdrücklich zulassen, was das Denkmalschutzrecht wiederum verbietet.

c) Ergebnis

Es lassen sich demnach in Gestalt der „echten" Kollision und des bloßen Abstimmungsbedarfs unterschiedliche Spannungslagen zwischen bauleitplanerischer Entscheidung und Denkmalschutzrecht aufzeigen. Dabei mag hier für die Annahme einer Kollision als Grundlage für die weiteren Überlegungen die Feststellung genügen, daß hinsichtlich der untersuchten Konstellationen einander widersprechende Aussagen der beiden Normkomplexe immerhin als möglich erscheinen. Das schließt natürlich nicht aus, daß die Anwendung des fachgesetzlichen Erlaubnistatbestandes in concreto zu einem Gleichlauf mit der planerischen Entscheidung führt. Daß aber auch das Gegenteil, nämlich eine Divergenz jedenfalls nicht von vorneherein ausgeschlossen ist, folgt aus den erörterten normstrukturellen Unterschieden. Es wird noch zu klären sein, ob es Gesichtspunkte gibt, die im Wege der Interpretation des Erlaubnistatbestandes unter bestimmten Voraussetzungen oder generell einen Gleichlauf zwischen denkmalschutzrechtlicher und bauleitplanerischer Entscheidung herstellen, so daß auf diesem Wege Kollisionen vermieden werden und die wünschenswerte Harmonisierung erreicht ist. Vorrangig ist indes die Frage, ob die beschriebenen Normenkollisionen dadurch „aufgelöst" werden, daß der eine Komplex den anderen (partiell) verdrängt[18].

---

[17] Schlichter, ebd., § 9 Rn. 2, 4.

[18] Zu diesem Lösungsvorschlag Bartlspergers eingehend unten, sub II 1.

2. Planersatznormen und Fachgesetz

a) Nichtbeplanter Innenbereich

Im nichtbeplanten Innenbereich (§ 34 BauGB) kam es für das bisherige Recht nach der Rechtsprechung des Bundesverwaltungsgerichts[19] darauf an, ob die denkmalschutzrechtlichen Vorschriften, die – über die Anforderungen des „Einfügens" und der „Beeinträchtigung des Ortsbildes" hinausgehend – die (Nutzungs-)Änderung eines Baudenkmals untersagen oder die Bebauung eines Grundstücks in der Umgebung eines Baudenkmals gänzlich verbieten, als (ggf. bodenrechtliches) Enteignungsrecht zu qualifizieren sind. War dies zu bejahen, so fanden diese Vorschriften über die „sonstigen öffentlichen Belange" Eingang in die planungsrechtliche Beurteilung des Vorhabens und hinderten dessen Zulässigkeit schon auf dieser Beurteilungsebene[20]. Es kam zu einer normimmanenten Harmonisierung durch Rezeption fachgesetzlicher Anforderungen: Schon eine Bebauungsgenehmigung war zu versagen.

Die „Ausdünnung" des planungsrechtlichen Beurteilungsmaßstabes durch Wegfall der „sonstigen öffentlichen Belange" in § 34 BauGB führt in dieser Hinsicht zu einer veränderten Sachlage. Da die planungsrechtliche Norm in ihrer veränderten Gestalt für die Aufnahme jener Belange nicht mehr offen ist, können, sofern „Ortsbild" und „Einfügen" nicht mehr weiterhelfen[21], planungsrechtliche und fachgesetzliche Zulässigkeitsbeurteilung auseinanderfallen[22].

b) Außenbereich

Im Außenbereich bleibt es hingegen bei der normimmanenten Harmonisierung, weil die landesrechtlich ausgeformten Denkmalschutzbelange ungeachtet ihrer kompetenzrechtlichen Qualität in die planungsrechtliche Beurteilung eingehen[23]. Damit ist eine Kollision zur fachgesetzlichen Entscheidung ausgeschlossen.

II. Lösungsansätze

Wo Normen oder Normkomplexe hinsichtlich eines Sachverhaltes widersprüchliche Aussagen im Sinne der Zulassung, des Gebots oder des Verbots

---

19 Vgl. oben, Zweiter Teil, I, Anm. 10 und 11.

20 BVerwGE 55, 272; Schrödter, DVBl. 1982, 323 (326 ff.).

21 Dazu oben, Zweiter Teil, I; näher Kummer, Denkmalschutzrecht, S. 134 ff.

22 Deshalb verweist die amtliche Begründung zu § 34 BauGB auf § 29 S. 4 BauGB.

23 Vgl. Schrödter, DVBl. 1982, 323 (326 ff.); Weyreuther, BauR 1972, 1 ff. Siehe auch oben, Zweiter Teil, in und bei Anm. 12.

von Verhaltensweisen enthalten oder ermöglichen, läßt sich dieser Konflikt auf mehrere prinzipiell unterschiedliche Arten angehen[24]. Die naheliegendste dürfte die Suche nach einer Kollisionsnorm sein, die etwas über den Vorrang der einen gegenüber der anderen Vorschrift aussagt. Ein solcher Vorrang kann auch darin liegen, daß zwei Normen, die an ein Verhalten unterschiedlich strenge Anforderungen stellen, nebeneinander zur Anwendung gelangen und sich durch Kumulierung der Zulassungshürden die strengere durchsetzt. Ein anderer Ansatz ist das Bemühen, regelmäßig unter Rückgriff auf die Verfassung, die Kollision interpretatorisch aufzulösen oder zumindest den Kollisionsbereich zu verkleinern, indem die Anwendungsbereiche der Normgruppen gegeneinander abgegrenzt werden. Ein dritter Weg schließlich zielt darauf ab, Kollisionen zu beseitigen oder auch nur einen Harmonisierungsbedarf zu befriedigen durch im Wege der Auslegung erzielten Gleichlauf der jeweiligen Aussagen und Wertungen.

Vom Grundtyp her werden alle diese Lösungsmöglichkeiten auch für das Verhältnis Denkmalschutzrecht-Bauleitplanung vertreten.

1. Planakzessorischer Abbruchanspruch

a) Darstellung

Bartlsperger[25] hat sich in einer eingehenden Untersuchung mit der Frage befaßt, welche Folgerungen aus der in § 1 Abs. 6 BBauG – jetzt § 1 Abs. 5 Ziff. 4 BauGB – angeordneten Einbeziehung der Denkmalschutzbelange in die städtebauliche Planung für das Verhältnis von planerischer Entscheidung und fachgesetzlichem Erlaubnisvorbehalt zu ziehen sind. Er kommt zu dem Ergebnis, der Denkmalschutz sei de lege lata in dem Sinne planifiziert, daß sich die die Grenzen planerischen Abwägens respektierende Entscheidung gegen die Erhaltung und für eine anderweitige Nutzung als abschließend darstelle und vom Fachgesetz nicht mehr in Frage gestellt werden könne. Im Geltungsbereich eines qualifizierten Bebauungsplanes begründe deshalb eine in diesem Sinne denkmalwidrige planerische Festlegung zugleich einen Anspruch auf Genehmigung eines Abrißvorhabens, welches Voraussetzung zur Verwirklichung der planerischen Nutzungsausweisung ist. Die Entscheidung über die Zulässigkeit von Abbruchmaßnahmen sei dergestalt im Planungsrecht konzentriert und könne im qualifiziert beplanten Bereich fachgesetzlich nicht mehr unterlaufen werden[26].

---

[24] Hintergrund ist der Gesichtspunkt der „Einheit der Rechtsordnung“; dazu Hesse, Grundzüge, S. 85.

[25] DVBl. 1981, 284 ff.

[26] Anders, wenn kein gültiger qualifizierter Bebauungsplan vorliegt: Im Bereich der §§ 34, 35 BBauG kommt nach Bartlsperger der denkmalschutzrechtliche Erlaubnisvorbehalt gem. § 29 S. 5 BBauG uneingeschränkt zur Anwendung, ebd., S. 289.

Ausgehend von dem Mangel ausdrücklicher besonderer Konzentrations- und Vorrangregeln zugunsten gemeindlicher Bebauungspläne[27] bewegt sich Bartlspergers Begründung vornehmlich auf allgemein-institutioneller Ebene: Die Bebauungspläne erzeugten in Verbindung mit § 30 BBauG eine rechtsbegründende Wirkung, die sich wegen der Einbeziehung der Erhaltungsbelange in die Abwägung auch auf den Aspekt des Schutzes und der Erhaltung von betroffenen Baudenkmälern erstrecke. Der Grundsatz der Rechtsgeltung von Bebauungsplänen lasse nicht zu, daß die durch sie begründeten Nutzungsmöglichkeiten durch anderweitige Normierungen unterlaufen würden[28]. Vielmehr komme der Bauleitplanung, so die Grundthese, wegen ihres in Hinsicht auf die Bodennutzung integralen Gesamtplanungscharakters eine institutionelle Vorrangstellung zu gegenüber dem nur punktuell ausgerichteten fachgesetzlichen Denkmalschutz[29].

Dieses (Vor-)Verständnis prägt Bartlspergers Bemühen um Interpretation der zu diesem Fragenkreis normtextlich aussagekräftigen Vorschriften des BBauG. Da der Textbefund der obigen Grundthese entgegensteht[30], hat Bartlsperger zwangsläufig „einige Auslegungsschwierigkeiten[31]“: Der Wortlaut des § 29 S. 1 BBauG führe, stelle man allein auf ihn ab, zu dem „sinnwidrigen Ergebnis“, daß der Bebauungsplan zwar eine rechtsbegründende Wirkung für eine bestimmte Neubebauung entfalte, nicht jedoch für den sachlogisch zwingend vorgelagerten und damit verknüpften Abbruch vorhandener Bausubstanz. Die sachlogische Abhängigkeit von Beseitigung und Neubebauung einerseits sowie der Geltungsanspruch der Planaussage andererseits, der ausweislich der Plankonzeption den akzessorischen Abriß erfasse, zwinge deshalb entgegen dem Wortlaut des Gesetzes dazu, einem Bebauungsplan eine rechtsbegründende Vorwirkung für ein zur Planrealisierung zwingend erforderliches Abbruchvorhaben zuzumessen[32].

Die als Folge dieser Interpretation sich einstellende Kollision zwischen Planaussage und fachgesetzlichem Genehmigungsvorbehalt[33] wird durch eine den vorfindlichen Normtext wiederum einschränkende Auslegung zugunsten des Städtebaurechts gelöst: Der Vorbehalt des § 29 S. 5 BBauG

---

[27] Als Beispiel fachgesetzlicher formeller Rückbindung an den Bebauungsplan erwähnt Bartlsperger, ebd., die Vorschrift des Art. 9 Abs. 10 BayWaldG.

[28] Bartlsperger, ebd., S. 287 ff. kritisiert deshalb die Inanspruchnahme einer „Verwerfungskompetenz“ durch die Denkmalschutzbehörden gegenüber gemeindlichen Bebauungsplänen, welche sich zum einen in der Behauptung artikuliere, der Plan sei wegen nicht genügender Berücksichtigung der Erhaltungsbelange nichtig, und zum anderen darin zum Ausdruck komme, daß der denkmalschutzrechtliche Erlaubnisvorbehalt auch auf die bereits in einem qualifizierten Bebauungsplan geregelten Vorhaben zur Anwendung gebracht werde.

[29] DVBl. 1981, 284 (293).

[30] Dazu sogleich sub b.

[31] DVBl. 1981, 284 (290).

[32] Ebd., S. 292 f.

[33] Ebd., S. 293.

erstrecke sich nicht auf Materien, die bereits im Bauleitplanverfahren abschließend und verbindlich entschieden sind. Eben dies sei für den Aspekt des Denkmalschutzes zu bejahen. Die gegenteilige Annahme verführe zu einem nicht akzeptablen Eingriff in die Funktionalität öffentlicher Planung, verurteile die gemeindliche Bauleitplanung in nicht unerheblichem Maße zur rechtlichen Bedeutungslosigkeit und verkenne ihre institutionelle Vorrangstellung[34].

b) Kritik

Dieser hier nur verkürzt wiedergegebene Ansatz begegnet in erster Linie[35] methodisch-grundsätzlichen Einwänden. Bartlsperger operiert maßgeblich mit allgemeinen Begriffen wie „Funktionalität" und „Rechtsgeltung" von Bebauungsplänen, die ihrerseits durchaus keine vorgegebenen Größen mit feststehenden Konturen darstellen, sondern in ihrem konkreten Geltungsradius des Nachweises bedürfen. Ein solcher Nachweis kann aber nur aus der Analyse und Zusammenschau des gesamten relevanten Normmaterials geführt werden. Ansatzpunkt muß deshalb die Interpretation der einschlägigen Vorschriften sein. Als Ergebnis mag sich dabei herausstellen, daß im geltenden Recht schlagwortartig gekennzeichnet dieses oder jenes Prinzip nachweisbar ist in diesem oder jenem konkreten Umfang. Gerade wenn es aber um Randzonen oder zweifelhafte Dimensionen eines im übrigen nachweisbaren Grundsatzes geht, muß die Lösung vorrangig und zuerst aus der konkreten Normaussage entwickelt, nicht aber letztere einem gewissermaßen axiomatisch gesetzten vorgelagerten Grundsatz angepaßt werden.

Diese methodische Kritik richtet sich gegen beide Grundschritte in Bartlspergers Argumentation, die Herleitung der den Abbruch erfassenden rechtsbegründenden Funktion von qualifizierten Bebauungsplänen sowie den institutionellen Vorrang gegenüber dem Fachgesetz:

Inwieweit den Festsetzungen eines Bebauungsplans rechtsbegründende Wirkung zukommt, ergibt sich nicht aus allgemeinen Prinzipien, sondern aus den „Umschaltnormen" der §§ 29, 30 BauGB. Der in seinem Wortlaut unmißverständliche § 29 S. 1 BauGB erstreckt die Geltungs- und Aussagewirkung eines Bebauungsplans gerade nicht auf die Frage des Abbruchs baulicher Anlagen und dies, obwohl dem Gesetzgeber der Novellen 1976 und 1979 die Erhaltungsfrage ausweislich des damals ergänzten § 1 Abs. 6 BBauG und des seinerzeit neugeschaffenen § 39 h BBauG sowie in Gestalt der neueren denkmalrechtlichen Genehmigungsvorbehalte durchaus im

---

34 Ebd., S. 293 f.

35 Zur interpretatorischen Bedeutung von § 39 d BBauG (jetzt: § 179 BauGB) in diesem Zusammenhang siehe unten, III 1 d; zu § 39 a Abs. 3 BBauG (jetzt: § 173 Abs. 4 BauGB) vgl. bereits Battis / Schmittat, NuR 1983, 102 (108).

Blickfeld war. Terminologisch ist schon dem BBauG der Unterschied zwischen der Änderung einer baulichen Anlage und deren Abbruch durchaus geläufig (z. B. §§ 14 Abs. 1 Nr. 3, 39 h Abs. 1 S. 1, Abs. 2 und Abs. 3 BBauG)[36]. Schließlich hat der Gesetzgeber im Zuge der Schaffung des BauGB jeden verbleibenden Zweifel dadurch beseitigt, daß er in § 14 Abs. 1 Nr. 1 BauGB nunmehr Vorhaben im Sinne des § 29 BauGB und die Beseitigung baulicher Anlagen nebeneinander gestellt und dadurch begrifflich voneinander geschieden hat. Der unveränderte Normtext des § 29 S. 1 BauGB kann deshalb nur so gedeutet werden, daß die Erhaltungsfrage zwar in der Bauleitplanung einen abwägungserheblichen Belang darstellt, dort jedoch keine abschließende Behandlung erfährt. Daß die Gemeinde in den hier in Rede stehenden Fällen die Beseitigung vorhandener Bauwerke in ihr Plankonzept mit aufgenommen hat[37], ändert nichts an der insoweit fehlenden rechtlichen Umsetzung, der Erheblichkeit dieses Willens. Dieses unter Hinweis auf sachlogische Gesichtspunkte und sinnwidrige Ergebnisse zu korrigieren, besteht kein hinreichender Anlaß: Wenn die Gemeinde als Ergebnis der Abwägung entgegen der Stellungnahme der Denkmalfachbehörde (Landschaftsverband) eine Festsetzung zugunsten einer anderweitigen Nutzung trifft, dann tut sie das – bzw. sollte es im Hinblick auf §§ 29 ff. BauGB tun – in dem Bewußtsein, daß es sich um eine „imperfekte" Festsetzung insoweit handelt, als ihre Realisierung rechtlich von einer weiteren Verwaltungsentscheidung abhängt, deren Inhalt von ihr nicht kontrolliert werden kann[38]. Eine solche risikobehaftete, gewissermaßen unter Vollzugsvorbehalt stehende Festsetzung begründet zwar planungsrechtlich die Zulässigkeit eines Neubauvorhabens, impliziert aber gerade nicht sachlogisch zwingend die Mitentscheidung eines planakzessorischen Abbruchbegehrens. Darin liegt kein Eingriff in das Prinzip der Rechtsgeltung von Bebauungsplänen, sondern eine vom Gesetzgeber a priori selbst und durchaus bewußt angeordnete Geltungs- und Aussagegrenze dieser Planart[39].

Entgegen Bartlsperger[40] gibt auch der individualrechtliche Blickwinkel für eine andere Beurteilung nichts her. Das Vertrauen des Eigentümers, er werde sein Grundstück so nutzen können, wie im Bebauungsplan ausgewiesen, kann sich mit der Eintragung in die Denkmalliste oder der vorläufigen Unterschutzstellung nicht mehr auf den Abbruch erstrecken[41]. Denn ab

---

[36] In diesem Sinne das sorgfältig begründete Urteil des OVG Münster, NJW 1983, 2598.

[37] Bartlsperger, DVBl. 1981, 284 (292).

[38] In diesem Sinne auch Wiechert, nds DSchG, § 1, Rn. 13.

[39] Anders regelmäßig bei Planfeststellungen wegen der ihnen zukommenden Konzentrationswirkung, die auch die Abrißfrage umfaßt. Vgl. Bartlsperger, DVBl. 1981, 284 (286); siehe ferner oben, Erster Teil, V 4.

[40] Ebd., S. 288, 292.

[41] Das gilt erst recht, wenn die Unterschutzstellung dem Bebauungsplan zeitlich vorgelagert ist.

diesem Zeitpunkt ist für ihn ohne weiteres erkennbar, daß die Verhaltensmöglichkeiten sich in bezug auf das Grundstück künftig rechtlich nicht mehr nur nach den planerischen Ausweisungen, sondern auch nach dem Ausgang eines fachgesetzlichen Genehmigungsverfahrens richten[42]. Schutzwürdig ist der „informierte Bürger" nicht in seinem Glauben an die weitere Alleinmaßgeblichkeit des Bebauungsplanes, sondern im Hinblick auf die aus der Einschränkung seiner Verfügungsmöglichkeiten u. U. erwachsenden wirtschaftlichen Nachteile[43].

Aus ähnlichen Gründen nicht gefolgt werden kann auch der Herleitung eines „institutionellen Vorrangs" der Bauleitplanung gegenüber der fachgesetzlichen Nutzungsregelung. Dem hier trotz der bereits auf der Ebene der Planaussage artikulierten Kritik weiter nachzugehen, besteht deshalb Anlaß, weil § 29 S. 1 BauGB zwar nicht den Abriß eines Baudenkmals erfaßt, wohl aber dessen bauliche Veränderung und Nutzungsänderung und ferner für die Neuerrichtung in der Umgebung eines geschützten Bauwerkes aussagekräftig ist. In diesen Fällen kann es, wie dargelegt[44], zu echten Normenkollisionen kommen zwischen der planungsrechtlichen Aussage der §§ 29 S. 1, 30 BauGB i.V.m. einem Bebauungsplan einerseits und dem in concreto per Versagungsbescheid aktualisierten Erlaubnisvorbehalt des § 9 Abs. 2 lit. b nw DSchG. Insoweit ist mit Bartlsperger nach Inhalt und Reichweite der Kollisionsnorm des § 29 S. 5 BBauG zu fragen[45].

Dieser Problematik ist indes mit der Behauptung eines institutionellen Vorrangs der Bauleitplanung nicht beizukommen: Der Hinweis auf den Gesamtplanungscharakter der Bauleitplanung vermag einen solchen Vorrang nicht zu begründen[46]. Ein allgemeiner Rechtsgrundsatz, wonach die Gesamtplanung der Fachplanung bzw. fachgesetzlichen Nutzungsregelungen stets vorgehe, ist in unserer Rechtsordnung nicht nachweisbar[47]. Es

---

[42] Vgl. Battis / Schmittat, NuR 1983, 102 (108).

[43] Zum Bestandsschutz als „Wertschutz" i.S.v. Art. 14 GG Battis / Schmittat, ebd., S. 106 m.w.N.

[44] Siehe oben, I 1 b.

[45] Dazu ausführlich unten, sub II 3 b.

[46] Siehe allerdings BVerwGE 35, 257 (260), wo das Landschaftsschutzrecht als „dem Planungsrecht gedanklich nachgeordnetes und im Range unterlegenes Recht" bezeichnet wird (hierzu kritisch Steinberg, NJW 1981, 550 (553)). Dieses Urteil, wie auch die spätere Judikatur (BVerwGE 55, 272; BVerwG, NJW 1981, 474) begründet die „Sperrwirkung" der §§ 30 ff. BBauG mit der Ausschöpfung der dem Bund zugewiesenen Regelungskompetenz für das Bodenrecht. Von einer Sonderstellung gerade des qualifizierten Bauleitplanes im Sinne eines „institutionellen Vorrangs" ist keine Rede.

[47] Statt dessen plädiert Brohm, DVBl. 1985, 593 (599) dafür, daß die Gesamtplanung der Gemeinde Rücksicht zu nehmen habe auf den staatlichen Denkmalschutz als Spezialkompetenz und dies grs. die Durchsetzungsfähigkeit der Denkmalschutzbestimmungen gegenüber der Bauleitplanung erfordere. – Zur Problematik des Verhältnisses von Fachplanung i.S.v. § 38 BauGB und der Bauleitplanung ausführlich Schlarmann, Privilegierte Fachplanung, S. 46 ff.

bedarf vielmehr des Nachweises einer konkreten normativ ableitbaren Höherrangigkeit im in Rede stehenden Kollisionsbereich, wie sie etwa § 38 BauGB zugunsten der dort besonders genannten Fachplanungen anordnet[48]. Dieser Vorschrift im Wege des Gegenschlusses zu entnehmen, im übrigen gehe die Bauleitplanung anderen Regelungen vor[49], verbietet sich im vorliegenden Zusammenhang schon im Hinblick darauf, daß im Zuge der Novelle 1976 der bis dato in § 5 Abs. 6 BBauG geregelte Geltungsvorrang des Bebauungsplans gegenüber einer Landschaftsschutzverordnung[50] aufgehoben worden ist. Die Annahme, daß ein solcher Vorrang kraft institutioneller Überordnung des Bauleitplanes nicht nur im Verhältnis zum Landschaftsschutz, sondern allgemein auch ohne dies bestanden hat – und folglich weiterhin besteht –, dürfte damit ausgeschlossen sein[51].

Der konkrete Vorrangnachweis läßt sich nicht in der Weise führen, daß auf die ausdrückliche Nennung der Erhaltungsinteressen als Abwägungsbelange verwiesen wird. Auch ohne namentliche Erwähnung im Zielkatalog des § 1 Abs. 5 BauGB wäre es ein Gebot rechtsstaatlicher Planung, den konkret berührten Belang abwägend mitzuberücksichtigen[52], ohne daß daraus zugleich zu folgern wäre, über diesen Aspekt sei damit zugleich umfassend und abschließend entschieden. Berücksichtigungspflicht und Entscheidungsgehalt brauchen durchaus nicht deckungsgleich zu sein[53]. Es gibt eine ganze Reihe von öffentlichen Interessen, die Gegenstand fachgesetzlicher Normierung und zugleich Abwägungsbelang in der Bauleitplanung sind, ohne daß dadurch eine Planifizierung im Sinne der Derogation des Fachgesetzes durch den Bauleitplan i.V.m. § 30 BauGB herleitbar wäre[54]. Der Entscheidungsgehalt der planerischen Festlegung ist nicht dem Abwägungsgebot und dem Katalog ausdrücklich genannter Belange, sondern den Rechtsfolgebestimmungen des Planungsrechtes zu entnehmen (§§ 29 S. 1, 30 ff. BauGB)[55].

---

48 Hierzu näher Breuer, Die hoheitliche raumgestaltende Planung, S. 201 ff.; Schlarmann, Privilegierte Fachplanung, S. 60 ff.

49 So Breuer, Die hoheitliche raumgestaltende Planung, S. 205 für die in § 38 BBauG nicht genannten (Bau-)Planfeststellungen, nicht aber für fachgesetzliche Nutzungsregelungen (z. B. Wasserschutzgebiet, Landschaftsschutzgebiet), deren Verhältnis zur Bauleitplanung durch § 29 Abs. 5 BBauG geregelt werde (S. 206 ff.).

50 Hierzu näher Breuer, ebd., S. 209 f.; BVerwG, DVBl. 1972, 119.

51 Ebenso Watzke, Denkmalschutz- und Stadtplanungsrecht, S. 114. Zur Beseitigung des in § 5 Abs. 6 BBauG a. F. konstitutiv begründeten Vorrangs der Bauleitplanung siehe OVG Koblenz, NuR 179, 113; zur heutigen Problematik Steinberg, NJW 1981, 550 ff.; Sening, NuR 1980, 14.

52 BVerwGE 58, 281 (284).

53 Das folgt schon daraus, daß es in manchen Sachbereichen mitunter an einer Festsetzungsmöglichkeit zum effektiven Schutz eines Belanges fehlt. So bis zu Novelle 1976 (Einführung des § 39 h BBauG) z. B. für die Erhaltungsbelange.

54 Das gilt auch dann, wenn die Berücksichtigung zu entsprechenden Festsetzungen nach § 9 BauGB führt. Das jeweilige Fachgesetz wird dadurch nicht verdrängt (vgl. etwa Löhr, in: Battis / Krautzberger / Löhr, § 9, Rn. 90; vgl. auch Weyreuther, BauR 1972, 1 ff.).

Das weitere Argument Bartlspergers, die Verdrängung des landesrechtlichen Denkmalschutzrechtes im Bereich eines qualifizierten denkmalschädlichen Bebauungsplanes durch entsprechende Auslegung von § 29 S. 5 BBauG sei geboten, um Funktion und Rechtsgeltung von Bebauungsplänen zu schützen und ihrer institutionellen Vorrangstellung Geltung zu verschaffen, kommt einer petitio principii nahe. Zwar ist in der Tat fraglich, ob und inwieweit planungsrechtliche Normaussagen durch fachgesetzliche Regelungen Einschränkungen hinnehmen müssen oder ganz unterlaufen werden können. Dieses ist aber kein Spezifikum gerade des gemeindlich beschlossenen Bebauungsplanes, sondern ein allgemeines Zuordnungsproblem, welches sich in gleicher Weise in Hinsicht auf die planersetzenden Vorschriften der §§ 34, 35 BauGB stellt[56]. Entgegen Bartlsperger ist deshalb der Vorschrift des § 29 S. 5 BBauG bzw. 29 S. 4 BauGB ihrer systematischen Stellung entsprechend eine allgemeine Lösung für die (Un-)Zulässigkeit denkmalschutzrechtlicher Regelungen im Anwendungsbereich bauplanungsrechtlicher Zulassungsnormen abzugewinnen[57], nicht aber unter Rückgriff auf zweifelhafte Überordnungsgrundsätze danach zu differenzieren, ob ein Bebauungsplan oder eine Planersatznorm betroffen ist.

Der Gedanke eines planakzessorischen Abbruchanspruchs bietet demnach keine tragfähige Grundlage zur Lösung des aufgezeigten Zuordnungsproblems[58].

2. Kompetenzrechtliche Abgrenzung der Normbereiche

a) Darstellung

Wenn Bundes- und Landesgesetzgeber sich mit derselben Materie befassen, liegt der Gedanke nicht fern, die dabei auftretenden Kollisionen und Harmonisierungserfordernisse durch eine kompetenzrechtlich ausgerichtete Abschichtung von Regelungsbereichen anzugehen. Diesen Versuch unternimmt Erbguth[59]. Sein Ausgangspunkt ist einerseits die Bundeskompetenz zur Regelung des Bodenrechts (Art. 74 Nr. 18 GG) als Grundlage des städtebaulichen Planungsrechts und andererseits die verbreitet unter dem Topos „Kulturhoheit“ rubrizierte[60] Kompetenz der Länder zur Gesetzgebung auf

---

[55] Zur – problematischen – Ausnahme hinsichtlich der sog. „Stoppwirkung“ des Bebauungsplans siehe oben, Anm. 9.

[56] Siehe hierzu die oben (Anm. 46) nachgewiesene Rspr. des BVerwG.

[57] Soweit die Denkmalschutzbelange nicht bereits über „offene“ Tatbestandselemente der §§ 30 ff. BauGB unmittlbar Eingang in die planungsrechtliche Beurteilung finden. Dazu oben, Zweiter Teil, I.

[58] Ablehnend auch Wiechert, nds DSchG, § 1, Rn. 13; Erbguth, DVBl. 1985, 1352 (1358, Fn. 74); Brohm, DVBl. 1985, 593 (598); Henke, Stadterhaltung, S. 43 – 49.

[59] DVBl. 1985, 1352.

[60] Siehe hierzu die Nachweise bei Bartlsperger, DVBl. 1981, 284 (294, Fn. 65). Die von Erbguth, DVBl. 1985, 1352 (1356, Fn. 50) genannten Belegstellen sind unergiebig.

dem Gebiet des Denkmalschutzrechts. Die Befugnis des Bundes, auf der genannten Grundlage das bodenbezogene Verhalten im Staat-Bürger-Verhältnis zu regeln[61], erstreckt sich anerkanntermaßen auch darauf, in den Gestaltungsauftrag des modernen Städtebaurechts die in § 1 Abs. 5 BauGB beispielhaft genannten Belange miteinzubeziehen, soweit es um den spezifisch städtebaulichen Aspekt der jeweiligen Materie geht[62]. Für den Bereich der Stadterhaltung folgt nach Erbguth[63] daraus, daß der Kompetenztitel „Bodenrecht" dem Bund keinen allgemeinen Zugriff auf das Recht der Erhaltung baulicher Anlagen – unter Einschluß des Denkmalschutzrechts im eigentlichen Sinne – ermöglicht. Seiner Regelung zugänglich sei vielmehr nur die Funktions- und Nutzungszuweisung historischer Bauwerke innerhalb des städtebaulichen Gesamtgefüges (Integration) und ferner der Milieuschutz im Sinne einer Verhinderung von Eintönigkeit und Öde[64].

Auf der anderen Seite ist den Ländern nach seiner Ansicht eine Kompetenzgrenze dadurch gezogen, daß die Kulturhoheit nur die Befassung mit dem kulturhistorischen Erinnerungswert von Bausubstanz zulasse. Verwehrt sei den Ländern hingegen die Ausweitung denkmalschutzrechtlicher Vorschriften auf einen davon losgelösten Psychotop- oder Milieuschutz[65].

Die auf dem Hintergrund dieser kompetenzrechtlichen Abgrenzung durchgeführte verfassungskonforme Interpretation der einschlägigen bundes- und landesrechtlichen Vorschriften führt nach Erbguth zu folgendem Ergebnis[66]: Im Rahmen der bauleitplanerischen Abwägung könne und dürfe die Erhaltungswürdigkeit eines Bauwerkes nur berücksichtigt werden, wenn und soweit es aus städtebaulichen Gründen erhaltenswert ist. Die kulturgeschichtliche Bedeutung im weiteren Sinne spiele insoweit keine Rolle. In diesem eingeschränkten Umfang trage die Planungsentscheidung abschließenden Charakter. Auf der anderen Seite sei das Landesrecht insoweit restriktiv auszulegen: Die in den Landesgesetzen verbreitet anzutreffenden „städtebaulichen Erhaltungsgründe" seien architekturhistorisch zu interpretieren[67].

Im Unterschied zu Bartlsperger[68], der für eine vollständige Verdrängung des Landesrechts im Bereich eines qualifizierten Bebauungsplanes eintritt,

---

[61] Dazu grundlegend BVerfG, Rechtsgutachten, BVerfGE 3, 407 (424).

[62] Vgl. Schmidt-Aßmann, in: Ernst / Zinkahn / Bielenberg, § 1, Rn. 171.

[63] DVBl. 1985, 1352 (1356).

[64] Ebd., S. 1356.

[65] Ebd., S. 1356 f. Hinsichtlich Ensembleschutz zustimmend Buelow, Rechtsfragen, S. 88.

[66] DVBl. 1985, 1352 (1356 ff.).

[67] Zu dieser Streitfrage bereits oben, Erster Teil, Anm. 68. Als Konsequenz dieser Auffassung Erbguths kommt ein von der kulturhistorischen Bedeutung losgelöster Psychotop- und Milieuschutz nur über das Instrument des § 172 BauGB in Betracht, nicht aber durch Landesdenkmalschutzrecht.

[68] DVBl. 1981, 284 (295).

bei dessen Aufstellung aber Denkmäler jeder Kategorie zu berücksichtigen und umfassend mit abzuwägen seien[69], plädiert Erbguth für eine ausschnittsartige planungsrechtliche Denkmälerberücksichtigung und eine allgemeine, in allen planungsrechtlichen Gebietsarten wirksame Zurückdrängung des landesrechtlichen Denkmalschutzes auf die kulturhistorischen Aspekte. Das zielt ab auf eine Verkleinerung des Überschneidungsbereichs von bundesrechtlichem Bauleitplanungs- und landesrechtlichem Erhaltungsrecht und führt im praktischen Ergebnis zu einem inhaltlich begrenzten, um die rein städtebaulichen Erhaltungsgründe verminderten denkmalschutzrechtlichen Entscheidungsvorbehalt[70].

b) Kritik

Es mag zunächst bezweifelt werden, ob in dem verbleibenden wichtigen Überschneidungsbereich die nach Erbguth erforderliche Aufspaltung der Abwägungsentscheidung nach Bedeutungskategorien argumentativ-praktisch durchführbar ist. Wo die Bedeutungsebenen und Erhaltungsgründe ineinander verwoben sind, einander verstärken oder gar bedingen, dürfte dies schwerlich möglich sein; das soll hier aber letztlich dahinstehen. Denn losgelöst davon bestehen gegen den Ansatz Erbguths und die dabei entwikkelten Gedankengänge durchgreifende Bedenken anderer Art:

aa) Es ist in der Tat fraglich, wie weit der Kompetenztitel „Bodenrecht" in Hinsicht auf den baulichen Denkmalschutz trägt[71]. Soweit sich, was an dieser Stelle auf sich beruhen mag, dabei ergeben sollte, daß dem Bund der Regelungszugriff auf diese Materie als solche zwar gestattet ist, aber nur begrenzt und unter ganz bestimmten Aspekten, gewissermaßen ausschnittsartig[72], schlüge diese Erkenntnis auf das Verständnis der nach § 1 Abs. 5 Ziff. 4 BauGB zu berücksichtigenden „Belange des Denkmalschutzes" gleichwohl nur dann durch, wenn der Bundesgesetzgeber im Rahmen der

---

[69] Trotz der kompetenzrechtlich einschränkenden Formulierung (S. 295) dürfte Bartlspergers Ansatz in diesem Sinne zu verstehen sein.

[70] DVBl. 1985, 1352 (1359).

[71] Vgl. zu dieser umstrittenen Frage etwa Watzke, Denkmalschutz- und Stadtplanungsrecht, S. 123 ff.; Schlichter, in: Schlichter / Stich / Tittel, § 39 h BBauG, Rn. 2; Gaentzsch, Die alte Stadt (ZSSD) 1974, 273 ff. (281); im Anschluß daran Bartlsperger, DVBl. 1981, 284 (295); ferner Ziegler, ZfBR 1980, 275 ff.; Wiechert, nds DSchG, § 1, Rn. 7; Kummer, Denkmalschutzrecht, S. 104 ff.; Henke, Stadterhaltung, S. 26 ff. m.w.N.; Buelow, Rechtsfragen, S. 69 ff.

[72] Konkret geworden ist das Problem in bezug auf die Fassung des § 39 h BBauG (ersetzt jetzt durch § 172 ff. BauGB) schon im Gesetzgebungsverfahren (dazu Friauf / Wendt, Arbeiterwohnsiedlungen, S. 53 ff.). Vgl. ferner Erbguth, DVBl. 1985, 1352 (1358); Buelow, Rechtsfragen, S. 348 ff.; Moench, ZfBR 1985, 113 ff., 163 ff. (166); Hönes, Unterschutzstellung, S. 32 ff.; VG Köln, Der Städtetag 1983, 577; Battis / Krieger, DVBl. 1981, 479; Henke, Stadterhaltung, S. 26 ff. – Die Kompetenzgerechtigkeit von § 39 h BBauG ist nunmehr bejaht worden von BVerfG (DVBl. 1987, 465) und BVerwG (DVBl. 1987, 1013).

Normierung der Bauleitplanung die Kompetenz zu einer Regelung des Denkmalschutzes tatsächlich in Anspruch genommen hätte. Nur dann und insoweit wäre nach einer entsprechenden kompetenzrechtlichen Legitimation und deren inhaltlicher Reichweite zu fragen.

Ausweislich des auch nach der erneuten Novellierung wiederum unveränderten Normtextes des einschlägigen § 29 S. 1 BauGB beansprucht die nach Maßgabe von § 1 BauGB ergehende Planungsentscheidung in Hinsicht auf den Baudenkmalschutz eine derartige Regelungswirkung gerade nicht[73]. Das gilt, wie hinzuzufügen ist, jedenfalls für den von § 29 S. 1 BauGB nicht erfaßten zentralen Bereich des Abrisses schutzwürdiger Bausubstanz[74]. Die Feststellung beschränkt sich ferner auf den Erlaß von „normalen" Bebauungsplänen in Anwendung von § 1 ff. BauGB. Im Bereich des besonderen städtebaulichen Instruments der Erhaltungssatzung nach § 172 ff. BauGB liegen die Dinge anders. In Gestalt dieser Vorschriften hat der Bundesgesetzgeber auch eine denkmalschutzrechtliche Regelungskompetenz reklamiert[75]. Bei der Neufassung dieser Vorschrift hat der Gesetzgeber folgerichtig deren städtebaulichen, in Hinsicht auf den Gesamtbereich des Baudenkmalschutzes also sektoralen Charakter betont, wohl nicht zuletzt, um damit der kompetenzrechtlichen Kritik[76] die Spitze zu nehmen.

In Hinsicht auf den genannten, von § 29 S. 1 BauGB nicht erfaßten Bereich hat der Bund im Rahmen der Bauleitplanung lediglich eine Rücksichtnahme auf die Denkmalschutzbelange innerhalb der Gesamtabwägung angeordnet. Setzt sich dieser Belang durch, kommt es zu einem flankierenden Schutz durch erhaltungsadäquate Nutzungsausweisung, entsprechende Gestaltung des Umfeldes usw. Tritt er letztlich zurück, so ist die Erhaltungsfrage hierdurch gleichwohl noch nicht negativ „geregelt", vielmehr durchaus offen[77].

Für solche Rücksichtnahme auf einen anderweitig landesrechtlich geregelten Belang bedarf es keines den betroffenen Sachbereich als solchen abdeckenden Kompetenztitels des Bundes[78]. Kompetenzrechtlich besteht deshalb entgegen Erbguth kein Grund, die planungsrechtliche Abwägungs-

[73] Siehe oben, I 1 a.

[74] Zu den übrigen Fällen sogleich sub cc.

[75] Kompetenzrechtlich formuliert ist § 172 BauGB teilweise „Sonderrecht" des Bundes in Hinsicht auf den städtebaulichen Denkmalschutz. Zu diesen Kategorien allg. v. Pestalozza, DÖV 1972, 181 ff.

[76] Siehe Nachweise Anm. 72.

[77] Zu dieser Neutralität des Planungsrechts gegenüber Abbruchvorhaben bereits oben, II 1 b.

[78] Weyreuther, BauR 1972, 1 ff. (3); vgl. auch die Begründung des Entwurfs eines Gesetzes zur Berücksichtigung des Denkmalschutzes im Bundesrecht (BT-Drucks. 8/3105), beschlossen am 1. 6. 1980 (BGBl. I, 649), wo das Fehlen einer eigenen Gesetzgebungskompetenz des Bundes auf dem Gebiet des Denkmalschutzes festgestellt wird; ferner OVG Münster, DÖV 184, 475 (Bundesbahn und Denkmalschutz).

pflicht auf solche Bauwerke zu beschränken, denen jenseits ihrer kulturhistorischen Bedeutung eine aktuelle städtebauliche (Präge-)Wirkung zukommt[79].

Im übrigen zählt es zum Wesen rechtsstaatlicher Planung, daß alle von ihr betroffenen Belange berücksichtigt und mitabgewogen werden[80]. Wegen der praktischen Relevanz einer erhaltungsfreundlichen Nutzungs- und Funktionszuweisung wird von der Bauleitplanung jedes Baudenkmal berührt, gleich ob es (auch) städtebauliche Bedeutung hat oder nicht[81]. Die „geordnete städtebauliche Entwicklung", allgemeine Richtschnur der Bauleitplanung, vermag entgegen Erbguth[82] eine Beschränkung auf bestimmte Denkmalkategorien nicht zu rechtfertigen. Die Schlußfolgerung, von den in den Planungsleitsätzen genannten Sachbereichen seien im Rahmen der Bauleitplanung jeweils nur deren städtebaulich relevanten Aspekte von Bedeutung und also könne es im Bereich des Denkmalschutzes nur auf Baudenkmäler von optisch-ambientaler Prägewirkung für einen Straßenabschnitt, ein Stadtviertel ankommen, greift zu kurz. Jedes, selbst das äußerlich unauffällige Baudenkmal war und ist stadtplanerisch nicht zuletzt auch unter dem Blickwinkel der kulturellen Bedürfnisse der Bevölkerung zu beachten[83], weil die planerische Ausweisung zu seiner langfristigen Erhaltung wesentliches beitragen und umgekehrt diese erschweren kann[84]. Der Begriff „städtebaulich" ist demzufolge dem jeweiligen normativen Kontext entsprechend differenziert auszulegen und kann nicht innerhalb des § 1 Abs. 5 BauGB kurzerhand gleichgesetzt werden mit dem fachgesetzlichen, auf optisch-ambientale Umweltprägung ausgerichteten Verständnis der „städtebaulichen Erhaltungsgründe"[85]. Anders gesagt: Städtebaulich relevant und mitabzuwägen sind alle bodenbezogenen Interessen aus dem Sachbereich „Denkmalschutz" und mithin alle Baudenkmäler, nicht lediglich die in einem engeren Begriffssinne städtebaulich prägenden. Die Abwägungs-

---

[79] Die Ausführungen Erbguths sind insoweit wenn nicht widersprüchlich, so doch zumindest unklar: Einerseits heißt es – zutreffend –, zum Regelungsauftrag des Städtebaurechts zähle auch die Entscheidung über die künftige Funktion und Nutzung historischer Bausubstanzen (ähnl. Gaentzsch, Die alte Stadt (ZSSD) 1974, 273 ff. (281)), sowie der Schutz des Wohnmilieus (S. 1356). Dies verlangt die abwägende Berücksichtigung jedes Baudenkmals, auch des städtebaulich uninteressanten. Damit im Widerspruch steht, daß später (S. 1358/1359) die bauleitplanerische Abwägung ausdrücklich auf die aktuelle städtebauliche Bedeutung des Bauwerks begrenzt wird.

[80] BVerwGE 58, 281 (284).

[81] Wiechert, nds DSchG, § 1, Rn. 8. – Zum Streit um den Stellenwert der Bauleitplanung für einen effektiven Denkmalschutz vgl. Gaentzsch (Fn. 79), Watzke, Denkmalschutz- und Stadtplanungsrecht, S. 103 ff. sowie Kummer, Denkmalschutzrecht, S. 105 f.

[82] DVBl. 1985, 1356.

[83] VGH Mannheim, ESVGH 23, 188 = BWVBl. 1973, 185; zustimmend Schmidt-Aßmann, in: Ernst / Zinkahn / Bielenberg, § 1, Rn. 230; siehe ferner Hönes, Denkmalschutz und Denkmalpflege in Rheinland-Pfalz, S. 46.

[84] Vgl. Wiechert, nds DSchG, § 1, Rn. 8; Gaentzsch, Der Landkreis 1975, 277.

[85] Dazu oben, Erster Teil, I 2 d.

pflicht ist vielmehr umfassend und erstreckt sich über den eigentlichen Denkmalschutz hinausgehend auch auf die Frage der Erhaltung vorhandener Bausubstanz unterhalb des Denkmalwürdigen[86].

Nur diese Sicht entspricht schließlich auch dem erkennbaren Willen des Gesetzgebers. Während sich dieser im Zuge der Novellierung, wie erwähnt, veranlaßt gesehen hat, die Beschränkung des Instruments der Erhaltungssatzung auf den städtebaulichen Aspekt – hier im Sinne von Umweltprägung – stärker herauszustellen, ist eine parallele Einschränkung von § 1 Abs. 5 Nr. 5 BauGB mit Recht nicht für erforderlich gehalten worden und durch die redaktionelle Änderung der einschlägigen Abwägungsdirektive auch nicht gemeint[87]. Bei den nunmehr zu berücksichtigenden „Belangen des Denkmalschutzes" ist die städtebauliche Relevanz eines Bauwerks im vorgenannten Bedeutungssinne nur eine Kategorie neben anderen[88].

bb) Nicht zu überzeugen vermögen auch die Kompetenzgrenzen, die Erbguth auf der anderen Seite aus dem Begriff der „Kulturhoheit" der Länder für die landesrechtliche Denkmalschutzgesetzgebung herleitet.

Zunächst: „Kulturhoheit" ist kein verfassungsrechtlicher Kompetenztitel zugunsten der Bundesländer[89]. Dem steht schon die Systematik der grundgesetzlichen Kompetenznormen entgegen, die eine Aufreihung der Gesetzgebungskompetenzen der Länder vermissen läßt. Den Ländern ist generalklauselartig die Befugnis zur Gesetzgebung eröffnet, soweit nicht einzelne Materien dem Bund zugewiesen sind (Art. 70 Abs. 1 GG). Da in dem Katalog der dem Bund ausschließlich zugeordneten (Art. 73 GG) oder ihm primär offenstehenden Regelungsbereiche (Art. 74) der Kultursektor nur punktuell betroffen ist (z. B. Art. 74 Nr. 5 GG)[90], kennzeichnet das Schlagwort der „Länderkulturhoheit" die gegebene kompetenzrechtliche Situation im großen und ganzen zutreffend, ohne dadurch aber zu einer eigenständigen verfassungsrechtlichen Kategorie zu werden, die aus sich heraus für die Herleitung von Kompetenzgrenzen etwas hergeben könnte.

Schon deshalb ist es verfehlt, die Kulturhoheit zum Gegenstand kompetenzrechtlicher Auslegungs- und Abgrenzungsbemühungen zu machen. Abgesehen davon ist auch die dabei praktizierte Ableitung (Kulturhoheit - Schutz von Kulturdenkmälern - Beschränkung auf kulturhistorisch bedeutsame Bauwerke) angreifbar: Aus welchem Grund wäre zu leugnen, daß die

---

[86] Vgl. auch die diesbezügliche normtextliche Erweiterung durch § 1 Abs. 5 Zif. 4 BauGB: „Erhaltung vorhandener Ortsteile".

[87] Vgl. oben, Zweiter Teil, I, II 1.

[88] Dafür spricht auch die gegenüber dem RegE erweiterte Fassung des § 1 Abs. 5 Nr. 5 BauGB (dazu oben, Zweiter Teil, I, II 1).

[89] Watzke, Denkmalschutz- und Stadtplanungsrecht, S. 123; Bartlsperger, DVBl. 1981, 284 (295); a.A. Dörge, Denkmalpflege, S. 86.

[90] Weitere Bereiche führt Watzke, Denkmalschutz- und Stadtplanungsrecht, S. 124 auf.

Erhaltung von Bausubstanz nur mit aktueller, raumprägender städtebaulicher Bedeutung ein kulturelles Anliegen ist, wie die menschengerechte Stadtgestaltung schlechthin, einschließlich des Milieuschutzes? Daß gleichwohl den Ländern der Sachbereich der städtebaulichen Planung, wie Erbguth zutreffend feststellt[91], kompetenzrechtlich prinzipiell unzugänglich ist, folgt nicht aus methodisch verfehlten und inhaltlich nicht stringenten Ableitungen aus dem Begriff der Kulturhoheit, sondern aus der dem Bund zugewiesenen und wahrgenommenen Regelungsbefugnis für das „Bodenrecht". Entsprechend der Systematik des Grundgesetzes sind die den Ländern eingeräumten Kompetenzen für die Gesetzgebung nicht aus besonderen Begriffen wie „Kulturhoheit" deduzierbar[92], und zwar weder in kompetenzbegründender, noch in negativer, d. h. kompetenzausschließender Hinsicht. Sie sind vielmehr in einer Art „Subtraktionsverfahren" aus der Grundregel des Art. 70 GG zu ermitteln, von der die dem Bund grundgesetzlich zugewiesenen – und im Bereich von Art. 74 (erschöpfend) ausgeübten – Gesetzgebungsbefugnisse „abzuziehen" sind. Aus diesem Blickwinkel wird deutlich, daß landesrechtliche Normierungen im Denkmalschutzbereich kompetenzrechtlich auch gedeckt sein können durch primär dem Bund zugängliche Kompetenztitel, sofern und soweit sich nur feststellen läßt, daß es an einer erschöpfenden bundesrechtlichen Kompetenzausübung fehlt (Art. 72 Abs. 2 GG). In dieser Hinsicht kommt neben dem „Bodenrecht" das (bodenrechtliche) Enteignungsrecht (Art. 74 Nr. 14 GG) in Betracht. Darauf ist noch zurückzukommen[93].

Anzuknüpfen ist hier an die obige Feststellung, daß der Bundesgesetzgeber im Rahmen der Bauleitplanung die Frage von Erhaltung oder Abriß denkmalwürdiger Bausubstanz nicht geregelt hat. Mangels Inanspruchnahme einer derartigen Kompetenz kann auch von einem „Verbrauch" der Abwägungsentscheidung durch das bundesrechtlich geregelte Planverfahren keine Rede sein, auch nicht unter bestimmten eingeschränkten Aspekten. Damit entfällt zugleich der einzige in Betracht kommende verfassungsrechtliche „Hebel" für die von Erbguth vertretene partielle Zurückdrängung des Landesrechts durch dessen verfassungskonform-restriktive Interpretation.

cc) Zu erörtern bleibt die von Erbguth aufgeworfene Kompetenzproblematik noch für jenen oben ausgesparten Bereich, zu dem das Bauplanungsrecht ausdrücklich eine Aussage trifft. Das sind die von § 29 Abs. 1 BauGB erfaßten Fälle der (Nutzungs-)Änderung eines Baudenkmals und der Bebauung eines Grundstücks in der denkmalschutzrechtlich geschützten Umge-

---

[91] DVBl. 1985, 1352 (1356).

[92] Bartlsperger, DVBl. 1981, 284 (295). Zu weit geht deshalb auch die von Henke (Stadterhaltung, S. 41) erwogene „kompetenzrechtliche Interpretationsleitlinie".

[93] Hierzu unten, sub 3 b.

bung eines Baudenkmals. Während der Bebauungsplan zur Abbruchfrage de lege lata keine rechtsverbindliche Entscheidung trifft, entfaltet er in den erwähnten Fallgruppen u. U. eine „negative Regelungswirkung“ auch hinsichtlich der Denkmalschutzbelange. In diesem Umfang besteht Anlaß zu der Frage, ob die letztendliche denkmalschädigende Abwägungsentscheidung aus kompetenzrechtlichen Gründen auf die aktuelle städtebauliche Bedeutung des Bauwerkes im Sinne optisch-ambientaler Umgebungsprägung („Gestaltwert“) zu verengen ist.

Die dem Bund kompetenzrechtlich zugängliche Materie des Bodenrechts umfaßt die Bestimmung der rechtlichen Qualität von Grund und Boden durch die städtebauliche Planung[94]. Die vom Städtebaurecht zu leistende Entscheidung über das Ob, die Art und das Maß baulicher Nutzung jedes Grundstücks aus dem Blickwinkel einer Gesamtordnung verlangt der Sache nach die abwägende Berücksichtigung aller auf eine bestimmte Raumnutzung gerichteten Interessen aus allen tatsächlich berührten, in § 1 Abs. 5 BauGB nur beispielhaft aufgeführten Sachbereichen[95]. Diese vom Bodenrecht gedeckte Integrationsfunktion des städtebaulichen Planungsrechts bedeutet nicht, daß der Planungsinstanz, also den Gemeinden, auf Umwegen die Befugnis zugewiesen sei, die von der Planung berührten Sachbereiche selbst als solche umfassend zu regeln. Wohl aber läßt der Kompetenztitel Bodenrecht zu und fordert es geradezu aus der Sache heraus, daß aus dem Blickwinkel einer integralen Bodennutzungsordnung über die bodenbezogenen Anforderungen der betroffenen Sachbereiche mitentschieden wird[96]. Das schließt gerade auch die aufgrund einwandfreier Abwägung getroffene Entscheidung ein, diese Anforderungen zurückzusetzen. In diesem Umfang reicht die Wirkung der Ausübung des Kompetenztitels Bodenrecht zulässigerweise in die in § 1 Abs. 5 BauGB beispielhaft genannten Sachbereiche hinein[97]; jedenfalls insoweit besteht, wenn man so will, eine negative Regelungskompetenz des Bundes auch in bezug auf den Denkmalschutz[98].

---

[94] Rechtsgutachten des BVerfG, BVerfGE 3, 407 (424).

[95] Zu dieser weiten Befugnis des gemeindlichen Planungsträgers Schmidt-Aßmann, Grundfragen, S. 87 f.

[96] Schmidt-Aßmann, ebd.; ebenso ders., in: Ernst / Zinkahn / Bielenberg, § 1, Rn. 171, 230 im Anschluß an Gaentzsch, Der Landkreis 1975, 277.

[97] Deshalb bestanden auch keine begründeten kompetenzrechtlichen Bedenken dagegen, daß der Bund in Wahrnehmung seiner bodenrechtlichen Regelungsbefugnis durch § 5 Abs. 6 S. 2 BBauG 1960 einen Vorrang des Bebauungsplanes gegenüber einer landesrechtlichen Landschaftsschutzverordnung anordnete. Dazu BVerwG, DVBl. 1972, 119 m.w.N.; Breuer, Die hoheitliche raumgestaltende Planung, S. 209 f.

[98] Weitergehend Ziegler, ZfBR 1980, 275 (280). A.A. Hönes, Unterschutzstellung, S. 32 ff. – Die von Schmidt-Aßmann, in: Ernst / Zinkahn / Bielenberg, § 1, Fn. 71 genannten „städtebaulichen Aspekte“ der in § 1 BauGB genannten Tätigkeitsfelder sind deshalb nicht gleichzusetzen mit den „städtebaulichen Erhaltungsgründen“ für ein Bauwerk. Das verkennt Erbguth, DVBl. 1985, 1352 (1356).

Es ist deshalb auch für die genannten Fälle kein kompetenzrechtlicher Grund ersichtlich, die beschriebene „negative Regelungswirkung" von Bebauungsplänen auf den „Gestaltwert" von erhaltenswerter Bausubstanz zu beschränken[99]. Vielmehr sind auf die Bodennutzung bezogene Ansprüche jedweder erhaltenswerten Bausubstanz zu berücksichtigen und in den Grenzen planerischer Abwägung zurücksetzbar, negativ regelbar[100].

Soweit der bauleitplanerischen Entscheidung die beschriebene Wirkung in Hinsicht auf abwägungsüberwindbare Belange eignet, handelt es sich aus dem Blickwinkel des betroffenen Sachbereichs um eine zwar wichtige, aber dennoch nur ausschnittsweise Regelung im Schnittpunkt von Fachmaterie und allgemeiner Ordnung der Bodennutzung. Die Kompetenz des Landesgesetzgebers zur grundsätzlichen und umfassenden Normierung der Materie Denkmalschutz wird dadurch nicht in Frage gestellt[101]. Es bleibt Sache der Länder, den fachgesetzlich relevanten Begriff des Baudenkmals festzulegen, Methoden und Verfahren zur Feststellung und Unterschutzstellung des Erhaltenswerten auszuwählen, Pflichten aufzuerlegen, die Behördenzuständigkeit zu bestimmen und dergleichen[102]. Dazu zählt auch ein gesetzlicher Erlaubnistatbestand zur Absicherung der formulierten Ziele. Tritt die nach dem Fachgesetz zu treffende Zulassungsentscheidung dabei in Widerspruch zum Entscheidungsgehalt von §§ 29 S. 1, 30 ff. BauGB, stellt sich die Frage der Lösung dieser Normenkollision[103], entgegen Erbguth jedoch nicht im Hinblick auf eine Abschichtung der Abwägungsentscheidung „quer durch die Sachmaterie" – Ausgliederung von Milieu- und Psychotopschutz –, sondern in umfassender und grundsätzlicher Weise.

---

[99] I.E. ebenfalls ohne solche Verengung Schmidt-Aßmann, in: Ernst / Zinkahn / Bielenberg, § 1, Fn. 230 ff.; Gaentzsch, Die alte Stadt (ZSSD) 1974, 273 ff.

[100] De lege ferenda wäre deshalb die Einführung einer ausdrücklichen Regelung über die Zulässigkeit planakzessorischer Abbruchmaßnahmen kompetenzrechtlich unproblematisch.

[101] In kompetenzrechtlichen Kategorien ausgedrückt (vgl. v. Pestalozza, DÖV 1972, 181 ff.) handelt es sich bei den Vorschriften der Bauleitplanung auch in den erörterten Fallgruppen nicht um die bundesrechtliche sonderrechtliche Regelung des Denkmalschutzes. Eine daran anknüpfende Verdrängung des Landesrechtes scheidet deshalb ganz abgesehen davon aus, daß eine solche Qualifikation eine Kompetenz des Bundes für die sonderrechtliche Regelung des Denkmalschutzes erfordern würde.

[102] Eine kompetenzrechtliche Sperre für das Landesrecht in der von Erbguth erwogenen Richtung könnte sich im Prinzip aus § 172 BauGB ergeben (vgl. auch unten im Text sub 3 b). Durch dieses besondere städtebauliche Instrument hat der Bund zielgerichtet eine Kompetenz zur ausschnittsweisen sonderrechtlichen Regelung der Materie „Schutz erhaltenswerter Bausubstanz" in Anspruch genommen und ist zumindest teilweise in dem Bereich tätig geworden, den das Landesrecht abdeckt. Wegen § 173 Abs. 4 BauGB (bisher: § 39 a Abs. 3 BBauG) besteht dennoch keine Sperre für das Landesrecht in Hinsicht auf „städtebauliche Erhaltungsgründe", einschließlich Milieu- und Psychotopschutz.

[103] Dazu unten, sub 3 b.

c) Zusammenfassung

Fassen wir die Kritik zusammen: In dem zentralen Problembereich des Abrisses von Baudenkmälern ist die von Erbguth befürwortete Beschränkung der bauleitplanerischen Abwägung auf bestimmte Kategorien von Denkmälern bzw. bestimmte Aspekte der Erhaltungswürdigkeit („städtebauliche Bedeutung“) kompetenzrechtlich schon deshalb nicht veranlaßt, weil die Planung insoweit keine Entscheidungswirkung hat. Für die bloße Rücksichtnahme auf einen Belang bedarf es aber keiner diesen Sachbereich abdeckenden Kompetenz. Soweit für bestimmte Fallgruppen der Planung ein Entscheidungscharakter auch über bodennutzungsbezogene Denkmalschutzinteressen zukommt – „Negativregelung“ –, bietet das Bodenrecht die erforderliche kompetenzrechtliche Deckung bzgl. jedweder erhaltenswerter Bausubstanz. Die Landeskulturhoheit andererseits gibt keine Handhabe zur Herleitung von Kompetenzgrenzen der Länder.

Auch der Ansatz einer kompetenzrechtlich ausgerichteten Aufgliederung des Entscheidungsbereiches auf Bauleitplanung und Fachgesetz führt demnach nicht weiter.

3. Denkmalschutzrechtlicher Entscheidungsvorbehalt

a) Beseitigung von Baudenkmälern

Die bisherigen Überlegungen haben zu dem Ergebnis geführt, daß die gemeindliche Bauleitplanung – entsprechendes gilt für die Planersatznormen der §§ 34, 35 BauGB – sich zur Frage der Zulässigkeit des Abbruchs eines Baudenkmals neutral verhält, insoweit keine Regelung trifft. In diesem Bereich kann deshalb eine Kollision zwischen verschiedenen Normkomplexen[104] nicht eintreten. Ein wie auch immer begründeter Vorrang des einen und die Verdrängung des anderen Normkomplexes scheidet folglich aus. Vielmehr gelangt der fachgesetzliche Erlaubnistatbestand uneingeschränkt zur Anwendung, ohne daß es auf die Kollisionsnorm des § 29 S. 4 BauGB ankommt[105].

Erledigt ist damit im genannten Umfang die Kollisions-, nicht aber die Harmonisierungsproblematik. Es bleibt die Frage, ob und inwieweit bei Anwendung des denkmalschutzrechtlichen Erlaubnisverfahrens die Berücksichtigung planerischer Entscheidungen möglich und geboten ist[106].

104 Zum Begriff der Normenkollision oben, I 1 (mit Anm. 15).

105 Das wird nicht immer klar gesehen, vgl. z. B. Moench, ZfBR 1985, 133 ff., 163 ff. (167). Wie hier Bartlsperger, DVBl. 1981, 284 (291, Fn. 46).

106 Dazu näher unten, sub 4.

b) (Nutzungs-)Änderung von Baudenkmälern; Errichtung von Gebäuden in deren Umgebung

Die Vorgänge der (Nutzungs-)Änderung eines Baudenkmals (z. B. plankonforme Aufstockung), sowie der Errichtung von Bauwerken in der Umgebung von Baudenkmälern werden demgegenüber vom Planungsrecht erfaßt und bei Erfüllung der in § 30 ff. BauGB genannten Voraussetzungen für zulässig erklärt.

Zur Lösung der in diesen Fällen möglichen Kollision zwischen planungsrechtlicher Zulassung und denkmalschutzrechtlicher Untersagung eines Vorhabens ist anzusetzen bei der speziellen Kollisionsnorm des § 29 S. 4 BauGB[107]. Die Frage ist dahin zu stellen, ob der Denkmalschutz zu den öffentlich-rechtlichen Vorschriften zählt, die nach dieser Vorschrift „unberührt bleiben" mit der Folge, daß auch bei der hier erörterten Fallgruppe der denkmalschutzrechtliche Erlaubnisvorbehalt trotz der planungsrechtlichen Aussage anwendbar ist[108].

Da der Wortlaut Einschränkungen nicht enthält, scheinen auf den ersten Blick keine Einwände zu bestehen, daß diese Frage, wie in der Literatur geschehen[109], unbefangen bejaht wird. Bemerkenswerterweise entspricht dies auch dem Verständnis des Reformgesetzgebers[110].

Eine prinzipielle Zulassung jedweder anderweitigen öffentlich-rechtlichen Vorschrift würde indes zu dem Ergebnis führen, daß die durch die §§ 30 ff. BauGB ermöglichten und von der Gemeinde gewollten baulichen Nutzungen einer grundsätzlich uneingeschränkten fachgesetzlichen Relativierung auch durch Landesrecht[111] zugänglich wären[112]. Daß dies nicht dem objektiv erkennbaren Willen des Bundesgesetzgebers entsprechen kann,

---

107 Zu Unrecht mißt Steinberg, NJW 1981, 550 (551) dieser Norm grundsätzlich nur „deklaratorische Bedeutung" zu. Das ist lediglich für anderweitige Vorschriften des Bundesrechts zutreffend, vgl. dazu unten, Anm. 111.

108 Zu dieser materiellen Aussage der Vorschrift bereits Breuer, Die hoheitliche raumgestaltende Planung, S. 206 ff.

109 Löhr, in: Battis / Krautzberger / Löhr, § 29 BBauG, Rn. 32; siehe ferner Wiechert, nds DSchG, § 1, Rn. 13; Steinberg, NJW 1981, 550 (551); Watzke, Denkmalschutz- und Stadtplanungsrecht, S. 113/114; Buelow, Rechtsfragen, S. 339; für den ähnlichen Fall des Landschaftsschutzrechtes ebenso Breuer, Die hoheitliche raumgestaltende Planung, S. 206 ff.; Gahlen / Schönstein, Denkmalschutzrecht, § 3, Anm. 15; Hönes, Denkmalschutz und Denkmalpflege, S. 129.

110 Amtliche Begründung zu § 34 Abs. 1 RegE BauGB. Dort wird – zwar im Zusammenhang mit § 34 BauGB, jedoch in genereller Weise – darauf verwiesen, daß denkmalschutzrechtliche Anforderungen nach § 29 S. 4 BauGB unberührt bleiben.

111 In Hinsicht auf anderweitiges Bundesrecht enthält § 29 letzter Satz BBauG/BauGB nur eine deklaratorische Klarstellung. Konflikte sind etwa mit der lex specialis-Regel zu lösen. Unproblematisch sind deshalb bodenrechtliche Regelungen des Bundesrechts, z. B. nach dem Fernstraßengesetz.

112 Auch würde die beschränkende Wirkung des § 38 BBauG/BauGB unterlaufen, vgl. Grauvogel / Dürr, in: Kohlhammer-Kommentar, § 29, Rn. 28.

wird mit Recht der besonderen Erwähnung des Bauordnungsrechts in § 29 S. 4 BauGB entnommen[113], die aufzeigt, in welche Richtung der Vorbehalt geht: Verwiesen wird damit auf die herkömmliche, kompetenzrechtlich relevante Entgegensetzung[114] von einerseits dem „Bodenrecht" als einer zur konkurrierenden Gesetzgebungszuständigkeit des Bundes zählenden Materie und andererseits dem früheren Baupolizeirecht und jetzigen Bauordnungsrecht als Angelegenheit der Länder[115]. Der Anknüpfung an diese Unterscheidung wird in Hinsicht auf das Landesrecht die kompetenzrechtliche Aussage entnommen, daß der Bundesgesetzgeber in Gestalt der §§ 30 ff. BauGB von seiner bodenrechtlichen Regelungskompetenz erschöpfend Gebrauch gemacht hat[116]. Zu ergänzen wäre: in dem durch das BauGB selbst (§ 29 S. 1 BauGB) abgesteckten Rahmen. Demzufolge sind bodenrechtliche Vorschriften des Landesrechts mit zusätzlich einschränkenden Regelungen insoweit kompetenzrechtlich gesperrt. Eine durch §§ 30 ff. BauGB eröffnete bauliche Nutzungsmöglichkeit kann durch ergänzendes Landesbodenrecht nicht wieder entzogen werden. Das gilt in gleicher Weise für den qualifiziert beplanten Bereich, wie auch für den Normbereich des § 34 BauGB[117].

Es käme demnach darauf an, ob das Denkmalschutzrecht zu denjenigen anderen öffentlich-rechtlichen Vorschriften zählt, die kompetenzrechtlich betrachtet eher dem Bauordnungsrecht nahestehen und nicht zum Bodenrecht zählen. Ergäbe die Qualifikation der einschlägigen Vorschriften deren bodenrechtliche Qualität, so würde es an einer entsprechenden Gesetzgebungskompetenz des Landes fehlen (Art. 72 Abs. 1 GG). Folge wäre nicht die Anwendung von Art. 31 GG[118], sondern die ggf. durch verfassungskonform-restriktive Interpretation vermeidbare[119] (teilweise) Verfassungswidrigkeit und Nichtigkeit des kollidierenden Landesrechts, es sei denn, die fraglichen Vorschriften wären kompetenzrechtlich „ambivalent", d. h. zusätzlich einem anderen nicht gesperrten Kompetenztitel zuzurechnen[120].

---

[113] BVerwGE 55, 272 (277 f.).

[114] BVerwGE 3, 407 (423 ff., 430 ff.).

[115] BVerwG (Anm. 113); zu dieser Grenzziehung kritisch Ziegler, ZfBR 1980, 275 ff.; rechtspolitisch Wiechert, ZRP 1985, 239.

[116] BVerwG (Anm. 113); BVerwG, NJW 1918, 474. A.A. Ziegler, ZfBR 1980, 275 ff., der teilweise das Bauordnungsrecht und ebenso das Denkmalschutzrecht zum „Bodenrecht" zählt und andererseits aus § 29 letzter Satz BBauG/BauGB nicht die Erschöpfung bodenrechtlicher Regelungskompetenz des Bundes herausliest.

[117] BVerwG (Anm. 113). – Zu § 35 BBauG/BauGB siehe oben, I 2 b.

[118] Diese Norm setzt die Kollision kompetenzrechtlich jeweils abgesicherter Vorschriften des Bundes- bzw. Landesrechts voraus. Fehlt es wegen Erschöpfung der Bundeskompetenz an einer Landeskompetenz zur Gesetzgebung, so ist die Lösung unmittelbar den Art. 70 ff. GG zu entnehmen, nicht aber Art. 31 GG. Hierzu Steinberg, NJW 1981, 550 (553) m.w.N.

[119] Als Ansatzpunkt käme z. B. eine entsprechende Auslegung des „überwiegenden öffentlichen Interesses" in § 9 Abs. 2 lit. b nw DSchG in Betracht. Dazu für den beplanten Bereich sub 3. – Vgl. auch für den Bereich Bauleitplanung und Baumschutzrecht Steinberg, NJW 1981, 550 (553 ff.).

Wie problematisch diese Einordnung ist, zeigt sich sogleich, wenn man sich bemüht, mit der vom Bundesverfassungsgericht[121] entwickelten Definition zu arbeiten. Demnach gehören zum Bodenrecht nur solche Vorschriften, die den Grund und Boden unmittelbar zum Gegenstand rechtlicher Ordnung haben, also die rechtlichen Beziehungen des Menschen zum Grund und Boden regeln. Gemeint sind damit Bestimmungen darüber, in welcher Weise der Eigentümber sein Grundstück nutzen darf, insbesondere das Ob, die Art und das Maß einer baulichen Nutzung. Erfaßt wird damit in erster Linie die städtebauliche Planung[122].

Die dem Städtebaurecht eigentümliche Nutzungszuweisung unter dem Blickwinkel einer auf das Ganze bezogenen Nutzungs- und Funktionskoordination fehlt im Denkmalschutzrecht. Es ist eindimensional auf den Erhaltungsbelang ausgerichtet und enthält keine Instrumente, dieses Interesse in das städtebauliche Gesamtgefüge einzuordnen. Verbindungslinien und Verwandtschaften zum städtebaulichen Planungsrecht sind allerdings insoweit nicht zu übersehen, als kraft des denkmalschutzrechtlichen Erlaubnisvorbehaltes die Frage des Vor- oder Nachrangs der Erhaltungsbelange gegenüber sonstigen öffentlichen Interessen fachgesetzlich zu entscheiden ist[123]. Aber auch hier wird über das andere Interesse nicht umfassend positiv entschieden, sondern ggf. die anderweitig getroffene Festlegung lediglich respektiert.

Von den Rechtsfolgen her betrachtet enthält das Denkmalschutzrecht zwar keine Regelung der Frage, welche von regelmäßig mehreren erhaltungsfreundlichen Nutzungsarten für ein bestimmtes Baudenkmal zulässig sein soll. Andererseits ist es aber sehr wohl in der Lage, bestimmte Nutzungen negativ auszugrenzen, ihre Verwirklichung durch Versagung der Abbrucherlaubnis zu verhindern, auch wenn das Planungsrecht sie ausdrücklich zuläßt. Zu erinnern ist an das Beispiel der Untersagung der planungsrechtlich zulässigen Aufstockung eines denkmalgeschützten Hauses. Am deutlichsten tritt diese negative Nutzungsbestimmung hervor, wenn im Interesse des Umgebungsschutzes ein planungsrechtlich bebaubares Grundstück von jeglicher Bebauung freigehalten werden soll.

Die eigentlich naheliegende Folgerung, daß das Denkmalschutzrecht demnach bodenrechtlichen Charakter hat[124], weil es die bauliche Nutzbar-

---

[120] Zur kompetenzrechtlichen Qualifikation von Normen grundlegend v. Pestalozza, DÖV 1972, 181 ff.

[121] Rechtsgutachten des BVerfG v. 16. 6. 1954, BVerfGE 3, 407 (424).

[122] BVerfG, a.a.O.; bejaht ferner in BVerfGE 56, 298 für die Festsetzung von Lärmschutzbereichen nach §§ 1 – 5 Fluglärmgesetz („Flugplatz Memmingen").

[123] Zum „planungsähnlichen Charakter" der Konfliktentscheidung nach § 9 Abs. 2 lit. b nw DSchG siehe oben, Erster Teil, V 3 a.

[124] So i.E. Watzke, Denkmalschutz- und Stadtplanungsrecht, S. 135; Schrödter, § 1, Rn. 1; ders., DVBl. 1982, 323 (326); anders Kummer, Denkmalschutzrecht, S. 104 ff.

keit von Grund und Boden negativ mit zu bestimmen in der Lage ist, wird indes wieder in Frage gestellt, wenn man sich vergegenwärtigt, daß ähnliche Ausschlußwirkungen von Vorschriften ausgehen können, die traditionell dem Planungsrecht entgegengesetzt und mit kompetenzrechtlichen Konsequenzen zum Bauordnungsrecht gezählt werden[125]. Zu denken ist etwa an den Bauwich bzw. die Freihaltung von Abstandsflächen.

Zur Klärung der aufgeworfenen Frage kommt in Betracht, die vom Bundesverwaltungsgericht[126] für den rechtlich verwandten Bereich des Landschaftsschutzes praktizierte Unterscheidung zwischen „optischem" und „funktionellem" Landschaftsschutz[127] fruchtbar zu machen. Nach Ansicht des Bundesverwaltungsgerichts handelt es sich beim sog. funktionellen Landschaftsschutz, zu dem neben dem Schutz der naturgemäßen Bodennutzung der Schutz der Erholungsfunktion des Außenbereichs zählt, um solche Vorschriften, die im Sinne der Defintion des Bundesverfassungsgerichts die rechtlichen Beziehungen des Menschen zum Grund und Boden regeln, also um Bodenrecht. Für den optischen Landschaftsschutz wird dies verneint[128].

Es will zwar nicht recht einleuchten, warum ein Landschaftsschutz, der die Natur um ihrer selbst Willen schützt und sich nicht an dem städtebaulichen Nutzungsgefüge und den von dort aus zu bedenkenden Interessen orientiert, nicht gleichwohl eine rechtliche Regelung des bodenbezogenen Bürgerverhaltens beinhalten soll. Schutz der Landschaft auch aus optischen Gründen bedeutet doch – aus anderem Grund aber in ähnlicher Weise wie im funktionellen Bereich – von der Rechtsfolge her gesehen die Aufrichtung von Ge- und Verboten hinsichtlich bodenbezogenen Verhaltens, insbesondere in Gestalt von Baubeschränkungen und -verboten[129]. Akzeptiert man gleichwohl die kompetenzrechtliche Differenzierung des Bundesverwaltungsgerichts[130] und versucht man, sie auf das Denkmalschutzrecht zu projizieren, so ergibt sich, daß diese Materie im wesentlichen (eher) dem optischen, als dem funktionellen Landschaftsschutz vergleichbar ist; sie dürfte daher kompetenzrechtlich weitgehend nicht dem Bodenrecht zugerechnet werden: Der Ansatz des Denkmalschutzrechtes geht dahin, die Baudenkmäler als Zeugnisse kultureller Entwicklung um ihrer selbst Willen unter

---

[125] Zu einem möglichen „Umschlag ins Bodenrecht" Weyreuther, BauR 1972, 1 ff.; vgl. ferner Ziegler, ZfBR 1980, 275 (277).

[126] BVerwGE 55, 272 (274).

[127] Hierzu Steinberg, NJW 1981, 550 (552 f.).

[128] BVerwG (Anm. 126); BVerwG, NVwZ 1985, 42.

[129] Läßt man mit der h. M. (v. Pestalozza, DÖV 1972, 181 ff.; Steinberg, NJW 1981, 550 (552)) für die kompetenzrechtliche Qualifikation von Normen die Kriterien „Zweck" und „Wirkung" (= Funktion) ausschlaggebend sein, dann läßt sich schwerlich bestreiten, daß auch der optische Landschaftsschutz von der gewollten Wirkung her Bodenrecht ist. Die Ge- und Verbote sind, so könnte man allerdings argumentieren, Mittel zur Erreichung des gesetzlichen Zwecks des Landschaftsschutzes „an sich" und dadurch von diesem zu unterscheiden.

[130] Kritisch Steinberg, NJW 1981, 550 (552).

Schutz zu stellen. Daß es unter diesem Blickwinkel zur Auferlegung bodenbezogener Pflichten und zur Untersagung bestimmter Nutzungen kommen kann, ist, wie das Uferbauverbot im optischen Landschaftsschutz zeigt, auf dem Boden der hier zugrundegelegten Differenzierung ohne Belang. Der Denkmalschutz wirkt zwar darauf hin, daß die von ihm erfaßten Objekte im städtebaulichen Gefüge eine dem Schutzinteresse entsprechende Nutzungs- und Funktionszuweisung erhalten[131], regelt diese Fragen aber im Prinzip nicht selbst. Zweifelhaft wird diese kompetenzrechtliche Einordnung aber hinsichtlich derjenigen Bausubstanz, die um ihrer aktuellen städtebaulichen Bedeutung Willen erhalten werden soll. Dazu zählen namentlich die städtebauliche Dominante, der Psychotop- und der Milieuschutz. Auch insofern ist zwar zwischen fachgesetzlicher Unterschutzstellung und planerischer Gestaltungsentscheidung zu unterscheiden[132]. Die fachgesetzliche Abwehr anderweitiger baulicher Nutzungsvorstellungen des Planungsrechts, die auf Abriß und Neubebauung ausgerichtet sind, läuft aber darauf hinaus, daß die im Rahmen des Denkmalschutzgesetzes getroffene aktuell-städtebauliche Bewertung dieser Bausubstanzen sich durchsetzt, ungeachtet der damit noch offenen Frage der Nutzungsart im einzelnen. Man wird kaum umhin können, darin eine zumindest planungsähnliche, formal negativ eingekleidete und in diesem Sinne „verdeckte" Funktionszuweisung und mithin auch auf dem Boden der genannten Rechtsprechungsgrundsätze eine bodenrechtliche Normierung zu sehen[133].

Die Frage der kompetenzrechtlichen Qualifikation des Denkmalschutzrechtes in Hinsicht auf den Begriff des „Bodenrechts" kann letztlich offen bleiben, wenn sich die landesrechtliche Regelung kompetenzrechtlich jedenfalls als „Enteignungsrecht" im Sinne von Art. 74 Nr. 14 GG einordnen läßt und in diesem Verständnis einer kompetenzrechtlichen Sperre nicht unterliegt. Das Bundesverwaltungsgericht ist in der erwähnten Entscheidung zum landschaftsschutzrechtlichen Uferbauverbot[134] diesen Weg gegangen[135].

---

131 § 1 Abs. 3 S. 3 nw DSchG.

132 Das übersieht Erbguth, DVBl. 1985, 1352 (1356 ff.); vgl. auch oben, Erster Teil, I 2 d.

133 Vgl. die Nachweise Anm. 124. – Diese Qualifikation bedeutet aus umgekehrter Blickrichtung, daß dem Bund in Gestalt des „Bodenrechts" auch die Kompetenz zur „sonderrechtlichen Regelung" (hierzu v. Pestalozza, DÖV 1972, 181 ff.) des Denkmalschutzes zusteht, soweit es um städtebaulich bedeutsame Bauwerke im Sinne eines „Gestaltwertes" geht. Ob dies für den gesamten Bereich des bisherigen § 39 h BBauG galt, mochte zweifelhaft gewesen sein. Eine teilweise Verfassungswidrigkeit der Norm nimmt Buelow, Rechtsfragen, S. 348 ff. an; ähnlich Hönes, Unterschutzstellung, S. 32 ff. (41 f.). Das BVerfG hat jüngst die Kompetenzgerechtigkeit der Vorschrift bejaht (DVBl. 1987, 465), das BVerwG ist ihm gefolgt (DVBl. 1987, 1013). § 172 BauGB ist enger auf die städtebaulichen Aspekte ausgerichtet. – Eine wohl uneingeschränkte Kompetenz des Bundes zur Regelung des Denkmalschutzrechts bejaht Ziegler, ZfBR 1980, 275 (285).

134 BVerwGE 55, 272 ff.

Das nw DSchG enthält neben einer klassischen Enteignungsregelung, die den administrativen Zugriff auf Grundstücke bzw. Grundstücksrechte ermöglicht[136], eine unbedingte Zusage zur Gewährung von Enteignungsentschädigung für den Fall, daß Maßnahmen des Gesetzesvollzuges enteignende Wirkung haben[137]. Nach überkommenem begrifflichen und systematischen Verständnis – sog. untechnischer Enteignungsbegriff[138] – können Maßnahmen der Denkmalbehörden, wie insbesondere die Versagung einer Abbruch-/Umbauerlaubnis nach Maßgabe der hierzu von der Rechtsprechung entwickelten Abgrenzungskriterien als enteignende Eingriffe gewertet werden und wären sodann systematisch dem Normbereich des Art. 14 Abs. 3 GG zuzuordnen[139]. Das erklärt, warum das Bundesverwaltungsgericht keine Bedenken hatte, das Uferbauverbot i.V.m. der korrespondierenden Entschädigungsregelung als Enteignungsrecht auch im kompetenzrechtlichen Sinne zu qualifizieren[140].

Nach heutiger Auffassung des Bundesverfassungsgerichts[141] stellt sich die Versagung einer Abbruch-/Umbauerlaubnis ebenso wie die Nichterteilung einer Baugenehmigung aus Gründen des denkmalschutzrechtlichen Umgebungsschutzes als Maßnahme dar, die die gesetzliche abstrakt-generelle (Neu-)Inhaltsbestimmung von Eigentumspositionen administrativ konkretisiert[142] und aus Gründen der Verhältnismäßigkeit u. U. mit einer Entschädigungsleistung verbunden sein muß, um den Anforderungen von Art. 14 Abs. 1 S. 2, Abs. 2 GG zu genügen. Die infolge dieser Rechtsprechung eintretenden Begriffs- und Problemverschiebungen im Bereich der Dogmatik des Art. 14 GG[143] müssen, da es um unveränderte Sachverhalte geht, zwangsläufig entsprechende Rückwirkungen zeitigen auf das an der herkömmlichen Eigentumsdogmatik orientierte Verständnis[144] des Kompetenztitels „Ent-

---

135 Für Übertragung auf den Denkmalschutz Wiechert, nds DSchG, § 1, Rn. 10; Kummer, Denkmalschutzrecht, S. 137 ff. (für den Bereich der §§ 34, 35 BBauG); i.E. auch Moench, NJW 1983, 2004.

136 § 30 nw DSchG.

137 § 33 nw DSchG. Eine besondere Erscheinungsform ist der Übernahmeanspruch des Eigentümers nach § 31 nw DSchG.

138 Vgl. Battis, in: Battis / Krautzberger / Löhr, Vorb. vor §§ 85 ff. BBauG, Rn. 4.

139 Ausführliche Darstellung und Nachweise bei Martin Müller, Baudenkmalschutz, S. 23 ff.; ferner Moench, NJW 1980, 1545 ff.; siehe ferner den Überblick bei Battis, in: Battis / Krautzberger / Löhr, Vorb. vor §§ 85 BBauG. – Die im Text dargestellte Betrachtungsweise wird vom BGH i.E. auch in der jüngst ergangenen denkmalrechtlichen Entscheidung (NJW 1987, 2068 = BayVBl. 1987, 473) aufrechterhalten, obwohl er sich in diesem Urteil erstmals ausdrücklich dem engen Enteignungsbegriff des BVerfG (Anm. 141) anschließt; die neue Eigentumsdogmatik des BVerfG wird letztlich nicht rezipiert. Siehe dazu auch oben, Erster Teil, I 2 e mit Anm. 74.

140 BVerwG (Anm. 134). – Zur neueren Eigentumsrechtsprechung des BVerwG, das dem BVerfG folgt, siehe oben, Erster Teil, I 2 e, Anm. 74.

141 BVerfGE 53, 300 „Naßauskiesung". Dazu oben, Erster Teil, I 2 e.

142 Noch dem alten Verständnis verhaftet etwa Schrödter, DVBl. 1982, 323 ff. (328).

143 Vgl. hierzu m.w.N. Battis, in: Battis / Krautzberger / Löhr, Vorb. vor §§ 85 ff. BBauG, Rn. 3; Battis / Schmittat, NuR 1983, 102 ff.

eignungsrecht“: Dessen Inhalt verändert sich korrespondierend und erfaßt auch entschädigungspflichtige Inhaltsbestimmungen des Eigentums[145].

Offen ist noch die Frage, ob eine so qualifizierte landesrechtliche Regelung deshalb gesperrt ist, weil der Bund auch von dem Kompetenztitel „bodenrechtliches Enteignungsrecht“ abschließend Gebrauch gemacht hat. Die §§ 85 ff. BauGB betreffen lediglich die Art. 14 Abs. 3 GG zuzuordnende Administrativenteignung[146]. Dementsprechend erfaßt der Vorbehalt des § 85 Abs. 2 Nr. 1 BauGB lediglich paralleles Administrativenteignungsrecht der Länder, beispielsweise also § 30 nw DSchG. Er wird durch § 85 Abs. 2 Nr. 2 BauGB erweitert auf Administrativenteignungen zur Verwirklichung von spezifisch städtebaulichen Erhaltungszielen, wie sie in § 172 ff. BauGB formuliert sind. Im Ergebnis ist damit das gesamte auch städtebaulich ausgerichtete denkmalschutzrechtliche Administrativenteignungsrecht der Länder kompetenzrechtlich abgesichert. Der Bereich der potentiell entschädigungspflichtigen Eigentumsinhaltsänderung aus denkmalschutzrechtlichen Gründen ist von diesem Norminhalt nicht erfaßt[147].

Die vom Bund in dieser Beziehung seit 1976 in Gestalt von § 39 h BBauG für einen Teilbereich in Anspruch genommene Regelungskompetenz[148] ist aber durch § 39 a Abs. 3 BBauG/173 Abs. 4 BauGB als nicht abschließend ausgewiesen. Der Bundesgesetzgeber hat demnach durch §§ 172 ff. BauGB von seiner städtebaulichen Denkmalschutzkompetenz[149] und von der damit verbundenen Befugnis zur entschädigungspflichtigen Inhaltsbestimmung – also der korrespondierenden „Enteignungskompetenz“ aus Art. 74 Nr. 14 GG – keinen erschöpfenden Gebrauch gemacht[150].

Damit ergibt sich: Landesdenkmalschutzrechtliche Normen sind kompetenzrechtlich (auch) qualifizierbar als bodenrechtliches „Enteignungsrecht“[151] im Sinne von Art. 74 Nr. 14 GG. In dieser Hinsicht liegt eine abschließende bundesrechtliche Regelung nicht vor. Ob den Vorschriften

---

144 Dazu BVerwG (Anm. 134).

145 Zur entsprechenden Auslegung der landesrechtlichen Entschädigungsregelung Battis / Schmittat, NuR 1983, 102 (107).

146 Ihr klarer Wortlaut und Anwendungsbereich schließt die Einbeziehung entschädigungspflichtiger Inhaltsbestimmungen aus. Die Veränderungen im Bereich von Art. 14 GG wirken sich hier nicht aus, weil die Norm nicht von dem weiten untechnischen Enteignungsbegriff ausgeht.

147 A.A., aber nicht überzeugend insoweit BVerwGE 55, 272 ff.

148 § 39 h S. 6 BBauG/§ 173 Abs. 2 BauGB.

149 Siehe Anm. 133.

150 Der RegE BauGB hatte die Vorbehaltsklausel ersatzlos entfallen lassen. Das gab Anlaß zu Zweifeln, ob im Normbereich von § 172 ff. BauGB Raum für entsprechende landesrechtliche Vorschriften sein sollte (städtebauliche Erhaltungsgründe). Die endgültige Gesetzesfassung hat den Vorbehalt des § 39 a Abs. 3 BBauG wieder aufgenommen (§ 173 Abs. 3 BauGB).

151 Vgl. Wiechert, nds DSchG, § 1, Rn. 10; Moench, NJW 1983, 2004; Kummer, Denkmalschutzrecht, S. 137.

des Denkmalschutzrechtes darüber hinaus auch eine bodenrechtliche Qualität eignet und ggf. in welchem Umfang, kann deshalb für die vorliegende Untersuchung letztlich offenbleiben[152]. Für die weiteren Überlegungen ist entscheidend, daß die Normen des Denkmalschutzrechtes kompetenzrechtlich abgesichert sind durch einen nicht bundesrechtlich erschöpfend geregelten Kompetenztitel aus den konkurrierenden Gesetzgebungszuständigkeiten.

Es besteht demnach zwischen Bauplanungsrecht und Fachgesetz eine Normenkonkurrenz, die in dem hier erörterten Aussagebereich des § 29 S. 1 BauGB zur potentiellen Normenkollision wird. Die Kollision zwischen bodenrechtlich abschließender Zulassung der hier in Rede stehenden Vorhaben durch § 29 S. 1 i.V.m. §§ 30 ff. BauGB und landesrechtlicher Untersagung ist durch die spezialgesetzliche Konfliktregelungsnorm des § 29 S. 4 BauGB dergestalt gelöst[153], daß das Bundesrecht seine Einschränkung bzw. Zurückdrängung durch Landesdenkmalrecht hinnimmt, weil dieses kompetenzrechtlich nicht nur auf der gesperrten bodenrechtlichen Ebene liegt[154].

Der fachgesetzliche Erlaubnisvorbehalt setzt sich demnach auch gegenüber solchen Vorhaben durch, deren Zulässigkeit sich ausweislich der §§ 29 S. 1, 30 ff. BauGB ausdrücklich aus dem Bauplanungsrecht ergibt[155]. Das gilt in gleicher Weise für den qualifiziert beplanten, wie auch für den nicht beplanten Innenbereich.

c) Folgerungen für andere kompetenzrechtliche Lösungsansätze

Die Erörterungen zu § 29 S. 4 BauGB haben deutlich gemacht, daß es im untersuchten Problembereich eines Rückgriffs auf allgemeine Kollisionsregeln nicht bedarf. Das gilt namentlich für Art. 31 GG. Diese Vorschrift setzt einen formal auflösungsbedürftigen Normenkonflikt voraus[156]. Im Verhältnis zwischen Bauleitplanung und Denkmalschutzrecht besteht ein solcher Widerspruch nur dort, wo es um die (Nutzungs-)Änderung von Baudenkmälern, sowie die Errichtung von Gebäuden in ihrer geschützten Umgebung geht. Dieser Konflikt wird von § 29 S. 4 BauGB in der geschilderten Weise gelöst.

---

[152] Zur kompetenzrechtlichen Mehrfachqualifikation von Rechtssätzen näher v. Pestalozza, DÖV 1972, 181 ff.

[153] Die Aussagekraft des § 29 S. 4 BauGB unterschätzt Steinberg, NJW 1981, 550 (551).

[154] Die Erwägungen zum optischen Landschaftsschutz als nicht-bodenrechtlicher Regelung in BVerwGE 55, 272 sind insoweit nicht konsequent: Schon diese kompetenzrechtliche Negativqualifikation hätte wegen § 29 S. 5 BBauG zu der Folgerung führen müssen, daß die fachgesetzliche Regelung sich durchsetzt.

[155] I.E. wie hier Wiechert, nds DSchG, § 1, Rn. 10; Moench, ZfBR 1985, 113 ff., 163 ff. (167); im Prinzip wohl auch Brohm, DVBl. 1985, 593 (599).

[156] BVerfGE 36, 342 (363).

Wer hier stattdessen auf die allgemeine Vorschrift des Art. 31 GG zurückgreift[157], übersieht, daß § 29 S. 4 BauGB in zweifacher Hinsicht aussagekräftig ist: Über die Artikulation der abschließenden Ausübung bodenrechtlicher Gesetzgebungskompetenzen – mit der daraus folgenden Kompetenzwidrigkeit ebensolchen Landesrechtes – hinausgehend (Negativaussage), öffnet die Vorschrift den planungsrechtlich erfaßten Bereich dem – auch konträren – Regelungszugriff nicht-bodenrechtlicher Vorschriften (Positivaussage)[158]. Darin liegt der Verzicht auf den im Falle einer Kollision mit Normen der letztgenannten Art verfassungsrechtlich begründeten Anwendungsvorrang des Bundesrechtes gegenüber dem kollidierenden Landesrecht (Art. 31 GG)[159]. Aus diesem Grund sind auch Überlegungen zum Rangverhältnis zwischen bundesrechtlich fundierter Satzung und Landesrecht überflüssig[160].

4. Harmonisierungsmöglichkeiten – Rückbindung der fachgesetzlichen Entscheidung an das Planungsrecht?

Die uneingeschränkte Anwendbarkeit des denkmalschutzrechtlichen Erlaubnistatbestandes bzw. der darin verankerten Erlaubnismaßstäbe auch im Interesse solcher Erhaltungsbelange, die in der Bauleitplanung überwunden worden sind, gibt Anlaß zur Überprüfung der obigen These[161], daß Entscheidungsdivergenzen zwischen den beteiligten Rechtsgebieten rechtlich nicht ausschließbar sind. Es geht um die Frage, ob und ggf. in welchem Umfang sich aus den Festsetzungen eines (qualifizierten) Bebauungsplanes eine Bindungswirkung für die Handhabung des fachgesetzlichen Erlaubnistatbestandes ergibt.

§ 9 Abs. 2 lit. b nw DSchG ermöglicht eine Durchbrechung der gegenüber denkmalwidrigen Verhaltensweisen aufgerichteten Barriere nur zugunsten qualitativ stärkerer öffentlicher Interessen. Vorausgesetzt und geregelt[162] ist eine Konfrontation öffentlicher Teilinteressen[163], ein „In-Sich-Konflikt" des öffentlichen (Gesamt-)Interesses[164]. Zu entscheiden ist, ob das Gemein-

---

[157] Steinberg, NJW 1981, 550 (553 ff.).

[158] BVerwGE 55, 272 ff.

[159] Zu dieser – verzichtbaren – Wirkung des Art. 31 GG allg. Bartlsperger, DVBl. 1981, 284 (297); Steinberg, NJW 1981, 550 (553).

[160] Für einen Vorrang der bundesrechtlich fundierten Satzung Bartlsperger, DVBl. 1981, 284 (295); umgekehrt Watzke, Denkmalschutz- und Stadtplanungsrecht, S. 114; differenzierend Steinberg, NJW 1981, 550 (553) hinsichtlich Naturschutzregelungen; siehe ferner Moench, NJW 1983, 2004.

[161] Siehe oben vor und in I.

[162] Zum Gemeinwohlkonkretisierungsauftrag des Normanwenders und dabei vorrangig der Verwaltung siehe oben, Erster Teil, V 3 a.

[163] Zur Pluralisierung und Differenzierung des öffentlichen Interesses näher Häberle, Öffentliches Interesse, S. 208 ff.

wohl[165] letztlich in der Durchsetzung des Erhaltungsinteresses oder in seinem Zurücktreten gegenüber einem anderweitigen öffentlichen Belang zu sehen ist. Maßstäbe für die Lösung des Konflikts sind das „Überwiegen" des kollidierenden Belangs, sowie eine bestimmte Mittel-Zweck-Relation in Hinsicht auf die zur Prüfung gestellte Maßnahme: Der stärkere Belang muß ihre Durchführung „... verlangen".

a) Ansatzpunkte für eine Rückbindung

Das von § 9 Abs. 2 lit. b nw DSchG gemeinte „überwiegende öffentliche Interesse" ist weder ausdrücklich noch mittelbar in dem Gesetz selbst näher erläutert[166]. Es geht um öffentliche (Teil-)Interessen aus anderen Bereichen, jenseits des spezifischen, in dem Fachgesetz erfaßten Erhaltungsbelangs. Typologisch handelt es sich um eine Fremdverweisung[167]. Für die Handhabung und Ausfüllung des öffentlichen Interesses bietet sich angesichts dessen folgender Gedankengang an:

Da das Gesetz selbst keine Direktiven zur Ausfüllung des Blankettbegriffes des öffentlichen Interesses gibt, ist der Normanwender unter dem Gesichtspunkt der Einheit der Rechtsordnung[168] sowie aus Gründen der Rücksichtnahme auf anderweitige spezielle Gemeinwohlkonkretisierungskompetenzen verpflichtet, dasjenige zur Kenntnis und hinzunehmen, was außerhalb des Entscheidungsverfahrens bereits durch Träger öffentlicher Interessen im Rahmen ihres jeweiligen Aufgabenkreises und in den vorgesehenen Verfahren gesetzeskonform zum öffentlichen Belang erhoben worden ist. Aus der Sicht des denkmalrechtlichen Genehmigungstatbestandes ist das Bauleitplanverfahren geeignet, eine derartige Vorkonkretisierung des öffentlichen Interesses und damit eine (partielle) Auffüllung des Tatbestandes zu bewirken: Die Zuständigkeit der Gemeinde für die örtliche Gesamtplanung durch Bauleitplanung begründet – im Rahmen der dort geltenden Vorgaben und Bindungen – ihre Befugnis, das öffentliche Interesse an einer bestimmten städtebaulichen Ordnung insgesamt[169] und – aus dem Blickwinkel dieser Funktionszuordnung – auch an einer bestimmten Grundstücksnutzung im einzelnen (z. B. Errichtung/Erweiterung eines Gewerbebetrie-

---

164 Vgl. dazu Häberle, ebd., S. 420 ff. und passim.

165 Gefolgt wird hier dem Begriffsverständnis bei Häberle, ebd., z. B. S. 206; vgl. auch die Nachweise ebd., S. 28/29, Fn. 50. Anders z. B. – im Kontext des Art. 14 Abs. 3 GG – und sehr pointiert Sondervotum Böhmer zu BVerfG, NJW 1981, 1257 ff. („Bad Dürkheimer Gondelbahn"), S. 1258 (1260).

166 Zum methodischen Vorrang dieser Prüfung Häberle, Öffentliches Interesse, S. 230.

167 Häberle, ebd., S. 228.

168 Zu diesem Interpretationstopos z. B. Häberle, ebd., S. 228; Hesse, Grundzüge, S. 32.

169 Vgl. den allgemeinen Planungsleitsatz des § 1 Abs. 5 BauGB.

bes, eines Kaufhauses; Schaffung einer Freizeitfläche) zu artikulieren. Da Bebauungspläne grundsätzlich auf Verwirklichung angelegt sind[170], d. h. Verhaltensmöglichkeiten nicht nur eröffnen, während das „Ob" und „Wann" der Ausfüllung gleichgültig ist, liegt prinzipiell auch die Realisierung ausgewiesener Festsetzungen im öffentlichen Interesse[171].

In der Konsequenz dieses Ansatzes läge zum einen, daß es der fachgesetzlichen Genehmigungsbehörde – und d. h. praktisch der weisungsbefugten Aufsichtsbehörde[172] – verwehrt ist geltend zu machen, dasjenige bauliche Vorhaben, dessen Durchführung die Beseitigung/Änderung bzw. Beeinträchtigung denkmalgeschützter Substanz voraussetzt bzw. zur Folge hat, diene in Wahrheit allein privatem Nutzen. Dem steht die das Vorhaben dekkende Planausweisung entgegen, die ein prinzipiell bestehendes paralleles öffentliches Interesse zum Ausdruck bringt.

Dergestalt würde dem die Denkmalbeseitigung/-beeinträchtigung fordernden Vorhaben das Prädikat des öffentlichen Interesses schon formal von dem allgemeinen Planvollzugsinteresse her zuwachsen. Es käme auf die Frage nicht mehr an, ob unabhängig davon das Vorhaben als solches öffentlichen Belangen dient.

Ferner könnte man die Fachbehörden in der Hinsicht für gebunden halten, daß nicht mehr in Frage zu stellen wäre, ob das „materielle" Interesse, dem das denkmalwidrige Vorhaben dient[173], unbedingt in dieser Weise und insbesondere an dieser Stelle realisiert werden muß. Die Planausweisung würde das Vorhaben bindend an der besagten Stelle verorten. Die im Erlaubnistatbestand enthaltene Erforderlichkeitsprüfung („... verlangt ...") wäre im Planbereich auf die Frage beschränkt, ob die planausfüllende Maßnahme technisch betrachtet die Beseitigung oder Beeinträchtigung des Baudenkmals erzwingt. Schließlich wäre es im Sinne dieses Ansatzes folgerichtig, auch die Frage der Gewichtung des kollidierenden Interesses im Verhältnis zum Erhaltungsbelang als durch die Bauleitplanung präjudiziert anzusehen, weil die Planausweisung Ergebnis einer Abwägung ist, in die – fehlerfreie Handhabung vorausgesetzt – die Denkmalschutzbelange einbezogen waren.

---

[170] Vgl. §§ 39 b ff. BBauG/§ 175 ff. BauGB; Schlichter, in: Schlichter / Stich / Tittel, § 39 b BBauG, Anm. 2.

[171] Intensitätsabstufungen dieses Interesses sind allerdings möglich, wie die für die Anordnung städtebaulicher Gebote erforderlichen „städtebaulichen Gründe" (§ 39 a Abs. 2 BBauG/§ 175 Abs. 2 BauGB) verdeutlichen.

[172] Vgl. oben, Erster Teil, V 3 b.

[173] Gemeint ist das der Planungsentscheidung „vorausliegende" und von ihr zu berücksichtigende Interesse, dessen Verwirklichung ohne Rücksicht auf seine eigentlich-ursprüngliche Qualität durch die Planausweisung als (auch) im öffentlichen Interesse liegend ausgewiesen ist.

b) Argumente gegen eine Rückbindung

Eine so weitgehende Tatbestandsöffnung und -ausfüllung durch Rezeption anderweitig getroffener Entscheidungen und Bewertungen bedeutet letztlich Unterwerfung[174] und dies, wie die vorstehenden Ausführungen zeigen, in einem so weitgehenden Ausmaß, daß planausgewiesene denkmalschädigende Vorhaben kaum an dem fachgesetzlichen Erlaubnisvorbehalt scheitern könnten.

Nun ist es keineswegs so, daß die typologische Qualifikation der konkreten Verwendungsart des öffentlichen Interesses als „Fremdverweisung" gewissermaßen aus der Logik der Sache heraus eine entsprechende Fremdbindung einschließt. Daß auf Gemeinwohlmaterial und Gemeinwohlkonkretisierungen außerhalb des Gesetzes zurückzugreifen ist, besagt noch nichts über die Art ihrer Hineinnahme und Verarbeitung in dem Erlaubnistatbestand, über das Ausmaß der Fremdverweisung[175]. Ausgangspunkt ist auch hier wieder die Erkenntnis, daß der Gesetzgeber in den Schranken der Verfassung das Maß der Öffnung ebenso wie das der Fremdbindung selbst bestimmen kann. In welchem Umfang das Erstere mit dem Zweiten einhergeht, bleibt durch Auslegung zu ermitteln.

Aus den vorausgegangenen Überlegungen[176] ist ins Gedächtnis zu rufen, daß ein kompetenzrechtlicher Zwang zu der erwogenen Rückbindung nicht besteht. Da das Bauplanungsrecht die Aussagekraft der Pläne inhaltlich begrenzt (§ 29 S. 1 BauGB) und selbst in dem so eingegrenzten Bereich abweichende Entscheidungen aufgrund des landesrechtlichen Denkmalschutzrechtes zuläßt, besteht für das Landesrecht jedenfalls keine kompetenzrechtliche Notwendigkeit, einen Gleichlauf zwischen planerischer Abwägungsentscheidung und fachgesetzlicher Beurteilung sicherzustellen, um so dem Anwendungsvorrang des Bundesrechtes (Art. 31 GG) zu entgehen, welcher bei einfachgesetzlich nicht aufgelösten Kollisionen zum Zuge kommt.

Ferner ist bereits darauf hingewiesen worden[177], daß die Überwindung der Erhaltungsbelange in der Bauleitplanung durchaus nicht impliziert, gewichtigere öffentliche Interessen seien im Spiel und hätten sich durchgesetzt. Der Abwägungsspielraum der Gemeinde in der Bauleitplanung ist nicht mit den strengen Anforderungen des denkmalschutzrechtlichen Erlaubnistatbestandes kongruent. Vor allem aber würde die Erforderlich-

---

[174] Weyreuther, BauR 1972, 1 ff. (7) für der Fall der ausdrücklichen Verweisung (z. B. § 29 S. 1 BauGB).

[175] Absorptive In-Sich-Verweisungen einerseits und vollständige Fremdverweisungen andererseits sind Idealtypen. In der Rechtswirklichkeit finden sich vielfache Misch- und Zwischenformen, vgl. Häberle, Öffentliches Interesse, S. 228.

[176] Oben, 3 c.

[177] Oben, Zweiter Teil, II 2.

keitsprüfung in Hinsicht auf ein planverwirklichendes bzw. planakzessorisches denkmalbeeinträchtigendes Vorhaben weitgehend leerlaufen, wenn die die Beseitigung bzw. Beeinträchtigung des Erhaltenswerten einschließende Raumnutzung von der Denkmalbehörde nicht mehr in Hinsicht auf die Qualität des dahinterstehenden Interesses (Privatnutzen/Allgemeininteresse), seine Dringlichkeit und seine räumliche Verortung hinterfragt werden könnte.

Hätte der Gesetzgeber trotz dieser gegenläufigen Ansatzpunkte hinsichtlich der Beurteilung genehmigungsbedürftiger Maßnahmen (§ 9 Abs. 1 nw DSchG), die zur Planverwirklichung dienen, eine Rückbindung an das Planungsrecht gewollt, so hätte es nahegelegen, dies auch näher zum Ausdruck zu bringen. Denkbar wäre etwa eine Herausnahme des genannten Bereichs aus dem Genehmigungserfordernis[178] oder eine entsprechende Pflicht zur Genehmigungserteilung und damit eine Verdrängung der ansonsten maßgeblichen Erteilungsvoraussetzungen.

c) Ergebnis

Diese Überlegungen führen zu dem Ergebnis, daß die erwogene Rückbindung des Denkmalschutzrechts an die Bauleitplanung dem Gesetz nicht entnommen werden kann. Vielmehr haben die Denkmalbehörden die Genehmigungsvoraussetzungen unter Berücksichtigung der bauleitplanerisch niedergelegten Entwicklungsabsichten der Gemeinde[179], aber ohne Bindung an die darin zum Ausdruck kommende Bewertung des denkmalschädlichen Vorhabens zu prüfen[179a].

De lege lata nicht gefolgt werden kann deshalb der Auffassung, die die Genehmigungsfrage für planverwirklichende Maßnahmen als bauleitplanerisch präjudiziert ansieht und damit die Kollisionslösung im Ergebnis in das Bauplanungsrecht (vor-)verlagert[180]. Mit der gegebenen Rechtslage steht

---

178 Siehe auch das von Bartlsperger, DVBl. 1981, 284 (287) genannte Beispiel des Art. 9 Abs. 10 BayWaldG. Entgegen Bartlsperger wäre eine solche Regelung in Hinsicht auf den Denkmalschutz konstitutiver Natur.

179 Zum verfassungsrechtlichen Aspekt (Art. 28 Abs. 2 GG) und der daraus folgenden Differenzierung der Konkretisierungsstufen gemeindlicher Planungen siehe unten, Vierter Teil, III 2 b. – Eine besondere (verfassungsrechtliche) Problematik warf der Streit um den Schutz des alten Plenarsaals des Deutschen Bundestages auf (hierzu Fluck, NJW 1987, 2352). Die hier formulierten Grundsätze werden von der Lösung dieser Sonderproblematik nicht berührt.

179a Trotz aller Unterschiede in der Formulierung des jeweiligen fachgesetzlichen Erlaubnistatbestandes (Fundstellen siehe oben, Erster Teil, Anm. 282) gilt dies i.E. wohl auch für die Denkmalschutzgesetze der anderen Bundesländer. Keiner dieser Vorschriften läßt sich eine formelle oder materielle Rückbindung an die bauleitplanerische Prioritätsfestlegung entnehmen.

180 So aber: Stichworte zum Vollzug des DSchG, Kurzinformation des nw Ministers für Landes- und Stadtentwicklung 2/1983, S. 9; Kummer, Denkmalschutzrecht, S. 148.

dies ebensowenig in Einklang wie die gleichzeitige Anhebung der „Schwelle“ für die bauleitplanerische Hintanstellung der Erhaltungsbelange auf ein den Anforderungen des § 9 Abs. 2 lit. b nw DSchG nahekommendes Niveau[181]. Zwar wird derart weitgehend ein Gleichlauf gesichert, jedoch auf einem rechtlich nicht gangbaren Weg, nämlich durch Beschränkung der planerischen Abwägungsbefugnis der Gemeinde über das im BauGB vorgesehene oder zugelassene Maß hinaus[182].

Wer de lege ferenda im Interesse der Harmonisierung von Gesamtplanung und Fachgesetz eine Rückbindung in Betracht zieht – etwa in Gestalt der o. a. beiden Formen –, sollte sich deshalb dessen bewußt sein, daß er den Denkmalschutz dadurch von einem herausgehobenen Belang mit besonderer Durchsetzungsfähigkeit auf ein normales Abwägungsinteresse zurücknimmt[183].

Die Beziehung zwischen Bauleitplanung und Denkmalschutzrecht weist nach alledem eine gewisse Problemverwandtschaft auf zum Verhältnis zwischen privilegierter Fachplanung und Bauleitplanung[184]. Während in letztgenannter Hinsicht der Wirkungsradius des Bebauungsplans durch die Vorschrift des § 38 BauGB a priori eine Einschränkung erleidet[185], bewirken die Aussagebeschränkung des § 29 S. 1 BauGB und die Öffnung des Planungsrechts für relativierende oder sogar gegenläufige Entscheidungen (bodenrechtlich-)enteignungsrechtlicher Kompetenzqualität Ähnliches bzgl. des Denkmalschutzrechtes: Da die bundesrechtlich ermöglichte Durchsetzungsfähigkeit des Denkmalschutzrechtes landesrechtlich nicht durch eine formelle oder materielle Rückkoppelung an das Planungsrecht aufgefangen ist[186], ist die in dem fachgesetzlichen Veränderungsverbot zum Ausdruck kommende negative Bodennutzungsregelung in der Lage, die Verwirk-

---

181 Kurzinformation (Anm. 180), S. 9: Ein Bebauungsplan mit Abwägung zu Lasten der Erhaltung sei nur genehmigungsfähig, wenn die Beseitigung bzw. bauliche Änderung des Denkmals „die einzig vertretbare Lösung ist“. Ähnlich Gahlen / Schönstein, Denkmalschutzrecht, § 1, Rn. 11; Kummer, Denkmalschutzrecht, S. 138 ff.

182 Dazu oben, Zweiter Teil, II 2.

183 Henke, der bereits nach geltendem Recht eine Gewichtungsvorgabe zugunsten des Denkmalschutzes in der Bauleitplanung annimmt, befürwortet – auf der Basis seines kondominialen Konzeptes – die Lösung verbleibender Konflikte de lege ferenda durch eine unabhängige Letztentscheidungsinstanz (Stadterhaltung, S. 50 ff., 58).

184 Dazu eingehend Schlarmann, Privilegierte Fachplanungen, S. 38 ff.; Breuer, Die hoheitliche raumgestaltende Planung, S. 201 ff.; Gaentzsch, WiVerw 1985, 235 ff. (239 ff.) m.w.N. auf S. 242, Fn. 35.

185 Breuer, Die hoheitliche raumgestaltende Planung, S. 202 ff.; Schlarmann, Privilegierte Fachplanungen, S. 38 ff. (60 ff.) jeweils m.w.N.

186 Mangelnde Bindung bedeutet nicht völlige Freistellung, sondern Einräumung eines eigenen Gestaltungsspielraums der entscheidenden Behörde unter gebührender Einbeziehung städtebaulicher Belange, insbesondere solcher, die sich bereits zu rechtsförmlicher Bauleitplanung verdichtet haben. So für das Verhältnis von Fachplanungsrecht zur Bauleitplanung Gaentzsch, WiVerw 1985, 235 ff. (242); Weyreuther, DÖV 1982, 173 (181).

lichung des Bebauungsplanes zumindes punktuell zu verhindern. Je nachdem, welche Bedeutung das verhinderte Vorhaben für das dem Plan zugrundeliegende städtebauliche Konzept der Gemeinde hat, kann sie sich faktisch gezwungen sehen, die Planung zu ändern.

Da aber das öffentliche Erhaltungsinteresse, welches u. U. die Planverwirklichung punktuell blockiert, zugleich Gegenstand der planerischen Abwägung ist, kann, wie erneut zu betonen ist, die geschilderte Situation nur eintreten im Bereich der umrissenen „Beurteilungsschere“ zwischen bauleitplanerisch einwandfreier Nachrang- und fachgesetzlich gedeckter Vorrangzuweisung.

d) Folgerungen

Für das soeben dargelegte Ergebnis ist die zeitliche Priorität von Bebauungsplan und Unterschutzstellung im Grundsatz ohne Belang:

aa) Werden in einem Bauleitplanverfahren in einwandfreier Abwägung Denkmalschutzbelange zurückgestellt, die sich auf zuvor bereits förmlich unter Schutz gestellte Objekte beziehen, so ist die Vollziehbarkeit dieser Festsetzungen fachgesetzlich noch durchaus offen und weder aus individualrechtlichen Gründen determiniert, noch durch partiellen Planvollzug beeinflußbar. Die Berücksichtigung von „Planvertrauen“ scheidet – abgesehen von seiner Irrelevanz im Tatbestand des § 9 Abs. 2 lit. b nw DSchG[187] – schon deshalb aus, weil nur fachgesetzlicher Erlaubnisvorbehalt und Planausweisung zusammen die rechtliche Dispositionsgrundlage für den Eigentümer bilden, nicht der Bebauungsplan allein. Vertrauen in rechtlich anzuerkennender Qualität kann sich deshalb gar nicht erst bilden[188].

Die rechtliche Offenheit der fachgesetzlichen Erlaubnisentscheidung ist auch nicht durch Schaffung von Planvollzugstatbeständen seitens der Gemeinde beeinflußbar. Dazu ein Beispiel: Die Gemeinde beschließt unter einwandfreier Zurückstellung fachbehördlicher Einwendungen einen Bebauungsplan, der u. a. an der Stelle einer denkmalgeschützten Bürgerhauszeile des 19. Jahrhunderts ein größeres Kaufhaus vorsieht. Der Plan wird genehmigt und tritt in Kraft. Die Gemeinde sucht einen Investor für dieses Projekt, bemüht sich um Vermittlung des Erwerbs der erforderlichen Flächen, veranlaßt erhebliche Planungsaufwendungen und beginnt mit infrastrukturellen Anpassungsmaßnahmen (Verkehrsführung). Sodann wird im Verfahren um Erteilung der Abbruchgenehmigung geltend gemacht, die Beseitigung der betroffenen denkmalgeschützten Häuserzeile liege nicht nur wegen der entsprechenden Planausweisung und einem dahinterstehenden

---

187 Oben, Erster Teil, V 1 a.

188 Dies gegen die Ansicht des nw Ministers für Landes- und Stadtentwicklung, Kurzinformation (Anm. 180), S. 8; vgl. auch bereits oben, II 1 b.

Versorgungsbedürfnis der Bevölkerung, sondern auch deshalb im öffentlichen Interesse, weil der Vollzug bereits in die Wege geleitet sei, erhebliche Beträge durch die öffentliche Hand bereits aufgewendet seien und die Vollzugshinderung u. U. beträchtliche Schadensersatzansprüche auslösen könnte.

Die Gemeinde muß sich hier entgegenhalten lassen, daß die Verwirklichung dieses Bebauungsplans von Anfang an von der noch ungewissen Erteilung der erforderlichen Abrißgenehmigung abhängig war. Maßnahmen und Aufwendungen vor Klärung dieser Frage, die gewissermaßen die „offene Flanke" der Bauleitplanung darstellt, geschehen auf ungesicherter rechtlicher Grundlage und sind nicht geeignet, den rechtlichen Veränderungsdruck in Hinsicht auf die Erhaltungsbelange zu erhöhen. Andernfalls wäre eine Beeinflussung der Genehmigungsvoraussetzungen durch Schaffung von Vollzugstatbeständen möglich, bei deren Herbeiführung das dargestellte Verhältnis zwischen Bauleitplanung und Fachgesetz und damit letztlich – aus wirtschaftlichem Blickwinkel – das öffentliche Interesse mißachtet würde[189].

bb) Im Prinzip nichts anderes gilt, wenn die fachgesetzliche Unterschutzstellung der (anderweitigen) Planausweisung nachfolgt. Besonderheiten können sich allerdings ergeben, wenn eine ältere, u. U. schon jahrzehntealte Bauleitplanung in seinerzeit einwandfreier Abwägung[190] eine denkmalschädigende Nutzung vorsieht und später eine Unterschutzstellung erfolgt. Auch hier ist gleichwohl die denkmalrechtliche Kollisionslösung von individualrechtlichen Aspekten in verfassungsrechtlich einwandfreier Weise[191] freigehalten. Berechtigtes und durch Unterschutzstellung sowie nachfolgendem Veränderungsverbot enttäuschtes Vertrauen wird nicht bei der Zulässigkeit der Erlaubnisversagung relevant, wohl aber in Hinsicht auf eine etwa zu gewährende Entschädigung[192]. Im Erlaubnisverfahren bedeutsam werden

---

[189] Drohende Schadensersatzpflichten der Gemeinde sind im Rahmen von § 9 Abs. 2 lit. b nw DSchG ohnehin irrelevant. Dazu oben, Erster Teil, V 2 a.

[190] Zur Maßgeblichkeit des Abwägungszeitpunkts für die Rechtmäßigkeit der Abwägung als Vorgang und als Ergebnis Gronemeyer, DVBl. 1977, 756 (758); ihm folgend Bartlsperger, DVBl. 1981, 284 (299). – Entgegen Buelow, Rechtsfragen, S. 336 f. führt die nachträgliche Unterschutzstellung eines Bauwerks schon deshalb nicht zur (teilweisen) Funktionslosigkeit eines denkmalwidrigen Bebauungsplans, weil die Frage der Erlaubniserteilung auch hier durchaus noch offen ist. Erwägen ließe sich eine Funktionslosigkeit erst mit bestandskräftiger Erlaubnisversagung hinsichtlich planakzessorischer Veränderungsvorhaben. Auch dann ist sie indes letztlich abzulehnen, weil Erlaubnisanträge wiederholt gestellt werden und die kollidierenden Interessen Gewichtungsveränderungen erfahren können.

[191] Oben, Erster Teil, I 2 e sowie V 1 a.

[192] Entgegen Bartlsperger, DVBl. 1981, 284 (299) wird dadurch nicht die an die förmliche Bebauungsplanänderung ggf. anknüpfende Entschädigungspflicht (§ 44 BBauG, jetzt: § 42 BauGB) umgangen, sondern u. U. eine spezialgesetzliche Entschädigungspflicht begründet. – War dem Eigentümer bei Durchführung der Unterschutzstellung bereits eine Abbrucherlaubnis erteilt, kommt deren Widerruf nach § 49 Abs. 2

kann aber der Umstand, daß die ältere Bauleitplanung in ihrer ganzen Anlage von der Beseitigung bestimmter Bauwerke, etwa einer ganzen Häuserzeile ausgeht und die Versagung der denkmalrechtlichen Erlaubnis eine weitgehende Neuorientierung der Planung erforderlich machen würde[193]. Die Tiefe des Eingriffs in die seinerzeit auf anderer Grundlage aufgestellte gemeindliche Planung ist ein im Tatbestand des § 9 Abs. 2 lit. b nw DSchG aufnahmefähiger Gesichtspunkt[194]. Für sein Gewicht mag es hier – anders als in dem vorerwähnten Beispiel – eine Rolle spielen, inwieweit die überkommene Planung bereits ins Werk gesetzt ist oder aber nach wie vor nur auf dem Papier steht.

cc) Eine weitere Konsequenz betrifft die Handhabung des Genehmigungstatbestandes in nicht qualifiziert beplanten Gebieten. Wenn selbst im Planbereich keine Bindung der Denkmalschutzbehörden an den gemeindlichen Planungswillen besteht, so kann diesen Absichten im Bereich des § 34 BauGB keine größere, sondern in Ermangelung einer verbindlichen Niederlegung des Planungswillens in der dafür vorgesehenen Form nur eine noch geringere Bedeutung zukommen. Befürwortet deshalb eine Gemeinde im nicht beplanten Innenbereich eine denkmalschädigende, planungsrechtlich aber zulässige Maßnahme als ihren Entwicklungsabsichten entsprechend, so ist dies im Rahmen des denkmalrechtlichen Erlaubnisverfahrens nicht ausschlaggebend. Im Außenbereich scheitern solche Vorhaben bereits am Planungsrecht selbst, sofern es um die Änderung eines Baudenkmals oder die Errichtung eines Bauwerks in seiner mitgeschützten Umgebung geht[195]. An Maßnahmen, die planungsrechtlich unzulässig sind, kann von vorneherein ein öffentliches Interesse nicht bestehen. Aus dem gleichen Grund wäre die Erforderlichkeit („... verlangt") zu verneinen. Soll die Beseitigung eines Denkmals zur nachfolgenden Verwirklichung einer privilegierten Nutzung durchgeführt werden, ist deshalb eine kongruente Planungsvorstellung der Gemeinde ebensowenig ausschlaggebend wie im Bereich des § 34 BauGB.

e) Sonstige Koordinationsmöglichkeiten

Um auf der Basis der dargelegten Rechtslage dennoch die wünschenswerte Koordination zwischen Bauleitplanung und fachgesetzlicher Entscheidung zu erreichen, wäre daran zu denken, einem Bebauungsplan die aufsichtsbehördliche Genehmigung zu versagen bzw. sein Inkrafttreten zu verhindern[196], wenn seiner Realisierung das Denkmalschutzgesetz entge-

---

Nr. 4 VwVfG in Betracht mit der Folge einer ggf. daran anknüpfenden Entschädigungspflicht aus § 49 Abs. 5 VwVfG.

193 Insoweit wie hier „Kurzinformation" (Anm. 180), S. 6/7.

194 Zum verfassungsrechtlichen Aspekt (Art. 28 Abs. 2 GG) unten, Vierter Teil, III.

195 Oben, Zweiter Teil, I.

gensteht. Der Ansatzpunkt hierfür könnte – eine einwandfreie Planabwägung unterstellt – nicht in dem Verstoß gegen das BauGB oder sonstige Rechtsvorschriften liegen[197], sondern in der erweiternden Heranziehung der Grundsätze über die Außerkraftsetzung funktionslos gewordener Bebauungspläne[198]. Wenn ein Bebauungsplan durch Verlust seiner Gestaltungsfunktion infolge der tatsächlichen Entwicklung außer Kraft treten kann[199], dann muß, so die These, einem Bebauungsplan die Genehmigung verwehrt bleiben[200], dessen Funktionslosigkeit zur Gänze oder in maßgeblichen Teilen bereits im Zeitpunkt seiner Vorlage bei der Aufsichtsbehörde aus Rechtsgründen feststeht[201]. Das bedingt aber Voraussetzungen, die nur selten vorliegen dürften. Zum einen müßte bereits zu dem genannten Zeitpunkt feststehen, daß die Erteilung der zum Vollzug erforderlichen Abbruchgenehmigungen von der Behörde im Einklang mit der Genehmigungsnorm versagt werden wird. Da das öffentliche Interesse, welches die denkmalschädliche Maßnahme erfordert, im Lauf der Zeit Wandlungen, insbesondere auch Verstärkungen erfahren kann[202], wird sich dieses Urteil nur fällen lassen, wenn die Genehmigungsanträge unmittelbar bevorstehen oder schon eingereicht oder gar bereits unter Einbeziehung des in der Aufstellung befindlichen Plans abgelehnt worden sind. Darüber hinaus wäre erforderlich, daß das dadurch eintretende Vollzugshindernis quantitativ und qualitativ so bedeutsam ist, daß es das dem Bebauungsplan zugrundeliegende Konzept insgesamt vereitelt und deswegen trotz etwa noch vollziehbarer Teile eine erneute Abwägung erforderlich wäre[203]. Unter diesen Umständen wird es auch an dem Merkmal der „Erforderlichkeit der Planung" fehlen (§ 1 Abs. 3 BauGB)[204]. Die genannten Voraussetzungen werden aber nur selten gegeben sein. Für den Regelfall scheidet diese Möglichkeit deshalb aus.

---

196 Nach § 11 Abs. 2 BauGB sind Bebauungspläne im Regelfall künftig nur anzeigepflichtig. Die Aufsichtsbehörde kann innerhalb von drei Monaten durch Verwaltungsakt (Löhr, NVwZ 1987, 361, 367) rechtliche Bedenken geltend machen. Der Bebauungsplan darf sodann von der Gemeinde nicht in Kraft gesetzt werden (§ 11 Abs. 3 BauGB).

197 §§ 11, 6 Abs. 2 BauGB.

198 BVerwG, NJW 1977, 2325.

199 BVerwG, a.a.O.

200 Siehe Anm. 196. Zur Frage nachträglicher Funktionslosigkeit siehe oben bei und in Anm. 190.

201 Die Rspr. hat sich, soweit ersichtlich, bisher erst mit der Frage der Funktionslosigkeit von Bebauungsplänen wegen nachträglicher Tatsachenentwicklungen beschäftigt. Dabei wurde aber bereits der Grundsatz anerkannt, daß funktionslose Rechtssätze nicht in Kraft treten können (BVerwG, NJW 1977, 2325). Dies folgt auch schon aus dem zum Rechtsstaatsprinzip zählenden Gebot der Rechtsklarheit (Art. 20 Abs. 3 GG). – Für Nichtigkeit von Festsetzungen, deren Vollziehbarkeit an Landesrecht scheitert, Ziegler, ZfBR 1980, 275 (277).

202 Zum öffentlichen Interesse als wichtigem Instrument, Veränderungen der sozialen Wirklichkeit in das Recht hineinzuholen Häberle, Öffentliches Interesse, S. 220 f.

203 Vgl. BVerwG, NJW 1977, 2325 (2326).

204 Vgl. Gaentzsch, WiVerw 1985, 235 ff. (245) für einen Bebauungsplan, der ein Trassenstück einer Bundesfernstraße ausweist, hinsichtlich der vom Fachplanungs-

Es bleibt das Koordinationspotential, welches die Verfahrensvorschriften der gemeindlichen Bauleitplanung zur Verfügung stellen. Instrument ist die frühzeitige Beteiligung der Träger der Denkmalschutzbelange, d. h. des Landesamtes für Denkmalpflege[205] gemäß § 4 BauGB. Die vom Gesetz nicht näher durchstrukturierte Beteiligung der Träger öffentlicher Interessen kann auch schon vor dem Planaufstellungsbeschluß nach § 2 Abs. 1 S. 2 BauGB stattfinden[206]. Dieses ist geradezu angezeigt, wenn die grundlegenden Ziele und Zwecke der Planung nachhaltig beeinträchtigt würden durch einen sich möglicherweise durchsetzenden fachgesetzlichen Schutz von im Plangebiet vorhandenen Baudenkmälern oder ihrer Umgebung. Die Beteiligung der Denkmalfachbehörde ist nicht auf den Fall beschränkt, daß im künftigen Plangebiet listenmäßig eingetragene Baudenkmäler vorhanden sind. Auch die Überplanung bzw. Umgebungsgestaltung (noch) nicht eingetragener, aber „denkmalverdächtiger" Objekte führt nach dem Gesetz zur Einbeziehung der Fachbehörde[207].

Das Beteiligungsverfahren dient in erster Linie der wechselseitigen Information über die beteiligten Interessen. Die planende Gemeinde erhält Gelegenheit, mehr über die Bedeutung und das Gewicht der betroffenen Erhaltungsbelange zu erfahren, als dies aus der Denkmalliste ersichtlich ist. Dieses Wissen kann – insbesondere, wenn es in einem sehr frühen Stadium der Gemeinde vermittelt wird – gemeinsam mit der Denkmalfachbehörde zur Suche nach Lösungen führen, die die Erhaltungsbelange einbeziehen. Umgekehrt bietet das Verfahren der Gemeinde die Möglichkeit, Inhalt und ggf. Dringlichkeit ihrer Planungsziele der Denkmalfachbehörde nahezubringen.

Ein rechtlicher Zwang zur Einigung zwischen Gemeinde und Denkmalfachbehörde oder eine Verpflichtung zur ergebnismäßigen Berücksichtigung der vorgetragenen Erhaltungsbelange in der Planung besteht zwar nicht[208]. Werden die Erhaltungsbelange in die Abwägung eingestellt, so ist die abschließende Planungsentscheidung in den dargelegten Grenzen rechtlich ungebunden[209]. Jedoch wird die Gemeinde, wenn Planungsabsichten und Erhaltungsbelange letztendlich nicht miteinander vereinbar erscheinen, das Beteiligungsverfahren vernünftigerweise weitergehend zur Vorklärung der Frage nutzen, wie die Fachbehörde im Konfliktfall die betroffenen

träger eine andere Trassenführung in Aussicht genommen oder konkret festgesetzt wurde.

205 §§ 1 Abs. 3 S. 2, 22 Abs. 3 Nr. 6 nw DSchG.

206 Battis, in: Battis / Krautzberger / Löhr, § 2 BBauG, Rn. 11.

207 § 4 Abs. 1 BauGB läßt genügen, daß Fachbelange berührt werden können. Nach dem eigenständigen planungsrechtlichen Baudenkmalbegriff kommt es auf eine landesrechtliche Unterschutzstellung nicht an. Dazu oben, Zweiter Teil, II 1.

208 Vgl. Battis, in: Battis / Krautzberger / Löhr, § 2 BBauG, Rn. 12.

209 Vgl. oben, Zweiter Teil, II 2.

Interessen gewichten und gegeneinander abwägen würde, ob von der späteren Ausübung des Appellationsrechts nach § 21 Abs. 4 S. 3 nw DSchG auszugehen ist und wie ggf. der Konflikt von der Obersten Denkmalbehörde beurteilt wird. Auch wenn es letztlich auf die Umstände im Zeitpunkt der späteren Erlaubnisentscheidung ankommt, kann sich doch bereits im Planverfahren ergeben, daß mit einer künftigen Versagung der denkmalrechtlichen Abrißgenehmigung bzw. einer entsprechenden Weisung an die Gemeinde gerechnet werden muß.

Entschließt sich die Gemeinde trotz solcher Befürchtungen zu den betreffenden Festsetzungen, kann sie sich später u. U. vor die Situation gestellt sehen, eine ganz oder teilweise nicht vollziehbare Planung ändern zu müssen. Rechtlich hinge der Eintritt dieser Lage von der Frage ab, ob die Denkmalbehörden bei ihrer abweichenden Entscheidung den ihr im Fachgesetz eingeräumten Entscheidungsspielraum gewahrt oder überschritten haben.

In Konfliktfällen, deren spätere „planungsschädliche" Lösung voraussichtlich die Grenzen behördlicher Prioritätsbeurteilung (§ 9 Abs. 2 lit. b nw DSchG) nicht überschreiten würde, kann deshalb für die Gemeinde aus praktischen Gründen ein Zwang zur Einigung mit der Denkmalfachbehörde bestehen. Die rechtliche Planungsfreiheit wird derart durch einen faktischen Koordinationszwang relativiert, ähnlich der Einengung der Bauleitplanung durch privilegierte Fachplanungen im Sinne von § 38 BauGB[210].

III. Kollisionsprobleme beim Erlaß städtebaulicher und fachgesetzlicher Gebote

Die Frage der Zuordnung von Bauleitplanungsrecht und Fachgesetz stellt sich nicht nur unter dem bisher erörterten Blickwinkel von einerseits bauleitplanerischer und andererseits fachgesetzlicher Gewichtung der Erhaltungsbelange und der daraus folgenden Prioritätsfestlegung, sondern auch dann, wenn von besonderen städtebaulichen bzw. denkmalrechtlichen Anordnungsbefugnissen Gebrauch gemacht wird. Zu nennen sind hier zum einen das städtebauliche Abbruchgebot (§ 39 d BBauG/§ 179 BauGB) und das Baugebot (§ 39 b BBauG/§ 176 BauGB), sowie zum anderen das fachgesetzliche Erhaltungs-/Instandsetzungsgebot (§ 7 nw DSchG) und das Nutzungsgebot (§ 8 nw DSchG)[211].

---

210 Vgl. Schlarmann, Privilegierte Fachplanungen, insbesondere S. 257 ff. (260 f.).

211 Zu den fachgesetzlichen Anordnungen bereits oben, Erster Teil, II 4 a, b.

1. Städtebauliche Gebote

a) Abbruchgebot

Ein städtebauliches Abbruchgebot nach § 39 d BBauG/§ 179 BauGB zum Zwecke des Planvollzugs oder der Beseitigung mängelbehafteter, nicht mehr instandsetzungsfähiger Bausubstanz erfaßt vom Normtext her auch denkmalgeschützte Gebäude und kann daher auf den ersten Blick in Widerspruch treten zur fachgesetzlich verankerten Erhaltungspflicht des Eigentümers (§ 7 nw DSchG), sowie zum Erlaubnisvorbehalt des § 9 nw DSchG. Die nähere Betrachtung zeigt, daß aus der Sicht des Eigentümers eine Kollision mit der letztgenannten Vorschrift ausscheidet, weil das Abbruchgebot entgegen der Normbezeichnung lediglich auf eine Verpflichtung des Eigentümers gerichtet ist, den Gebäudeabriß zu dulden[212]. Daß ihm einerseits eine Handlung aufgegeben, andererseits die zur Realisierung erforderliche Genehmigung versagt wird, ist danach nicht denkbar. Es bleibt der Widerspruch zwischen aktiver Erhaltungspflicht und Duldung des Abbruchs. Es bleibt ferner die Frage, ob die das Abbruchgebot erlassende Gemeinde, die den Vollzug auf eigene Rechnung und Verantwortung durchzuführen hat und deshalb bauordnungsrechtlich als „Bauherr“ anzusehen ist[213], trotz der städtebaulichen Entscheidung einer fachgesetzlichen Erlaubnis bzw. Zustimmung bedarf.

b) Baugebot

Der Erlaß eines Baugebotes gemäß § 39 b BBauG/§ 176 BauGB kann auf mehrfache Weise mit dem Fachgesetz kollidieren. Nach dem Anwendungsbereich der Norm kann es sich richten auf die Bebauung eines unbebauten oder nur geringfügig bebauten Grundstücks im Planbereich (zum Planvollzug) oder im nicht beplanten Innenbereich (zur Schließung einer Baulücke), dessen Bebauung aus Gründen des denkmalschutzrechtlichen Umgebungsschutzes fachgesetzlich wiederum verhinderbar wäre. Weiterhin kann es die akzessorische Beseitigung auch eines Baudenkmals umfassen, wenn dessen Beseitigung Voraussetzung zur Durchführung der gebotenen (Neu-)Bebauung ist (§ 39 b Abs. 5 BBauG, § 176 Abs. 5 BauGB). Schließlich kann es abzielen auf die Veränderung, z. B. Aufstockung, eines Baudenkmals zum Zwecke der Verwirklichung der planfestgesetzten Nutzung (Anpassungsgebot nach § 39 b Abs. 1 Nr. 2 BBauG/§ 176 Abs. 1 Nr. 2 BauGB). Alle diese dem Eigentümer aufgegebenen Verhaltensweisen können ebenfalls potentiell in Widerspruch treten zu seiner denkmalrechtlichen Erhaltungspflicht

---

[212] OVG Bremen, DÖV 1986, 704 m.w.N.

[213] Zum Begriff des „Bauherrn“ im öffentlich-rechtlichen Sinne Böckenförde, in: Gädtke / Böckenförde / Temme, nw BauO, § 53, Rn. 3 ff.

und/oder zum Veränderungsverbot kraft Versagung der erforderlichen Erlaubnis.

c) *Modernisierungs- und Instandsetzungsgebot*

Beim Modernisierungs- und Instandsetzungsgebot (§ 39 e BBauG/§ 177 BauGB) ist die Harmonisierung mit dem Fachgesetz hingegen bereits in der Norm selbst angelegt, die Kollision praktisch ausgeschlossen: Die Instandsetzung eines landesrechtlich unter Schutz gestellten und auch denkmalpflegerisch sanierungsbedürftigen Gebäudes bedarf der Abstimmung mit der zuständigen Landesbehörde (§ 39 e Abs. 3 S. 2, 3 BBauG/§ 177 Abs. 3 S. 2, 3 BauGB).

d) *Zuordnung zum Denkmalschutzrecht*

Für Abbruchgebot und Baugebot gilt zunächst, daß verfahrensrechtlich eine Verdrängung des bauordnungsrechtlichen Genehmigungserfordernisses im Sinne einer Konzentrationswirkung[214] nicht eintritt; damit scheidet auch die Möglichkeit aus, daß die von der bauordnungsrechtlichen Genehmigung regelmäßig mitumfaßte denkmalrechtliche Erlaubnis (§ 9 Abs. 3 nw DSchG) ebenfalls verdrängt bzw. ersetzt wird. Für eine solche Ersetzungswirkung der planungsrechtlichen Anordnung fehlt es an jeglichem Anhaltspunkt im Gesetz. Auch der jeweilige Entscheidungsgehalt spricht dagegen. So gehört beim Abbruchgebot der sicherheitsrechtliche Aspekt eines Abbruchs, um den es u. a. im Bauordnungsrecht geht, nicht zum Entscheidungsbereich der Norm. Noch deutlicher tritt die begrenzte Entscheidungswirkung beim Baugebot zu Tage: Dieses konkretisiert nur die vorhandenen planungsrechtlichen Nutzungsmöglichkeiten derart, daß dem Eigentümer ein hinreichend umrissener Rahmen für die Bebauung gesetzt wird, innerhalb dessen er sich für ein bestimmtes Bauwerk zu entscheiden hat[215]. Die ordnungsrechtliche und technische Seite des Vorhabens ist nicht erfaßt. Das Baugebot wirkt also nicht wie eine „oktroyierte Genehmigung“ mit Vollzugszwang in Hinsicht auf ein bestimmtes „durchgeprüftes“ Bauwerk[216].

Bedarf demnach der zum Bauen aufgeforderte Bauherr gleichwohl einer Baugenehmigung und die Gemeinde zum Abbruch des Bauwerkes der

---

[214] Gemeint ist dieser Begriff hier in einem weiteren, untechnischen Sinne, da es nicht um die Konkurrenz paralleler Genehmigungen, sondern um das Zusammentreffen von Gebot und Erlaubniserfordernis geht. Zu Konkurrenz und Konzentration von Genehmigungen allgemein Jarass, Konkurrenz, insbesondere S. 48 ff.

[215] Krautzberger, in: Battis / Krautzberger / Löhr, § 39 b BBauG, Rn. 3, 4; Schlichter, in: Schlichter / Stich / Tittel, § 39 b BBauG, Rn. 6.

[216] Das Baugebot umfaßt daher die Pflicht zur Stellung eines entsprechenden Baugenehmigungsantrags, Schlichter, in: Schlichter / Stich / Tittel, § 39 b BBauG, Rn. 6.

Zustimmung des Regierungspräsidenten als Oberer Bauaufsichtsbehörde (§§ 75, 57 Abs. 1 Nr. 2 nw BauO)[217], so bleibt noch die Frage, ob die jeweilige planungsrechtliche Entscheidung für das landesrechtliche Genehmigungsverfahren nach Bauordnungsrecht bzw. Denkmalschutzrecht in bestimmtem Umfang Bindungswirkung entfaltet[218]. So wäre zu überlegen, ob ein (planakzessorisches) Abbruchgebot für sich beansprucht, die Frage der Erhaltung des Gebäudes aus Denkmalschutzgesichtspunkten abschließend negativ mit zu entscheiden und damit bereits der bauleitplanerischen Abwägungsentscheidung zu Lasten des Baudenkmals eine Präjudizwirkung zu verleihen[219]. Beim Baugebot wäre zu fragen, ob es mit bindender Wirkung die prinzipielle (plankonforme) Veränderbarkeit eines Bauwerkes und die prinzipielle Bebaubarkeit eines Grundstücks in der Umgebung eines Baudenkmals festlegt.

aa) Für das bisherige Recht ergab sich aus dem Vorbehalt des § 39 a Abs. 3 BBauG zweifelsfrei, daß weder dem Abbruchgebot noch dem Baugebot die erwogene Präjudizwirkung zukam. Wenn die denkmalrechtlichen Vorschriften der Länder unberührt bleiben, dann konnte das nur bedeuten, daß die dort vorgesehenen Verfahren und Maßstäbe auch im Bereich städtebaulicher Gebote uneingeschränkt zur Anwendung gelangten.

So konnte beim Abbruchgebot bzw. beim Abbruch durch die Gemeinde die bauordnungsrechtlich erforderliche Zustimmung der Oberen Bauaufsichtsbehörde aus denkmalschutzrechtlichen Gründen versagt werden. Das galt auch hinsichtlich eines planakzessorischen Abbruchs[220].

---

[217] Beide Entscheidungen ersetzen gem. § 9 Abs. 3 nw DSchG die erforderliche denkmalrechtliche Erlaubnis. Von deren – isolierter – Einholung ist auch die einen Abbruch betreibende Gemeinde nicht allg. dispensiert, da es im nw Denkmalschutzrecht an einer der Regelung des § 75 nw BauO entsprechenden Privilegierung fehlt.

[218] Hierzu allgemein und grs. Jarass, Konkurrenz, S. 68 ff.; Erichsen / Knoke, NVwZ 1983, 185 (190 ff.) jeweils m.w.N.

[219] So für planakzessorische Abbruchmaßnahmen Bartlsperger, DVBl. 1981, 284 (297 ff.).

[220] Vgl. hierzu Bartlsperger, ebd., S. 296 ff., der diese Konsequenz mit aller Deutlichkeit herausarbeitet (S. 297). Was er gegen dieses Ergebnis und zugunsten eines auch insoweit behaupteten Vorrangs der Planentscheidung aus der Entstehungsgeschichte der Vorschrift herleitet, überzeugt indes nicht. Der von der Bundesregierung vertretene und vom Bundesrat zunächst schlechthin bekämpfte Standpunkt, daß eine Kompetenz des Bundes zum Erlaß von Vorschriften über den Schutz von Baudenkmälern bestehe (BT-Drucks. 7/2496, S. 53 sowie BR-Drucks. v. 10. 5. 1974 – 300/74 – mit Stellungnahme des Bundesrates), hat sich unter gleichzeitiger Aufnahme des Vorbehaltes des § 39 a Abs. 3 BBauG letztlich durchgesetzt. Daß dieser Vorbehalt in der Gegenäußerung der Bundesregierung ohne Einwendungen akzeptiert wurde, läßt sich durchaus sinnvoll dahin deuten, daß aus politischen Gründen auf den möglicherweise beabsichtigten weiteren Schritt der erschöpfenden Inanspruchnahme bundesrechtlicher Regelungskompetenz verzichtet wurde zugunsten der Zulassung konkurrierenden Landesrechtes. Auch ist denkbar, daß eine Verdrängung des Landesrechtes nie beabsichtigt war. Insgesamt konnten daher vage Spekulationen, ob im Gesetzgebungsverfahren etwas anderes gemeint war, an der eindeutigen Aussage von § 39 a Abs. 3 BBauG nichts ändern (vgl. auch Schlichter, in: Schlichter / Stich / Tittel, § 39 a BBauG, Rn. 5).

Wurde die bauordnungsrechtliche Zustimmung nicht erteilt oder im getrennten denkmalschutzrechtlichen Erlaubnisverfahren auf Veranlassung der vorgeordneten Behörden die Abbruchgenehmigung versagt, so erwies sich das dem Eigentümer nach § 39 d BBauG auferlegte Duldungsgebot als gegenstandslos. Die zu duldende Maßnahme mußte unterbleiben.

Für das Baugebot galt: Erhielt der Eigentümer aus Gründen des Denkmalschutzes die beantragte Baugenehmigung nicht, so war das Gebot auf eine Handlung[221] gerichtet, deren Vornahme dem Verfügungsadressaten aus Rechtsgründen unmöglich war. Das führte zur Rechtswidrigkeit des auferlegten Gebotes[222].

bb) Im Regierungsentwurf zum BauGB war der seinerzeit auf Initiative des Bundesrats aus kompetenzrechtlichen Gründen eingeführte[223] landesrechtliche Vorbehalt des § 39 a Abs. 3 BBauG ersatzlos gestrichen. Die Frage, ob damit eine erhöhte Durchschlagskraft der städtebaulichen Gebote und der ihnen vorgelagerten planerischen Entscheidungen gegenüber fachgesetzlichen Belangen verbunden war, war jedenfalls für das Abbruchgebot zu verneinen: § 179 Abs. 1 S. 3 RegE BauGB stellte in Übereinstimmung mit der bisherigen Rechtslage (§ 39 d Abs. 1 S. 3 BBauG) klar, daß das Recht des Eigentümers, die städtebaulich gebotene Beseitigung selbst vorzunehmen, unberührt bleibt[224]. Würde man der Streichung des bisherigen § 39 a Abs. 3 BBauG materielle Bedeutung beimessen, so entstünde bei Versagung der denkmalrechtlichen Abbrucherlaubnis[225] die eigenartige Situation, daß der Eigentümer selbst das Baudenkmal nicht beseitigen dürfte, wohl aber die Gemeinde ihn verpflichten könnte, den von ihr durchgeführten Abbruch zu erdulden. Der aber – ausweislich des unveränderten Normtextes in § 179 Abs. 1 S. 3 RegE BauGB – offenbar nach wie vor vorausgesetzte Gleichlauf privater und behördlicher Abbruchbefugnisse ergab, daß das Planvollzugsinstrument des § 179 BauGB trotz des Wegfalls des ausdrücklichen landesrechtlichen Vorbehaltes nicht den Charakter einer das fachgesetzliche Denkmalschutzrecht überspielenden spezifisch planungsrechtlichen Er-

---

[221] Das Baugebot ist zwar auch auf die Einreichung eines entsprechenden Genehmigungsantrages gerichtet, erschöpft sich aber hierin nicht. Vgl. Schlichter, in: Schlichter / Stich / Tittel, § 39 b, Rn. 6.

[222] Zur abweichenden Ansicht des OVG Münster siehe unten, Anm. 235.

[223] Zur Entstehungsgeschichte eingehend Bartlsperger, DVBl. 1981, 284 (296 ff.).

[224] Dadurch wurde, entgegen Bartlsperger (ebd., S. 292), ein spezifisch planakzessorisches Abbruchrecht des Eigentümers weder begründet noch vorausgesetzt. Diese Befugnis ist nach geltendem Recht prinzipiell schon von der eigentumsinhaltsbestimmenden Norm des § 903 BGB umfaßt (zum Zusammenspiel von öffentlich-rechtlichen und privatrechtlichen Normen bei der Inhaltsbestimmung des Eigentums grs. BVerfGE 58, 300, 334 ff.) und nur in bestimmten Bereichen öffentlich-rechtlich eingeschränkt. Das Bauordnungsrecht zählt nicht dazu; es stellt den Abbruch unter Erlaubniszwang, richtet aber keine prinzipiellen Hindernisse auf (vgl. Bartlsperger, ebd., S. 290).

[225] Zu deren Versagung trotz denkmalwidriger Planausweisung siehe oben, II 4 c.

mächtigung zur behördlichen Baudenkmalbeseitigung tragen sollte, vielmehr beim Vollzug der gemeindlichen Anordnung die formellen und materiellen Anforderungen des Landesdenkmalrechtes ebenso beachtlich sein sollten, wie bei Abbruchmaßnahmen durch den Eigentümer[226].

cc) In der Gesetz gewordenen Fassung hat der Vorbehalt zugunsten des Landesrechts und insbesondere des Denkmalschutzrechts wieder Eingang gefunden (§ 175 Abs. 5 BauGB). Damit sind letzte Zweifel ausgeräumt, daß die bisherige den Vorrang des Denkmalschutzrechts beinhaltende Rechtslage unverändert fortbesteht.

2. Fachgesetzliche Gebote

Über den Erlaubnisvorbehalt hinaus kennt das Denkmalschutzrecht Gebote zu aktiv denkmalschützerischen Maßnahmen und Verhaltensweisen, nämlich das Erhaltungs-/Instandsetzungsgebot[227] und das Nutzungsgebot[228].

Ob diese durch Gesetz oder konkretisierenden Verwaltungsakt aufgegebenen Gebote konfliktträchtig im Hinblick auf das Bauplanungsrecht sein können, hängt davon ab, ob dieses Rechtsgebiet überhaupt Beurteilungsmaßstab für die fraglichen Verhaltensweisen ist. Das setzt zunächst voraus, daß es sich jeweils um ein Vorhaben im Sinne von § 29 S. 1 BauGB handelt, welches die Änderung oder Nutzungsänderung des Baudenkmals zum Gegenstand hat und von planungsrechtlicher Erheblichkeit ist[229]. Daran wird es vielfach schon fehlen, etwa wenn schadhafte Bauteile durch neue ersetzt werden sollen, ohne daß Art und Maß der baulichen Nutzung berührt werden. Anders aber, wenn die aufgegebene Sanierung auf eine planungsrechtlich relevante Nutzungsänderung abzielt und u. U. auch, wenn bauliche Veränderungen vorgenommen werden sollen (z. B. Wiederaufstockung um ein zwischenzeitlich abgetragenes Geschoß).

Zum zweiten muß das Sanierungsvorhaben bauordnungsrechtlich genehmigungs-, zustimmungs- oder anzeigepflichtig sein. In dieser Hinsicht bestehen auch hier[230] keine Anhaltspunkte dafür, daß den fachgesetzlichen Geboten kraft Gesetzes eine Konzentrationswirkung in dem Sinne zukom-

---

226 Derart wird verständlich, weshalb die Begründung des RegE den dort vorgesehenen Wegfall der Vorbehaltsklausel als eine nur redaktionelle Streichung einer überflüssigen Klarstellung bezeichnet (amtl. Begr. zu § 175 BauGB, BT-Drucks. 10/4630 = Deutscher Bundestag (Hrsg.), Das neue Baugesetzbuch, Zur Sache 4/86, S. 407).

227 § 7 nw DSchG.

228 § 8 nw DSchG.

229 Zu diesem einschränkenden Merkmal des bundesrechtlichen Begriffs des „Vorhabens“ siehe Schlichter, in: Schlichter / Stich / Tittel, § 29, Rn. 2.

230 Ebenso wie bei den städtebaulichen Geboten; dazu oben, III 1.

men soll, daß die angeordneten Maßnahmen bauordnungsrechtlich genehmigungsfrei sind oder diese Genehmigung ersetzen[231]. Davon zu unterscheiden ist die Frage, ob in concreto durch ein bestimmtes Handlungsgebot die zu seiner Verwirklichung erforderliche Baugenehmigung konkludent miterteilt wird. Das ist im Einzelfall durch Auslegung des Verwaltungsaktes vom Empfängerhorizont her zu beurteilen und dürfte allenfalls in Betracht kommen, wo die Kompetenzen von Denkmalschutzbehörde und (Unterer) Bauaufsichtsbehörde in einer Hand liegen[232].

Erfüllt die gesetzlich gebotene bzw. behördlich angeordnete Verhaltensweise die genannten Merkmale, ist eine Kollision zum Bauplanungsrecht[233] in dem Sinne denkbar, daß dem Eigentümer denkmalrechtlich etwas aufgegeben wird, dessen Realisierung wegen Versagung der erforderlichen Genehmigung[234] aus bauplanerischen Gründen rechtlich unmöglich ist[235].

---

[231] Mit „Genehmigungsfreiheit" ist hier der Tatbestand der Verdrängung sowohl des formellen Genehmigungserfordernisses, als auch derjenigen (auch planungsrechtlichen) materiellen Maßstäbe gemeint, die für das verdrängte Genehmigungsverfahren einschlägig sind. „Ersetzung" bezeichnet hier demgegenüber das Entfallen des formellen Genehmigungserfordernisses unter gleichzeitiger Fortgeltung der einschlägigen materiellen Maßstäbe (allg. dazu Jarass, Konkurrenz, S. 53 ff.). In beiden Fällen wäre die hier erörterte Kollisionsproblematik erledigt, im erstgenannten Fall zugunsten des Fachgesetzes, im letztgenannten zu seinen Lasten. – Zur Ersetzungswirkung denkmalrechtlicher Anordnungen differenzierend OVG Münster, BauR 1986, 682: Keine Ersetzungswirkung bei fehlender konkreter Zuständigkeitskongruenz von Denkmalbehörde und Genehmigungsbehörde. Diese Frage muß indes, da §§ 7, 8 nw DSchG für Differenzierungen in der Reichweite der Rechtsfolgen keine Handhabe bieten, generell beurteilt werden. Siehe dazu auch die nachstehenden Anm.

[232] In NW ist die Gemeinde stets Untere Denkmalbehörde (§ 20 Abs. 1 Nr. 3 nw DSchG), Untere Bauaufsichtsbehörde aber nur, wenn sie zu bestimmten (Größen-) Kategorien zählt, vgl. dazu Böckenförde, in: Gädtke / Böckenförde / Temme, nw BauO, § 57, Rn. 5. Ungeachtet konkreter Zuständigkeitskongruenz (so aber OVG Münster, BauR 1986, 682) ist die „konkludente Genehmigung" als Bestandteil der Anordnung schon deshalb ebenso abzulehnen, wie eine Ersetzungswirkung. Zu weiteren mit dieser Denkfigur verknüpften Problemen (insbesondere: „aufgedrängte verfahrensfehlerhafte Genehmigung") siehe OVG Münster, BauR 1986, 682.

[233] Zu den hier nicht erörterten Kollisionen mit dem Bauordnungsrecht siehe Schleich / Rupf, BayVBl. 1975, 440; OVG Münster, BauR 1986, 682.

[234] Für eine inhaltliche Bindungswirkung der Anordnung im Hinblick auf die (planungsrechtliche) Beurteilung der durchzuführenden Maßnahme ergeben sich aus dem Gesetz keine Anhaltspunkte.

[235] Das OVG Münster (BauR 1986, 682) hält eine Anordnung schon dann für rechtswidrig, wenn ihre Verwirklichung eine noch nicht erteilte Genehmigung erfordert. Angesichts der auch vom Gericht geteilten Ablehnung einer Ersetzungswirkung jedenfalls für den Fall fehlender konkreter Zuständigkeitskongruenz und der deshalb ebenfalls ausscheidenden konkludenten Miterteilung der fraglichen Genehmigung, ist das Problem praktisch sehr bedeutsam, stellt es doch die Handlungsmöglichkeiten der Denkmalbehörde schlechthin in Frage. Der vom OVG Münster aufgezeigte Ausweg – Anordnung mit (ausdrücklich verlautbarter) Zustimmung der Genehmigungsbehörde – trifft als nicht nur praeter legem, sondern contra legem entwickelte Lösung – die zu beantragende Genehmigung wird ohne weiteres durch die verwaltungsintern erteilte antragslose Zustimmung ersetzt –, ebenso auf Bedenken, wie die Figur der „konkludent miterteilten Genehmigung". Bei der gegenwärtigen Rechtslage dürfte die Lösung eher darin liegen, daß die Anordnung erst und nur dann rechtswidrig wird, wenn nachfolgend die zur Realisierung erforderliche Genehmigung versagt wird (so OVG

Zwei einschränkende Klarstellungen sind jedoch anzufügen. Zum einen kann sich eine Kollision nur aus der Unzulässigkeit des betreffenden Vorhabens ergeben. Daß das vorhandene, seinerzeit formell und materiell rechtmäßig errichtete Bauwerk in seiner gegenwärtigen Gestalt und Nutzung dem heute geltenden Bauplanungsrecht widerspricht – etwa eine nunmehr geltende Baulinie nicht einhält –, ist demgegenüber unerheblich[236]. Denn die baurechtswidrige, aber bestandsgeschützte Existenz des Gebäudes ist nicht Beurteilungsgegenstand des Genehmigungsverfahrens. Soweit der Bestandsschutz reicht[237] sind Sanierungsmaßnahmen, sofern sie überhaupt städtebauliche Dimensionen erreichen, bauplanungsrechtlich zu genehmigen. Insoweit sind daher Kollisionen zwischen Denkmal- und Städtebaurecht ausgeschlossen. In diesen Fällen wird die verfassungsrechtlich fundierte Rechtsposition des Eigentümers („Bestandsschutz") für die Zwecke des Denkmalschutzes „in die Pflicht genommen".

Die zweite Einschränkung betrifft speziell das nw DSchG. § 8 Abs. 2 nw DSchG sieht vor, daß der Eigentümer von der ihm durch behördliches Gebot aufgegebenen erhaltungsfreundlichen Nutzungsart auf eine andere ebenso geschützte Benutzung übergehen kann, sofern diese andere Nutzung mit dem öffentlichen Recht vereinbar ist. Die Ersetzungsbefugnis des Eigentümers[238] steht mithin unter dem Vorbehalt auch ihrer planungsrechtlichen Zulässigkeit. Für die dem Eigentümer von seiten der Behörde primär aufgegebene Verhaltensweise muß das entsprechend gelten. Das Nutzungsgebot ist daher insgesamt normimmanent auf die planungsrechtlich zulässigen Nutzungen begrenzt. Dieser Harmonisierungsgehalt der Vorschrift wirkt sich auch aus im Bereich der Erhaltungs-/Instandhaltungspflicht. Soweit gebotene Sanierungsmaßnahmen auf eine Nutzungsänderung abzielen, können sie dem Eigentümer nur im Rahmen des planungsrechtlich Zulässigen auferlegt werden. Für das nw DSchG ist dadurch der potentielle Kollisionsbereich zusätzlich erheblich verkleinert.

Für die nach dem Vorstehenden denkbaren und nicht durch Gewährung von Ausnahmen oder Befreiungen zu beseitigenden Kollisionen im obigen Sinne stellt sich die Frage, ob die planungsrechtlichen Zulässigkeitsmaßstäbe sich durchsetzen, zur Versagung der Baugenehmigung führen und damit die Rechtswidrigkeit des fachgesetzlichen Gebotes der Behörde nach

---

Münster, OVGE 17, 185). Entgegen dem OVG Münster (BauR 1986, 682) bestehen keine durchgreifenden Bedenken, den Adressaten aufgrund der Anordnung für verpflichtet zu halten, die erforderliche Genehmigung zu beantragen. Ein solcher Regelungsgehalt wird etwa auch dem Baugebot nach § 176 BauGB entnommen (vgl. oben, Anm. 216).

236 Das übersieht offenbar Moench, NJW 1983, 1998 ff. (2004).

237 Zu Begriff und Reichweite („Identität der baulichen Anlage" und „Nutzungskontinuität") Schlichter, in: Schlichter / Stich / Tittel, § 35 BBauG, Rn. 29 m.w.N.

238 § 8 Abs. 2 S. 2 nw DSchG entspricht dem allgemeinen ordnungsrechtlichen Institut des „Austauschmittels", vgl. etwa § 21 OBG.

sich ziehen oder aber den denkmalrechtlichen Erfordernissen zu weichen haben. Über den erwähnten Harmonisierungsgehalt des § 8 Abs. 2 nw DSchG hinaus fehlt es an einer ausdrücklichen gesetzlichen Vorrangentscheidung[239]. Es bleibt nur der Rückgriff auf allgemeine Grundsätze über die Behandlung von Normenkonkurrenzen. Nicht gefolgt werden kann dabei einer Betrachtungsweise, die danach differenziert, ob es sich bauplanungsrechtlich um einen qualifiziert beplanten Bereich oder um Fälle der §§ 34, 35 BauGB handelt und im erstgenannten Fall der unter dem Landesgesetz einzustufenden Satzung (Bauleitplan) den Nachrang gegenüber dem Fachgesetz zuweist, während den bundesrechtlichen Normen der §§ 34, 35 BauGB der Vorrang gegenüber dem Denkmalschutzrecht zuerkannt wird[240]. Das würde zu dem eigenartigen und nicht akzeptablen Ergebnis führen, daß das Gebrauchmachen von planerischen Gestaltungsmöglichkeiten durch die Gemeinde (z. B. Überplanung eines bisherigen § 34 BauGB-Gebietes) einen Geltungsverlust der auf diese Weise verfeinerten planungsrechtlichen Beurteilungsmaßstäbe gegenüber dem Landesrecht nach sich zöge. Vor allem aber wird übersehen, daß die Zulässigkeitsmaßstäbe des Bebauungsplans über die Anknüpfungs- und Rechtsfolgenorm des § 30 BauGB rangmäßig auf derselben bundesrechtlichen Ebene angesiedelt sind wie die Planersatzvorschriften der §§ 34, 35 BauGB[241]. Daraus ergibt sich als Konsequenz, daß das landesrechtliche Denkmalschutzrecht ungeachtet der planungsrechtlichen Situation des Baudenkmals nicht in der Lage ist, von den planungsrechtlichen Beurteilungsmaßstäben und Anforderungen zu dispensieren (Art. 31 GG). Unmittelbar durch Gesetz auferlegte Verhaltenspflichten des Denkmalschutzrechtes kommen demnach nur in dem planungsrechtlich realisierbaren Umfang zur Geltung. Ein konkretisierender Verwaltungsakt, der dies mißachtet, ist rechtswidrig.

---

239 § 29 letzter Satz BBauG/BauGB regelt den Fall, daß das Planungsrecht für und das Landesrecht gegen ein Vorhaben spricht, ist also hier nicht einschlägig.

240 Moench, NJW 1983, 1998 (2004); i.E. auch Steinberg, NJW 1981, 550 (553 f.).

241 Darauf weist m. E. mit Recht Bartlsperger, DVBl. 1981, 284 (295) hin.

Vierter Teil

Denkmalschutzrecht und gemeindliche Selbstverwaltungsgarantie

In den bisherigen Überlegungen zum Denkmalschutzrecht, Bauplanungsrecht und den Beziehungen dieser Rechtsgebiete zueinander wurde die verfassungsrechtliche Ebene der gemeindlichen Selbstverwaltungsgarantie bewußt weitgehend ausgeblendet. Nunmehr geht es darum, den Themenbereich aus dem Blickwinkel dieser grundgesetzlichen Gewährleistung zu beleuchten, die bei der Analyse des einfachen Gesetzesrechts gewonnenen Ergebnisse auf ihre Vereinbarkeit mit den Prinzipien und Verbürgungen des Art. 28 Abs. 2 GG zu überprüfen und, falls von daher erforderlich und methodisch zulässig, zu korrigieren. Eine besondere Rolle spielt dabei die Planungshoheit als wichtige, wenn nicht wichtigste Ausprägung des verfassungskräftig gewährleisteten Selbstverwaltungsrechts der Gemeinden.

I. Ausgangspunkt und Fragestellungen

Bei dem Versuch, sich aus dem genannten Anlaß über den Gehalt des Art. 28 Abs. 2 GG Gewißheit zu verschaffen, findet man zwar eine kaum mehr überschaubare Fülle an Literaturstimmen[1] und dennoch in vielerlei Hinsicht nur unsicheren Boden vor. Die Situation ist derzeit nicht so sehr gekennzeichnet durch Zweifel hinsichtlich konkreter Einzelfragen, als vielmehr durch ein anhaltendes Ringen um die dogmatischen Grundlagen und Grundstrukturen der gemeindlichen Selbstverwaltungsgarantie. Beispielhaft zu nennen sind hier die – im Grundsatz berechtigten – Zweifel an der Tragfähigkeit der Unterscheidung von örtlichen und überörtlichen Aufgaben[2], die Diskussion um „funktionales Selbstverwaltungsverständnis“[3] und

---

[1] Hervorzuheben sind die Berichte von Blümel und Grawert über „Gemeinden und Kreise vor den öffentlichen Aufgaben der Gegenwart“, in: VVDStRL 36 (1978), S. 171 ff., 277 ff.; ferner v. Mutius, Gutachten E zum 53. Dt. Juristentag 1980, sowie die Beiträge in der FS f. v. Unruh (Hrsg.: v. Mutius), 1983 (insbesondere in Teil B), jeweils mit umfangreichen Nachweisen.

[2] Zu dieser Diskussion vgl. etwa v. Mutius, FS f. v. Unruh, S. 277 ff. mit zahlreichen Nachweisen.

[3] Vertreten insbesondere von Pappermann und Roters; vgl. z. B. Pappermann, JuS 1973, 689; ders., DÖV 1975, 181; Roters, Kommunale Mitwirkung an höherstufigen Entscheidungsprozessen, S. 30 ff. – Zur Diskussion dieses Ansatzes vgl. etwa Blümel, FS f. v. Unruh, S. 265 ff. (279, Fn. 102).

„Kompensationsmodell“[4], der Versuch einer radikalen Umdeutung des Rahmenvorbehaltes in Art. 28 Abs. 2 GG[5] und die Kontroversen über Inhalt und Methode eines „Kernbereichsschutzes“[6]. Auf all dies kann hier nicht näher eingegangen werden[7].

Ausgangspunkt der nachfolgenden Überlegungen ist zum einen die vom Normtext des Art. 28 Abs. 2 GG her gebotene Einsicht, daß den Gemeinden ein wie auch immer näher zu bestimmender Kreis von Aufgaben zu eigenverantwortlicher Erfüllung verfassungskräftig zugewiesen ist[8], wenn auch nur „im Rahmen der Gesetze“. Angesprochen ist damit die Gewährleistung von Handlungskompetenzen im Sinne von Aufgabenzuständigkeiten bestimmter Quantität und darüber hinaus bestimmter Qualität, nämlich ohne durchgängige Vorgaben, Bindungen und (Fach-)Weisungen[9]. Daran knüpft sich die Frage, ob die im nw DSchG vorzufindende Aufgabenverteilung verfassungsrechtlich unbedenklich ist.

Die zweite Fragestellung nimmt ihren Ausgangspunkt bei einer allgemein anerkannten[10] Gewährleistungsdimension des Art. 28 Abs. 2 GG, der Planungshoheit der Gemeinden. Da das Recht der Gemeinden zur städtebaulichen Planung durch das Denkmalschutzgesetz nicht entzogen oder förmlich beschränkt wird, wohl aber der planerische Gestaltungswille durch das Gewicht von Erhaltungsbelangen beeinflußt und durch den fachgesetzlichen Entscheidungsvorbehalt gar unterlaufen werden kann, ist die Frage angezeigt, welchen Anforderungen Vorschriften genügen müssen, deren Anwendung im Einzelfall mehr oder minder starke Ingerenzen in die gemeindliche Planungshoheit bewirken kann. Schwerpunktmäßig geht es insofern weniger um die Planungshoheit im Sinne einer positiven Handlungskompetenz, als um ihre Wehrfähigkeit gegenüber anderweitig getroffenen Maßnahmen und Entscheidungen.

Beiden Ausgangspunkten liegt des weiteren zugrunde, daß Art. 28 Abs. 2 GG nicht nur den Charakter einer institutionellen Garantie[11] hat, sondern

---

[4] Zum Inhalt eines sich mit dem funktionalen Selbstverwaltungsverständnis berührenden umfassenden Kompensationsmodells siehe v. Mutius, FS f. v. Unruh, S. 237. Ein ergänzendes Kompensationsmodell vertritt Blümel, VVDStRL 36 (1978), S. 245 ff., 260 ff.

[5] Burmeister, Verfassungstheoretische Neukonzeption, S. 95 ff. – Zum literarischen Echo vgl. etwa Grawert, NJW 1979, 258; Rommel, DÖV 1979, 363; Schulte, DVBl. 1978, 825; weitere Nachweise bei Blümel, FS f. v. Unruh, S. 280, Fn. 115.

[6] Vgl. Blümel, FS f. v. Unruh, S. 265 m.w.N.

[7] Zur Kritik neuer Interpretationsansätze siehe ferner Knemeyer, FS Scupin, S. 797 f.

[8] v. Mutius, Gutachten, S. 17 ff.; Knemeyer, FS v. Unruh, S. 219 ff.; BVerwG, DÖV 1984, 164 (Rastede); Brohm, DVBl. 1984, 293 (296).

[9] Siehe die Nachweise in voriger Anm.

[10] BVerfGE 56, 298 ff. (312 ff.); BVerwGE 31, 263 (264 ff.); BVerwG, DÖV 1982, 283 = BayVBl. 1982, 216 = BauR 1982, 154 = ZfBR 1982, 43 = UPR 1982, 167; Hoppe, FS v. Unruh, S. 555 ff.; Widera, Planungshoheit, S. 76 ff. m.w.N.; Stern / Burmeister, Planungsgebot, S. 28 ff.

über objektiv-rechtliche Gehalte hinausgehend der einzelnen Gemeinde zwar kein Grundrecht, aber doch ein subjektives Recht gewährt[12], mit der Folge, daß Verletzungen dieser Rechtsstellung auch gerichtlich rügefähig sind[13].

II. Selbstverwaltungsgarantie und gesetzliche Aufgabenverteilung im Denkmalschutzrecht

1. Zu Inhalt und Schranken von Art. 28 Abs. 2 GG

a) Angelegenheiten der örtlichen Gemeinschaft

Nach dem Verfassungstext ist den Gemeinden das Recht gewährleistet, alle Angelegenheiten der örtlichen Gemeinschaft im Rahmen der Gesetze eigenverantwortlich zu regeln. Dies sichert ihnen „einen grundsätzlich alle Angelegenheiten der örtlichen Gemeinschaft umfassenden Aufgabenbereich („Allzuständigkeit") sowie die Befugnis zu eigenverantwortlicher Führung der Geschäfte in diesem Bereich"[14]. Es ist zwar mit Recht immer wieder darauf hingewiesen worden, daß als Folge einer zunehmenden Verflechtung der Lebensbereiche – räumlich wie soziologisch – eine strikte Separierbarkeit der örtlichen von den überörtlichen Angelegenheiten kaum mehr gegeben ist[15]. Gleichwohl verbietet der insoweit unmißverständliche Verfassungstext eine Preisgabe dieses Differenzierungskriteriums und zwingt zu desen ausfüllender Konkretisierung. Wo eindeutige Trennbarkeit der Bereiche fehlt, ist deshalb auf den Schwerpunkt abzustellen unter Heranziehung ergänzender Zuordnungsgesichtspunkte[16]. Von Bedeutung können etwa sein das Maß an Leistungsfähigkeit (Verwaltungskraft und Finanzkraft) und die Intensität der Betroffenheit der örtlichen Gemeinschaft, jeweils bezogen auf eine bestimmte Aufgabe[17]. In negativer Hinsicht ist festzustellen, daß überörtliche Bezüge einer bestimmten Aufgabenerfüllung, die sich regelmäßig in

---

[11] Zu den Garantieelementen des Art. 28 Abs. 1 S. 1 GG (institutionelle Rechtssubjektsgarantie der Gemeinden – objektive Rechtsinstitutionsgarantie der kommunalen Selbstverwaltung – subjektive Rechtsstellungsgarantie der einzelnen Gemeinde) Blümel, FS v. Unruh, S. 268 m.w.N.

[12] Diese subjektivierende Deutung des Art. 28 Abs. 1 S. 1 GG folgt aus der Verfassung selbst, nämlich aus der Zusammenschau mit Art. 93 Abs. 1 Nr. 4 b GG. Dazu Bethge, Die Verwaltung 1982, 205 (211).

[13] BVerwG, BayVBl. 1976, 692 m.w.N.

[14] Knemeyer, FS v. Unruh, S. 209 ff. (218 ff.).

[15] Vgl. die Nachweise Anm. 3 sowie Burmeister, Verfassungstheoretische Neukonzeption, S. 24 ff.

[16] Knemeyer, FS v. Unruh, S. 209 ff. (222); v. Mutius, Gutachten, S. 18 (dort auch weitere Nachweise zu dieser noch h. M.). Siehe ferner die Definition der „örtlichen Angelegenheiten" im Volksbefragungsurteil des BVerfG (E 8, 122); vgl. ferner Diemer, Naturschutz als kommunale Aufgabe, S. 27 ff.

[17] Vgl. v. Mutius, FS v. Unruh, S. 227 ff. (245 f.).

irgendeiner Hinsicht formulieren lassen, diese Aufgabe noch nicht zu einer überörtlichen machen[18]. In dem so zu umreißenden Bereich verleiht Art. 28 Abs. 2 GG den Gemeinden eine Handlungskompetenz und zugleich die Befugnis zu eigenverantwortlicher Tätigkeit, ohne daß es in Hinsicht auf eine konkrete Sachaufgabe einer zusätzlichen ausdrücklichen Kompetenzzuweisung bedürfte[19].

Zur inhaltlichen Bestimmung des Gewährleistungsbereiches wird herkömmlicherweise auf eine Auffächerung typischer Gewährleistungsdimensionen verwiesen[20], die sich jedoch überwiegend auf die Modalitäten und Bedingungen der eigentlichen Aufgabenerfüllung – im Sinne von Zweckaufgaben – beziehen (Personal-, Organisations-, Finanz-, Satzungshoheit) und nur teilweise Sachaufgabenfelder bezeichnen (Planungshoheit, Daseinsvorsorge)[21].

b) Rahmenvorbehalt

Angesichts der offenkundigen Schwierigkeiten, die „Angelegenheiten der örtlichen Gemeinschaft" über einige typische Erscheinungsformen und Grundsätze hinausgehend zu umschreiben, kommt der Frage besondere Bedeutung zu, welche Regelungs- und Zugriffsmöglichkeiten dem Gesetzgeber in bezug auf den durch den obigen Leitbegriff gekennzeichneten Schutzbereich eröffnet sind[22]. Der normtextliche Vorbehalt „im Rahmen der Gesetze" liefert die grundsätzliche verfassungsrechtliche Deckung für legislatorische Aufgabenverlagerungen zulasten der Gemeinden[23]. Andererseits besteht kein Zweifel, daß dieser Vorbehalt keine beliebigen Relativierungen des vom Grundsatz her Geschützten zuläßt. Die anhaltende Diskussion um die Grenzen gesetzgeberischer Eingriffe in den Selbstverwaltungsbereich[24] wird zu einem guten Teil von der Suche nach effektiven Schutzmechanismen geprägt, die geeignet sind, der vielfach beklagten „schleichenden Aus-

---

[18] Gaentzsch, WiVerw 1985, 235 ff. (247); Knemeyer, FS v. Unruh, S. 222.

[19] Zu diesem Kompetenzzuweisungsgehalt des Art. 28 Abs. 2 S. 1 GG Knemeyer, FS v. Unruh, S. 220 ff.; BVerwG, DÖV 1984, 164 (165) „Rastede". – Dies unterscheidet die Gemeinden von den ebenfalls in Art. 28 Abs. 2 GG genannten Kreisen, deren Kompetenzen von gesetzlicher Zuweisung abhängig sind. Hierzu näher Blümel, VerwArch 75 (1984), S. 197 ff., 297 ff. (313 f.) in kritischer Auseinandersetzung mit dem Rastede-Urteil des BVerwG.

[20] Siehe statt vieler v. Mutius, Gutachten, S. 19 f. Aus der Rspr.: BVerwG, DVBl. 1984, 679 (680/681).

[21] Vgl. hierzu jeweils die einschlägigen Beiträge in der FS f. v. Unruh, Teil B 1 b.

[22] Dazu zusammenfassend v. Mutius, Gutachten, S. 37 ff.; Blümel, FS v. Unruh, S. 265 ff.

[23] Vgl. hierzu das „Rastede-Urteil" des BVerwG vom 4. 8. 1983, DÖV 1984, 164. Zur lebhaften literarischen Diskussion dieser Entscheidung siehe insbesondere Blümel, VerwArch 75 (1984), S. 297 ff. sowie den Literaturbericht von v. der Mühlen, Der Städtetag 1984, 464; siehe ferner Schmidt-Jortzig, DÖV 1984, 821 (m.w.N. in Anm. 1).

[24] Vgl. die zusammenfassende Darstellung bei Blümel, FS v. Unruh, S. 265 mit umfangr. Nachw.

höhlung" des Selbstverwaltungsrechts[25] künftig Einhalt zu gebieten. Soweit es dabei um eingriffsfeste Rechtspositionen der Gemeinde geht, sind Inhalts- und Schrankenproblematik miteinander verwoben.

Eine innerste, absolute Grenze ist dem gesetzlichen Eingriff nach herrschender Auffassung dort gezogen, wo der Kernbereich oder Wesensgehalt des Selbstverwaltungsrechts beginnt[26]. Was zu diesem unangreifbaren Bezirk gehört, ist jedoch bislang nicht befriedigend geklärt. Neben einer historisch ausgerichteten Betrachtungsweise[27], die allerdings zwangsläufig eine Dynamisierung des überkommenen Kernbestandes an Aufgaben im Sinne von Abwanderungen wie auch Erweiterungen zuläßt und sich insoweit selbst relativiert[28], finden sich verwandte Ansätze, die auf struktur- und typusbildende Elemente abheben[29], und ferner, namentlich in der Rechtsprechung des Bundesverwaltungsgerichts[30], eine quantitativ-qualitative Bewertung des nach dem Eingriff verbleibenden Bestandes an kommunalen Handlungs- und Entfaltungsmöglichkeiten. Im Sinne der letztgenannten Vorstellung kennzeichnet die Selbstverwaltungsgarantie ein grundsätzlich veränderbares, dynamisches Kompetenzbündel mit einem auf den jeweiligen Gesamtinhalt bezogenen Mindeststandard in quantitativer wie qualitativer Hinsicht[31].

Eine endgültige Antwort steht auch noch aus auf die Frage, ob und in welchem Umfang die zum herkömmlichen Kanon gemeindlicher Selbstverwaltungsbefugnisse zählenden „Hoheiten[32]" diesem Kernbereich zuzurechnen sind. Das gilt etwa für die Planungshoheit der Gemeinden[33]. Mitunter harrt

---

[25] Vgl. z. B. Knemeyer, NJW 1980, 1141; v. Mutius, Gutachten, S. 57 ff.; Stern, FS Fröhler, S. 473 ff. (482 ff.); Blümel, VVDStRL 36 (1978), S. 171 ff. (188 ff.). – Demgegenüber kommt Brohm, DVBl. 1984, 293 (298) zu einer „positiven Bilanz gemeindlicher Selbstverwaltungsmöglichkeiten". Er rügt, daß die verbreitete Gegenansicht die reale Lage der Kommunalverwaltung nach dem verfehlten Maßstab einer umfassenden Autonomie beurteile. Siehe ferner ders., DÖV 1986, 397 ff.

[26] Siehe hierzu Blümel, FS v. Unruh, S. 265 mit umfangr. Nachw.; BVerwG, DÖV 1984, 164.

[27] Vertreten vor allem vom BVerfG in ständiger Rspr. (E 7, 358, 364; 11, 266, 274; 17, 172, 182; 22, 180, 205; 26, 228, 298; 38, 258, 278; 50, 195, 201). Hierzu Widera, Planungshoheit, S. 70 ff.

[28] Vgl. hierzu die Nachweise bei Blümel, VerwArch 1982, 329 ff. m. Fn. 90, 93; Widera, Planungshoheit, S. 70 ff.

[29] Stern, Staatsrecht, Bd. I, S. 416; ders., Bonner Kommentar (Zweitbearbeitung), Art. 28, Rn. 122; Stern / Burmeister, Planungsgebot, S. 27.

[30] Insoweit wie die Vorinstanz OVG Lüneburg, DÖV 1980, 417 (418 f.).

[31] Vgl. BVerwG, DVBl. 1984, 679 (681) „Wasserversorgung"; kritisch z. B. Blümel, VVDStRL 36 (1978), S. 211 ff.

[32] Siehe oben bei Anm. 21.

[33] Offengelassen in BVerfGE 56, 298 (312); bejahend Widera, Planungshoheit, S. 106 ff. Differenzierend zwischen Flächennutzungsplanung und verbindlicher Bauleitplanung etwa Schmidt-Aßmann, Fortentwicklung des Rechts im Grenzbereich zwischen Raumordnung und Städtebau, 1977, S. 38 ff.; zusammenfassend Blümel, FS v. Unruh, S. 265 ff.; ders., VerwArch 1982, 329 ff.

selbst noch die logisch vorgelagerte Frage der Klärung, inwieweit es sich dabei nicht nur um die bündelnde und schlagwortartige Kennzeichnung einfachgesetzlicher Befugnisse, sondern um eine dem Schutzbereich des Art. 28 Abs. 2 GG zuzurechnende, d. h. verfassungsrechtlich fundierte Position handelt[34].

Dennoch rechtfertigen die Schwierigkeiten und die bislang nicht befriedigenden Ergebnisse der Versuche zur Bestimmung eines eingriffsfesten Kernbereichs[35] entgegen manchen Stellungnahmen[36] nicht die völlige Preisgabe dieses Kriteriums zugunsten des Prüfungsmaßstabs des Übermaßverbotes[37]. Der Verfassungstext spricht nicht von einem allgemeinen Eingriffs-, sondern von einem Rahmenvorbehalt. Das zwingt zu der Folgerung, daß es jenseits zulässiger Rahmensetzungen einen weiterer Relativierung nicht zugänglichen Bereich gemeindlicher Entfaltungsmöglichkeiten gibt[38]. Das Übermaßverbot kann deshalb nicht als Alternative, sondern nur als zusätzlicher Prüfungsmaßstab zum Zuge kommen, dem gesetzgeberische Eingriffe vor der schwer auszumachenden Grenze eines Wesensgehaltes genügen müssen[39].

Das Maß der damit erreichbaren Disziplinierung gesetzlicher Ingerenzen in den Selbstverwaltungsbereich darf jedoch nicht überschätzt werden. Denn die Kriterien des Übermaßverbotes (= Verhältnismäßigkeit i.w.S.) werden zu einem wichtigen Teil inhaltlich aufgefüllt von gesetzgeberischen Entscheidungen und Bewertungen, bei denen ein verfassungsrechtlich und (verfassungs-)gerichtlich zu respektierender Einschätzungs- und Bewertungsspielraum der Legislative besteht. Ob, was hier von Interesse ist, die gänzliche oder teilweise Entziehung von Zweckaufgaben erforderlich und geeignet ist und dem Gebot der Proportionalität genügt, hängt von Inhalt und Gewicht des jeweiligen Gesetzeszwecks und der Bewertung der zur Zweckerreichung vorgesehenen Instrumente ab. Es ist zuförderst Sache des Gesetzgebers zu entscheiden, welche normative Ausgestaltung eines bestimmten Aufgabenbereiches auch in Hinsicht auf die Funktionsvertei-

---

[34] Das verdeutlichen etwa die Ausführungen Lechelers zur „Personalhoheit der Gemeinde", in: FS v. Unruh, S. 541 ff.

[35] Hofmann, BayVBl. 1984, 289 (295): „dogmatisches Phantom".

[36] z. B. v. Mutius, Gutachten, S. 42 ff.; Knemeyer, NJW 1980, 1140.

[37] So aber v. Mutius, Gutachten, S. 44; ders., Jura 1982, 28 (38). Auf Unterschiede in den Wirkungsweisen von Wesensgehaltssperre und Übermaßverbot weist mit Recht Widera, Planungshoheit, S. 56 ff. hin.

[38] Widera, Planungshoheit, S. 53; Stern / Burmeister, Planungsgebot, S. 27; Maunz, BayVBl. 1984, 417.

[39] Widera, Planungshoheit, m.w.N.; Schmidt-Jortzig, DÖV 1984, 821 (825). Ebenso die Konzeption der Rspr. des BVerwG, welches zwischen einer absoluten Grenze („Kernbereich") und einer relativen Grenze (umliegende Schutzzone) differenziert; vgl. BVerwG, DÖV 1984, 164 (165) „Rastede"; BVerwG, DVBl. 1984, 697 ff. „Wasserversorgung". Die letztgenannte Entscheidung spricht allerdings nicht (mehr) vom „Verhältnismäßigkeitsprinzip" als Maßstab, sondern (nur noch) von „zureichenden Gründen des Gemeinwohls".

lung dem öffentlichen Interesse im Sinne von Gemeinwohl entspricht, insbesondere welche Gesichtspunkte des öffentlichen Wohls eine Hochzonung der Aufgabenerfüllung auf andere Verwaltungsträger verlangen[40]. In gewissen Grenzen kommt dergestalt dem Gesetzgeber eine Qualifikations- und Subsumtionskompetenz in Hinsicht auf die „Angelegenheiten der örtlichen Gemeinschaften" zu[41], was die Meßbarkeit legislatorischer „Eingriffe" in den Selbstverwaltungsbereich entsprechend mindert[42].

2. Die Regelungen des nw DSchG

Das nw DSchG hat sich, ausgehend von der landesverfassungsrechtlich festgelegten gemeinsamen Verantwortung von Gemeinden, Gemeindeverbänden und Land für den Schutz von Baudenkmälern (Art. 18 Abs. 2 nw LVerf, § 1 Abs. 2 nw DSchG) im Bereich ordnungsrechtlich-eingreifenden Handelns für den Aufgabentyp der Pflichtaufgaben zur Erfüllung nach Weisung entschieden[43], während ein – in concreto schwer zu trennender[44] – mehr fördernder und planender Aktionsbereich als pflichtige Selbstverwaltungsangelegenheit ausgestaltet ist[45]. Auch wenn den Gemeinden damit als Unterer Denkmalbehörde vor Ort faktisch ein nicht geringer Verhaltensspielraum eröffnet ist, ist ihr Tun und Lassen de jure rechtlichen wie fachlichen Weisungen zugänglich, so daß von einer gesicherten Eigenverantwortlichkeit nicht gesprochen werden kann.

a) Kompetenzrechtliche Aufgabenqualifikation

Aus dem Blickwinkel von Art. 28 Abs. 2 GG stellt sich als erstes die Frage, ob der Denkmalschutz aus der Sache heraus und gewissermaßen aus „vorgesetzlicher Perspektive" überhaupt eine „Angelegenheit der örtlichen Gemeinschaft" ist. Historisch betrachtet ist dies wohl zu verneinen[46]. Der Streit um die Aufgabenqualifikation[47] dreht sich deshalb, soweit er über-

---

[40] Auf diese Ausfüllungskompetenz des Gesetzgebers weisen auch Stern / Burmeister, Planungsgebot, S. 27/28 hin.

[41] Siehe dazu BVerfG, NVwZ 1982, 367 (368). I.E. ähnlich Jesch, DÖV 1960, 739 ff.

[42] In diesem Sinne auch die zustimmende Besprechung des Rastede-Urteils von Papier, DVBl. 1984, 453 (454).

[43] Zur Rechtslage in den anderen Bundesländern vgl. die Hinweise bei Brohm, DVBl. 1985, 593 (598 mit Fn. 49).

[44] Pappermann, StuGR 1983, 147 (150 f.).

[45] Zur gesetzlichen Unterscheidung zwischen Denkmalschutz und Denkmalpflege siehe oben, Erster Teil, III 3.

[46] Vgl. Gaentzsch, Die alte Stadt (ZSSD) 1974, 273 (274) im Anschluß an Lezius, Das Recht der Denkmalpflege in Preußen, Begriff, Geschichte und Organisation der Denkmalpflege, 1908, S. 8; ders., Der Städtetag 1974, 484 m.w.N. in Fn. 1; Kummer, Denkmalschutzrecht, S. 88 ff.; Hönes, DÖV 1979, 286; Henke, Stadterhaltung, S. 27 m.w.N. in Anm. 29. Zur Rechtslage unter der WRV vgl. Hensel, AöR 14, 321 ff.

haupt rechtlicher und nicht (verfassungs-)politischer Natur ist[48], weniger um die historische Einordnung, als um die Qualifikation unter den heutigen tatsächlichen und (verfassungs-)rechtlichen Bedingungen.

Für die Annahme einer genuinen gemeindlichen Handlungskompetenz aus Art. 28 Abs. 2 GG spricht vor allem der Gesichtspunkt, daß der Schutz erhaltenswerter Bausubstanz eine auf dem Gebiet der jeweiligen Gemeinde anfallende, also gebietsgebundene Aufgabe kultureller Art mit erheblichen stadtbildgestaltenden Auswirkungen ist[49]. Die Kompetenz der Gemeinde zur Kulturarbeit in ihrem Bereich ist von der verfassungsrechtlichen Selbstverwaltungsgarantie umfaßt[50]. Zu den Gestaltungsfeldern kommunaler Kulturarbeit wird auch der Denkmalschutz gerechnet[51]. Hinzu kommt die Notwendigkeit, die Erhaltungsfrage mit anderen Gestaltungsbelangen und Nutzungsinteressen zu koordinieren[52]. Denn der Bereich der örtlichen städtebaulichen Planung, mit dem die Aufgabe des Denkmalschutzes derart in enger Beziehung steht[53], ist ein anerkanntes und besonders wichtiges Segment des gemeindlichen Selbstverwaltungsbereiches[54].

Andererseits wird mit Recht darauf verwiesen, daß die Bewahrung des kulturellen im Sinne von baulichen Erbes im Interesse der Allgemeinheit erforderlich ist und deshalb die örtliche Betroffenheit übersteigt[55]. Weitere Zweifel an der genannten Aufgabenqualifikation ergeben sich im Hinblick auf die bei generalisierender Betrachtungsweise[56] nicht unbedingt gewährleistete fachliche Kompetenz der Gemeinden für dieses Sachgebiet[57] sowie

---

47 Eine Selbstverwaltungsaufgabe nehmen an v. Mutius, Gutachten, S. 154; Gaentzsch, Der Städtetag 1974, 484 (489); Knemeyer, NJW 1980, 1140 (1144); Pappermann, StuGR 1983, 147 (149). – Für originär-staatliche Aufgabe Dörffeldt, Hess. Denkmalschutzrecht, Einl. S. 5; Hönes, DVBl. 1977, 754 (755); ders., DÖV 1979, 286; ders., Die alte Stadt (ZSSD) 1979, 377 (386); ders., Burgen und Schlösser 1980/II, S. 109 (110); Haas-Traeger, DÖV 1981, 402 (405); zustimmend Moench, NVwZ 1984, 146 (155).

48 Verfassungspolitisch argumentiert z. B. Rommel, Die alte Stadt (ZSSD) 5 (1978), S. 55 ff. = Der Städtetag 1978, 279.

49 Vgl. v. Mutius, Gutachten, S. 154.

50 v. Mutius, Gutachten, S. 154 m.w.N.; Häberle, Kulturpolitik in der Stadt – Ein Verfassungsauftrag, 1979, insbesondere S. 23 ff.

51 v. Mutius, Gutachten, S. 154 m.w.N.

52 Vgl. Gaentzsch, Die alte Stadt (ZSSD) 1974, 273 ff.; ders., Der Städtetag 1974, 484 (487 ff.).

53 Gleichwohl ist die Unterschutzstellung auch eines Ensembles (Denkmalbereich) nicht als „Gebietsfestlegung" zu begreifen, durch welche die bauliche Nutzung geregelt wird. So aber Watzke, Denkmalschutz- und Stadtplanungsrecht, S. 103 f. Gegen ihn insoweit mit Recht Kummer, Denkmalschutzrecht, S. 104 ff. – In die Nähe einer baulichen Nutzungsregelung (negativer Art) kann aber die Handhabung des denkmalrechtlichen Erlaubnisvorbehalts führen. Dazu oben, Dritter Teil, II 3 b.

54 Dazu unten, III 1.

55 Vgl. Haas-Traeger, DVBl. 1981, 402 (405).

56 Zu deren verfassungsrechtlicher Zulässigkeit BVerwG, DÖV 1984, 164 (167) sowie nachstehend im Text.

57 Hönes, Die alte Stadt (ZSSD) 1979, 377 (378).

aus den Grenzen der finanziellen Leistungsfähigkeit der meisten Kommunen.

Dem Argument überörtlichen (Gesamt-)Interesses an der Denkmalerhaltung ließe sich replizierend entgegenhalten, daß nach der in jüngster Zeit zu konstatierenden Verschiebung der Wertgrenze[58] und der Ausweitung des Denkmalbegriffs auf Bauwerke mit rein örtlicher und lokal-ambientaler Bedeutung jedenfalls für solche Schutzobjekte das Erhaltungsinteresse der örtlichen Gemeinschaft dominiert[59]. Konsequenz dessen wäre eine nach dem Bedeutungsgrad differenzierende Aufgabenzurechnung[60] mit einer breiten „kondominialen" Übergangszone[61] – eine theoretisch einleuchtende, argumentativ-praktisch aber schwerlich umsetzbare Vorstellung.

Methodisch betrachtet leidet die Diskussion darunter, daß ihr genauer Bezugspunkt nicht immer deutlich wird. Die für eine staatliche Handlungskompetenz geltend gemachten Gesichtspunkte können zum einen solche sein, die unabhängig von einer gesetzlichen Regelung und allein auf der Basis des Art. 28 Abs. 2 GG zur Verneinung einer „Angelegenheit der örtlichen Gemeinschaft" führen. Der Sache nach kann sich dahinter aber auch die Begründung für die verfassungsrechtliche Zulässigkeit gesetzgeberischen Zugriffs im Sinne einer Aufgabenzuweisung (auch) an staatliche Instanzen verbergen. Letzteres setzt logisch-systematisch die vorherige Betroffenheit des Schutzbereichs der Selbstverwaltungsgarantie voraus.

Bei abwägender Gegenüberstellung der skizzierten Gesichtspunkte spricht m. E. mehr gegen die Annahme einer verfassungsrechtlich fundierten Verbandskompetenz der Gemeinden[62]. Daß die Gemeinden vor Erlaß des Denkmalschutzgesetzes in Ermangelung einer gesetzlichen Regelung faktisch ein „freies Handlungsfeld" hatten – freilich ohne die erforderlichen Eingriffsmöglichkeiten –, beweist nicht das Gegenteil. Letztlich kann diese Frage indes offen bleiben, wenn sich ergibt, daß die vorhandene gesetzliche Kompetenzregelung jedenfalls den verfassungsrechtlichen Anforderungen für Eingriffe in den geschützten Kompetenzbereich genügt[63].

---

[58] Dazu bereits oben, Erster Teil, I 3 a bei Anm. 93.

[59] Vgl. Gaentzsch, Der Städtetag 1974, 484 ff.

[60] In dieser Richtung Abreß, Die alte Stadt (ZSSD) 1978, 210 ff.; ähnlich Gaentzsch, Die alte Stadt (ZSSD) 1974, 273 (278).

[61] Vgl. auch Schmidt-Aßmann, Grundfragen, S. 131 „Zwischenzone".

[62] Brohm, DVBl. 1984, 293 (297) will in Anlehnung an die Grundrechtsdogmatik im Zweifel von einer Vermutung für eine Zuständigkeit der Gemeinde ausgehen.

[63] Auch die Rspr. läßt mitunter diese im Einzelfall oft sehr zweifelhafte Qualifikationsfrage offen, unterstellt vielmehr eine gemeindliche Aufgabe und prüft die fragliche Regelung von den verfassungsrechtlichen Eingriffsgrenzen her; so z. B. BVerwG, DVBl. 1984, 679 (680) „Wasserversorgung".

b) Beachtung des Kernbereichs

Die weitere verfassungsrechtliche Prüfung des nw DSchG führt zunächst zu der Feststellung, daß, um mit der inneren Grenze gesetzgeberischer Regelungskompetenz zu beginnen, eine Beeinträchtigung von Wesensgehalt bzw. Kernbereich des Selbstverwaltungsrechtes ausscheidet: Weder zählt der Denkmalschutz zu dem historisch überkommenen Aufgabenbestand der Gemeinden, noch handelt es sich aktuell um einen „typusbildenden" Sachbereich, noch führt schließlich die Herausnahme aus dem Bereich der Selbstverwaltungsaufgaben[64] dazu, daß der verbleibende Restbestand quantitativ und qualitativ unzureichend wird[65].

c) Verhältnismäßigkeit der gesetzlichen Regelung

Zu erörtern bleibt damit die Frage der Verhältnismäßigkeit der gegenwärtigen gesetzlichen Ausgestaltung[66].

Sucht man unter dem Aspekt der Erforderlichkeit nach alternativen gemeindefreundlicheren Lösungen, so wäre zu denken an die gesetzliche Schaffung der erforderlichen Handlungsgrundlagen für die Gemeinde, während „Ob", „Wann" und „Wie" des Handelns ihrer Entscheidung überlassen bliebe. Einen Schritt weniger Freiraum ließe die Statuierung einer Handlungspflicht, d. h. die Begründung einer pflichtigen Selbstverwaltungsaufgabe, jedoch ohne fachliches Weisungsrecht staatlicher Stellen[67].

Es muß ernstlich in Zweifel gezogen werden, ob solche Alternativen, insbesondere die erstgenannte, ein ebenso geeignetes Instrument zur Verwirklichung des gesetzgeberischen Zieles darstellen[68]. Dem Gesetzgeber ging es darum, daß nach einer Phase nicht zu leugnender Vernachlässigung der Denkmalschutzbelange gerade auch durch zahlreiche Gemeinden[69] nunmehr ein effektiver Schutz der erhaltenswerten Bausubstanz erreicht wird. Das erfordert von der Sache her zunächst die Auferlegung eines Handlungszwangs auf der unteren Vollzugsebene. Es kann unter diesem Blickwinkel nicht der einzelnen Gemeinde überlassen bleiben zu entscheiden, ob in con-

---

[64] Unterstellt, eine Verbandskompetenz aus Art. 28 Abs. 2 S. 1 GG wäre gegeben.

[65] Zu diesen Ansätzen zur Bestimmung eines Kernbereichseingriffs oben, bei Anm. 26 ff.

[66] Dazu allgemein Hinkel, NVwZ 1985, 225 (229 f.); Knemeyer, NJW 1980, 1140 (1144); Schmidt-Jortzig, DÖV 1984, 821 (826 f.); Papier, DVBl. 1984, 453 (456).

[67] Zu dieser Stufung allgemein Hinkel, NVwZ 1985, 225 (230).

[68] Bedenken gegen eine konsequente Kommunalisierung des Denkmalschutzes äußert auch Brohm, DVBl. 1985, 293 (299). Dezidiert gegen Kommunalisierung Kummer, Denkmalschutzrecht, S. 102 ff., 110 ff.

[69] Dies wird auch von den Verfechtern einer stärkeren Kommunalisierung eingeräumt; vgl. z. B. Gaentzsch, Die alte Stadt (ZSSD) 1974, 273 (279); vgl. auch Kummer, Denkmalschutzrecht, S. 53 mit Anm. 20.

creto Handlungsbedarf besteht. Der Gesetzgeber war ferner, wie die jetzige Gesetzesfassung belegt, der Auffassung, daß die Gemeinde schon aus Gründen mangelnder Fachkompetenz allein zu dieser Aufgabenbewältigung regelmäßig nicht in der Lage sein wird, von den finanziellen Belastungen ganz abgesehen. Diese Einschätzung ist bei der verfassungsrechtlich zulässigen typisierenden Betrachtungsweise nicht zu widerlegen: Daß einzelne Kommunen aufgrund ihrer Größe und Finanzkraft selbst über die erforderliche fachliche Kompetenz verfügen mögen, gebietet aus verfassungsrechtlicher Perspektive nicht etwa eine Differenzierung dahingehend, daß das Gesetz im Einzelfall eine Aufgabenzuweisung ausschließlich an eine bestimmte Gemeinde, etwa als (fach-)weisungsfreie pflichtige Selbstverwaltungsaufgabe ermöglichen muß[70]. Der Rechtscharakter des Art. 28 Abs. 2 GG als institutionelle Garantie rechtfertigt typisierende Betrachtungsweisen und fordert keine Einzelfallverhältnismäßigkeit[71].

Die bisherigen Überlegungen ergeben zunächst die Rechtfertigung von kommunalem Handlungs- und Konsultationszwang (Einbindung von Fachverstand) und der Durchsetzung dieser Bindung durch eine Rechtsaufsicht, im Ergebnis also den Handlungstyp der pflichtigen Selbstverwaltungsaufgabe.

Das darüber hinausgehende sonderordnungsbehördliche Fachweisungsrecht der Aufsichtsbehörden[72] dient objektiv einem doppelten Zweck. Die fachliche Ausfüllungsbedürftigkeit des Denkmalbegriffs[73] und der planungsverwandte Abwägungsspielraum bei der Kollisionsentscheidung (§ 9 Abs. 2 lit. b nw DSchG)[74] werden im Interesse eines effektiven, an einheitlichen Standards orientierten[75] Denkmalschutzes dem aufsichtsbehördlichen Weisungszugriff ausgesetzt. Beim Typus der pflichtigen Selbstverwaltungsaufgabe wären diese Entscheidungsspielräume ausschließlich der Gemeinde zugeordnet, was sich infolge örtlicher Blickverengungen zum Nachteil der erhaltungswürdigen Substanz auswirken kann. Ebenso werden derart die

---

[70] Vgl. BVerwG, DÖV 1984, 164 (167); hierzu (sowie allgemein) kritisch Hofmann, BayVBl. 1984, 289 (293) unter Bezugnahme auf die Vorinstanz OVG Lüneburg, DÖV 1980, 417. Siehe ferner die nachstehende Anm.

[71] BVerwG, a.a.O.; zustimmend Weides, NVwZ 1984, 157 mit Anm. 20; BVerwG, DVBl. 1984, 679 (682) „Wasserversorgung"; Papier, DVBl. 1984, 453. – A.A. OVG Lüneburg, DVBl. 1980, 81 (82) als Vorinstanz; wohl auch Schmidt-Jortzig, DÖV 1984, 821 (826 f.). Kritisch ferner Blümel, VerwArch 75 (1984), 297 ff. (325 f.), allerdings mit dem nicht überzeugenden Hinweis auf BVerfGE 56, 298 „Fluglärm", wo es nicht um den generellen gesetzgeberischen Aufgabenzugriff geht, sondern um die Einzelfallbeeinträchtigung der Planungshoheit. Vgl. dazu auch noch unten, Anm. 155. – Allgemein zum Rückgriff auf die Grundrechtsdogmatik bei der Interpretation des Art. 28 Abs. 2 S. 1 GG Bethge, Die Verwaltung 1982, 205 ff. (212 ff.).

[72] § 20 Abs. 4 nw DSchG.

[73] Dazu oben, Erster Teil, I 3.

[74] Dazu oben, Erster Teil, V 3 a.

[75] Zur Legitimationskraft dieses Gesichtspunktes kritisch Knemeyer, NJW 1980, 1140 (1144); bejahend Haas-Traeger, DVBl. 1981, 402 (405).

im Gesetz enthaltenen Ermessensspielräume[76] weisungszugänglich. Die Alternative hierzu wäre – bei reiner Rechtsaufsicht im Rahmen einer pflichtigen Selbstverwaltungsaufgabe – eine noch stärkere generelle gesetzliche Handlungsbindung der Gemeinde in bezug auf die Handhabung des gesetzlichen Instrumentariums. Die gesetzgeberische Entscheidung für den weniger gemeindefreundlichen Handlungstypus der Pflichtaufgaben zur Erfüllung nach Weisung ist daher durch das Interesse einer effektiven und gleichmäßigen Denkmälererhaltung ausreichend legitimiert und nach nicht widerlegbarer Einschätzung des Gesetzgebers[77] durch gleich effektive mildere Gestaltungen nicht ersetzbar.

Auf der Ebene der Unterschutzstellung ist schließlich die Einbindung der Gemeinden in Handlungszwang und Fachweisung auch sachlogisch konsequent und systemgerecht, weil der Begriff der zu schützenden Bausubstanz inhaltlich freigehalten ist von planerisch-stadtgestalterischen Vorstellungen und Absichten der Gemeinde[78]. Daß solche Planungsabsichten weder hier rechtlich beachtlich, noch im späteren Erlaubnisverfahren stets und per se durchsetzungsfähig sind, wird unter dem Aspekt der Planungshoheit noch zu erörtern sein. An dieser Stelle mag die Feststellung genügen, daß die Planungshoheit der Gemeinde den Gesetzgeber jedenfalls nicht dazu zwingt, die Kollisionsentscheidung zwischen fachgesetzlichen und sonstigen (gemeindlichen) Belangen fachweisungsfrei ausschließlich der Gemeinde zuzuweisen. Angesichts des dabei aus der Sache heraus gegebenen Abwägungsspielraums dient es der Effektivität des Denkmalschutzes, wenn die Prioritätsentscheidung nicht allein und letztverbindlich Sache der Gemeinden ist, sondern staatlichem Zugriff offensteht[79].

Dem Gesetzgeber ging es andererseits über die rechtliche Einbindung des Fachverstandes und die Sicherung eines wirkungsvollen und einheitlichen Vollzuges hinausgehend um die größtmögliche Einbeziehung der Gemeinden in die Erfüllung dieser öffentlichen Aufgabe. Weitergehender als in anderen Bundesländern[80] hat er deshalb jeder Gemeinde eine in ihrer faktischen Bedeutung erhebliche Vollzugskompetenz „vor Ort" im Rahmen des Organisations- und Handlungstypus der Pflichtaufgaben zur Erfüllung nach Weisung zugewiesen.

Da nicht zweifelsfrei feststeht, daß zur Erreichung der genannten Ziele noch gemeindefreundlichere, aber gleichermaßen geeignete Lösungen mög-

---

[76] Z. B. §§ 4 Abs. 1, 7 Abs. 2, 8 Abs. 2 nw DSchG.

[77] Zu dessen Einschätzungsspielraum deutlich BVerwG, DVBl. 1984, 679 (682) „Wasserversorgung"; Hinkel, NVwZ 1985, 225 (229 f.); Papier, DVBl. 1984, 453 (454 f.).

[78] Dazu oben, Erster Teil, I 2.

[79] Zu den verfassungsrechtlichen Anforderungen an solchen staatlichen Zugriff unten, sub III 2 b.

[80] Dazu rechtsvergleichend Erbguth / Paßlick / Püchel, Denkmalschutzgesetze der Länder, S. 25 ff. Dort (S. 27 f.) auch zur Kritik an der nw Lösung.

lich sind[81], ist das Prinzip der Erforderlichkeit nicht verletzt. Es liegt auch kein unverhältnismäßiger im Sinne von unproportionaler gesetzlicher Eingriff vor.

Gegen die Aufgabenverteilung im nw DSchG bestehen mithin verfassungsrechtliche Bedenken nicht[82].

III. Denkmalschutzrecht und gemeindliche Planungshoheit

Daß die Planungshoheit eine Ausprägung der Selbstverwaltungsgarantie des Art. 28 Abs. 2 GG ist und deshalb über die einfachgesetzliche Zuweisung hinausgehend (§§ 1 Abs. 2, 2 Abs. 1 BauGB) verfassungsrechtlichen Rang hat, ist allgemein anerkannt[83]. Ob sie der besonderen Schutzzone des Kernbereiches zuzurechnen ist, ist hingegen bestritten und vom Bundesverfassungsgericht bislang offengelassen[84]. Diese Frage läßt sich weder pauschal bejahen noch verneinen. Insoweit bedarf es der differenzierenden Auffächerung der Planungshoheit in konkrete Einzelgehalte und Wirkungsweisen[85]. Auch die Zuordnung von Denkmalschutzrecht und Planungshoheit ist erst auf dem Boden aufgegliederter Einzelaspekte und Fragestellungen möglich.

1. Zum Inhalt der Planungshoheit

Nach Inhalt und Wirkungsweise läßt sich die kommunale Planungshoheit in zwei Hauptstränge zerlegen[86]:

a) Positive Handlungskompetenz

Die Planungshoheit begründet zum einen eine Handlungskompetenz der Gemeinde, nämlich die Befugnis, „ohne durchgängige und strikte Bindung an staatliche Vorgaben aufgrund eigenen politisch-administrativen Gestaltungs- und Entscheidungsspielraums über die bauliche und sonstige Verwendung und Nutzung des Grund und Bodens des Gemeindegebietes zu disponieren“[87].

---

[81] Siehe Nachweise Anm. 77.

[82] Teilweise a.A. offenbar Knemeyer, NJW 1980, 1140 (1144 mit Fn. 45).

[83] Vgl. statt vieler Steinberg, JuS 1982, 578 ff. m.w.N.; BVerfGE 56, 298 (317 f.).

[84] BVerfGE 56, 298 (312) „Fluglärm-Beschluß“; zuletzt BVerfG, NVwZ 1987, 124. Zum Streitstand näher Blümel, FS v. Unruh, S. 265 ff. (274 ff.) m.w.N.

[85] Vgl. Lerche, FS BayVGH, S. 223 ff. (224).

[86] Vgl. zum folgenden auch die zusammenfassende Darstellung bei Hoppe, FS v. Unruh, S. 555 ff. (564 ff.).

[87] Stern / Burmeister, Planungsgebot, S. 28.

b) Abwehrrecht gegen anderweitige Planungen und Entscheidungen

Darüber hinaus entfaltet die Planungshoheit Wirkungen in Hinsicht auf Planungen, planähnliche Entscheidungen und im Grundsatz auch sonstige Entscheidungen/Genehmigungen anderer staatlicher Instanzen, sofern und soweit diese die Bodennutzung im Gemeindegebiet zum Regelungsgegenstand haben[88]. Davon erfaßt sind insbesondere fachplanerische Entscheidungen und Nutzungsregelungen, die eine bestimmte Grundstücksnutzung auch für die Bauleitplanung verbindlich festlegen und umgekehrt bestimmte Nutzungsausweisungen verbieten[89]. Die regelungstechnische Durchsetzung eines derartigen Entscheidungsvorrangs gegenüber der gemeindlichen Bauleitplanung (Unwirksamkeit konträrer Bauleitplanung, Anpassungszwang oder schlichte Unvollziehbarkeit)[90] ist demgegenüber sekundär.

In dieser zum Teil als Abwehrrecht bezeichneten Richtung[91] entfaltet die Planungshoheit eine norm-, entscheidungs- und verfahrensstrukturierende Wirkung: Die Gemeinde ist in dem anderweitigen (Plan-)Verfahren zu beteiligen[92]. Die Entscheidungsnorm muß die Berücksichtigung der gemeindlichen Planungsbelange jedenfalls als „Rechnungsposten" vorsehen oder einer solchen Deutung im Wege der verfassungskonformen Interpretation zugänglich sein[93] und die in concreto ergangene Entscheidung muß diesen Anforderungen genügen[94]. Das Gebot der gerechten Abwägung auch der gemeindlichen Entwicklungsbelange ist solchermaßen nicht nur Ausfluß allgemeiner rechtsstaatlicher (Plan-)Abwägungsprinzipien, welche bekanntlich verlangen, daß alle betroffenen Interessen ermittelt und mit ihrem objektiven Gewicht in die Abwägung eingestellt werden[95], sondern darüber hinaus aus dem Verhältnismäßigkeitsgebot ableitbar, welches die verfassungsrechtliche Schranke gesetzlicher Ingerenzen in das Selbstverwaltungsrecht des Art. 28 Abs. 2 GG bildet[96].

Die Problematik dieser im Grundsatz anerkannten Abwehrfunktion besteht in der Bestimmung ihrer Reichweite, nämlich der Frage ihrer Erstreckung auf solche Entscheidungen im obigen Sinne, die die Bodennutzung

---

88 Hoppe, FS v. Unruh, S. 555 ff. (564 ff.) m.w.N.; Steinberg, DVBl. 1982, 13 (14 ff.).

89 Vgl. den Sachverhalt im Fluglärm-Beschluß, BVerfGE 56, 298.

90 Zu dieser Frage im Hinblick auf § 28 BBauG Schlarmann, Privilegierte Fachplanungen, S. 67 ff.

91 Hoppe, FS v. Unruh, S. 555 ff. (564 ff.).

92 BVerwG, DVBl. 1969, 362 (363) = NJW 1969, 1133; BVerwG, BayVBl. 1976, 693; ebenso BVerfGE 56, 298 (320 f.).

93 BVerfGE 56, 298 (315 f.).

94 BVerwGE 31, 263 (266); BVerwGE 56, 110 (137); BVerfGE 56, 298 (319 ff.); vgl. auch Gaentzsch, WiVerw 1985, 235 (240 ff.).

95 Siehe etwa BVerwGE 48, 56 (63).

96 BVerfG (Anm. 94).

im Gemeindegebiet nicht unmittelbar zum Gegenstand haben, sich hierauf aber in noch zu präzisierender Weise auswirken: Welcher Art und Intensität muß eine solche Betroffenheit der Gemeinde durch die anderweitige Entscheidung sein, damit in materieller Hinsicht die genannten Anforderungen zum Zuge kommen und prozessual die Gemeinde die Rechtswidrigkeit der betreffenden Entscheidung wegen Nichtberücksichtigung bzw. nicht angemessener Einbeziehung ihrer (Planungs-)Belange als Verletzung eigener Rechte rügen kann[97]? So kann es z. B. eine Rolle spielen, ob die jeweilige Ingerenz auf bereits in gesetzlich vorgeschriebener Form betätigten und „geronnenen" Planungswillen trifft, ob – als mindere Stufe – Planungsvorstellungen immerhin schon in faßbarer Weise konkretisiert und verdichtet sind[98] oder ob es um die abstrakte Planungsbefugnis geht, mitunter auch „Selbstgestaltungsrecht" der Gemeinde genannt[99].

2. Entscheidungen nach dem Denkmalschutzgesetz und gemeindliche Planungshoheit

Die Betrachtung des nw DSchG unter dem Aspekt gemeindlicher Planungshoheit hat sich an der Zweistufigkeit des gesetzlichen Entscheidungsverfahrens zu orientieren und ist demgemäß für die einzelnen Stufen zunächst getrennt durchzuführen:

a) Listeneintragung und vorläufige Unterschutzstellung

Die Eintragung eines Baudenkmals in die Denkmalliste, die vorläufige Unterschutzstellung eines Bauwerks und die (satzungsmäßige) Ausweisung von Denkmalbereichen hat zwar das Eingreifen gesetzlicher Pflichten und Verfahrensvorschriften zur Folge[100], enthält aber noch keine abschließende Bodennutzungsregelung in Hinsicht auf die Fortnutzung der vorhandenen Bausubstanz. Für die gemeindliche (Bauleit-)Planung werden durch diese ausschließlich am Erhaltungsinteresse orientierten Entscheidungen Abwägungsrichtpunkte aus dem beispielhaften Katalog des § 1 Abs. 5 BauGB konkretisiert[101].

Die Betroffenheit der Gemeinde in ihrer Planungshoheit durch diese fachgesetzlichen Entscheidungen besteht also nicht in einer von ihr hinzuneh-

---

97 Vgl. Steinberg, DVBl. 1982, 13; Lerche, FS BayVGH, S. 223 ff.

98 Eine hinreichende Konkretisierung verlangt das BVerwG in E 52, 226 (233); BVerwG, DVBl. 1978, 845 (853); BVerwG, DÖV 1985, 113.

99 Vgl. BVerwG, BayVBl. 1976, 692 (693) sowie Lerche, FS BayVGH, S. 234.

100 Dazu oben, Erster Teil, II 4.

101 Vgl. dazu und zur Selbständigkeit des planungsrechtlichen Denkmalbegriffs oben, Zweiter Teil, II 1.

menden Bodennutzungsregelung, sondern bewegt sich im Bereich der ihrer Planung vorgegebenen Ausgangssituation; sie berührt ihre Planungsdaten.

Solche Veränderungen der dem eigentlichen Planungsvorgang vorgegebenen Ausgangssituation sind zwar im Grundsatz – und mit Ausnahmen im Einzelfall – nicht in der Lage, bestimmte Planungsentscheidungen und -festsetzungen von vorneherein zu verhindern. Denn die durch sie zum Ausdruck gebrachten Interessen sind im Prinzip durch Abwägung überwindbar, sie können hintangesetzt werden[102]. Gleichwohl verdeutlichen die in der Planungsfehlerlehre zusammengefaßten Grenzen solcher Nachrangzuweisungen, daß neue oder veränderte Planungsdaten kraft der ihnen innewohnenden Gewichtigkeit der planenden Gemeinde eine mehr oder minder große Überwindungslast aufzuerlegen geeignet sind, die sich als fühlbare Einschränkung der Gestaltungsfreiheit manifestieren kann[103].

In Hinsicht auf den Denkmalschutz könnte man allerdings geneigt sein darauf zu verweisen, daß die fachgesetzliche Unterschutzstellung nicht mehr bewirke, als die ohnehin schon bestehende Berücksichtigungspflicht (§ 1 Abs. 5 BauGB) zu konkretisieren, in Wahrheit also keine eigentliche Veränderung der Ausgangslage für die Planung mit sich bringe. Wie aber, wenn diese fachgesetzliche Entscheidung den dafür aufgestellten Maßstäben nicht genügt, mithin rechtswidrig ist, gleichwohl für die planende Gemeinde einen verbindlichen Abwägungsbelang darstellt[104]?

Ob in Veränderungen der Ausgangsbedingungen u. U. auch eine Verletzung der gemeindlichen Planungshoheit gesehen werden kann, ist fraglich. Die Antwort hängt davon ab, ob die Selbstverwaltungsgarantie in der Dimension der Planungshoheit sich auf das Recht beschränkt, im Rahmen und nach Maßgabe sich wandelnder Daten, Vorgaben und Randbedingungen planerisch zu gestalten oder ob – zumindest in gewisser Hinsicht – auch eine Schutzrichtung gegen Veränderungen durch neue, den Planungsspiel-

---

[102] Dazu oben, Zweiter Teil, II 2.

[103] Hierzu grs. Gassner, DVBl. 1984, 703.

[104] Die rechtswidrige Ausweisung eines Denkmalbereichs durch die Aufsichtsbehörde nach § 5 Abs. 4 nw DSchG wäre zwar, da Rechtsverordnung, nichtig. Die Gemeinde hat aber nicht die Befugnis zur Verwerfung und Nichtbeachtung einer solchen Norm. Deshalb kann ihr das Rechtsschutzbedürfnis zur gerichtlichen Klärung dieser Frage nicht abgestritten werden (zur Diskussion um die Verwerfungskompetenz bei Bebauungsplänen siehe Löhr, in: Battis / Krautzberger / Löhr, § 10 BBauG, Rn. 10 ff. m.w.N.). – Bei der Listeneintragung bzw. förmlichen Unterschutzstellung hängt die Frage einer Abwägungsbeachtlichkeit trotz rechtswidriger Unterschutzstellung von der Reichweite der von dem Verwaltungsakt ausgehenden Präjudiz- oder Bindungswirkung ab (dazu allg. Erichsen / Knoke, NVwZ 1983, 185 (190 ff.); Jarass, Konkurrenz, S. 69 ff.). Der dingliche Charakter der Unterschutzstellung eines Baudenkmals führt m. E. i.E. dazu, daß im Planverfahren ungeachtet einer etwaigen Rechtswidrigkeit der Verfügung vom Denkmalwert des Gebäudes auszugehen ist trotz des hier vertretenen eigenständigen bundesrechtlichen Baudenkmalbegriffs. Dafür spricht auch § 9 Abs. 6 BauGB.

raum beeinträchtigende Vorgaben und Entscheidungen anzuerkennen ist. Ein solcher Schutz der Planungshoheit könnte zum einen dahingehen, daß die Schaffung beeinträchtigender Daten den Anforderungen zu genügen hat, die ggf. jeweils fachgesetzlich hierfür aufgestellt sind (Schutz vor rechtswidrigen Ingerenzen). Zum anderen wäre zu erwägen, daß die als Folge eintretende Beeinträchtigung der Planungsfreiheit einen vom Verfassungsrecht (Verhältnismäßigkeitsprinzip) geforderten Abwägungsbelang für die jeweilige Datensetzung bildet mit der Folge, daß die unterlassene bzw. ungenügende Berücksichtigung gemeindlicher Belange – aber nur sie – als Rechtswidrigkeitstatbestand gerügt werden könnte[105].

Die Problematik solcher – in dem erwähnten Sinne faktischer[106] – Ingerenzen in die Planungshoheit ist noch nicht befriedigend geklärt. In der Literatur[107] und zum Teil auch in der Rechtsprechung[108] wird hierzu als Grundsatz formuliert, daß die Gemeinde Veränderungen der ihrer Planung vorgegebenen Situation hinzunehmen habe und zwar im Prinzip auch dann, wenn diese Maßnahmen, Entscheidungen usw. rechtswidrig sind[109]. Dahinter steht die Überlegung, daß sich die Gemeinde anderenfalls ohne Begrenzung gegen jede derartige Ingerenz unter der freilich zu substantiierenden[110] Behauptung ihrer Rechtswidrigkeit zur Wehr setzen könnte, auch wenn es nur um irgendwelche Fernwirkungen auf den Planungsvorgang gehe[111]. Andererseits wird die mit dieser Auffassung verbundene Aushöhlungsgefahr nicht verkannt. Deshalb sollen immerhin – entsprechend der Dogmatik zu Art. 14 GG – schwere und unerträgliche Beeinträchtigungen der Planungshoheit relevant sein[112]. Die Problemverwandtschaft zur Diskussion um den Schutz gegen faktische Grundrechtsbeeinträchtigungen ist hier unverkennbar.

Ein anderer Ansatz[113] stellt nicht schlechthin auf die Rechtswidrigkeit der anderen Entscheidung, sondern darauf ab, ob in ihrem Rahmen die gebotene

---

105 Zu diesen Fragen grs. Steinberg, DVBl. 1982, 13 ff.

106 Versteht man unter einer „faktischen Beeinträchtigung" eine solche, die das rechtliche Können und Dürfen des Betroffenen unberührt läßt (vgl. Jarass, DVBl. 1976, 732, 735 m.w.N.), so ist dieser Ausdruck hier nicht ganz treffend, da die Gemeinde veränderte Planungsdaten von Rechts wegen (§ 1 Abs. 5 BauGB) zu berücksichtigen hat. Der Begriff soll hier zur Abgrenzung gleichwohl verwendet werden.

107 Lerche, FS BayVGH, S. 231 ff.

108 BVerfG, DVBl. 1981, 374. Vgl. ferner die Nachweise bei Blümel, FS für Ule, S. 19 ff. (S. 29 ff.).

109 Zu dieser Konsequenz einer auf schwere und unerträgliche Eingriffe beschränkten Wehrfähigkeit (Lerche, FS BayVGH, S. 233 f.; Jarass, DVBl. 1976, 735) für faktische Ingerenzen diesseits dieser Schwelle Steinberg, DVBl. 1982, 13 (19).

110 Vgl. Lerche, FS BayVGH, S. 236 m.w.N.

111 Lerche, ebd., S. 231.

112 Lerche, ebd., S. 233 im Anschluß an Jarass, DVBl. 1976, 732 ff. (734); siehe ferner BVerwGE 40, 323 (331) „unmittelbare Auswirkungen gewichtiger Art".

113 Steinberg, DVBl. 1982, 13 (18).

Abwägung auch der gemeindlichen Entwicklungsbelange fehlerfrei stattgefunden hat. Nach der Rechtsprechung des Bundesverwaltungsgerichts[114] bewirkt die fachgesetzliche Zuweisung von Planungskompetenzen an andere Planungsträger als die Gemeinde zwar eine Verlagerung der Entscheidungskompetenz auf andere Stellen, nicht aber eine Irrelevanz der gemeindlichen Entwicklungsinteressen. Diese sind vielmehr nach den einschlägigen Vorschriften regelmäßig als Abwägungsposten bei der fachgesetzlichen Entscheidung zu berücksichtigen.

Als geklärt darf gelten, daß die genannten Anforderungen – abwägende Berücksichtigung gemeindlicher Belange – von Verfassungs wegen an (Planungs-)Entscheidungen zu stellen sind, die eine den gemeindlichen Vorstellungen zuwiderlaufende Regelung der Bodennutzung im Gemeindegebiet zum Gegenstand haben[115]. Denn in diesen Fällen wird die Befugnis der Gemeinde zur Beplanung ihres Gebietes eingeschränkt, eine bestimmte Fläche ihrer Planung gänzlich entzogen oder doch bestimmte Gestaltungen de lege ausgeschlossen. Die Verlagerung der Planungskompetenz auf andere Stellen muß in der Struktur der Planungsnorm und der konkreten Entscheidung den Anforderungen des Verhältnismäßigkeitsprinzips genügen, weil es sich um einen Eingriff in den verfassungsrechtlich geschützten Bereich handelt[116]. Dies gilt für (Vorhaben-)Planungen im engeren Sinne ebenso wie für fachliche Nutzungsregelungen und sonstige Entscheidungen, die unter Verdrängung der Bauleitplanung die Nutzung einer Fläche positiv oder negativ regeln.

Zwei Ergänzungen sind anzufügen: Bei Bodennutzungsregelungen, die Ergebnis eines komplexen und gestuften Entscheidungsverfahrens sind, ist bei der Prüfung der materiellen und verfahrensmäßigen Berücksichtigung gemeindlicher Belange der Gesamtzusammenhang der einschlägigen Regelungen in den Blick zu nehmen[117]: Dem Gesetzgeber ist grundsätzlich ein Gestaltungsspielraum dahingehend zuzubilligen, daß er die im Ergebnis gebotene Interesseneinbeziehung auf derjenigen Stufe ansiedeln kann, die ihm sachangemessen erscheint, solange dadurch nicht vollendete Tatsachen geschaffen werden. Diesen Anforderungen dürfte genüge getan sein, wenn die abwägende Einbeziehung derart ausgestaltet ist, daß die gemeindlichen Belange noch abstrakt die Chance haben sich durchzusetzen und nicht bereits an unverrückbar Vorentschiedenem scheitern[118].

---

[114] Vgl. etwa BVerwGE 31, 263 (266); BVerwG, DÖV 1970, 387 = DVBl. 1970, 577 = BauR 1970, 104.

[115] BVerfGE 56, 298 (315) „Fluglärm-Beschluß"; Steinberg, DVBl. 1982, 13 (18); Bickel, FS v. Unruh, S. 1035 ff. (1044). Unzutreffend Buelow, Rechtsfragen, S. 141, der hier schon von einer „Verletzung der Planungshoheit" spricht.

[116] BVerfG, a.a.O.

[117] Vgl. hierzu das 1. Sondervotum zum Fluglärm-Beschluß des BVerfG (E 56, 298, 324 ff.) sowie die Kritik Weyreuthers (DÖV 1982, 173) an der Entscheidung der Senatsmehrheit.

Zum anderen sind der Inhalt dieser Abwägung und die Anforderungen an die Hintanstellung kommunaler Interessen, wie sie das Bundesverfassungsgericht in dem Fluglärm-Beschluß formuliert hat[119], zumindest geeignet Mißverständnisse hervorzurufen. Dort heißt es, daß eine Einschränkung der Planungshoheit einzelner Gemeinden nur zulässig ist, „wenn und soweit sich bei der vorzunehmenden Güterabwägung ergibt, daß schutzwürdige überörtliche Interessen die Einschränkung erfordern“[120]. Das könnte in bezug auf den hier in Rede stehenden Problembereich zu der Annahme verleiten, daß die Beeinträchtigung der Planungsvorstellungen durch Unterschutzstellung von Bausubstanz und letztlich durch Versagung planverwirklichender Abrißmaßnahmen nach § 9 Abs. 2 lit. b nw DSchG verfassungsrechtlich nur zulässig wäre zum Schutz überörtlich bedeutsamer Baudenkmäler. Indes fände ein solch einschränkendes Verständnis des Rahmenvorbehaltes in Art. 28 Abs. 2 GG keine Stütze; der Vorbehalt ist nicht in dieser Richtung qualifiziert. Allgemeine verfassungsrechtliche Grundsätze – Übermaßverbot – verlangen, daß die Einschränkung im Interesse des Gemeinwohls geboten ist. Auch die Erhaltung eines Baudenkmals von nur örtlicher Bedeutung liegt grundsätzlich im Allgemeininteresse und kann je nach den Umständen größeres Gewicht haben als die ihr entgegenstehende Bauleitplanung. Eine Trennung des Gemeinwohls – in Gestalt der Erhaltungsbelange – in ein örtliches und ein überörtliches ist weder überzeugend durchführbar[120a] noch verfassungsrechtlich veranlaßt.

Läßt sich die Reichweite der Planungshoheit hinsichtlich der erörterten Fallgruppe einigermaßen zuverlässig bestimmen, so ist eben diese Problematik hinsichtlich der als „faktisch“ bezeichneten[121] Beeinträchtigungen noch weitgehend offen. Wer im Sinne des erwähnten Ansatzes[122] auch hier auf die abwägende Berücksichtigung gemeindlicher Belange in der jeweiligen Entscheidungsnorm verweist, greift im Grunde auf die von verfassungsrechtlichen Überlegungen zunächst losgelöste Schutznormtheorie zurück[123] und gerät, wo diese bei der Auslegung einfachen Gesetzesrechts versagt, zumindest in die Gefahr eines Zirkels: Auf dieser Auslegungsebene sind zwar planungsrechtliche Vorschriften ihrer Natur nach regelmäßig, sonstige Entscheidungsnormen vielfach – auch ohne „korrigierenden Rückgriff“ auf die Verfassung – einer drittschützenden Interpretation zugunsten der

---

[118] Der Fluglärm-Beschluß des BVerfG läßt unberücksichtigt, daß die Festsetzung von Lärmschutzbereichen Folge anderweitig bereits getroffener Nutzungsregelungen ist, an deren Herbeiführung die betroffene Gemeinde beteiligt war. Vgl. hierzu vorige Anm.

[119] E 56, 298 ff.

[120] Ebd., S. 314. Bestätigt in BVerfG, NVwZ 1988, 47 (49).

[120a] Ebenso wohl Henke, Stadterhaltung, S. 45.

[121] Steinberg, DVBl. 1982, 13 ff.; siehe auch Anm. 106.

[122] Steinberg, ebd., S. 18 ff.

[123] In diesem Sinne besonders Bickel, FS v. Unruh, S. 1035 ff. (1045 f.).

Gemeinde zugänglich[124]. Wo dies aber nicht der Fall ist – wie bei der Unterschutzstellung von Baudenkmälern[125] – stellt sich die letztlich maßgebliche Frage, ob die Verfassung eine solche Berücksichtigung verlangt, so daß nach Möglichkeiten verfassungskonformer Interpretation zu suchen wäre[126]. Ein solches subjektivrechtlich fundiertes Abwägungsgebot – jenseits rechtsstaatlicher Planungsanforderungen – ließe sich als Ausfluß des Verhältnismäßigkeitsprinzips[127] aber dogmatisch überzeugend nur bejahen, wenn zuvor ein Eingriff in den geschützten Bereich des Art. 28 Abs. 2 GG bejaht wurde. Hierauf kommt es wie bei der Problematik faktischer Grundrechtsbeeinträchtigungen letztlich an[128]. Die unter dem Blickwinkel der Klagebefugnis[129] mitunter stark prozessual eingefärbte Diskussion um die Wehrfähigkeit der kommunalen Planungshoheit muß auf diese materiell-rechtliche Frage eine überzeugende Antwort finden.

Ausgangspunkt für eine Lösung muß die doppelte Einsicht sein, daß die Gemeinde einerseits auch nachteilige Veränderungen ihrer Planungsausgangssituation grundsätzlich hinzunehmen hat[130], andererseits aber gegen deren beliebige Änderung des Schutzes bedarf, wenn der Gefahr der Aushöhlung und des allmählichen Leerlaufs der Planungsfreiheit wirksam begegnet werden soll[131].

Aus diesem Blickwinkel betrachtet entfaltet die Garantie der Planungsbefugnis eine effektive Schutzwirkung nur dann, wenn es zum Inhalt dieser Freiheit zählt, daß nur solche der Gemeinde eine fühlbare argumentative Überwindungslast auferlegende Vorgaben und Ingerenzen von ihr als Situationsveränderung hinzunehmen sind, die den, soweit vorhanden, hierfür normierten rechtlichen Anforderungen genügen. Das führt in dem genannten Umfang zu einem Schutz vor rechtswidrigen Ingerenzen auch in Gestalt abwägungserheblicher Datensetzung[132]. Das verfassungsrechtliche Abwägungsgebot stellt demgegenüber ein zusätzliches Erfordernis für solche Beeinträchtigungen dar, die darüber hinausgehend direkte Bodennutzungsregelungen im Gemeindegebiet zum Inhalt haben. Als Konsequenz dieser Sicht kann die Gemeinde materiell-rechtlich jede bei der Abwägung fühl-

---

124 Vgl. Bickel, ebd. mit Nachweisen aus der Rspr.

125 Dazu oben, Erster Teil, I 2.

126 Vgl. dazu im Hinblick auf eine verfahrensrechtliche Beteiligung der Gemeinde Jarass, DVBl. 1976, 732 (738).

127 Vgl. BVerfGE 56, 298 (315 ff.) „Fluglärm-Beschluß".

128 Hierzu allgemein und prägnant Jarass, DVBl. 1976, 732 (735).

129 Zu diesem „Aufhänger" namentlich Bickel, FS v. Unruh, S. 1035 ff. (1045 f.); Steinberg, DVBl. 1982, 13 (17 ff.); Lerche, FS BayVGH, S. 231 ff. m.w.N.

130 BVerfG, DVBl. 1981, 374.

131 Vgl. Lerche, FS BayVGH, S. 231 ff. m.w.N.

132 Vgl. auch Blümel, DVBl. 1973, 436 (441, Fn. 72). Es bedarf deshalb keines Rückgriffs auf das sog. Selbstgestaltungsrecht der Gemeinden als selbständiger, neben die Planungshoheit tretender Ausprägung der gemeindlichen Selbstverwaltungsgarantie. Zum Selbstgestaltungsrecht näher Blümel, FS für Ule, S. 19 ff.

bare rechtswidrige faktische Ingerenz und im Bereich „direkter" Eingriffe auch die aus der Vernachlässigung ihrer Belange folgende Rechtswidrigkeit der betreffenden Regelung abwehren[133]. Eine andere Frage ist, inwieweit es prozessual möglich und geboten ist, zur Abwehr von Popularklagen die Hürde für die Entscheidung zur Sache entsprechend hoch anzusetzen[134]. Es erscheint jedenfalls nicht gerechtfertigt, in Anlehnung an die Dogmatik zu Art. 14 GG nur schwere und unerträgliche Beeinträchtigungen als Eingriff zu werten, im übrigen aber einen Rechtswidrigkeitsschutz zu versagen[135].

Ist damit ein Schutzbedürfnis gegen rechtswidrige fühlbare Planungsvorgaben grundsätzlich zu bejahen und dogmatisch begründbar, so kommt in dem hier zu erörternden Anwendungsbereich noch ein besonderer Gesichtspunkt hinzu: Die Unterschutzstellung von Baudenkmälern begründet nicht nur eine sich unmittelbar auf die Art der Nutzung der betroffenen Flächen beziehende erhebliche argumentative Überwindungslast, mit der sich die Gemeinde, solange die betreffenden Entscheidungen wirksam sind, auseinandersetzen muß. Sie entfaltet auch eine Bindungswirkung für die spätere eigentliche Nutzungsentscheidung. Im fachgesetzlichen Genehmigungsverfahren bzw. den ersetzenden Vorschriften wird die bereits abgeschichtete Frage der Denkmaleigenschaft nach der gesetzlichen Systematik[136] nicht erneut aufgeworfen. Es ist deshalb denkbar, daß gemeindliche Belange zurückgesetzt werden gegenüber Erhaltungsinteressen, die gemessen an den Maßstäben des Denkmalschutzgesetzes keine sind. Daraus folgt allerdings nicht, daß von Verfassungs wegen eine Berücksichtigung gemeindlicher Belange im Sinne einer Abwägung an dieser Stelle geboten wäre. Die Normen über die Unterschutzstellung von Baudenkmälern sind die erste Stufe des fachgesetzlichen Entscheidungsverfahrens, aus dem Blickwinkel der Bodennutzung nur eine vorläufige und vorbereitende. Die Entscheidung über die letztliche Erhaltung unter Abwägung mit kollidierenden öffentlichen Interessen fällt im Rahmen des Erlaubnisverfahrens nach § 9 Abs. 2 lit. b nw DSchG bzw. ersetzenden Vorschriften. Auf dieser Stufe, die zu einer Art negativer Bodennutzungsregelung führen kann[137], sind die gemeindlichen Interessen schon vom Normtext her berücksichtigungsfähig. An

---

133 Die Möglichkeit zur Rüge sonstiger, über die Verletzung des Abwägungsgebots hinsichtlich gemeindlicher Belange hinausgehender Abwägungsmängel und sonstiger Rechtswidrigkeitsgründe (z. B. Kompetenzrechtsverletzungen) beschränkt das BVerfG im Rahmen des Verfahrens nach § 91 BVerfGG auf solche verfassungsrechtlichen Grundsätze, die ihrem Inhalt nach „das verfassungsrechtliche Bild der Selbstverwaltung mitzubestimmen geeignet sind" (BVerfGE 56, 298, 310 m.w.N.). Zur Problematik näher v. Pestalozza, FS v. Unruh, S. 1057 ff.; großzügiger Würtenberger, BayVBl. 1982, 673 (675 ff.).

134 Vgl. hierzu auch Steinberg, DVBl. 1982, 13 ff.

135 So aber Lerche, FS BayVGH; kritisch Würtenberger, BayVBl. 1982, 673 (675).

136 Dazu oben, Erster Teil, I 2, II. In diesem Sinne auch OVG Lüneburg, BRS 35 Nr. 137 für das schlh DSchG.

137 Dazu bereits mehrfach oben, z. B. Dritter Teil, II 3 b, 4 c.

welcher Stelle eines solchen mehrstufigen Verfahrens der Gesetzgeber die betroffenen gemeindlichen Belange einbezieht, bleibt grundsätzlich ihm überlassen, solange keine vollendeten Tatsachen im Sinne einer verbindlichen Nutzungsregelung geschaffen werden[138]. Eine verbindliche Nutzungsregelung enthält die erste Stufe – Unterschutzstellung – aber noch nicht. Einer Abwägung gemeindlicher Belange schon und auch auf dieser Ebene bedarf es deshalb nicht. Aus den dargelegten Gründen berührt aber bereits die Unterschutzstellung von Bauwerken in rechtlich erheblicher Weise die Planungshoheit der Gemeinde und ist deshalb unbeschadet einer späteren Abwägungskontrolle für sich angreifbar[139]. Es kommt entsprechend der Zweistufigkeit des fachgesetzlichen Verfahrens und dem Regelungsgehalt der einzelnen Entscheidungsstufen zu einem phasenadäquaten Rechtsschutz der Gemeinde[140].

Festzuhalten ist demnach:

Die verfassungsrechtliche Garantie der kommunalen Selbstverwaltung verlangt nicht, daß bereits und zusätzlich auf der Stufe der denkmalrechtlichen Unterschutzstellung eine abwägende Berücksichtigung gemeindlicher Planungsabsichten stattfindet. Die Unterschutzstellung ist grundsätzlich von der Gemeinde als Konkretisierung von Planungsdaten, als Präzisierung der ihrer Planungstätigkeit vorgegebenen Situation hinzunehmen. Rechtswidrige Unterschutzstellungen überschreiten jedoch die Grenzen des Hinzunehmenden und können von der Gemeinde als Verletzung ihrer Planungshoheit in der Erscheinungsform der faktischen Ingerenz abgewendet werden.

b) Fachgesetzlicher Erlaubnisvorbehalt

Für die rechtlichen Beziehungen zwischen dem denkmalrechtlichen Erlaubnisverfahren und der Planungshoheit gilt folgendes:

aa) Das Erlaubnisverfahren nach § 9 Abs. 2 lit. b nw DSchG ist so ausgestaltet, daß die Durchsetzung kommunaler Entwicklungsbelange durchaus nicht gesichert ist[141]. Die Denkmalbehörden, d. h. im Konfliktfall die weisungsberechtigten Aufsichtsbehörden, können in Ausübung des ihnen eingeräumten Abwägungsspielraums[142] diese Belange gegenüber den Erhaltungsinteressen im Grundsatz auch zurückstellen. Das kann von der Rechts-

---

[138] Die Strukturierungskompetenz und -aufgabe des Gesetzgebers bei mehrstufigen Entscheidungen betont zu Recht Schmidt-Aßmann, DVBl. 1981, 334 (336 ff.)

[139] Vgl. auch die auf die Reichweite einer später ansetzenden Kontrolle abstellenden Erwägungen in BVerfG, DVBl. 1981, 374.

[140] Vgl. hierzu allg. Schmidt-Aßmann, DVBl. 1981, 334 (336 ff.) m.w.N.

[141] Dazu oben, Erster Teil, V 2, 3 sowie Dritter Teil, II 4.

[142] Oben, Erster Teil, V 3.

folge her bedeuten, daß noch nicht rechtsförmlich arktikulierte gemeindliche Planungsvorstellungen sich nicht durchsetzen und eine vorhandene denkmalschädliche Bauleitplanung jedenfalls punktuell unvollziehbar bleibt, u. U. sogar ihrem ganzen Konzept nach in Frage gestellt wird. Die genannte Vorschrift ermöglicht damit eine von den gemeindlichen Absichten abweichende partielle Bodennutzungsregelung – Fortnutzung der vorhandenen Substanz – und in diesem Umfang eine Einschränkung der gemeindlichen Planungsbefugnis. Letztere erschöpft sich nicht in der Aufstellung von Bauleitplänen. Das Recht, die Angelegenheiten der örtlichen Gemeinschaft zu regeln, erstreckt sich prinzipiell auch darauf, daß solche Regelungen die Bodennutzung auch tatsächlich steuern, sich rechtlich durchsetzen und nicht durch anderweitige Normierungen außer Kraft gesetzt werden[143]. Es handelt sich deshalb hier nicht um eine nur faktische Ingerenz, sondern jedenfalls dann um eine unmittelbare rechtliche Verkürzung der Planungshoheit, wenn die Genehmigungsversagung die Realisierung eines planakzessorischen Vorhabens verhindert.

Im Ergebnis ebenso ist etwa der Fall zu behandeln, daß ein denkmalschädlicher Bebauungsplan noch nicht in Kraft getreten ist, wohl aber die entsprechenden Planungen bereits soweit sich verdichtet haben, daß das planverwirklichende, die Denkmalbeseitigung/-veränderung voraussetzende Vorhaben nach § 33 BauGB genehmigungsreif wäre. Hier liegt gewissermaßen ein vorweggenommener „Eingriff" in den nachfolgend in Kraft tretenden Bebauungsplan vor. Es wäre nicht gerechtfertigt, eine Beeinträchtigung der Planungshoheit erst dann anzunehmen, wenn nach Inkrafttreten des Bebauungsplans das Genehmigungsverfahren zur planakzessorischen Beseitigung bzw. Änderung des Baudenkmals erneut durchgeführt wird[144] und eine punktuelle Planverhinderung bewirkt.

Anders liegen die Dinge hingegen, wenn Planungsvorstellungen und Nutzungsabsichten der Gemeinde noch gar nicht oder nicht in ausreichendem Konkretisierungsgrad vorliegen. Eine Beeinträchtigung durch die denkmalrechtliche Erlaubnisversagung scheidet hier aus. Denn die Planungsbefugnis ist in erster Linie eine rechtliche Regelungsbefugnis, die sich durch die rechtsförmliche Bauleitplanung verwirklicht. Diese Regelungsbefugnis bleibt unangetastet. Ob sich die später solchermaßen rechtsförmlich artikulierte Planungsvorstellung im Hinblick auf den Denkmalschutz letztlich durchsetzen wird, ist in diesen Fällen eine derzeit noch offene Frage[145], die sich

---

[143] Deshalb wird die Beeinträchtigung der Planungshoheit bei solchen „Durchbrechungen" ohne weiteres bejaht, siehe etwa Bickel, FS v. Unruh, S. 1035 ff. (1044).

[144] Dies ist ebenso wie bei der Bauerrichtungsgenehmigung möglich, vgl. BVerwG, DVBl. 1972, 119; BVerwG, NJW 1976, 340.

[145] Dies unterscheidet die Regelung des fachgesetzlichen Genehmigungsverfahrens von Planfeststellungen und sonstigen Entscheidungen, die eine bestimmte Nutzung abschließend und verbindlich festlegen oder ausschließen und derart unverrückbare

danach beantwortet, welches Ergebnis ein später erneut durchgeführtes denkmalrechtliches Genehmigungsverfahren hat, in dem diese konkretisierten Absichten berücksichtigt werden[146].

bb) Soweit demnach die Planungshoheit rechtlich betroffen ist, muß die potentielle Eingriffsnorm des § 9 Abs. 2 lit. b nw DSchG Raum geben für eine Abwägung zwischen den Erhaltungsbelangen und den gemeindlichen Entwicklungsinteressen, um eine verfassungsrechtlich einwandfreie Konkretisierung des Rahmenvorbehaltes zu sein[147]. Dem trägt die Gesetzesfassung Rechnung[148]. Daß den gemeindlichen Belangen ein besonderer Stellenwert, eine Art Gewichtungsvorgabe normativ einzuräumen ist, verlangt die Verfassung nicht.

cc) Eine absolute, unüberwindliche Grenze für die Zurückdrängung der gemeindlichen Planungshoheit durch die Abwägung nach § 9 Abs. 2 lit. b nw DSchG besteht nicht, weil der Schutz des – wie auch immer mit Inhalt zu füllenden – Kernbereichs des Art. 28 Abs. 2 S. 1 GG hier nicht eingreift. Das folgt aus der grundsätzlichen Struktur der in dieser Verfassungsnorm enthaltenen Gewährleistung als sog. „institutioneller Garantie“[149]. Diese schützt – in Hinsicht auf den Kernbereich in absoluter, eingriffsfester Weise – einen bestimmten Standard gemeindlicher Freiräume und wirkt sich als Schranke aus gegenüber dem generellen gesetzgeberischen Zugriff auf die Befugnisse der Gemeinden schlechthin, d. h. gegenüber der Veränderung der Institution[150]. Davon zu unterscheiden ist der gesetzliche bzw. gesetzlich ermöglichte Eingriff in grundsätzlich durch die Selbstverwaltungsgarantie geschützte Rechtspositionen der einzelnen Gemeinde unter grundsätzlicher

---

Fixpunkte für eine spätere Bauleitplanung setzen, d. h. bestimmte Planungen ganz oder teilweise ausschließen. Vgl. hierzu den Sachverhalt des „Fluglärm-Beschlusses“, BVerfGE 56, 298 ff; ferner BVerwG, DVBl. 1986, 1003 „Standortübungsplatz“; zum ganzen Würtenberger, BayVBl. 1982, 673 (675 ff.).

[146] Ein sog. „Selbstgestaltungsrecht“ der Gemeinden, welches selbständig aus der Selbstverwaltungsgarantie abgeleitet wird (vgl. hierzu BVerwG, BayVBl. 1976, 692; VGH München, NVwZ 1986, 228; Blümel, FS für Ule, S. 19 ff.) kann hier nicht zum Zuge kommen. Denn es geht um die Beeinträchtigung von Gestaltungsabsichten der Gemeinde, für deren verfassungsrechtlich geschützte Realisierung das Instrumentarium der Bauleitplanung zur Verfügung steht. Das in Herleitung und Inhalt durchaus zweifelhafte Selbstgestaltungsrecht kann jedenfalls nur dann als allgemeines Auffangrecht für Fälle nicht ausgeübter Planungsbefugnis fungieren, wenn die fragliche anderweitige Entscheidung bereits ein rechtliches Hindernis für eine künftige Planung in räumlicher Hinsicht oder bzgl. des Inhalts möglicher Festsetzungen aufrichtet, die Planungsmöglichkeiten also schon rechtlich beschneidet, nicht aber, wenn – wie hier – die Durchsetzungsfähigkeit einer künftigen, rechtlich grs. möglichen Planung noch „offen“ ist (vgl. zum Problembereich auch VGH Mannheim, ZfW 1983, 170, 174 ff.).

[147] BVerfGE 56, 298 (315 f.).

[148] Zur Auslegung des § 9 Abs. 2 lit. b nw DSchG näher oben, Erster Teil, V.

[149] Hierzu grs. Stern, Bonner Kommentar (Zweitbearbeitung), Art. 28, Rn. 78 ff.; Stern / Burmeister, Planungsgebot, S. 26.

[150] Vgl. Widera, Planungshoheit, S. 63 m. Fn. 63; Buelow, Rechtsfragen, S. 128 f.

Beibehaltung der fraglichen Befugnis im allgemeinen. Bleibt, wie hier, die den Gemeinden im allgemeinen zugewiesene Befugnis unangetastet, so werden zwar möglicherweise Rechte der in concreto betroffenen Gemeinde, nicht aber die verfassungsrechtlich geschützte Institution berührt[151]. Die aus Art. 28 Abs. 2 GG ableitbare subjektive Rechtsposition der Gemeinden ist aber grundsätzlich inhaltlich nicht weitergehend als der korrespondierende objektiv-rechtliche Gehalt[152]. Die einzelne Gemeinde kann deshalb einen Kernbereichsschutz nur geltend machen, soweit es um Eingriffe geht, die alle Gemeinden und damit die Selbstverwaltungsgarantie als Institution betreffen[153]. Für die Beeinträchtigung der Planungshoheit nur einer einzelnen Gemeinde hat deshalb das Bundesverfassungsgericht im Fluglärm-Beschluß[154] die Frage eines Eingriffs in den absolut geschützten Kernbereich nicht weiter verfolgt, obwohl sich dies von den Auswirkungen der angegriffenen Lärmschutzverordnung her aufgedrängt hätte. Es hat vielmehr als Prüfungsmaßstab lediglich die „dynamischen“ Grundsätze des Verhältnismäßigkeitsprinzips und des Willkürverbots herangezogen, Gesichtspunkte also, die auch für die Beurteilung institutioneller Eingriffe außerhalb des Kernbereichs von Bedeutung sind[155].

---

[151] Nebenbei bemerkt wäre ein Eingriff in die Institution im Sinne historisch vorfindlicher einfachgesetzlicher Strukturen schon deshalb zu verneinen, weil die hier wirksam werdende Relativierung der gemeindlichen Planungshoheit eine Realisierung von Beschränkungen darstellt, die in den die Institution bildenden Normen des BBauG von Anfang an vorgesehen war und nicht etwa nachträglich eingefügt wurde, nämlich § 29 Abs. 1 sowie § 29 letzter Satz BBauG (ähnlich § 38 BBauG).

[152] Vgl. Blümel, FS v. Unruh, S. 265 (268); Stern / Burmeister, Planungsgebot, S. 26.

[153] Widera, Planungshoheit, S. 128; so jetzt ausdrücklich BVerfG, NVwZ 1988, 47 (49); dies verkennt offenbar VGH Mannheim, ZfW 1983, 170 (174).

[154] BVerfGE 56, 298 (312 ff.); bestätigt in BVerfG, NVwZ 1988, 47 (49).

[155] Vgl. oben, II 1 b. – Entgegen der Ansicht Blümels (VerwArch 75 (1984), S. 297 ff. (325 f.)) besteht insoweit zwischen der „Rastede-Entscheidung“ des BVerwG (DÖV 1984, 164) und dem „Fluglärm-Beschluß“ des BVerfG (E 56, 298 ff.) kein Widerspruch. In jener Entscheidung ging es um eine generelle, die Institution betreffende Regelung (Aufgabenverlagerung), die anhand der Maßstäbe des – in concreto nicht berührten – Kernbereichsschutzes und einer typisierend-verallgemeinernden Verhältnismäßigkeit und Gemeinwohlbezogenheit des legislatorischen Zugriffs geprüft wurde. Dies sind Kriterien, deren Ableitbarkeit aus der Grundstruktur der Selbstverwaltungsgarantie als institutioneller Gewährleistung unmittelar einsichtig ist. Prüfungsgegenstand des Fluglärm-Beschlusses war demgegenüber ein Einzeleingriff in die gemeindliche Planungshoheit. Konsequenterweise hat das BVerfG den mit dem Begriff des Institutionellen verknüpften Kernbereichsschutz nicht zum Prüfungsmaßstab erhoben. Die stattdessen untersuchte „Einzelfallverhältnismäßigkeit“ geht im Grunde über das Vorstellungsbild eines institutionellen Schutzes hinaus und erweitert den subjektiven Rechtsstatus der einzelnen Gemeinde gegen die gesetzgeberische Auferlegung von Sonderopfern unter Rückgriff auf allgemein-grundrechtliche Rechtsfiguren (dazu Bethge, Die Verwaltung 1982, 205, 212 ff.) zu einem Willkür- und Verhältnismäßigkeitsschutz im Einzelfall. Das BVerfG hat aber nicht Position dahingehend bezogen, daß generelle, die Institution betreffende Normierungen in der vor dem Kernbereich liegenden Schutzzone einer ebensolchen Einzelfallverhältnismäßigkeit genügen müßten (zur Übereinstimmung der Rspr. des BVerfG und des BVerwG auch Papier, DVBl. 1984, 453 (457)).

Die Planungshoheit der einzelnen Gemeinde ist deshalb nur geschützt durch das Gebot verhältnismäßiger Abwägung bei der Einzelfallentscheidung nach § 9 Abs. 2 lit. b nw DSchG. Da die vorzunehmende Abwägung ihrer Art nach einen planerischen Einschlag aufweist einschließlich des damit verbundenen Abwägungsspielraums der entscheidenden Instanz[156], steht die gemeindliche Planungshoheit im Ergebnis unter einem verfassungsrechtlich gedeckten (fach-)planerischen Abwägungsvorbehalt[157] und ist (erst) dann verletzt, wenn die für solches Abwägen entwickelten Grenzen[158] überschritten sind.

IV. Folgerungen für den Rechtsschutz der Gemeinden

Die Gemeinden sind als Untere Denkmalbehörden für die Unterschutzstellung von Baudenkmälern einschließlich der Denkmalbereiche selbst zuständig. Ihr Rechtsschutzinteresse richtet sich deshalb gegen Maßnahmen der Aufsichtsbehörden, durch die sie angehalten werden, auf ihre Planungshoheit selbst einzuwirken, sowie gegen aufsichtsbehördliche Handlungen im Wege der Organleihe[159], des Selbsteintrittsrechts[160] und der Ersatzvornahme[161], die solche Einwirkungen unmittelbar enthalten. Ist die der Gemeinde aufgegebene oder von der Aufsichtsbehörde selbst durchgeführte (vorläufige) Unterschutzstellung rechtswidrig, so kann die Gemeinde dies auch gerichtlich rügen, weil darin zugleich eine subjektive Rechtsverletzung, nämlich eine rechtswidrige Beeinträchtigung ihrer verfassungskräftig gewährleisteten Planungshoheit zu sehen ist[162].

Im Bereich des denkmalrechtlichen Erlaubnisverfahrens bzw. ersetzender Verfahren gilt ähnliches. Ist die Erlaubnisentscheidung, die von anderen Behörden (z. B. der Baugenehmigungsbehörde) getroffen oder zu der die Gemeinde aufsichtsbehördlich angewiesen wird, wegen Nichtberücksichtigung oder nicht genügender Berücksichtigung konkreter gemeindlicher Planungsvorstellungen und Gestaltungsabsichten rechtswidrig, so liegt darin zugleich eine Verletzung der Planungshoheit. Die fragliche Entscheidung genügt den insoweit auch verfassungsrechtlichen Anforderungen nicht, wenn konkretisierte Planungen nicht mit dem ihnen objektiv zukommenden Gewicht in die gebotene Abwägung eingehen oder ein Abwägungser-

---

156 Dazu oben, Erster Teil, V 3.

157 Vgl. auch Steinberg, JuS 1982, 578 (581); BVerwG, DVBl. 1986, 1003 (1006).

158 Siehe etwa BVerwGE 34, 301 (309); BVerwGE 48, 56 (63). Bei den einschlägigen Abwägungsgrundsätzen macht das BVerwG keinen Unterschied zwischen Bauleitplanung und Fachplanung; dazu Korbmacher, DÖV 1978, 589 (595).

159 § 20 Abs. 3 nw DSchG i.V.m. § 9 Abs. 4 OBG.

160 § 20 Abs. 3 nw DSchG i.V.m. § 10 OBG.

161 § 20 Abs. 3 nw DSchG i.V.m. § 11 OBG und § 109 Abs. 2 GO.

162 I.E. ebenso Gahlen / Schönstein, Denkmalschutzrecht, § 20, Anm. 3.

gebnis erzielt wird, welches zur objektiven Gewichtigkeit dieser Planungsbelange und dem Maß ihrer Beeinträchtigung einerseits[163] und der Bedeutung der Erhaltungsbelange andererseits außer Verhältnis steht[164]. Dabei ist erneut darauf hinzuweisen, daß den Aufsichts- bzw. sonstigen Entscheidungsbehörden sowohl bei der Festlegung dessen, was im Sinne des Gesetzes ein Baudenkmal ist, als auch bei der Abwägung im Rahmen der Kollisionsentscheidung des Erlaubnisverfahrens ein gerichtlich zu respektierender Einschätzungs- bzw. Abwägungsspielraum zusteht, dessen Existenz verfassungsrechtlich nicht zu beanstanden ist[165].

In dem so umrissenen Rahmen kann die Gemeinde sich gegen Weisungen und Ersatzmaßnahmen der Aufsichtsbehörden mit den prozessual jeweils zur Verfügung stehenden Mitteln zur Wehr setzen, so im Bereich der Unterschutzstellung von Baudenkmälern mit der Anfechtungsklage. Bei Denkmalausweisung durch staatliche Rechtsverordnung[166] kommt neben der kommunalen Verfassungsbeschwerde[167] auch eine Feststellungsklage nach § 43 VwGO in Betracht, mit der die Feststellung begehrt wird, daß eine in der künftigen Bauleitplanung zu beachtende Konkretisierung der in § 1 Abs. 5 BauGB normierten Erhaltungsbelange durch die fragliche Rechtsverordnung nicht gegeben ist, weil diese den gesetzlichen Anforderungen nicht genügt und deshalb nichtig ist[168]. Wegen des dargestellten Einschätzungsspielraums der Aufsichtsbehörden dürften die Erfolgsaussichten solcher Rechtsbehelfe aber eher zurückhaltend einzustufen sein.

Im Bereich der das Erlaubnisverfahren nach Denkmalschutzrecht ersetzenden Verfahren kommt schließlich u. U. auch eine Verpflichtungs- bzw. Bescheidungsklage in Frage, mit der die Erteilung einer bei einwandfreier Abwägung gebotenen Erlaubnis an den Antragsteller begehrt wird, welche zur Verwirklichung des der gemeindlichen Planung entsprechenden Zustandes erforderlich ist. So etwa, wenn die von der Gemeinde verschiedene Baugenehmigungsbehörde die beantragte planverwirklichende Baugenehmigung/Abrißgenehmigung aus denkmalschutzrechtlichen Gründen (Erhaltungs-/Umgebungsschutz) rechtswidrig versagt.

Verfahrensrechtlich ist die Gemeinde als Denkmalbehörde ohnehin an der jeweiligen Entscheidung regelmäßig beteiligt[169]. Soweit das Verfahren zur Entscheidung über eine planverwirklichende Beseitigung bzw. Beeinträch-

---

[163] Vgl. auch VGH Mannheim, ZfW 1983, 170 (174 ff.) „Wasserschutzgebiet".

[164] Vgl. BVerwGE 48, 56 (63).

[165] Oben, Erster Teil, I 3, III 2, V 3.

[166] § 5 Abs. 4 nw DSchG.

[167] Dazu oben, IV 3 b.

[168] Zu dieser inzidenten Form des Rechtsschutzes gegen Normen vgl. Siemer, Normenkontrolle durch Feststellungsklage?, S. 26 ff.

[169] Die von Haas-Traeger, DÖV 1981, 402 für das nds DSchG erörterte Problematik stellt sich deshalb für NW so nicht.

tigung von Baudenkmälern von anderen Behörden durchgeführt wird (§ 9 Abs. 3 nw DSchG), ist das Beteiligungsrecht der Gemeinde über die einfachgesetzliche Zubilligung hinausgehend[170] auch verfassungsrechtlich verankert[171]. Seine Verletzung führt zur Rechtswidrigkeit der Entscheidung und macht diese für die Gemeinde gerichtlich angreifbar.

[170] Dazu oben, Erster Teil, V 4 c.

[171] BVerfGE 56, 293 (320 f.); BVerwG, DVBl. 1969, 362 (363 f.).

Zusammenfassung und wesentliche Ergebnisse in Thesen

Erster Teil

1. Was im juristischen Sinne ein Baudenkmal ist, legt der Gesetzgeber fest, ohne hierbei an ein umgangssprachliches oder fachwissenschaftliches Begriffsverständnis gebunden zu sein. Er ist in den Grenzen der Verfassung befugt, diejenigen Eigenschaften, Funktionen oder Umstände auszuwählen oder zu umschreiben, um deretwillen ein Gebäude als erhaltungswürdig anzusehen und qua gesetzlicher Definition als (Bau-)Denkmal einzustufen ist.

2. Bei der Prüfung der gesetzlichen Begriffsmerkmale eines Baudenkmals (z. B. § 2 nw DSchG) ist eine Gesamtabwägung sämtlicher für und gegen eine Unterschutzstellung eines Bauwerkes sprechenden Gesichtspunkte nicht vorzunehmen. Die Denkmaleigenschaft beurteilt sich ausschließlich danach, ob im Sinne der gesetzlichen Definition ausreichend gewichtige Gründe für eine Erhaltung feststellbar sind. Keine abwägungsfähigen Gesichtspunkte gegen die Denkmaleigenschaft sind insbesondere die (finanziellen) Interessen des Eigentümers und ebensowenig die Finanzkraft der möglicherweise später auf Übernahme des Objekts in Anspruch genommene Gemeinde oder auch erhaltungsfeindliche gemeindliche Planungsabsichten.

3. Den Möglichkeiten interpretatorischer Präzisierung des gesetzlichen Denkmalbegriffs sind enge Grenzen gesetzt. Jenseits der aus dem Gesetz ableitbaren Schritte führt die erforderliche Begriffskonkretisierung nicht zur Bedeutungserkenntnis, sondern zur rechtsschöpferischen Bedeutungssetzung durch den Normanwender. Dabei handelt es sich um einen außerrechtlichen Vorgang; für dessen Beurteilung fehlt es an (durchgängigen) rechtlichen Kontrollmaßstäben. Dies rechtfertigt, da prinzipielle Hindernisse für die Anerkennung eines administrativen Beurteilungsspielraums im Einzelfall nicht bestehen, die Annahme einer Konkretisierungskompetenz der Verwaltung und die entsprechende Begrenzung der gerichtlichen Kontrolldichte.

4. In Nordrhein-Westfalen hat sich der Gesetzgeber für das Schutzsystem der konstitutiven Listeneintragung entschieden. Im Unterschied zum sog. Generalklauselsystem (mit deklaratorischer Liste) tritt hier die gesetzliche Schutzwirkung im Prinzip erst ein, wenn das Bauwerk durch statusbegründenden Verwaltungsakt in die Denkmalliste eingetragen ist. Flankiert wird

dieses Verfahren von dem Instrument der vorläufigen Unterschutzstellung nach § 4 nw DSchG. Darüber hinaus kennt das nw DSchG den Schutz von Denkmalbereichen durch gemeindliche Satzung. Derart ist die Erhaltung eines größeren baulichen Zusammenhangs, einer raumgestaltenden Struktur möglich, wobei es allerdings häufig nur um den Schutz des äußeren Erscheinungsbildes geht.

5. Anders als in den anderen Bundesländern sind in Nordrhein-Westfalen alle Gemeinden als Untere Denkmalbehörden zum Gesetzesvollzug berufen. Bei dieser Pflichtaufgabe unterliegen sie einem sonderaufsichtlichen Weisungsrecht. Daraus ist zu folgern, daß die Administrativkompetenz zur Konkretisierung des Denkmalbegriffs dem Behördenzweig insgesamt zugewiesen ist und derart dem Zugriff der Aufsichtsbehörden unterliegt. Dies gilt i.E. auch für den Denkmalbereichsschutz durch gemeindliche Satzung, weil auch hier letztlich eine gemeindliche Spielräume ausschließende durchgängige Rechtsbindung besteht.

6. Hält sich die Gesetzesauslegung durch die Aufsichtsbehörde hinsichtlich der Denkmaleigenschaft eines Bauwerks im Rahmen des administrativen Beurteilungsspielraums, so ist eine daran anknüpfende Weisung an die Gemeinde zur Listeneintragung/vorläufigen Unterschutzstellung rechtmäßig. Werden die Beurteilungsgrenzen überschritten, führt dies zwar zur Rechtswidrigkeit der Weisung, nicht jedoch ohne weiteres zu einer subjektiven Rechtsverletzung der betroffenen Gemeinde. Eine allgemein subjektivrechtliche Abwehrposition der Gemeinde in Hinsicht auf fehlerhafte Sonderaufsichtsweisungen ist im geltenden Recht nicht nachweisbar. Beim Denkmalbereichsschutz durch gemeindliche Satzung begründet hingegen bereits die Fehlerhaftigkeit einer Aufsichtsweisung eine Rechtsverletzung der Gemeinde.

7. Konflikte zwischen dem Erhaltungsinteresse und sonstigen Belangen werden von der fachgesetzlichen Vorschrift des § 9 Abs. 2 lit. b nw DSchG geregelt. Im Rahmen der gebundenen Verwaltungsentscheidung sind nur öffentliche (Gegen-)Interessen berücksichtigungsfähig, nicht hingegen private Belange. Zu den einschlägigen öffentlichen Interessen zählen insbesondere hinreichend konkretisierte (gemeindliche) Planungen, nicht jedoch der Aspekt einer etwa drohenden finanziellen Überforderung der Gemeinde. Die Kollisionsentscheidung erfordert eine raumgestaltende Abwägungsentscheidung, welche ihrer Natur nach nur begrenzter gerichtlicher Kontrolle entsprechend den Grundsätzen gerichtlicher Planungskontrolle zugänglich ist. Inneradministrativ liegt die Abwägungskompetenz letztlich beim zuständigen Minister.

Zweiter Teil

1. Im Recht der Bauleitplanung sind die Interessen des Denkmalschutzes als öffentliche Belange in die planerische Abwägungsentscheidung einzustellen. Dabei ist von einem eigenständigen bauleitplanerischen Denkmalbegriff auszugehen, der all das mit umfaßt, was nach den Landesgesetzen schutzwürdig ist.

2. Im Rahmen der planerischen Abwägung stellen die Erhaltungsinteressen Belange dar, die, wie regelmäßig auch alle anderen berührten Interessen, in den anerkannten Grenzen der Planungsfreiheit durch die entscheidende Gemeinde hintangesetzt werden können; eine auch nur „relative Priorität" kommt ihnen nicht zu.

Dritter Teil

1. Da der fachgesetzlichen Prioritätsentscheidung einerseits und der bauleitplanerischen Abwägung andererseits hinsichtlich der Durchsetzungsfähigkeit bzw. Überwindbarkeit der Erhaltungsbelange unterschiedliche Entscheidungsrahmen vorgegeben sind und die jeweilige Letztentscheidungskompetenz verschiedenen Stellen zugewiesen ist, ist es denkbar, daß die Vorrangfrage in rechtlich jeweils einwandfreier Weise städtebaurechtlich so, fachgesetzlich hingegen anders beantwortet wird. Das führt potentiell zu Spannungslagen unterschiedlicher Art, die, soweit es sich nicht sogar um auflösungsbedürftige „echte" Normenkollisionen handelt, das Bedürfnis nach Harmonisierung der Normaussagen hervorrufen.

2. Keine tragfähige Problemlösung bietet der in der Literatur vorgeschlagene planakzessorische Abbruchanspruch. Der insoweit vertretene Vorrang einer denkmalschädlichen Abwägungsentscheidung in der Bauleitplanung und die entsprechende Verdrängung des landesrechtlichen Erlaubnisvorbehalts widersprechen den geltenden Normtexten und lassen sich auch mit grundsätzlichen rechtsinstitutionellen Erwägungen nicht überzeugend begründen.

3. Nicht weiterführend ist ebenso der Versuch, den Kollisionsbereich durch eine kompetenzrechtlich orientierte Begrenzung des jeweiligen Normbereichs zu verkleinern: Weder ist die Beschränkung der bundesrechtlichen Planabwägung auf bestimmte Aspekte der Erhaltungswürdigkeit („städtebauliche Bedeutung") kompetenzrechtlich veranlaßt, noch lassen sich andererseits aus der „Kulturhoheit der Länder" Kompetenzgrenzen für den Umfang der fachgesetzlichen Prioritätsentscheidung (Beschränkung auf „kulturhistorischen Erhaltungsaspekt") herleiten.

4. Das geltende Recht ist dadurch gekennzeichnet, daß der denkmalrechtliche Erlaubnisvorbehalt uneingeschränkt auch dort zur Anwendung

gelangt, wo die zur Genehmigung gestellte Maßnahme der Verwirklichung einer denkmalschädlichen Festsetzung eines Bebauungsplans dient. Soweit das Bauplanungsrecht zu einem denkmalschädlichen Vorhaben überhaupt eine positive Zulässigkeitsaussage trifft (§ 29 S. 1 BauGB), folgt dieses Ergebnis aus der speziellen planungsrechtlichen Harmonisierungsnorm des § 29 S. 4 BauGB. Die Vorschrift öffnet den planungsrechtlich erfaßten Bereich dem – auch konträren – Regelungszugriff nichtbodenrechtlicher Vorschriften des Landesrechts. Das Planungsrecht nimmt es derart unter bestimmten Voraussetzungen hin, daß planungsrechtlich zulässige Vorhaben durch fachgesetzliche Erlaubnisversagung letztlich unterbunden werden.

5. Eine Harmonisierung der betroffenen Normenkomplexe dadurch, daß die fachgesetzliche Entscheidung sich am Ergebnis der bauleitplanerischen Abwägung orientiert, ist de lege lata nicht sichergestellt. Die Rückbindung des Fachgesetzes an das Planungsrecht und damit die Präjudizierung der Prioritätsfrage durch das Planabwägungsergebnis ist im geltenden Recht nicht nachweisbar. Die Denkmalbehörden entscheiden über den Vorrang vielmehr eigenverantwortlich, zwar unter Berücksichtigung der planerisch artikulierten Entwicklungsabsichten, aber ohne Bindung an die darin zum Ausdruck kommenden Wertungen.

6. Da die bundesrechtlich eröffnete Durchsetzungsfähigkeit des Denkmalschutzrechts landesrechtlich nicht durch eine formelle oder materielle Rückkoppelung an das Planungsrecht aufgefangen wird, kommt der frühzeitigen Abstimmung der Träger öffentlicher Belange im Rahmen der Bauleitplanung (§ 4 BauGB) entscheidende Bedeutung zu. Die planende Gemeinde kann dieses Verfahren vor allem zur Vorabklärung der Frage nutzen, ob ins Auge gefaßte denkmalschädliche Festsetzungen wegen drohender späterer Versagung der fachgesetzlichen Erlaubnis zu unvollziehbaren Planausweisungen werden könnten.

Vierter Teil

1. Die streitige Frage, ob der Denkmalschutz aus der Natur der Sache heraus eine „Angelegenheit der örtlichen Gemeinschaft" i.S.v. Art. 28 Abs. 2 GG darstellt, dürfte letztlich zu verneinen sein. Jedenfalls ist in Nordrhein-Westfalen die Aufgabenzuweisung an die Gemeinden als Pflichtaufgabe zur Erfüllung nach Weisung verfassungsrechtlich nicht zu beanstanden.

2. Die verfassungsrechtlich geschützte Planungshoheit vermittelt der Gemeinde ein Abwehrrecht gegen faktische Beeinträchtigungen der Planungsmöglichkeiten durch rechtswidrige Veränderung der Planungsdaten. Deshalb kann sie die gesetzwidrige Unterschutzstellung eines Bauwerks als Baudenkmal als Verletzung ihrer Planungshoheit vor Gericht rügen.

3. Nur begrenzten Schutz gewährt die Planungshoheit gegenüber der Versagung der (planverwirklichenden) fachgesetzlichen Erlaubnis. Sie ist nur dann rechtlich betroffen, wenn die fachgesetzliche Entscheidung die Realisierung hinreichend konkretisierter gemeindlicher Planungsvorstellungen (punktuell) verhindert. Inhaltlich begründet sie keinen Anspruch auf unbedingte Durchsetzung des Planungswillens gegenüber kollidierenden Belangen, sondern verlangt lediglich die verhältnismäßige Einbeziehung der gemeindlichen Belange in die zu treffende Abwägungsentscheidung. I.E. steht die Planungshoheit damit unter einem verfassungsrechtlich gedeckten (fach-)planerischen Abwägungsvorbehalt und ist erst dann verletzt, wenn die für solches Abwägen entwickelten Grenzen überschritten sind. Aus dem Charakter des Selbstverwaltungsrechts als „institutioneller Garantie" folgt überdies, daß eine absolute Grenze für die Zurückdrängung der gemeindlichen Planungshoheit im Einzelfall nicht besteht.

Literaturverzeichnis

Abreß, Hubert: Die Krise der Denkmalpflege im Spannungsfeld zwischen kommunaler Planungshoheit und wirtschaftlicher Verwirklichung, Die Alte Stadt (ZSSD) 1978, S. 203.

Bachof, Otto: Reflexwirkungen und subjektive Rechte im öffentlichen Recht, in: Forschungen und Berichte aus dem öffentlichen Recht, Gedächtnisschrift f. W. Jellinek, 1955, S. 287.

— Anmerkung zur Entscheidung des BVerwG vom 16. 12. 1971, JZ 1972, S. 208.

— Neue Tendenzen in der Rechtsprechung zum Ermessen und zum Beurteilungsspielraum, JZ 1972, S. 641.

Badura, Peter: Gestaltungsfreiheit und Beurteilungsspielraum der Verwaltung, bestehend aufgrund und nach Maßgabe des Gesetzes, in: Günter Püttner u. a. (Hrsg.), Festschrift für Otto Bachof zum 70. Geburtstag, München 1984, S. 169.

Bartlsperger, Richard: Denkmalschutz zwischen staatlicher Fachverwaltung und städtebaulicher Planifizierung, DVBl. 1981, S. 284.

Battis, Ulrich: Stadterhaltung durch § 39 h BBauG, in: Difu (Hrsg.), Baufreiheit durch Stadtentwicklung, Berlin 1978, S. 203.

— Öffentliches Baurecht und Raumordnungsrecht, Stuttgart 1981 (zitiert: Öffentliches Baurecht).

Battis, Ulrich / *Krautzberger*, Michael / *Löhr*, Rolf-Peter: Bundesbaugesetz, Erläutert von ..., München 1985.

Battis, Ulrich / *Krieger*, Heinz-Peter: Zur praktischen Bedeutung des § 39 h BBauG für die Stadterhaltung, DVBl. 1981, S. 479.

Battis, Ulrich / *Schmittat*, Karl-Oskar: Rechtsfragen des Denkmalschutzes, Natur und Recht 1983, S. 102.

Beninde, Michael / *Martin*, Werner: Denkmalschutz in Nordrhein-Westfalen: In der Sackgasse? VR 1985, S. 16.

Bentmann, Reinhard: Der Kampf um die Erinnerung – Ideologische und methodische Konzepte des modernen Denkmalkultus, in: Hess. Blätter f. Volks- und Kulturforschung, Heft 2/3 1976, Gießen 1976, S. 213.

Berg, Wilfried: Sicherung der Selbstverwaltung im Verwaltungsverfahren, in: v. Mutius (Hrsg.), Selbstverwaltung im Staat der Industriegesellschaft, Festgabe zum 70. Geburtstag von Georg Christoph von Unruh, Heidelberg 1983, S. 1015 ff.

Beseler, Hartwig / *Ellger*, Dietrich: Das Denkmal zwischen Inventar und Liste. Bestandsaufnahme einer Bestandsaufnahme, DKD 1971, S. 150.

Bethge, Herbert: Aktuelle Aspekte der Verfassungsgarantie der kommunalen Selbstverwaltung, Die Verwaltung 1982, S. 205.

— Das Selbstverwaltungsrecht im Spannungsfeld zwischen institutioneller Garantie und grundrechtlicher Freiheit, in: v. Mutius (Hrsg.), Selbstverwaltung im Staat der Industriegesellschaft, Festgabe zum 70. Geburtstag von Georg Christoph von Unruh, Heidelberg 1983, S. 149 (zitiert: Selbstverwaltungsrecht).

Blümel, Willi: Raumordnung und kommunale Selbstverwaltung, DVBl. 1973, S. 436.

— Gemeinden und Kreise vor den öffentlichen Aufgaben der Gegenwart, in: VVDStRL 36 (1978), S. 171.

— Festsetzung von Lärmschutzbereichen und gemeindliche Selbstverwaltungsgarantie, VerwArch 73 (1982), S. 329.

— Wesensgehalt und Schranken des kommunalen Selbstverwaltungsrechts, in: v. Mutius (Hrsg.), Selbstverwaltung im Staat der Industriegesellschaft, Festgabe zum 70. Geburtstag von Georg Christoph von Unruh, Heidelberg 1983, S. 265 ff. (zitiert: Wesensgehalt).

— Das verfassungsrechtliche Verhältnis der kreisangehörigen Gemeinden zu den Kreisen, VerwArch 75 (1984) S. 197 ff., 297 ff.

— Das Selbstgestaltungsrecht der Städte und Gemeinden, in: Festschrift für C. H. Ule, 1987, S. 19.

Breuer, Rüdiger: Die hoheitliche raumgestaltende Planung, Bonn 1968.

Breuer, Tilmann: Ensemble – Konzeption und Problematik eines Begriffes des Bayerischen Denkmalschutzgesetzes, DKD 1976, S. 21.

— Die Baudenkmäler und ihre Erfassung. Ausführliche Darstellung aus der Sicht des Kunsthistorikers, in: August Gebeßler / Wolfgang Eberl (Hrsg.), Schutz und Pflege von Baudenkmälern in der Bundesrepublik Deutschland. Ein Handbuch, Köln 1980, S. 22.

Brönner, Wolfgang: Welche Folgen hat das Denkmalschutzgesetz?, Mitteilungen aus dem Rheinischen Amt für Denkmalpflege Bonn, 1981, S. 19.

— Anmerkungen zum neuen Denkmalschutzgesetz in Nordrhein-Westfalen, Rheinische Heimatpflege 1981, S. 1.

— Der Denkmalwert, in: Landschaftsverband Rheinland (Hrsg.), Was ist ein Baudenkmal? Eine Beispielsammlung zur Begriffsbestimmung, Mitteilungen aus dem Rheinischen Amt für Denkmalpflege Bonn, Köln 1983, S. 11 (zitiert: Denkmalwert).

Brönner, Wolfgang / *Osteneck,* Volker: Einleitung, in: Landschaftsverband Rheinland (Hrsg.), Was ist ein Baudenkmal? Eine Beispielsammlung zur Begriffsbestimmung, Mitteilungen aus dem Rheinischen Amt für Denkmalpflege Bonn, Köln 1983, S. 9.

Brohm, Winfried: Die Selbstverwaltung der Gemeinden im Verwaltungssystem der Bundesrepublik, DVBl. 1984, S. 293.

— Der Schutz erhaltenswerter Bausubstanz, DVBl. 1985, S. 593.

— Die Eigenständigkeit der Gemeinden, DÖV 1986, S. 397.

— Die staatliche Verwaltung als eigenständige Gewalt und die Grenzen der Verwaltungsgerichtsbarkeit, DVBl. 1986, S. 321.

Buelow, Wolfgang: Rechtsfragen flächen- und bodenbezogenen Denkmalschutzes, Diss. Münster 1986 (zitiert: Rechtsfragen).

Burmeister, Joachim: Verfassungstheoretische Neukonzeption der kommunalen Selbstverwaltungsgarantie, München 1977 (zitiert: Verfassungstheoretische Neukonzeption).

Czermak, Fritz: Unbestimmter Rechtsbegriff und Beurteilungsspielraum, DVBl. 1966, S. 366.

Dehmel, Hans-Hermann: Übertragener Wirkungskreis, Auftragsangelegenheiten und Pflichtaufgaben nach Weisung, Berlin 1970 (zitiert: Übertragener Wirkungskreis).

Deiseroth, Wolf: Zur Feststellung schutzwürdiger Ensembles, Kunstchronik 1975, S. 231.

Deklaration von Amsterdam, verabschiedet vom Kongreß über das Europäische Bauerbe vom 25. 10. 1975, DVBl. 1975, S. 947.

Deutsches Nationalkommitee für Denkmalschutz (Hrsg.): Deutsche Denkmalschutzgesetze, Bearbeiter: W. Brönner, Schriftenreihe des Nationalkommitees, Bd. 18, Bonn 1982.

Diemer, Herbert: Naturschutz als kommunale Aufgabe, Köln u. a. 1982.

Dieterich, Hartmut: Enteignung und Enteignungsentschädigung beim Denkmalschutz, in: August Gebeßler / Wolfgang Eberl (Hrsg.), Schutz und Pflege von Baudenkmälern in der Bundesrepublik Deutschland. Ein Handbuch, Köln u. a. 1980, S. 397.

Dieterich, Hartmut / *Dieterich-Buchwald*, Beate: Interessenabwägung bei der Unterschutzstellung von Baudenkmälern? – Anmerkungen zur neueren Rechtsprechung der Verwaltungsgerichte –, ZfBR 1984, S. 63.

Dilcher, Hermann: Denkmalschutz – Die Wertschätzung dokumentierter Geschichte und ihre rechtlichen Folgen, in: Norbert Horn (Hrsg.), Europäisches Rechtsdenken in Geschichte und Gegenwart. Festschrift für Helmut Coing zum 70. Geburtstag, Bd. II, München 1982, S. 78.

Dittus, Rolf: Das Denkmalschutzgesetz für das Land Nordrhein-Westfalen, StuGR 1980, S. 297.

Dörffeldt, Siegfried: Hessisches Denkmalschutzrecht. Kommentar, Köln 1977 (zitiert: hess. DSchR).

Dörge, Hans: Das Recht der Denkmalpflege in Baden-Württemberg. Kommentar, Stuttgart 1971 (zitiert: Denkmalpflege).

Eberl, Wolfgang: Die Baudenkmäler und ihre Erfassung. Kurzer Überblick aus der Sicht des Juristen, in: August Gebeßler / Wolfgang Eberl (Hrsg.), Schutz und Pflege von Baudenkmälern in der Bundesrepublik Deutschland. Ein Handbuch, Köln 1980, S. 15.

— Mitwirkung der Kirchen und Gemeinden beim Schutz von Baudenkmälern, DÖV 1983, S. 455.

Eberl, Wolfgang / *Martin*, Dieter / *Petzet*, Michael: Bayerisches Denkmalschutzgesetz. Kommentar, 3. Aufl., Köln u. a. 1985.

Ellger, Dietrich: Zur Frage der Bestimmung und Bewertung von Ensembles, Der Landkreis 1975, S. 311.

Engel, Wolfgang: Staatlicher Selbsteintritt und kommunale Selbständigkeit, DVBl. 1982, S. 757.

Engeli, Christian: Neuanfänge der Selbstverwaltung nach 1945, in: G. Püttner (Hrsg.), Handbuch der kommunalen Wissenschaft und Praxis (HKWP), Bd. 1, 2. Aufl., Berlin, Heidelberg, New York 1981, S. 114 (zitiert: Neuanfänge).

Erbguth, Wilfried: Rechtliche Abgrenzungsfragen bei der Stadterhaltung – dargestellt am Beispiel des (Bau-)Denkmalschutzes und der städtebaulichen Planung –, DVBl. 1985, S. 1352.

Erbguth, Wilfried / *Paßlick,* Hermann / *Püchel,* Gerald: Denkmalschutzgesetze der Länder, Münster 1984 (zitiert: Denkmalschutzgesetze).

Erbguth, Wilfried / *Püchel,* Gerald: Die Luftreinhaltepläne im Abwägungsvorgang der Bauleit- und Landesplanung, NVwZ 1982, S. 649.

— / — Zu trägerschaftlichen und beteiligungsrechtlichen Fragen nach § 9 Denkmalschutzgesetz Nordrhein-Westfalen, VR 1983, S. 312.

— / — Maßnahmen nach dem Denkmalschutzgesetz und ihre Auswirkung auf die Gemeinden, StuGR 1983, S. 215.

Erichsen, Hans-Uwe: Die sog. unbestimmten Rechtsbegriffe als Steuerungs- und Kontrollmaßgaben im Verhältnis von Gesetzgebung, Verwaltung und Rechtsprechung, DVBl. 1985, S. 22.

— Kommunalaufsicht – Hochschulaufsicht, DVBl. 1985, S. 943.

Erichsen, Hans-Uwe / *Knoke,* Ulrich: Bestandskraft von Verwaltungsakten, NVwZ 1983, S. 185.

Erichsen, Hans-Uwe / *Martens,* Wolfgang (Hrsg.): Allgemeines Verwaltungsrecht, 7. Aufl., Berlin, New York 1986.

Ernst, Werner / *Zinkahn,* Willy / *Bielenberg,* Walter u. a.: Bundesbaugesetz, Kommentar, Loseblattausgabe, 4. Aufl., München 1980 (Stand August 1986).

Europäische Denkmalschutz-Charta, verabschiedet vom Europarat im September 1975, DVBl. 1975, S. 946.

Evers, Hans-Ulrich: Kulturauftrag im staatlichen Gemeinwesen. Dargestellt am Beispiel der deutschen und österreichischen Rechtsordnung, NJW 1983, S. 2161.

Feger, Dieter: Der Schutz von Denkmälern durch Eintragung in die Denkmalliste und von Denkmalbereichen durch Satzung als Aufgabe der Gemeinden in NW, VR 1983, S. 279.

Fischermeier, Ernst: Die Inschutznahme im Denkmal- und Naturschutzrecht und ihre Bedeutung für das Verwaltungssachenrecht, Diss. Erlangen/Nürnberg 1986 (zitiert: Inschutznahme).

Fluck, Jürgen: Neubau des Bundestages und Denkmalschutz, NJW 1987, S. 2352.

Friauf, Karl Heinrich / *Wendt,* Rudolf: Zur Zulässigkeit eines baurechtlichen „Denkmalschutzes“ für Arbeiterwohnsiedlungen, Bochum 1986 (zitiert: Arbeiterwohnsiedlungen).

Gädtke, Horst / *Böckenförde,* Dieter / *Temme,* Heinz-Georg: Landesbauordnung Nordrhein-Westfalen. Kommentar, 7. Aufl., Düsseldorf 1986.

Gaentzsch, Günter: Denkmalschutz – eine Aufgabe der Gemeinden?, Der Städtetag 1974, S. 484.

— Denkmalpflege und kommunale Selbstverwaltung, Die alte Stadt (ZSSD) 1974, S. 273.

— Bundesrechtliche Grundlagen für die Erhaltung historischer Bausubstanz im Städtebau, Der Landkreis 1975, S. 277.

— Bauleitplanung, Fachplanung, Landesplanung – Zur „Konfliktbewältigung“ zwischen verschiedenen Planungsträgern –, WiVerw 1985, S. 235.

Gahlen, Hans Georg: Denkmalschutz in Nordrhein-Westfalen – Auslegung und Anwendung des Denkmalschutzgeseztes –, StuGR 1981, S. 374.

— Denkmaleigenschaft von Gebäudegruppen, NVwZ 1982, S. 423.

— Rechtsschutz von Bodendenkmälern, NVwZ 1984, S. 687.

— Urteilsanmerkung zu OVG Münster, DÖV 1985, S. 158, in: DÖV 1985, S. 411.

Gahlen, Hans Georg / *Schönstein,* Horst-Dieter: Denkmalschutzrecht Nordrhein-Westfalen, Köln 1981 (zitiert: Denkmalschutzrecht).

Garrn, Heino: Zur Rationalität rechtlicher Entscheidungen, Stuttgart 1986.

Gassner, Edmund: Geschichtliche Entwicklung des Denkmalschutzrechts und des städtebaulichen Gestaltungsrechts, in: Stich / Burhenne, Denkmalrecht des Bundes und der Länder, Ergänzbare Ausgabe, Kennzahl 090.01, Berlin 1983 ff.

Gassner, Erich: Die Situationsgebundenheit des Grundeigentums und das Gesetz, NVwZ 1982, S. 165.

— Die Überwindungslast bei der Abwägung öffentlicher Interessen durch die Verwaltung, DVBl. 1984, S. 703.

Gebeßler, August / *Eberl,* Wolfgang (Hrsg.): Schutz und Pflege von Baudenkmälern in der Bundesrepublik Deutschland. Ein Handbuch, Köln 1980 (zitiert: Schutz und Pflege).

Götz, Volkmar: Anmerkung zum Urteil des BGH vom 26. 1. 1984 – III ZR 216/82 –, DVBl. 1984, S. 395.

— Allgemeines Verwaltungsrecht, 3. Aufl., München 1985.

Götz, Volkmar / *Klein,* Hans Hugo / *Starck,* Christian: Die öffentliche Verwaltung zwischen Gesetzgebung und richterlicher Kontrolle, Göttinger Symposion, München 1985.

Grätz, Reinhard: Denkmalschutz in der Kommunal- und Kulturpolitik, in: Denkmalschutz in der kommunalen Praxis. SGK-Schriftenreihe, Bd. 9, 1981, S. 13.

Grawert, Rolf: Gemeinden und Kreise vor den öffentlichen Aufgaben der Gegenwart, in: VVDStRL 36 (1978), S. 277.

— Buchbesprechung von Joachim Burmeister, Verfassungstheoretische Neukonzeption der kommunalen Selbstverwaltungsgarantie, München 1977, in: NJW 1979, S. 258.

— Kommunale Finanzhoheit und Steuerhoheit, in: v. Mutius (Hrsg.), Selbstverwaltung im Staat der Industriegesellschaft, Festgabe zum 70. Geburtstag von Georg Christoph von Unruh, Heidelberg 1983, S. 587.

Gronemeyer, Steffen: Der Geltungsverlust von Bebauungsplänen infolge normwidersprechender Fakten, DVBl. 1977, S. 756.

Grosse-Suchsdorf, Ulrich / *Schmaltz,* Hans-Karsten / *Wiechert,* Reinald: Niedersächsische Bauordnung – Niedersächsisches Denkmalschutzgesetz, Kommentar, 3. Aufl. Hannover 1984.

Grupp, Klaus: Gerichtliche Kontrolle von Prüfungsnoten – VG Sigmaringen, BWVBl. 1981, S. 363, in: JuS 1983, S. 351.

Gutschow, Niels: Erhaltungssatzungen nach § 39 h BBauG – Die Erfahrungen der ersten drei Jahre –, Der Städtetag 1980, S. 179.

Haas-Traeger, Evelyn: Denkmalschutz und kommunale Selbstverwaltung, DÖV 1981, S. 402 und S. 959.

Häberle, Peter: Öffentliches Interesse als juristisches Problem. Eine Analyse von Gesetzgebung und Rechtsprechung, Bad Homburg v.d.H. 1970 (zitiert: Öffentliches Interesse).

— Kulturpolitik in der Stadt – ein Verfassungsauftrag –, Heidelberg 1979.

Hardt, Victor: Bürgerinitiativen im Bereich des Denkmalschutzes, Der Landkreis 1978, S. 183.

Hattendorff, Dirk: Denkmallisten-Verordnung für Nordrhein-Westfalen, StuGR 1981, S. 290.

Heinze, Christian: Das planungsrechtliche Abwägungsgebot, NVwZ 1986, S. 87.

Hendler, Reinhard: Zur bundesverfassungsgerichtlichen Konzeption der grundgesetzlichen Eigentumsgarantie, DVBl. 1983, S. 873.

Henke, Reginhard: Stadterhaltung durch Erhaltungssatzung nach § 39 h BBauG, DÖV 1983, S. 402.

— Stadterhaltung als kommunale Aufgabe, Berlin 1985 (zitiert: Stadterhaltung).

Hensel, Albert: Art. 150 der Weimarer Verfassung und seine Auswirkung im preußischen Recht, AöR 14, S. 321.

Herter, Dieter: Die Denkmalschutzgesetze der Länder und andere landesrechtliche Bestimmungen zum Schutz der Baudenkmale, in: August Gebeßler / Wolfgang Eberl (Hrsg.), Schutz und Pflege von Baudenkmälern in der Bundesrepublik Deutschland – Ein Handbuch, Köln 1980, S. 237.

Hesse, Konrad: Grundzüge des Verfassungsrechts der Bundesrepublik Deutschland, 15. Aufl., Heidelberg 1985 (zitiert: Grundzüge).

Hingst, Hans: Denkmalschutz und Denkmalpflege in Deutschland, in: Badische Fundberichte, Sonderheft 7, Freising im Br. 1964.

Hinkel, Karl Reinhard: Zur Situation der kommunalen Selbstverwaltung, NVwZ 1985, S. 225.

Hönes, Ernst-Rainer: Zur Bedeutung des kommunalrechtlichen Genehmigungsvorbehaltes für die Denkmalpflege, DVBl. 1977, S. 754.

— Denkmalschutz und gemeindliche Selbstverwaltung, Die alte Stadt (ZSSD) 1979, S. 377.

— Denkmalschutz – Eine Aufgabe der Gemeinden?, DÖV 1979, S. 286.

— Die rechtlichen Grundlagen des Schutzes von Burgen und Schlössern in der BRD, Burgen und Schlösser 1980, S. 109.

— Nochmals: Denkmalschutz und kommunale Selbstverwaltung, DÖV 1981, S. 957.

— Zum Denkmalschutzrecht in der BRD, NVwZ 1983, S. 213.

— Zur Denkmaleigenschaft nicht erhaltbarer Gegenstände, DÖV 1983, S. 332.

— Denkmalschutz und Denkmalpflege in Rheinland-Pfalz. Kommentar für die Praxis, Köln 1984 (zitiert: Denkmalschutz und Denkmalpflege).

— Der Kulturdenkmalbegriff im Denkmalschutzrecht, DVBl. 1984, S. 413.

— Nochmals: „Künstlerische Bedeutung" und „öffentliches Interesse" im Denkmalschutzrecht, DÖV 1984, S. 671.

— Zur Zweistufigkeit des Denkmalschutzverfahrens, NVwZ 1986, S. 190.

— Die Unterschutzstellung von Kulturdenkmälern, Köln 1987 (zitiert: Unterschutzstellung).

Hörst, Bernhard: Erhaltung baulicher Anlagen unter stadtgestalterischen Aspekten, StuGR 1979, S. 92.

Hoffmann, Hans-Christoph: Milieuerhaltung durch Denkmalschutz, Die alte Stadt (ZSSD) 1980, S. 169.

Hofmann, Jochen: Abfallbeseitigung und kommunale Selbstverwaltung – Überlegungen zum „Rastede-Urteil" des Bundesverwaltungsgerichts –, in: BayVBl. 1984, S. 289.

Hoppe, Werner: Die Schranken der planerischen Gestaltungsfreiheit (§ 1 Abs. 4 und 5 BBauG). Das Urteil des Bundesverwaltungsgerichts vom 12. 12. 1969 zum Abwägungsgebot (§ 1 Abs. 4 Satz 2 BBauG) und seiner Rechtskontrolle, BauR 1970, S. 15.

— Bauplanungsrechtliche Grundsätze bei der Kollision und zur Ausbalancierung von Belangen, Jura 1979, S. 133.

— Kommunale Selbstverwaltung und Planung, in: v. Mutius (Hrsg.), Selbstverwaltung im Staat der Industriegesellschaft, Festgabe zum 70. Geburtstag von Georg Christoph von Unruh, Heidelberg 1983, S. 555 (zitiert: Kommunale Selbstverwaltung).

Jarass, Hans D.: Die Gemeinde als „Drittbetroffener", DVBl. 1976, S. 732.

— Konkurrenz, Konzentration und Bindungswirkung von Genehmigungen, Berlin 1984 (zitiert: Konkurrenz).

Jesch, Dietrich: Unbestimmter Rechtsbegriff und Ermessen in rechtstheoretischer und verfassungsrechtlicher Sicht, AöR 82 (1957), S. 163.

— Rechtsstellung und Rechtsschutz der Gemeinden bei der Wahrnehmung „staatlicher" Aufgaben, DÖV 1960, S. 739.

Keller, Rolf: Bauen als Umweltzerstörung, Zürich 1973.

Kellner, Hugo: Zum Beurteilungsspielraum, DÖV 1962, S. 572.

— Der sogenannte Beurteilungsspielraum in der verwaltungsgerichtlichen Prozeßpraxis, NJW 1966, S. 857.

— Einiges zum behördlichen Ermessen, DÖV 1969, S. 309.

— Neue Erkenntnisse zum sogenannten Beurteilungsspielraum?, DÖV 1972, S. 801.

Kerbusch, Herrmann: Nochmals: Wohnungsmodernisierung, Stadterneuerung und „Milieuschutz", NVwZ 1982, S. 360.

Kiepe, Folkert: Erhaltungssatzungen nach § 39 h BBauG, Der Städtetag 1983, S. 409.

Kissel, Otto Rudolf: Grenzen der rechtsprechenden Gewalt, NJW 1982, S. 1777.

Knauber, Raffael: Die jüngere Entschädigungsrechtsprechung des BGH nach dem Naßauskiesungsbeschluß des BVerfG, NVwZ 1984, S. 753.

Knemeyer, Franz-Ludwig: Gewährleistung des notwendigen Handlungs- und Entfaltungsspielraums der kommunalen Selbstverwaltung, NJW 1980, S. 1140.

— Die Staatsaufsicht über die Gemeinden und Kreise, in: Günter Püttner (Hrsg.), Handbuch der kommunalen Wissenschaft und Praxis (HKWP) Bd. 1, 2. Aufl., Berlin, Heidelberg, New York 1981, S. 265.

— Kommunale Selbstverwaltung im Wandel, in: Norbert Achterberg (Hrsg.), Recht und Staat im sozialen Wandel, Festschrift für H. U. Scupin zum 80. Geburtstag, Berlin 1983, S. 797.

— Die verfassungsrechtliche Gewährleistung des Selbstverwaltungsrechts der Gemeinden und Landkreise, in: v. Mutius (Hrsg.), Selbstverwaltung im Staat der Industriegesellschaft. Festgabe zum 70. Geburtstag von Georg Christoph von Unruh, Heidelberg 1983, S. 209.

Koch, Hans-Joachim: Unbestimmte Rechtsbegriffe und Ermessensermächtigungen im Verwaltungsrecht. Eine logische und semantische Studie zur Gesetzesbindung der Verwaltung, Frankfurt a.M. 1979 (zitiert: Unbestimmte Rechtsbegriffe).

Kohlhammer-Kommentar zum Bundesbaugesetz: Loseblattausgabe, Bearbeitet von Hansjochen Dürr, Hans Förster u. a., Stuttgart u. a. (Stand: Februar 1986).

Korbmacher, Günther: Ermessen – unbestimmter Rechtsbegriff – Beurteilungsspielraum, DÖV 1965, S. 696.

— Bauleitplanung und Fachplanung in der Rechtsprechung des Bundesverwaltungsgerichts, DÖV 1978, S. 589.

Kröner, Herbert: Entschädigung und Amtshaftung bei Fehlern im Bauleitplan- und im Baugenehmigungsverfahren, ZfBR 1984, S. 20.

Kummer, Michael: Denkmalschutzrecht als gestaltendes Baurecht. Zur Vollzugseignung des Denkmalschutzrechtes, München 1980 (zitiert: Denkmalschutzrecht).

Kurth, Hans: Denkmalgeschützte Immobilien als steuergünstige Kapitalanlage, Der Betrieb, Beilage Nr. 19/85.

Landschaftsverband Rheinland (Hrsg.): Was ist ein Baudenkmal? Eine Beispielsammlung zur Begriffsbestimmung, Mitteilungen aus dem Rheinischen Amt für Denkmalpflege Bonn, Köln 1983 (zitiert: Baudenkmal).

Landschaftsverband Westfalen-Lippe (Hrsg.): Denkmalpflege in Westfalen-Lippe, Nr. 5, Juli 1982.

Lecheler, Helmut: Die Personalhoheit der Gemeinden, in: v. Mutius (Hrsg.), Selbstverwaltung im Staat der Industriegesellschaft. Festgabe zum 70. Geburtstag von Georg Christoph von Unruh, Heidelberg 1983, S. 541 (zitiert: Personalhoheit).

Leisner, Walter: Privatinteressen als öffentliches Interesse, DÖV 1970, S. 217.

Lerche, Peter: Grenzen der Wehrfähigkeit kommunaler Planungshoheit, in: Th. Maunz (Hrsg.), Verwaltung und Rechtsbindung, Festschrift zum 100jährigen Bestehen des bayerischen VGH, München 1979, S. 223.

Löhr, Rolf-Peter: Wohnungsmodernisierung, Stadterneuerung und Milieuschutz, NVwZ 1982, S. 19.

— Das neue Baugesetzbuch – Bauleitplanung, NVwZ 1987, S. 361.

Mainzer, Udo: Vorwort des Herausgebers, in: Landschaftsverband Rheinland (Hrsg.), Was ist ein Baudenkmal?, Eine Beispielsammlung zur Begriffsbestimmung, Mitteilungen aus dem Rheinischen Amt für Denkmalpflege Bonn, Heft 5, Köln 1983, S. 7.

Maunz, Theodor: Die Verankerung des Gemeinderechts im Grundgesetz, BayVBl. 1984, S. 417.

Maurer, Hartmut: Allgemeines Verwaltungsrecht, 5. Aufl., München 1986.

Menger, Christian-Friedrich: Entwicklung der Selbstverwaltung im Verfassungsstaat der Neuzeit, in: v. Mutius (Hrsg.), Selbstverwaltung im Staat der Industriegesellschaft. Festgabe zum 70. Geburtstag von Georg Christoph von Unruh, Heidelberg 1983, S. 25.

Mitscherlich, Alexander: Die Unwirtlichkeit unserer Städte, Anstiftung zum Unfrieden, Frankfurt a.M., 7. Aufl. 1970.

Moench, Christoph: Denkmalschutz und Eigentumsbeschränkung, NJW 1980, S. 1545.

— Denkmalschutz im Bundesrecht, NJW 1980, S. 2343.

— Reichweite und Grenze des Denkmalschutzes, NJW 1983, S. 1998.

— Die Entwicklung des Denkmalschutzrechts, NVwZ 1984, S. 146.

— Denkmalschutzrecht, Neuere Entwicklungen, Berührungspunkte mit dem Baurecht, ZfBR 1985, S. 113, 163.

Mörsch, Georg: Buchbesprechung v. F. Mielke: Die Zukunft der Vergangenheit, Stuttgart 1975, in: DKD 1977, S. 212.

Mosel, Manfred: Fragen der Nutzung und der Veränderung von Baudenkmälern, in: August Gebeßler / Wolfgang Eberl (Hrsg.), Schutz und Pflege von Baudenkmälern in der Bundesrepublik Deutschland. Ein Handbuch, Köln 1980, S. 257.

von der Mühlen, Burkhard: Die „Rastede-Entscheidung" des Bundesverwaltungsgerichts in der wissenschaftlichen Diskussion, Der Städtetag 1984, S. 464.

Müller, Martin: Baudenkmalschutz und Eigentumsbeeinträchtigung unter besonderer Berücksichtigung des nordrhein-westfälischen Denkmalschutzgesetzes, Gelsenkirchen 1985 (zitiert: Baudenkmalschutz).

v. Mutius, Albert: Sind weitere rechtliche Maßnahmen zu empfehlen, um den notwendigen Handlungs- und Entfaltungsspielraum der kommunalen Selbstverwaltung zu gewährleisten?, Gutachten E zum 53. Deutschen Juristentag Berlin 1980, München 1980 (zitiert: Gutachten).

— Das Selbstverwaltungsrecht der Gemeinden und Gemeindeverbände, Jura 1982, S. 28.

— Örtliche Aufgabenerfüllung – Traditionelles, funktionales oder neues Selbstverwaltungsverständnis?, in: ders. (Hrsg.), Selbstverwaltung im Staat der Industriegesellschaft, Festgabe zum 70. Geburtstag von Georg Christoph von Unruh, Heidelberg 1983, S. 227.

v. Mutius, Albert / *Hennecke,* Günter: Kommunale Finanzausstattung und Verfassungsrecht, Siegburg 1985.

Namgalies, Johannes A.: „Künstlerische Bedeutung" und „Öffentliches Interesse" im Denkmalschutzrecht, DÖV 1984, S. 239 und 674.

Niehues, Norbert: Dingliche Verwaltungsakte, DÖV 1965, S. 319.

— Die Bekanntgabe dinglicher Verwaltungsakte, DVBl. 1982, S. 317.

Oebbecke, Janbernd: Die Aufgaben der Gemeinde und Kreise nach dem Nordrhein-Westfälischen Denkmalschutzgesetz, VR 1980, S. 384.

v. Olshausen, Henning: Beurteilungsspielraum der Verwaltung und Rationalität der Rechtsanwendung – BVerwGE 39, 197 –, JuS 1973, S. 217.

Ossenbühl, Fritz: Verwaltungsvorschriften und Grundgesetz, Bad Homburg v.d.H. u. a. 1968.

— Renaissance der administrativen Beurteilungsermächtigung, DÖV 1972, S. 402.

— Vom unbestimmten Gesetzesbegriff zur letztverbindlichen Verwaltungsentscheidung, DVBl. 1974, S. 309.

Paefgen, Thomas-Christian: Gerichtliche Kontrolle administrativer Prognoseentscheidungen, BayVBl. 1986, S. 513.

Papier, Hans-Jürgen: Interkommunaler Kompetenzkonflikt, DVBl. 1984, S. 453.

— Zur verwaltungsgerichtlichen Kontrolldichte, DÖV 1986, S. 621.

— Verwaltungsverantwortung und gerichtliche Kontrolle, in: Willi Blümel / Detlef Merten / Helmut Quaritsch (Hrsg.), Verwaltung im Rechtsstaat, Festschrift für C. H. Ule zum 80. Geburtstag, Köln u. a. 1987, S. 235.

Pappermann, Ernst: Das zwischengemeindliche Nachbarrecht – BVerwGE 40, 323 –, in: JuS 1973, S. 689.

— Verwaltungsverbund im kreisangehörigen Raum, DÖV 1975, S. 181.

— Denkmalschutzgesetz NW in der kommunalen Praxis, StuGR 1983, S. 147.

Parodi, Silvana: Eigentumsbindung und Enteignung im Natur- und Denkmalschutz, Berlin 1984 (zitiert: Eigentumsbindung).

v. Pestalozza, Christian: Thesen zur kompetenzrechtlichen Qualifikation von Gesetzen im Bundesstaat, DÖV 1972, S. 181.

— Die Sicherung des Selbstverwaltungsrechts in der Verfassungsgerichtsbarkeit, in: v. Mutius (Hrsg.), Selbstverwaltung im Staat der Industriegesellschaft, Festgabe zum 70. Geburtstag von Georg Christoph von Unruh, Heidelberg 1983, S. 1057.

Pietzcker, Jost: Polizeirechtliche Störerbestimmung nach Pflichtwidrigkeit und Risikosphäre, DVBl. 1984, S. 457.

Redeker, Konrad: Fragen der Kontrolldichte verwaltungsgerichtlicher Rechtsprechung, DÖV 1971, S. 757.

— Entwicklungen und Probleme verwaltungsgerichtlicher Rechtsprechung, in: Norbert Achterberg (Hrsg.), Recht und Staat im sozialen Wandel, Festschrift für H.U. Scupin zum 80. Geburtstag, Berlin 1983, S. 861.

Richter, Gerd-Jürgen: Verfassungstheoretische Neukonzeption der kommunalen Selbstverwaltungsgarantie? (Buchbesprechung), DVBl. 1978, S. 783.

Rieger, Erich: Der Einfluß der Baubehörde auf die Gestaltung von Bauvorhaben unter Berücksichtigung des Denkmalschutzrechts, Diss., Würzburg 1980 (zitiert: Gestaltung von Bauvorhaben).

Rietdorf, Fritz / *Heise,* Gerd / *Böckenförde,* Dieter / *Strehlau,* Bert: Ordnungs- und Polizeirecht in Nordrhein-Westfalen, 2. Aufl., Stuttgart u. a. 1972.

Rommel, Manfred: Bemerkungen zum Thema Denkmalschutz und kommunale Selbstverwaltung, Der Städtetag 1978, S. 279 = Die alte Stadt (ZSSD) 1978, S. 155.

Roters, Wolfgang: Kommunale Mitwirkung an höherstufigen Entscheidungsprozessen, Köln u. a. 1975.

— Die Beteiligung der Kommunen an höherstufigen Entscheidungsprozessen, in: Günter Püttner (Hrsg.), Handbuch der kommunalen Wissenschaft und Praxis (HKWP), Bd. 1, 2. Aufl., Berlin, Heidelberg, New York 1981, S. 288.

Rothe, Karl-Heinz: Denkmalschutzgesetz Nordrhein-Westfalen. Kommentar, Wiesbaden 1981 (zitiert: Rothe).

— Das Denkmalschutzgesetz – (NW) – aus der Sicht der Gemeinden, StuGR 1981, S. 382.

Rupp, Hans Heinrich: Wohl der Allgemeinheit und öffentliche Interessen. Bedeutung der Begriffe im Verwaltungsrecht, in: Vorträge und Diskussionsbeiträge der 36. staatswiss. Fortbildungsveranstaltung der Hochschule für Verwaltungswissenschaften Speyer = Schriftenreihe der Hochschule Speyer, Bd. 39, Berlin 1968, S. 116.

Sachs, Michael: Die kommunale Verfassungsbeschwerde im System der verfassungsgerichtlichen Verfahrensarten, BayVBl. 1987, S. 37.

Seiffert, Helmut: Einführung in die Wissenschaftstheorie, 1. Bd., Sprachanalyse – Deduktion – Induktion in Natur- und Sozialwissenschaften, 6. Aufl., München 1973.

Sellner, Dieter: Gestuftes Genehmigungsverfahren, Schadensvorsorge, verwaltungsgerichtliche Kontrolldichte. Zum Wyhl-Urteil des BVerwG, NVwZ 1986, S. 616.

Sendler, Horst: Zur Unabhängigkeit des Verwaltungsrichters, NJW 1983, S. 1449.

— Skeptisches zum unbestimmten Rechtsbegriff, in: Willi Blümel / Detlef Merten / Helmut Quaritsch (Hrsg.), Verwaltung im Rechtsstaat, Festschrift für C. H. Ule zum 80. Geburtstag, Köln u. a. 1987, S. 337.

Sening, Christoph: Zur Bauleitplanung bei entgegenstehender Landschaftsschutzverordnung, NuR 1980, S. 14.

Siemer, Hermann: Normenkontrolle durch Feststellungsklage?, Berlin 1971.

Scheuner, Ulrich: Zur Neubestimmung der kommunalen Selbstverwaltung, AfK 1973, S. 1.

Schlarmann, Hans: Das Verhältnis der privilegierten Fachplanungen zur kommunalen Bauleitplanung, Münster 1980 (zitiert: Privilegierte Fachplanungen).

Schleich, Erwin / *Rupf*, Jörg: Denkmalschutz in der Bewährung, BayVBl. 1975, S. 440.

Schlichter, Otto / *Stich*, Rudolf / *Tittel*, Hans-Joachim: Bundesbaugesetz, Kommentar, 3. Aufl., Köln 1979.

Schmaltz, Hans Karsten: Denkmalschutz im Außenbereich, BauR 1976, S. 96.

Schmidt, Walter: Gesetzesvollziehung durch Rechtsetzung, Bad Homburg v.d.H. u. a. 1969 (zitiert: Gesetzesvollziehung).

— Einführung in die Probleme des Verwaltungsrechts, München 1982 (zitiert: Einführung).

Schmidt-Aßmann, Eberhard: Grundfragen des Städtebaurechts, Göttingen 1972 (zitiert: Grundfragen).

— Übernahmeansprüche im Enteignungsrecht, BauR 1976, S. 145.

— Fortentwicklung des Rechts im Grenzbereich zwischen Raumordnung und Städtebau, Bonn-Bad Godesberg 1977 (zitiert: Fortentwicklung).

— Die kommunale Rechtsetzung im Gefüge der administrativen Handlungsformen und Rechtsquellen – Aufgaben, Verfahren, Rechtsschutz –, München 1981.

— Die Berücksichtigung situationsbestimmter Abwägungselemente bei der Bauleitplanung, Köln u. a. 1981 (zitiert: Situationsbestimmte Abwägungselemente).

— Konzentrierter oder phasenspezifischer Rechtsschutz? Zu zwei Flughafenentscheidungen des Bundesverfassungsgerichts, DVBl. 1981, S. 334.

— Art. 19 IV GG als Teil des Rechtsstaatsprinzips, NVwZ 1983, S. 1.

Schmidt-Eichstaedt, Gerd: Die Satzung zur Erhaltung baulicher Anlagen nach § 39 h des novellierten BBauG, Der Städtetag 1979, S. 143.

Schmidt-Jortzig, Edzard: Kommunalrecht, Stuttgart u. a. 1982.

— Die Selbstverwaltungsbereiche von Kreisen und kreisangehörigen Gemeinden nach der Verfassung, DÖV 1984, S. 821.

Schmidt-Salzer, Joachim: Der Beurteilungsspielraum der Verwaltungsbehörden, Berlin 1968.

— Anmerkung zu BVerwGE 39, 197, in: DVBl. 1972, S. 391.

Schnapp, Friedrich E.: Die Ersatzvornahme in der Kommunalaufsicht, Herford 1972.

Scholz, Rupert / *Schmidt-Aßmann,* Eberhard: Verwaltungsverantwortung und Verwaltungsgerichtsbarkeit, in: Berichte und Diskussionen auf der Tagung der Vereinigung der Deutschen Staatsrechtslehrer in Augsburg vom 1. – 4. Okt. 1975, VVDStRL 34 (1976), Berlin 1976, S. 145; S. 221.

Schrödter, Hans: Bundesbaugesetz. Kommentar, 4. Aufl., München 1980.

— Zur Bindungswirkung der Teilungsgenehmigung, DVBl. 1982, S. 323.

Schulte, Hans: Buchbesprechung von Joachim Burmeister, Verfassungstheoretische Neukonzeption der kommunalen Selbstverwaltungsgarantie, München 1977, in: DVBl. 1978, S. 825.

Schulze-Osterloh, Lerke: Entschädigungspflichtige Inhalts- und Schrankenbestimmungen des Eigentums und Enteignung, NJW 1981, S. 2537.

Schwerdtfeger, Gunther: Die dogmatische Struktur der Eigentumsgarantie, Berlin 1983.

— Baurechtlicher Drittschutz und Parlamentsvorbehalt, NVwZ 1983, S. 199.

Stähler, Bernhard: Denkmalbegriff, denkmalschutzrelevante Satzungen und Denkmalschutz bei Bundesbehörden, Diss., Münster 1985 (zitiert: Denkmalbegriff).

Steinberg, Rudolf: Baumschutzsatzungen und -verordnungen, NJW 1981, S. 550.

— Die verfassungsrechtliche Gewährleistung der kommunalen Planungshoheit – BVerfGE 56, 298 –, JuS 1982, S. 578.

— Verwaltungsgerichtlicher Schutz der kommunalen Planungshoheit gegenüber höherstufigen Planungsentscheidungen, DVBl. 1982, S. 13.

Stern, Klaus: Art. 28 GG, in: Kommentar zum Bonner Grundgesetz (Bonner Kommentar) (Zweitbearbeitung) Hamburg 1964.

— Zur Lage der kommunalen Selbstverwaltung, in: Oberndorfer / Schambeck (Hrsg.), Verwaltung im Dienst von Wirtschaft und Gesellschaft, Festschrift für Ludwig Fröhler zum 60. Geburtstag, Berlin 1980, S. 473.

— Die Verfassungsgarantie der kommunalen Selbstverwaltung, in: Günter Püttner (Hrsg.), Handbuch der kommunalen Wissenschaft und Praxis (HKWP), Bd. 1, 2. Aufl., Berlin, Heidelberg, New York 1981, S. 206.

— Das Staatsrecht der Bundesrepublik Deutschland, Bd. I, 2. Aufl., München 1984 (zitiert: Staatsrecht).

Stern, Klaus / *Burmeister,* Joachim: Die Verfassungsmäßigkeit eines landesrechtlichen Planungsgebots für Gemeinden, Düsseldorf 1975 (zitiert: Planungsgebot).

Stich, Rudolf: Maßnahmen der Stadterhaltung und des Denkmalschutzes im Spannungsfeld zwischen Bundes- und Landesrecht sowie zwischen kommunaler Selbstverwaltung und staatlicher Einwirkung, ZfBR 1983, S. 61.

— Die Möglichkeiten des Schutzes und der Erhaltung von geschichtlich, künstlerisch und städtebaulich bedeutsamen Bauten und Gesamtanlagen nach Städtebau- und Bauordnungsrecht. Dargestellt an exemplarischen Fällen aus der Verwaltungsrechtsprechung, in: Willi Blümel / Detlef Merten / Helmut Quaritsch (Hrsg.), Verwaltung im Rechtsstaat, Festschrift für C. H. Ule zum 80. Geburtstag, Köln u. a. 1987, S. 375.

Stich, Rudolf / *Burhenne,* Wolfgang E. (Hrsg.) unter Mitwirkung von Karl-Wilhelm Porger und Joachim Kehrhahn: Denkmalrecht der Länder und des Bundes. Ergänzbare Ausgabe, Berlin 1983 ff.

Strobl, Heinz: Die Reform des Denkmalschutzrechts. Novelle zum Denkmalschutzgesetz und neue Listenerfassungsrichtlinien treten am 1. 1. 1984 in Kraft, BWVerwPr. 1983, S. 278.

Stüer, Bernhard: Denkmalschutz auf Kosten der Gemeinden? Aufgabengerechte Finanzausstattung im Denkmalbereich als Verfassungsgebot, StuGR 1982, S. 365.

Tettinger, Peter J.: Rechtsanwendung und gerichtliche Kontrolle im Wirtschaftsverwaltungsrecht, München 1980.

— Überlegungen zu einem administrativen „Prognosespielraum", DVBl. 1982, S. 421.

Thierfelder, Hans: Das Recht der Bodendenkmalpflege in seinem Verhältnis zu anderen Rechtsgebieten, BWVerwPr. 1975, S. 74.

Ule, Carl Hermann: Zur Anwendung unbestimmter Rechtsbegriffe im Verwaltungsrecht, in: Forschungen und Berichte aus dem öffentlichen Recht, Gedächtnisschrift für W. Jellinek, 1955, S. 309.

Umbach, Dieter C.: Urteilsanmerkung, DVBl. 1971, S. 740.

Wabnitz, Reinhard Joachim: Politische Fragen, Rechtsfragen und Sachfragen. Politikwissenschaftliche und normentheoretische Untersuchungen zur Entscheidungspraxis der Verwaltungsgerichte in der Bundesrepublik Deutschland, Frankfurt a.M. 1980 (zitiert: Politische Fragen).

Wahl, Rainer: Genehmigung und Planungsentscheidung. Überlegungen zu zwei Grundmodellen des Verwaltungsrechts und zu ihrer Kombination, DVBl. 1982, S. 51.

Watzke, Hans-Georg: Denkmalschutz- und Stadtplanungsrecht, Berlin 1976.

— Zur Konkurrenz von Denkmalschutz- und städtebaulichem Erhaltungsrecht, ZfBR 1981, S. 10 und S. 67.

Weides, Peter: Das Verhältnis zwischen Gemeinden und Kreisen gem. Art. 28 II GG, NVwZ 1984, S. 155.

Weyreuther, Felix: Bundes- und Landesbaurecht, BauR 1972, S. 1.

— Rechtliche Bindung und gerichtliche Kontrolle planender Verwaltung im Bereich des Bodenrechts, BauR 1977, S. 293.

— " ... und wenn sonstige öffentliche Belange nicht entgegenstehen" (§ 34 Abs. 1 BBauG), BauR 1981, S. 1.

— Abwägung der gemeindlichen Belange und Anhörung der Gemeinden bei der Festsetzung von Lärmschutzbereichen? DÖV 1982, S. 173.

— Die Situationsgebundenheit des Grundeigentums: Naturschutz – Eigentumsschutz – Bestandsschutz, Köln 1983 (zitiert: Situationsgebundenheit).

Widera, Bernd: Zur verfassungsrechtlichen Gewährleistung gemeindlicher Planungshoheit, Berlin 1985 (zitiert: Planungshoheit).

Wiechert, Reinald: Urteilsanmerkung, DVBl. 1975, S. 954.

— Niedersächsisches Denkmalschutzgesetz, in: Ulrich Grosse-Suchsdorf / Hans Karsten Schmaltz / Reinald Wiechert, Niedersächsische Bauordnung – Niedersächsisches Denkmalschutzgesetz, 3. Aufl., Hannover 1984 (zitiert: nds DSchG).

— Gesetzgebungskompetenz für das Bau- und Bodenrecht, ZRP 1985, S. 239.

Wiethaup, Hans: Denkmalschutz im Land NRW, Staats- und Kommunalverwaltung 1975, S. 241.

Wolff, Hans Julius / *Bachof,* Otto: Verwaltungsrecht, Bd. III, 4. Aufl., München 1978.

Würtenberger, Thomas: Der Rechtsschutz der Gemeinden gegen Energiefreileitungen, BayVBl. 1982, S. 673.

Ziegler, Jürgen: Zum Dualismus Bodenrecht – Bauordnungsrecht. Einzelfragen, Gehalt des Bauordnungsrechts, (Bundes-)Baugesetzbuch, ZfBR 1980, S. 275.

FSC
www.fsc.org
MIX
Papier | Fördert
gute Waldnutzung
FSC® C083411

Kolibri 360 GmbH
Ferdinand-Jühlke-Straße 7
99095 Erfurt, Deutschland
produktsicherheit@kolibri360.de

Druck:
CPI Druckdienstleistungen GmbH
im Auftrag der
Kolibri 360 GmbH
Ferdinand-Jühlke-Str. 7
99095 Erfurt